OSCAR BLOCH

DÖDEN

Döden Populär Framställning: Bemyndigad Öfversättning Af Axel Widstrand...

Oscar Thorvald Bloch

DÖDEN

POPULÄR FRAMSTÄLLNIN(

AF

OSCAR BLOCH

PROFESSOR

BEMYNDIGAD ÖFVERSÄTTNING

AF

AXEL WIDSTRAND

MED. LIC.

STOCKHOLM
WAHLSTRÖM & WIDSTRAND

PAPPERSLEVERANTÖR: LESSEBO BOLAG.

TRYCKT HOS ISAAC MARCUS' BOKTR.-

AKTIEB. STOCKHOLM 1904 · · · · · · · · · ·

FÖRORD.

De flesta människor hysa fruktan för döden; de tro, att, när de en gång skola sluta sitt lif, det skall blifva en svår strid att utkämpa, en strid, som slutar med, att de måste duka under, d. v. s. dö. Men läkaren, som ofta har tillfälle att följa en sjukdoms förlopp, tills den slutar med döden, får snart en annan uppfattning. Han vet, att de flesta människor dö, utan att själfva vara medvetna om dödens inträdande, och han förstår också, att det då icke kan vara tal om någon »dödskamp».

Meningen med denna bok är att visa dess läsare, att det förhåller sig så, som vi här sagt. Det är dess mening att skildra, huruledes döden inträder under de olika förhållanden, som kunna göra slut på människans lif, och att visa, att den sorg, som de efterlefvande känna i saknad efter dem, som de måst skiljas från, ej behöfver ökas genom den tanken, att han haft så mycket att lida »i sina sista stunder».

För att visa detta, som för hvarje erfaren läkare är en välkänd sak, har jag samlat en del uppgifter om olika

människors sista ögonblick; det är dels egna observationer
dels uppgifter hämtade från biografier. Jag har användt
alla dessa fall som exempel för att belysa min framställ-
ning af dödssättet under olika förhållanden. Det är klart,
att om en bok som denna öfverhufvud taget skall hafva
något värde, måste den först och främst vara pålitlig
Jag har därför också noga sofrat min samling af dokument,
hvilka finnas utförligt meddelade i bilagorna; har jag varit
i tvifvel om en uppgifts pålitlighet, skall läsaren finna
det angifvet — i öfrigt kan ju en hvar själf döma om
denna sida af saken i hvad de från litteraturen hämtade
exemplen angår. Mina egna observationer äro så pålitliga,
som man kan begära, att denna sorts observationer kunna
vara; att det icke kan bli tal om noggranna och ingående
vetenskapliga iakttagelser vid dödsbädden är ju begripligt,
det skulle ej stämma öfverens med ögonblickets allvar. Våra
iakttagelser äro därför använda med kritik, många af dem
blott för att belysa någon enstaka liten omständighet i
samband med döden.

Att en bok, som afhandlar så många olikartade döds-
sätt, lätt kan blifva något ojämn med afseende på ämnets
behandling i de olika kapitlen är ju klart. Jag vet väl,
att på flera ställen förhållanden beröras, som strängt taget
ej hafva något direkt med ämnet att göra; somliga läsare
skola finna ett kapitel för kortfattadt, medan andra skola
finna detsamma för vidlyftigt, för att nu icke tala om att
olika uppfattning kan göra sig gällande, när det är fråga
om att förklara, hvad man ser. Den som med eftertanke
vill läsa de många meddelanden, som finnas samlade i
bilagorna, han skall skörda utbyte däraf — på många sätt.

Vid bokens utarbetande har jag utom de omtalade biografierna användt en del arbeten af annat slag; läsaren skall lätt finna sig tillrätta i detta afseende genom att jämföra texten med bilagorna och litteraturförteckningen. Medan skendöden (som icke finnes omtalad i det föreliggande arbetet) har blifvit behandlad af åtskilliga danske läkare, har spörsmålet om döden, framställdt på så sätt som här, ej funnit någon beaktare. Såvidt jag vet förefinnes blott en liten afhandling af E. Horneman; år 1873 höll han ett föredrag i Arbetareföreningen, som sedermera offentliggjordes med titeln: »Om människans tillstånd kort före döden.» Det är särskildt begreppet fruktan för döden, som Horneman behandlar; han ansåg det för riktigast, att göra sina patienter uppmärksamma på, att deras död var nära förestående, och talade då med dem om deras tro, om deras uppfattning af lifvet efter döden o. a. Det är erfarenheter om, huruledes olika döende hafva betraktat dessa spörsmål i sina sista ögonblick, som han meddelar, däremot talar han blott i förbigående om det kroppsliga tillståndet kort före döden. De af hans fall, som belysa detta spörsmål, har jag användt på lämpliga ställen.

Den högt ansedde danske läkaren Henrik Callisen har i sina Physisk-medicinska betraktelser öfver Köpenhamn (af 1809) ett kapitel, som afhandlar »Fruktan för döden»; han skrifver däri: »Man gör sig vanligtvis oriktiga föreställningar om döden och dödskampen, om det våldsamma skiljandet af själen från kroppen, om lidanden och ångest som man tror vara oskiljaktiga från döden. Vanligen tar man fel däri; lika medvetslös som människan börjar sitt lif, lämnar hon det också; början och slutet äro häri lika.

I samma mån som lifskraften försvagas, så försvagas också känsel och medvetande. Ryckningarna, den rosslande andedräkten, den skenbara ångesten äro förskräckliga blott för åskådarne, ej för den döende, lika så litet som den af fallandesot lidande under anfallet vet något om hvad, som förorsakar de närvarande så mycken ångest. Jag har själf sett många dö och är fullkomligt öfvertygad om sanningen häraf. — Smärtor och långvariga lidanden är något, som hvarje människa har orsak att frukta och som den mänskliga naturen bäfvar för, men ej för döden. Hela djurriket tyckes dö lugnt. Religionen lär oss också att icke frukta döden blott tänka på den så, att den må inverka på våra handlingar.»

Den sanning, som ligger i dessa ord och som hvarje erfaren läkare kan instämma i, har jag som redan nämndt sökt på olika sätt belysa i det arbete, som jag härmed öfverlämnar.

Köpenhamn i februari 1903.

Inledning.

Döden! Hvad är döden? Hvari består detta, att dö? Ingen vet det. Ingen har förmått gifva en definition af begreppet död. Så länge världen har stått, har man vetat, att allt lefvande dör, skall och måste dö; hvarje dag har sett många människor af olika ålder dö. Ämne har det funnits nog till undersökningar och till eftertanke — och dock förmår ingen säga, hvari dödens väsende består.

Enhvar vet, att döden är slutet på lifvet, men det är ingen förklaring, ty ingen vet, hvari lifvets väsen består. Enhvar vet, att sjukdomen kan angripa en människa så häftigt, att hon dukar under därför och dör. Men hvar och en vet också, att många sjukdomar, som tyckas vara så svåra, att de måste döda människan, dock icke segra; den angripne blir åter frisk. Med detta för ögonen kan man icke förundra sig öfver, att många betrakta lif och död som två hvarandra bekämpande krafter. Och om man studerar sjukdomens väsen närmare, måste man styrkas i denna uppfattning. När bakterier, hvilka som bekant äro orsak till många sjukdomar, intränga i människokroppen, så försiggår strax på det ställe, där de göra sitt angrepp, en förändring, som har till syfte att försvara mot anfallet. Blodet strömmar till, lefvande celler och olika ämnen, som kunna tillintetgöra fienden, afsöndras därifrån. Det kommer blott an på hvem, som är starkast. Få bakterierna öfvermakten, så utbreda de sig, och de ämnen, som de bilda, först i de från början angripna delarne, sedan vidare i hela kroppen, till alla organer och väfnader. Organismen, den lefvande organismen, som är ett uttryck för alla organers och väfnaders funktioner, samlade till ett helt, kämpar emot — segrar eller besegras. Ingen kan neka till, att här verkligen försiggår en strid mellan två krafter, men det är dock knappast logiskt att kalla dessa två krafter för lif och död; i själfva verket är det, alldeles som i en vanlig strid, fråga om två lefvande krafter, som bekämpa hvarandra. Om det vore riktigt, att det var lifvet och döden, som stridde med hvarandra, så måste ju dock någon gång hända, att lifvet afgick med segern. Döden skulle vara något, som man kunde undgå. Men det är den icke, döden kan icke undgås, allt måste och skall dö. Siffrorna visa det: på vår jord lefva omkring 1,500 millioner människor, och detta är lågt räknadt; af dessa dö för hvarje år 30 millioner människor, det gör på hvarje dygn 82,192, på hvar timme 3,425, i hvar minut 57. Med andra ord, det dör en människa i hvarje sekund, och må man då betänka, hur många djur och växter, som dö för hvarje sekund — nej döden kan icke undgås.

Den lefvande organismen är utsatt för andra angrepp än genom sjukdom, och man kunde då tänka sig, att ett lefvande väsen, som undgick sjukdom, kunde lefva evigt. Teoretiskt sedt är ett evigt lif icke någon alldeles absurd tanke. Det som karaktäriserar ett lefvande väsen är, att dess kropp är byggd så och att dess organ och väfnader funktionera som helhet så, att det kan motstå de oundvikliga påverkningarna af den yttre världen. Man har lättast för att tänka sig möjligheten af, att en växt kan lefva i evighet; den hämtar sin näring från jorden och luften, och om man tänker sig en växt, som får stå i ro på ett ställe, hvarest betingelserna för att den skall trifvas äro gynnsamma, hvarför skulle den då icke kunna lefva i evighet? På det hela lefva många växter ju mycket länge, långt längre än människan. När en bok är 100 år gammal är den ännu icke fallfärdig, en ek, som är 300 år, är ännu i sin bästa ålder och ekar på närmare 1,000 år finnas i nästan alla Europas skogsländer. *) Adanson antog, att det träd (Baobab), som han såg på sin resa 1749, var omkring 5,000 år gammalt. Det finns intet hinder för, att så ej kan vara fallet. 5,000 år! Hvarför då inte också kunna lefva i evighet. Man har svårt att tänka sig, att växterna kunna ha evigt lif, till och med om de undginge alla de sjukdomar, som insekter och andra växter (bakterier) framkalla, ty man kan svårligen tänka sig, att marken, från hvilken de hämta sin näring, skall kunna i evighet gifva dem denna på det rätta sättet, därtill är den underkastad alltför många olikartade inverkningar. Och liksom de yttre förhållandena i jorden och i luften kunna verka nedbrytande på växtens kraft och lif, likaså kunna de yttre förhållandena också verka nedbrytande på djuren. Dessa äro långt mera beroende af den yttre världen än växterna; må man blott tänka på frågan om deras föda, som de själfva skola söka, och det arbete, som skall uträttas i detta syfte. Här slites på organismens krafter under denna kamp för tillvaron; väl bygges det upp alltjämt för att ersätta förlusten, men till sist måste de duka under i striden. Döden måste blifva det nödvändiga

---

*) I vår bilaga skall läsaren finna flere uppgifter om gamla träd; se *växter*.

resultatet, det är lifvet själf, som åstadkommer döden; »la vie c'est la mort», lifvet är döden, säger Claude Bernard. Detta gäller, när man tänker på det lif och de processer, som försiggå i kroppens väfnader och som tjäna till dessas näring. Väfnad måste gå under, för att ny väfnad skall kunna bildas; det lif som får sitt uttryck uti, att det bildas ny väfnad, är alltså en summa af död och af uppvaknande till lif. Moralisterna kunna finna stöd i denna synpunkt när de säga: »döden är icke blott slutet, utan äfven ändamålet med tillvaron.»

Vi se, att man har svårt för att tänka sig, att en organism kan lefva evigt; men lifskraften, den »princip», som betingar förmågan att lefva, kan den då icke lefva evigt? Man kan förstå, att organerna måste dö, emedan de slitas ut, och att de måste dö, till och med om de icke användas, men lifskraften, den behöfver väl icke gå under, därför att den icke användes? Naturligtvis är denna fråga icke möjlig att besvara, ty det finnes ingen, som vet, hvari lifskraften består. Man är hänvisad till att iakttaga, huru länge frön och ägg kunna hålla sig utan att mista sin förmåga att under gynnsamma betingelser kunna utveckla nytt lif: en ny växt, ett nytt djur. Man har funnit hvetekorn i de egyptiska grafvarna, i mumiernas kistor, alltså flere tusen år gamla frön — och man visade, att de kunde gro. Här var lifskraften sålunda ännu kvar, och man kunde då utan tvång tänka sig, att den är odödlig. Dessvärre har det visat sig, att dessa uppgifter icke äro pålitliga; de frön, som man hämtade från mumiernas kistor, kunde icke utveckla sig till nya plantor och de män, som sagt det, hafva blifvit bedragna. Man måste söka exempel från djurriket för att bevisa, att lifskraften icke kan utsläckas; helt visst finnas exempel på att många insekters ägg och larver kunna hålla sig lifsdugliga i långa tider, fast de äro skenbart liflösa; det samma gäller också många lågt stående djur (Protozoer). Men ingen har någonsin visat, att deras lifsduglighet var obegränsad.

För att en organism skall kunna lefva evigt, är det naturligast att tänka sig, att den håller sig evigt ung. Om den skall hålla sig evigt ung, måste det ovillkorligen städse vara jämnvikt emellan, hvad organismen upptager och hvad den utskiljer, men detta kan man ej tänka sig möjligheten af, det finnes alltför många inverkningar af olika slag, för att jämnvikt skulle vara möjlig att uppnå. Man tänke blott på sådana saker som näringsförhållandena, temperaturens inverkan, det utförda arbetets inflytande. Alla de härvid framkallade processerna, som ju medföra kemiska och mekaniska påverkningar på organen och väfnaderna, måste ju nödvändigt slita på dessas elementer. Kroppen med sitt lif är som en maskin och den slites, liksom en maskin slites under tidens lopp. Maskinens verksamhet är en af orsakerna till, att den till sist icke kan arbeta mera och liksom maskinen är lifvet dömdt till att göra slut på sig själf genom sin egen verksamhet. Man »sliter ut sig», för att använda ett gammalt kändt uttryck. Se på en åldring och hör honom tala om sina organers funktioner; minnet är svagt, syn och hörsel dåliga, hans leder äro stela och knaka, hans blod flyter långsamt i de styfva ådrorna o. s. v. — det påminner fullständigt om en maskin, hvars enstaka delar ej äro smorda, och i hvilken de delar, som samverka, genom slitning förlorat sina glatta ytor.

Om det icke förhöll sig, som vi sagt, att döden är oundviklig, och att lifvet i sig själf bär fröet till sin förintelse, så skulle det icke existera någon »natur-

lig död». Helt visst dö de flesta människor af sjuk-
dom eller på våldsamt sätt, och det kan, som vi
skola se i kapitlet om gamla personers död, vara
tvifvelaktigt, huruvida icke åldringen alltid dör af
sjukdom. Men i allmänhet taget dö många åldringar
en »naturlig död», därför att deras väfnader och
organ äro utslitna; deras lif slocknar — som ett ljus,
som brinner ut, som en maskin stannar, därför att
den är utsliten.

Nej, döden är oundviklig. I de fall, där den icke
beror på sjukdom, utan därpå, att organerna och
väfnaderna äro för utslitna för att kunna besörja de
funktioner, som äro nödvändiga för lifvets fortfarande
bestånd, kan det icke vara tal om någon kamp mellan
lif och död. Men när sjukdom angriper en människa,
ha vi sett, att det blir en kamp, och det är vanligt, att det
tillstånd, hvari en människa, som måste duka under
för sjukdomen, befinner sig, kort innan hon dör,
kallas »dödskampen». Återigen möta vi här tanken
på, att det existerar en kamp mellan lif och död,
men icke heller här är uttrycket riktigt, ty utgången
betingas af, att den i fråga varande organismen nöd-
vändigt måste finna sig i att duka under, emedan
dess organ och väfnader äro för medtagna af sjuk-
domen. En stor dos af ett starkt gift dödar en
människa på ett ögonblick. Här är icke tal om att
kämpa emot — lika så litet som den människa, som
träffas af en dödande kula, kan det. »Sjukdom är
hvar mans herre», säger ett gammalt ordspråk. »Ingen
kan undgå sitt öde.» Ingen kan undgå döden.

Vi ha förut antydt, att det lif, som får sitt ut-
tryck i att väfnaderna näras, att organismen växer,
är en summa af död och af återuppvaknande till
nytt lif. Hvarje högre organism är sammansatt af
talrika elementarbeståndsdelar, som till stor del äro

förenade till organ. Hvart och ett af dessa organ har sina särskilda funktioner, och totalsumman af alla elements och organs verksamhet och inbördes förhållanden motsvarar hela organismens lifsverksamhet. Ingen vet, hvad som betingar, att det öfver hufvud taget finnes lif, att maskineriet är i gång. Man vet, att icke alla organ äro lika viktiga för lifvet, man kan undvara en hand, en arm, en fot eller ett ben, man kan undvara en njure, ett öga, ett stycke af hjärnan — kort sagdt, man kan undvara en del af hvad, som representerar partiella lifsfunktioner, utan att det skadar hela organismen. Med andra ord, en del af organismen kan dö, utan skada för den i sin helhet (lokal, partiell död), men en sådan lokal, partiell död kan också skada, ja döda hela organismen. Kallbrand till exempel, hvarmed betecknas en lokal död, kan vara af sådan art, att den alls icke har något inflytande på det hela, men den kan också vara af sådan art, att den dödar hela organismen, i det att de giftiga ämnen, som finnas på det af kallbrand angripna stället, upptagas i blodet, cirkulera med detta och förstöra organ, hvilkas funktioner är nödvändiga för det helas lif. Det helas, organismens död, måste alltså inträda, när ett visst antal partiella lifsfunktioner äro tillintetgjorda. Det är ytterst sällsynt, att alla partiella lifsfunktioner tillintetgöras på en gång; sker detta, så stanna också alla de allmänna funktionerna på en gång, och döden inträder då ögonblickligt. Det är i alla fall tvifvelaktigt, om man öfver hufvud taget är berättigad att tala om en ögonblicklig död i detta ords egentligaste mening, ty till och med om det icke kan vara tvifvel om, att en organism är i ett sådant tillstånd, att den aldrig kan vakna till lif igen, så försiggå där dock ännu processer, som vittna om lif.

De organ, som bilda organismen, äro sammansatta af anatomiska element. För hvarje dag dö talrika af dessa talrika element, och denna död är en fysiologisk nödvändighet, kanske ett villkor för organets funktion. Det bortdöda ersättes af en ny väfnad; som exempel nämna vi, hvad enhvar har iakttagit, att öfverhuden fjällar af och ersättes af ny. Att fettceller dö och nya bildas, vet enhvar, hur skulle man annars kunna förklara, att samma människa är än mager, än fet. Vi nämna, att det är nödvändigt, för att blod skall kunna bildas, att blodkroppar försvinna ur blodet, och att det bildas nya i olika väfnader. Dessa exempel visa ju, att död och lif så att säga gå hand i hand i våra organ. När lokal död af ett organ har tillintetgjort möjligheten för viktiga funktioner, eller när det är slut på funktionernas harmoni, då måste, som redan sagdt, helhetslifvet gå under. Denna det helas död medför, att alla dess delar blifva förändrade i sin sammansättning och dö. Det är således icke en plötslig död af det hela, utan i de många olika organen finnes en enorm massa partiella lifsfunktioner, som ännu någon tid fortfarande äro i verksamhet, fast de icke längre arbeta för det gemensamma målet, lifvets uppehållande. Från vetenskaplig synpunkt betraktadt, är det därför svårt att säga, när döden definitivt inträder. Det är ingen svårighet att säga, att en människa är död, hans omgifning vet det, när de se, att hans kropp blir liggande stilla utan att återfå något af sin personlighet, af jaget, och läkaren känner dödstecken, som säga honom, att denna människa aldrig skall vakna till lif på nytt, att hon med säkerhet är död. Men ändå råder det under någon tid efter dödens inträdande ett rikt lif i den döda, liflösa massan, ett lif betingadt af en oändlig mängd partiell energi, som först efter hand utslocknar. Värmen lämnar kroppen först så småningom, ja den kan till och med ökas efter döden; alltså försiggå förbränningsprocesser i väfnaderna, ämnen uppsugas (absorption), de finaste blodkärlen sammandraga sig och utdrifva allt sitt blod, tarminnehållet kan fortsätta sin väg, ett foster kan utdrifvas efter döden. Alltså kunna muskler sammandraga sig efter döden, ett förhållande som tillsammans med andra gifvit ett kraftigt stöd för tron på, att skendöda blifvit lefvande begrafna. Mest slående är det, att hjärtats muskler under vissa förhållanden kunna fortsätta att sammandraga sig efter döden, som vi skola se i kapitlet om afrättningsdöden. Ingen kan ju tvifla på, att den är död, hvars hufvud är skildt från kroppen, och dock kan man se hans hjärta slå en lång stund efter döden.

Flere exempel skulle kunna anföras därpå, att lifvet i de enstaka delarne fortsätter någon tid efter det, att det helas död har inträdt, men det anförda må vara nog för att visa, att det gifves två slags lif i organismen: ett individuellt lif eller, om vi tänka på människan, personlighetens, jagets lif (detta slag af lif är det, som den berömde franske läkaren Bichat kallade det animala lifvet), och vid sidan af detta ett lif, som är i verksamhet i de olika organen och elementen, Bichats vegetativa lif. Först då har döden definitivt inträdt i vetenskaplig mening, när bägge dessa former af lif äro afslutade. Hvad vi här ämna behandla är dock blott individens, personlighetens, människans död.

Innan vi beskrifva de olika sätten för människans död, skola vi dock först beröra det vanskliga ämnet: människans tankar i fråga om döden.

Människans tankar i fråga om döden.

Fastän hvarje människa vet, att döden är viss, och har erfarenhet om, att den kan komma öfverraskande, är det dock märkvärdigt nog mycket sällan, som människan tänker på möjligheten af, att hennes död är nära förestående. Naturligtvis ägna barn icke någon tanke åt döden, de hafva ju ingen kunskap därom, och om de upplefvat något i den rigtningen, så ha de hastigt glömt det, om de öfverhufvudtaget resonerat därom. Men icke heller unga människor, som dock ha haft tillfälle att sysselsätta sig med spörsmålet om döden, och som känt sorg och rädsla af denna anledning, icke heller unga människor kunna tänka sig möjligheten af, att inom kort tid kanske deras timme är slagen. De vuxna ägna väl då och då en tanke åt döden, de kunna icke undgå att tänka öfver det underliga i, att den, som de så ofta ha talat så förtroligt med, och som i går var frisk och glad, i dag ligger där stilla, och att de aldrig mer skola utbyta tankar med honom, men nättopp det egendomliga häri bringar dem oftast till att tänka, hvarför skulle detta nu hända mig? Ja till och med åldringar, som i andras ögon »stå på grafvens brädd», räkna ofta alls icke med döden, som vi längre fram skola se exempel på. I allmänhet motse de dock döden med ro, och många längta efter den som en befrielse.

Hvad som här är sagdt, gäller väl mest för dem, som känna sig friska; kommer sjukdom och lidande, så kommer väl också ofta tanken på döden. Naturligtvis beror mycket i detta hänseende af den sjukes naturel och af det sätt, hvarpå hans omgifning och däribland läkaren uppträder, men i regel tro dock de flesta helt visst, att de skola komma sig igen. Läkaren hör i hvarje fall mycket sällan, hvarken af den sjuke själf eller hans omgifning, att han tror, att han icke kan bli frisk. Stundom framträder detta på ett slående sätt, särskildt icke sällan hos bröstsjuka. Den sjukes anhöriga är icke i tvifvel om, att döden är nära — och dock visar den sjukes tal, att han själf är långt ifrån denna tanke. Jag vet en ung flicka, som några dagar före sin död beställde sig en ny sommardräkt. Detta gäller icke blott bröstsjuka, i vår bilaga skall läsaren finna flere exempel på samma sak. Mest öfverraskande för mig i detta afseende var det fall, som meddelas i obs. 1; i många dagar ha vi sett den jämförelsevis unga flickan tyna bort, flera kvällar ha vi trott, att i natt måste hon dö, så svaga rester af lifstecken finnas kvar — och dock säger hon till förundran för sin mor och syster, som besöka henne, att nu blir hon nog snart så frisk, att hon kan komma hem.

Som sagdt, många, jag tror särdeles många människor sysselsätta aldrig sina tankar med frågan om döden, eller om detta händer, så är det blott för ett ögonblick, som de skänka den en flyktig tanke. Men det finnes ju också många, som med allvar, antingen tvungna af omständigheterna eller af egen drift och böjelse, söka att klargöra för sig, hvad döden skall bringa dem, om också först kort innan de märka, att de skola dö. För dessa är uppfattningen af döden ju beroende på många olika, både inre och yttre förhållanden, och fast det ju finnes många, som alls icke frukta döden, utan tvärtom motse den med stor förtröstan, så tror jag dock, att de flesta människor se den tillmötes med fruktan, några till och med med rädsla. Hvad frukta de? Ofta göra de icke detta klart för sig själfva, men i stort sedt tror jag, man kan säga, att det finnes två former af fruktan för döden. Den ena formen är den, då människan med fruktan ser på tillståndet efter döden, på lifvet efter detta, på det obestämda, det obestämbara, obegripliga, hur man nu än formar det för sin tanke. Hos en annan grupp af människor, och detta är väl mest sådana, som öfver hufvud taget icke tänka så djupt på saken, är fruktan för döden närmast knuten vid tanken på kroppslig smärta. När de känna, att det tillstånd, hvari de befinna sig, är så pinsamt, när de måste lida så mycket af den sjukdom, som skall sluta med döden, då måste väl döden själf vara ännu mera smärtfull och pinsam. Det är med andra ord döden som naturakt, som fruktas, den »fysiska döden», och den därmed förbundna fysiska, kroppsliga smärtan, medan den först omtalade gruppen af människor mera frukta det psykiska lidande, som döden skall medföra, den andliga smärtan.

Fastän det ligger utom detta arbetes ram, att sysselsätta sig med frågan om människans uppfattning af tillståndet efter döden, måste vi dock beröra detta ämne något närmare, efter som uppfattningen däraf mycket ofta måste inverka på det kroppsliga tillståndet strax före döden. Detta sistnämnda, som är vår boks hufvudtema, skall utförligt skildras längre fram i de olika kapitlen om död af olika orsaker;

här skola vi sysselsätta oss med frågan, huru tanken om lifvet efter döden har påverkat olika människor med afseende på deras uppfattning af själfva döden. Vi måste dock strax anmärka, att följande rader icke enbart beröra detta spörsmål; vi ha — af praktiska grunder — tillika i detta kapitel inflätat några berättelser, hämtade från olika håll, som belysa, hvilka olika känslor som i största allmänhet ha sysselsatt deras tankar, som visste döden vara nära förestående. Att analysera, i hvilken grad dessa känslor stå i förhållande till eller hafva inflytande på i fråga varande personers uppfattning af tillståndet efter döden, öfverlämna vi åt läsaren. Enhvar skall väl allt efter sin egen ståndpunkt bedöma detta på olika sätt.

En stor mängd människor omkomma som bekant på hastigt eller våldsamt sätt, döden öfverraskar dem. Till och med om de, medan de voro friska, tänkt öfver frågan om döden, så få de icke tid att tänka närmare däröfver, nu när den griper dem. Som vi sedermera skola se, gäller det nästan som regel, att den, som faller ned från en betydlig höjd eller är föremål för ett annat olycksfall, som på andra, som se det, nödvändigtvis måste imponera som hotande med döden, icke själf kan fatta detta och dör han, så är det utan medvetande därom. Dock finns det några tillfällen, då sansen bevaras, så att man kan resonera om den fara, som kanske skall sluta med döden. Mycket talande i detta afseende är Livingstones berättelse: han ser det rasande lejonet störta emot sig, det griper honom i skuldran, de tumla tillsammans om på marken, det skakar honom, som en foxterrier skakar en råtta, med tassen omkring hans nacke ryter det förfärligt — och ändock, fast han kan fatta allt detta, känner han hvarken smärta eller rädsla. Skakningen, säger han, tillintetgjorde fruktan, och han tillägger, att ett sådant egendomligt tillstånd kan tänkas inträda hos alla djur, som dödas af rofdjuren, »en barmhärtig försyn hindrar dödens smärta».

Men vi vilja nu sysselsätta oss med dem, som icke öfverraskas af döden, utan få tid till att egna sina tankar däråt. Huru högst olika tankar! Helt naturligt, eftersom det icke finnes två människor, som se en sak lika, — och eftersom så många andra förhållanden spela med.

I *forntiden* var tanken om döden ett problem, som sysselsatte sinnena mycket, därom bära de olika filosofernas skrifter många vittnesbörd.   Man ser också, att det icke rådde fruktan för döden; icke allenast skrifterna vittna därom utan också många berättelser om olika mäns död. Att de gamle grekerne och romarne hade så liten fruktan för döden, och att så många frivilligt sökte den genom att hungra, afskära pulsådrorna, döda sig med dolk, svärd eller gift, är kanske beroende på, att de icke fruktade för kval efter döden. I deras lära om lifvet efter detta utmålas icke de eviga straffen, som den kristna läran framställer som straff för dem, som icke handla rätt. Men dessutom lefde de ofta i stridigheter, som medförde osäkerhet till lif och lem, så att de ofta hade döden för ögonen. Många skrifter från den tiden gå ut på att visa, att döden och tillståndet därefter icke är smärtfullt. »Är döden som en djup sömn», säger Sokrates, »som döfvar alla människans sinnen och krafter, så anser jag hela evigheten som en enda lång natt, hvilken jag skall tillbringa i den djupaste och alltså ljufligaste sömn.» För de gamle var döden sömnens broder, och sömnen ansågo många som en föregående invigelse i de stora hemligheterna, den var »dödens små mysterier».

Då Diogenes från Sinope låg döende och åter kom till sans för ett ögonblick, sporde hans läkare honom, hur han kände sig till mods. Han svarade lugnt, att den ene brodern begynte att omfamna den andre — döden hade begynt att famna sömnen. Så ringa var hos en del fruktan för döden, att den prisades såsom befriaren från ett ondt. Hegesias framställde lifvets elände i så vältaliga ord, att han i forntiden blef kallad dödens loftalare, och flere af hans åhörare beröfvade sig själfva lifvet efter att ha hört honom. Kungen befallde honom därför att hålla inne med sitt tal om döden.

Från forntiden känner man också en berättelse om en högst märklig epidemi af själfmordsbegär hos unga flickor; vi hänvisa angående detta till kapitlet om död genom hängning. Cicero meddelar, att Callimachus har författat ett epigram om Cleombrotus från Ambracia, som störtade sig i sjön efter att ha läst en af Platos böcker. Frågar man, hvarför döden för många stod som en vinning, var det icke endast därför, att den befriar från lifvets sorg och elände, utan också därför att den gaf tillfälle till att njuta fördelar. För Sokrates var det en källa till njutning att få umgås med forntidens store lagstiftare, hjältar, vise och skalder och att få utforska människor; för Plato att kunna få undersöka de eviga sanningarna, fritt och oinskränkt kunna få betrakta de omätliga himlakropparna och alla naturens under. »Nej, döden kan man icke frukta», säger Sokrates, »ty antingen upphöra vi alldeles att känna och tänka, eller också komma vi öfver till stjärnorna och de odödliga gudarne — men äfven I, domare, mån hysa godt mod med hänseende till döden och behålla i minnet denna enda sanning, att för en rättskaffens man gifves det intet ondt, hvarken i lifvet eller i döden.» Denna tro på gudarnes rättfärdighet och på belöning för ett hederligt lif få också ett vackert uttryck i Cyrus' afsked från sina barn och vänner.

Att det icke blott var i tal och skrift, som man i forntiden visade, att döden icke var något att frukta, det framgår af åtskilliga exempel, hämtade från den tiden. Sokrates själf är ett storslaget exempel; det sätt hvarpå han i fängelset talar med sina vänner och tröstar dem, hans ord till mannen, som skall räcka honom giftet, det lugn hvarmed han tömmer bägaren — läsaren bör icke underlåta att med uppmärksamhet läsa framställningen däraf i vår bilaga. Epiminondas besegrade år 363 f. Kr. Lacedemonierna vid Mantinea. Cicero berättar att »han kände, att han blifvit dödligt sårad; då han kommit till sans igen, frågade han sina gråtande vänner, om hans sköld var i behåll, och då de hade sagt honom, att den var det, frågade han, om fienden var besegrad; då svaret därpå också blef det önskade, befallde han, att det spjut, som genomborrat honom, skulle dragas ut. Och förlorande en stor mängd blod dog han sålunda i glädjens och segerns timme.» Den unge kungen af Sparta, Agis, går frimodigt i döden, därför att han vet, att han velat det bästa till gagn för sitt land, och hans moder Agesistrata, som ser honom strypt i fängelset och själf måste lida samma död, säger, i det hon träder fram till bödeln: »Gud gifve, att allt detta blod må blifva Sparta till välsignelse.» »Då Leonidas, Lacedemoniernas konung, hade att välja mellan en feg flykt och en hederlig död, ställde han sig själf och de 300 man, som han fört från Sparta, i vägen för fienderna vid Thermopylæ»; denna korta berättelse, som vi hämta från Cicero, är som kändt ytterligare på flere sätt belyst; på ett annat ställe, där Cicero talar om människors uppfattning om döden, berättar han, att Leonidas sade: »Framåt med mod, mina Lacedemonier; i afton skola vi kanske intaga vår måltid i underjorden.» — Ett exempel på dödsförakt, med patriotism som bakgrund, hämtadt från senare tid meddelar Matthison i sina bref om den franske republikanen, som ville hellre lida döden än ropa: »vive le roi!» och med orden »ça ira sans moi» lugnt låter sitt bröst genomborras af bajonetterna.

Naturligtvis fans det i forntiden liksom nu många, som fruktade döden; annars hade ju ej så mycket blifvit taladt och skrifvet därom. Epicur gör följande anmärkning: »Många människor äro svaga och dåraktiga nog att dö af fruktan för döden, ja de taga lifvet af sig för att undgå att plågas af tanken på döden. Det tjänar intet till, att Lucretius (III, 845—855) råder dem till att icke vara rädda för »icke-tillvaron» med att säga, att de skola vänja sig vid att jämföra detta tillstånd med det, som de voro i, innan de blefvo födda, då dessa båda tillstånd ju på det hela taget äro hvarandra lika, eller med att säga, att döden och den eviga okänslighet, som åtföljer den, icke kan vara något ondt, efter som döden är beröfvandet af all förnimmelse, ett icke-varandets tillstånd, där hvarken glädje eller sorg, hvarken ondt eller godt kan finnas. Likväl äro de rädda; många finna det pinsamt, att de skola förtäras af maskar, eller att deras aska skall spridas för alla vindar. Många, ja de flesta, frukta döden därför, att den beröfvar dem njutningen af lifvets goda — och dock, säger Cicero, kan den, som icke är till, ju icke sakna.

Hvad som betingar människors fruktan eller icke för döden, är stundom förhållanden af högst särskild natur. Holbergs epistel om fruktan för döden kastar ett komiskt skimmer öfver frågan. »Och är det troligt», skrifver han, »att dödstankarna skulle bringa »agonisanter» till förtviflan, om de icke vore förvissade om, att alla de, som äro hos dem och hjälpa dem i det sista, inom kort skulle följa efter dem. Jag måste själf härutinnan bekänna min egen skröplighet. Då jag en gång på mina utländska resor låg så illa sjuk uti Genua, att jag ej hade något hopp om lifvet, så tillstår jag, att jag hade stor skräck för döden, och fast jag föreställde mig alla de argument, som min själasörjare skulle kunna anföra till uppmuntran, så framhärdade jag dock i min svaghet. Men då jag just uti detta mitt tillstånd fick höra, att den store konung Ludvig XIV nyligen afgått med döden, så tänkte jag: hvad är ditt lif att räkna med mot en sådan mans. Jag beslöt därför strax att låta alla mina pretentioner falla och mitt förra pultroneri blef förvandladt till heroism.» I samma epistel läses: »Jag påminner mig en gång ha vakat öfver en sjuk, som ogärna ville dö. Jag sträfvade att betaga honom hans fruktan med de kraftigaste teologiska argument, men det syntes, att han blott föga påverkades däraf. Slutligen sade jag: 'vi kunna föreställa oss vårt lif som en assemblée eller aftonsällskap, där en går ifrån sällskapet kl. 10, en annan kl. 11 och den tredje kl. 12.' Vid denna liknelse fattade han mod, reste sig upp i sängen och sade: hvad betyder det då att dö litet förr eller senare?' Så att jag märkte, att detta argumentum ad hominem verkade kraftigast.» — Att sådana hvardagliga tankar kunna komma med i räkningen vid sidan af allvarliga tankar är något, som de flesta väl känna till. Det samma gäller, när det är fråga om tanken på döden. Några vilja helst dö en solskensdag, andra när det är mulet väder; den ena kan väl tänka på att kasta sig ned från en klippa,

medan han aldrig skulle gå in på att kasta sig ned
från ett hus, den andre, som vill dränka sig och
därtill väljer den idylliska skogssjön en stilla som-
marnatt, skulle med afsky bortvisa tanken på att
dränka sig i ett upprördt haf. Den som fattat be-
slutet att göra ända på sitt lif, kan afstå från sin
föresats, när förhållandena ställa sig annorlunda,
än han tänkt sig — kort sagdt, det är ofta märk-
värdiga tankar, som röra sig inom människan, när
det är fråga om tanken på döden.

Vi· skola belysa frågan om människornas tankar
om döden närmare genom exempel.

Man kan naturligtvis utan vidare antaga, att
de män, som i helig ifver söka att utbreda den tro,
till hvilken de själfva bekänna sig, icke böra hysa
någon fruktan för döden, då ju deras tro ger dem
hopp om ett saligt lif efter lifvet på jorden. Det
är också bland *trons förkunnare* och särskildt bland
dem, som lidit döden, därför att de utbredt sin reli-
gion, *martyrerna*, som man finner exempel på upp-
höjd sinnesro, likgiltighet för de kroppsliga smärtor,
som vänta dem, och en resignation för att lida dessa,
hvilken förlänar dem ett storslaget och högtidligt
allvar, som ovillkorligen inpräglar sig i läsarens
sinne. I vår bilaga finnas en del exempel på den
här omtalade uppfattningen om döden. Jag nämner
Huss, som, då han ser en bonde ifrigt närma sig
med ett fång ved för att öka bålet, hvars lågor snart
skola förtära honom, utbrister: »O! sancta simpli-
citas!» (o, heliga enfald) och som på bålet, omhvärfd
af lågorna, sjunger med klar stämma till Kristi lof.
Vidare Savonarola, denna upphöjda gestalt, som måste
se sina två olyckskamrater hängda, innan han själf
bestiger schavotten. Man läser om hans uppträd-
ande inför domarne, om hans vandring till schavotten,

med hvilket lugn han upptager pöbelns hån, och hans svar till dem, som vilja trösta honom. »Med hvilket sinnelag bär du detta martyrium», spörjer prästen Nerotto; Savonarola svarar blott: »Herren har lidit så mycket för min skull.» Man läser denna skildring och jag tror, att ingen kan annat än röras, förundra sig och beundra. I Skottland måste många lida döden på reformationens tid. Markisen af Argyle, som af naturen var mycket rädd, tar i fängelset lugnt afsked af sina vänner, bestiger schavotten med fasta steg, och utan att hans ansikte röjer fruktan håller han sitt vackra tal till pris för den sak han kämpat för, och då han knäböjt och lagt sitt hufvud under bilan och Hutchison ropar till honom: »Nu, mylord, grip ännu fastare tag i eder tros ankare», svarar han: »Ja, det gör jag; all fruktan har lämnat mig.» Han bad ännu en gång och lyfte sedan handen som tecken till, att bödeln nu måtte göra sin sak.» Den gamle och svage ärkebiskop Johnston af Warriston, svag äfven i andligt afseende, läste sitt dödstal från schavotten med klar stämma och bad med en sådan värme och kraft, att alla åhörarne förvånades öfver den förvandling han undergått. Då snaran lades om hans hals, sade han: »Herren har tröstat mig i sin nåd», därpå ropade han: »Abba, käre fader, tag till dig denne din arme, syndige tjänare, som kommer till dig genom din käre sons, Jesu Kristi förtjänst.» I det han lyftade sina knäppta händer mot himmelen och utbrast: »O, tack och pris!» blef han störtad ned från stegen.

För att förstå dessa människors känslor, måste man minnas, att uppfattningen af döden ej blott beror af den enstaka individens särskilda andliga tillstånd, utan också präglas af den uppfattning, som är allmänt härskande på den tid, hvari de lefva,

samt af många andra förhållanden, som äro olika
för hvarje enskild individ.

Naturligtvis är det icke blott de, som lidit mar-
tyrdöden, hvilka visa en upphöjd uppfattning af
döden i kraft af sitt religiösa sinnelag. Luther kände
sig mycket sjuk. »Ack, herre Gud, hvad jag har
ondt. Käre d:r Jonas, jag tror att jag kommer att
dö här i Eisleben, där jag är född och döpt»; han
försöker att gå omkring i sitt rum, men måste lägga
sig på soffan. »In manus tuas commendo spiritum
meum; redemisti me, Domine, Deus veritatis» (i dina
händer anbefaller jag min ande, du har återlöst mig,
herre, sanningens Gud), upprepade han flera gånger.
Och senare, då det tillkommit flera personer, som
söka att styrka och läska honom, säger han: »Käre
Gud, jag är mycket sjuk, jag går snart bort, jag
skall visst dö här i Eisleben.» Då d:r Jonas sökte
trösta honom och sade: »Vördige fader, I har fallit
i stark svettning, Gud vill i sin nåd låta det blifva
bättre», var Luthers svar: »Ja, i den kalla dödssvett-
ningen, jag skall uppgifva anden, ty sjukdomen till-
tager.» Han håller nu en bön, som visar hans tro-
ende förtröstan till lifvet efter detta. En af läkarne
försökte ännu ett dyrbart medel, som han alltid bar
i sin ficka för att använda vid behof; Luther tog
en sked däraf, men strax därpå sade han: »Jag
går hädan, jag skall snart gifva upp anden.» Han
upprepade nu hastigt tre gånger efter hvarann:
»Pater, in manus tuas commendo spiritum meum; re-
demisti me, Domine, Deus veritatis.» Efter att ha
sagt detta tredje gången låg han stilla; man ropade
på honom, men han svarade icke, man försökte att
badda hans puls med essencer, men han förblef
liggande utan att röra sig. Då ropade d:r Jonas
och magister Celius högt i örat på honom: »Vör-

dige fader, viljen I ståndaktigt dö i tron på Kristus och på hans lära, såsom I hafven predikat den?» Luther svarade, så man tydligt kunde höra det: »Ja.» I det samma vände han sig om på höger sida och sof sedan så stilla, att man började hoppas på en förbättring, men läkarne och Jonas och Celius trodde det icke. Hans ansikte blef nu blekt, hans fötter och näsa kalla, »han drog en djup men sakta suck, hvarmed han uppgaf andan, stilla och med stort tålamod, så att han icke mera rörde hvarken hand eller fot, och ingen (det vittna vi på vårt samvete inför Gud) kunde märka någon som helst oro, kroppsliga plågor eller dödssmärtor», säga Jonas, Celius och Aurifaber, från hvilka denna berättelse förskrifver sig, »utan lugnt och stilla afsomnade han i Herran».

Många andra fromma män ha dödt på samma stilla, Gudi hängifna sätt. Vi kunna till exempel hänvisa till berättelsen om den store skotske reformatorn Johan Knox' sista stunder. Också han anbefaller »sin själ, anda och lif» i Herrans händer, uppger en suck och säger: »Nu är det så långt kommet!» Äfven här träffa vi ett exempel på det då gängse bruket, att man ropar till den döende frågan, om han tror i sin dödsstund. Knox lyfte sin hand som tecken till ja, suckade två gånger och var därpå död. De nämnda exemplen beröra alla män, hvars lifgärning det var att förkunna sin tro; de visa, att gudsfruktan kan befria ifrån fruktan för döden.

Många andra exempel på denna sanning kunna hämtas från andra biografier öfver personer, om hvilka man icke vet, att de varit särskildt religiösa, om man annars öfver hufvud kan veta något om detta. I vår bilaga finnas några utförligt meddelade afdelningar ur *likpredikningar öfver den danska adeln i 16:de och 17:de århundrandet.* Utgifvarne framhålla i sitt företal, att dessa likpredikningar lida af många brister, men detta gäller näppeligen den del af dem, som vi använda, ty den detaljerade skildringen af den dödes sista stunder kan icke vara hopgjord. Till och med om det meddelade icke är i alla afseenden pålitligt, är dock säkert det hufvudintryck man får det rätta — och här måste man återigen förundra sig öfver det då rådande bruket. Danmarks rikes marsk, Holger Ottesen Rosenkrands, har tagit afsked af sina barn; »de fromme dannemän», hans själasörjare, trösta honom med »åtskilliga sköna sentenser, som man allmänneligen plägar förehålla sjukt folk på deras sotsäng». Det tröttar Rosenkrands, att de äro så vidlyftiga, och han säger: »Käre herre, få ord med store herrar», och de nöjde sig då med att bruka några få sentenser, som de ofta läto honom höra. Senare på aftonen samtalar han i flera timmar med prästerna om syndernas förlåtelse, uppståndelsen och evigheten. Då klockan var elfva, räckte han upp sina händer och sade: »Gud, o min Gud», tog sin näsduk och strök med den öfver ögonen, vände sitt hufvud sakta på kudden och slöt ögonen. I samma ögonblick lägger prästen sin hand på hans bröst och ropar: »Herre Jesus Kristus, i dina händer befaller jag min anda!» Och han sade sakta därtill: »ja». Därefter tog han blott två djupa andetag och afsomnade därefter kristeligen och ljufligen i Herren.»

En man som Rosenkrands var, som ju också berättelsen visar, själf herre öfver, huru pass mycket han ville sysselsätta sin tanke med religiösa spörsmål i sin sista stund, men det var icke alla, som

kunde säga, huru de ville hafva det. Man läse
således vår berättelse om Anna Jakobsdotter Trolle.
Den stackars lilla flickan (hon var blott 12 år gam-
mal) måste i bortåt 3 veckor så godt som dagligen
tala med prästen om synd, i alla fall går samtalet
i den riktningen. Hon är from och gudsfruktande
och synes icke frukta döden, men också hon oroas
i sina sista ögonblick af prästen. Utan tvifvel en
rättänkande man, den prästen, men ack, huru en-
faldig!

Att *filosofen*, som granskar problemen lif och
död, tro och vetande, visdom och oförstånd, kort
sagdt, som söker att nå kunskap om sanningen,
måste se på döden med en uppfattning, som står i
förhållande till den mening, han med rätta anser
sig kunna hafva om frågan, är ju själfklart. Att
fruktan för döden försvinner, att döden kan betraktas
som något välkommet och godt, därpå äro icke alle-
nast Sokrates och de andre forntidens män, som vi
ofvan nämnt, slående exempel, utan man träffar
naturligtvis det samma hos människor från hvarje
tid. Som exempel härpå hänvisa vi till skalden
Matthias Claudius. Han har allt ifrån sin ungdoms-
tid varit starkt upptagen af spörsmålet om döden,
hans »Freund Hain»; förkämpe för den kristliga
barnatron, som han var, känner han sig förtröstande
till mods, fastän han noga iakttar, huru döden när-
mar sig steg för steg. »God natt, god natt, nu är
det förbi», säger han och ännu en gång vända sig
hans klara, strålande ögon med kärlek till hans
hustru, men då han från henne vill se bort på sina
barn, släckes deras ljus, han suckar och dör. —

Huru vanskligt det är att dömma om de finare
nyanserna i en människas själslif, vet enhvar. Man
tror sig stå inför ett uttryck af högmod, där det i

verkligheten är anspråkslöshet, som har bragt ifrågavarande person att tala eller handla, som han har gjort; stränghet kan vara ett uttryck för ett vekt och mildt sinnelag. Hur mycket vanskligare är det icke då att analysera de känslor, som visa sig hos dem, som känna döden nära. Vi skola visa några exempel, som belysa olika, särskildt framträdande känslor hos döende. Liksom tron kan ge styrka till att modigt möta döden, kan också medvetandet om att hafva utfört eller ha sträfvat att utföra något godt, gifva den döende sinnesro.

Plutarchs berättelse om den stora fältherren Philopoemen, som af Dinocrates blef tvungen att ta in gift, visar oss, att *tanken på fäderneslandets väl* gör honom döden lätt. *Stolthet* och tanken på, att den ära, han förut tillkämpat sig, icke bör fläckas, synes vara de känslor, som bringa Themistokles till att taga sig sjelf afdaga. Han offrar till gudarne, sammankallar sina vänner för att ännu en gång taga afsked af dem och tömmer därefter giftet. Då Pericles låg på sitt yttersta, sutto hans vänner och de mest framstående bland medborgarne vid hans läger och i den tro, att han var utan medvetande och icke kunde höra, hvad de sade, talade de om hans hjältebragder och hans mod. Men Pericles, som hade hört dem, utbrast plötsligt, att det förundrade honom, att de ville rosa honom för sådant, som lyckan hade del uti, och som så mången härförare före honom hade uträttat, men att de glömde det skönaste och viktigaste, att nämligen aldrig någon athenare klädt sig i sorgdräkt för hans skull. Här synes en *blandning af anspråkslöshet och glädje öfver, hvad han uträttat*, vara de känslor, som gifva sinnet ro. Platos förhärskande känsla var *tacksamhet för lifvets goda*, han prisade sin lott och sitt öde, att han hade blifvit människa och icke ett oförnuftigt djur, att han blifvit grek och icke barbar och att han kommit till världen på Sokrates tid. Plutarch, från hvilken vi hämta detta, tillfogar, att också Antipatros från Tarsos skall på samma sätt före sin död hafva uppräknat all den lycka han njutit och icke en gång ha glömt sin lyckliga resa hemifrån till Athen.

Den upphöjda sinnesro, som betingas af sådana känslor, kan ju hafva många andra anledningar. Kung Sverre låter lyfta sig upp i högsätet, innan han får den sista smörjelsen, och vill bli sittande där, tills han dör eller blir frisk. »När jag dör, skolen I lämna mitt ansikte obetäckt och låta både vänner och fiender se efter, om på min kropp finnes någon verkan af mina fienders förbannelser och bannlysningar; ty då skall jag icke kunna hemlighålla, om jag ställt det så illa för min själ, som de påstått.» Och efter att ha tillagt, att han haft mera ofred och fara än glädje och njutning af sin konungamakt, och att han tror, att många blott af afundsjuka blifvit hans fiender, säger han till sist: »Må Gud förlåta dem det. Han döme mellan dem och mig i detta som i allt annat.»

Medvetandet om, att det lidande, som skall utstås, i alla händelser till en stor del *är oförskylldt* har för många, som blifvit afrättade eller brända varit till tröst i döden. Indianhöfdingarne, som blefvo så skoningslöst behandlade af Cortez, äro goda exempel härpå. Hatney uppfordrades på bålet till att antaga kristendomen, för att hans själ skulle kunna komma till himmelriket. »Komma hvite män dit?» frågar han, och då det svaras ja, utbrister han: »Då vill jag icke vara kristen, ty jag vill icke komma någonstans, där jag kan träffa så grymma människor.» Också andra skildringar i Prescotts berättelse om Mexikos eröfring peka i samma riktning (se Guatemozin). Den engelske konungen Carl I visar ett upphöjdt lugn, då han skall afrättas. Han kände, att han var oskyldig gent emot sitt folk, men medgaf sig skyldig inför Guds domstol. Han förklarade, att han blefve rättvist straffad, därför att han samtyckt till en orättfärdig dom, då grefven af Stafford blef afrättad. Den arma Maria Stuarts sista ord voro att vittna om sin oskuld. Den olyckliga Jane Grey, som var drottning i 10 dagar, vittnar på schavotten, att hennes skuld icke bestode i, att ha eftersträfvat kronan utan i att icke hafva tillbakavisat den med ståndaktighet. Det är rörande att läsa om hennes gång till schavotten, hvarvid man var grym nog att låta henne möta de män, som buro hennes strax förut afrättade mans hufvudlösa kropp. Det är svårt att kunna fatta den sinnesro, hon städse visar. Ludvig XVI bestiger med lugn schavotten på revolutionsplatsen; också han är medveten om sin oskuld — om än hans mod vacklar ett ögonblick, så vidt man får tro berättelsen därom. Det är själfklart, att också *tålighet och sinnesro såsom allmänna karaktärsdrag* kunna hafva sin betydelse, vid frågan om hur den, som vet, att han skall dö, uppfattar sitt tillstånd. Oftast är det väl dessa människor, som samla sina närmaste omkring sig, taga afsked, tacka för hvad godt, som blifvit dem gifvet, gifva råd till och söka trösta sin omgifning för den sorg, de visa; formen för deras sista deltagande är ju dikterad af deras naturell och mycket annat. Konung Karl IX af Sverige och den tyska konungen Fredrik Wilhelm äro exempel på två högst olika karaktärer, som det skall intressera läsaren att lära känna i deras sista stunder. Jefferson ålägger sina närmaste att hålla dygden i ära och vara sannfärdiga och hederliga — men kan ej annat än le, då han ser att en gosse på 8 år alls icke fattar situationen. *En af Livingstones förfäder* säger till sina barn, att om någon af dem skulle gå en oärlig väg, så är det icke därför, att det ligger dem i blodet, ty han har vid granskning af förfäderna aldrig funnit något, som visade, att någon af dem varit oärlig. *Göthes moder*, en utmärkt duktig och praktisk kvinna med sundt, naturligt förstånd, vill af sin kusin, läkaren, få reda på, om hon skall dö. »Intet omsvep, kusin! Sag er's rund heraus.» — Allt är ordnadt för begrafningen, kistan är kommen, det är bestämdt, hvad slags vin det skall vara, och hur stora stycken kaka, som begrafningsgästerna skola få, och pigan får icke taga för mycket russin till kakan, ty det hade hon aldrig i sitt lif kunnat lida och det skulle förarga henne i hennes graf. Få timmar före döden ber hon, att det strax, när hon är död, måtte meddelas till Göthes son. Andra tänka mera på, att de efterlefvande icke må vara bedröfvade. Den 50-åriga damen, som vet, att hon snart skall dö, säger till sin svägerska och dennas dotter, att de ju visste, att hon alltid hållit så mycket af dem, och att hon hoppades att få råka dem igen, och då hon såg dottern gråta, sade hon: »du får icke gråta, det gör mig så ondt att se; jag önskar blott, att det må vara fred» — därmed sjönk hon tillhopa i armarna på sin svägerska, som hade stödt henne, och var död. Amiral Parry tager afsked af sin hustru, talar om sin längtan efter att dö och säger kort därefter, att hon måste se till, att det icke blir några scener. Läkaren X. vid observation 2, säger i medvetande om, att han snart skall dö, att det är sorgligt för hans hustru och barnen, att det icke sker snart, så att de kunde få en gladare jul. Som vi få tillfälle att omtala i vår boks senare kapitel, särskildt i den del, som handlar om tillståndet i människans medvetande kort före döden, äro de *många, olikartade känslor, som taga sig uttryck,* såsom naturligt är, ofta *präglade af ifrågavarande persons lifs hufvudsakliga sysselsättning och innehåll.* Således skola vi få se, att läkare studera sin egen döds annalkande. Att visa *mod* i de olika skickelser, som möta människan, är ju ofta starkt förhärskande i karaktären och hela uppträdandet. Vi beundra *Half och hans kämpar,* som vakna i den brinnande hallen och utkomne kämpa för sitt lif, som de dock akta ringa; därom förtäljer deras kväde: »lättare är ej lifvet än döden!» — »Följer jag drotten glad nu i döden, modigt jag faller här vid hans sida. Det skola kämparne kunnigt göra: leende dog konung Half.» Och vi beundra *Jomsvikingarna,* i hvilkas lag det var skrifvet, att ingen finge visa fruktan. Då Hakon Jarl låter döda dem, spörjer Torkel dem, innan han skall hugga deras hufvuden af, hvad dem synes om att dö. »Godt synes mig om att dö med ära, men du, Torkel, vill lefva med skam», säger en. En annan säger: »Godt synes jag om min död liksom alla mina stallbröder. Hugg mig rakt i ansiktet och lägg noga märke till, om jag blinkar något med ögonen, ty det ha vi ofta talt om.» Det är värdt att läsa hela den berättelsen igenom. Också Jökul är värd att lära känna, han kväder en visa om sitt banesår och kung Olafs vrede, strax innan han dör.

Det mod, som vi ofvan ha sett många af forntidens män visa i sina sista stunder, återfinnes i andra former hos många andra. Den unge romerske kejsaren Otho lägger två skarpslipade dolkar under sin hufvudkudde, går därpå till hvila, och tidigt nästa morgon dödar han sig. Cato Uticencis, tyranniets stolte fiende, har sista natten af sitt lif Platos' skrift om odödligheten i sin hand och svärdet, som aldrig varit fläckadt af människoblod, under sin hufvudkudde; han *vill* dö, ty då han sårat sig med svärdet, och man skyndar till att förbinda hans sår, rifver han upp förbandet med egna händer. Som vi redan sagt, måste man ju taga tiden och dess syn på lif och död i betraktande, när man skall döma om de känslor, som besjäla den döende. Och att man måste taga de yttre omständigheterna med i räkningen, synes oss intet belysa tydligare än *krigarens* syn på döden. Att denna i hvarje fall ofta måste blifva en helt annan, än han själf trott, är säkert nog. Han kan icke undandraga sig påverkan af de många känslor, som samtidigt väckas. Striden för den goda saken upplifvar till mod, fosterlandskärleken, stoltheten öfver att vara med om att visa dess maktfullkomlighet — kanske också stoltheten öfver att visa sina kamrater, hur tapper och modig man är, den likgiltighet, som öfveransträngningen ofta medför, och de många tankar, som tränga sig på den stridande, göra, att han icke fruktar döden, ja kanske många gånger tanklöst utsätter sig för den död, som han skulle ha fruktat, om han hade känt dess närhet. Vårt kapitel om krig skall belysa detta på många sätt.

Ett ganska egendomligt slags mod inför döden, ett mod, som väl ofta har sin rot i *fåfänga*, får sin illustration i dem, som blifva afrättade eller på annat sätt skiljas från lifvet, därför att de förbrutit sig mot lagen. Det är i detta hänseende intressant att läsa om Henrik IV:s mördare, Ravaillac, om Fieschi, Morey och Papin, som måste lida döden, därför att de föranstaltat attentatet på Ludvig Philip. Den stackars

Alibaud, »som icke vill efterapa Fieschi» och som framför allt önskar, att man må veta, att han icke ville döda Ludvig Philip för att döda, att kulan i hans bössa icke gällde en människa utan en princip, kan icke annat än väcka medlidande, och dock förefaller hans uppträdande icke fullt naturligt. Högst egen synes oss den *blandning af känslor* som ådagalägges af Damiens, hvilken stuckit Ludvig XV med en knif. Under de rysliga marter, han måste lida, då hans hand brännes bort och då han knipes med glödande tänger och det droppas smält bly, svafvel och annat i såret, väcka hans förfärliga skrik rädsla hos de nyfikna, som samlats för att se honom pinas och sönderslitas af hästar, men hvar gång, han genomgått en ny tortyr, ser han med uppmärksam *nyfikenhet* efter, hvad verkan som uppnåtts. Också berättelsen om bondkvinnan Ellsman förefaller oss intressant för belysning af denna fråga. Vi fästa särskildt uppmärksamheten på, att hon, fast hon vet, att hon skall afrättas om några få timmar, icke kan förmås att lägga sig ned, därför att hon är rädd, att hennes hår, som hon satt upp så vackert, skall komma i oordning.

Fåfängan, som ju spelar en stor roll i de flesta människors lif, ger sig tillkänna på många sätt. Om man får tro Suetonius, har Julius Cæsar, då han såg de många sammansvurne störta fram emot sig med lyftade dolkar, efter att han höljt öfver sitt hufvud med togan, med vänstra handen dragit den nedersta delen däraf omkring sina ben »för att falla desto anständigare, när också nedersta delen af kroppen var betäckt». Augustus låter frisera sitt hår, frågar de närvarande, om de tycka, att han spelat sin roll i lifvet någorlunda och citerar med anslutning därtill en vers af en grekisk komediförfattare:

»Plaudite, amici, comoedia finita est» (applåderen, mine vänner, ty komedien är slut). Men därpå bad han dem gå bort och efterhöra, huru det står till med Drusus' sjuka dotter, och då de gått, dignar han till Livias läppar med orden: »Haf vårt äktenskap i kärt minne, Livia. Lef väl!» Vespasianus är så svag, att han faller i vanmakt, men säger: »en kejsare bör dö stående». Då han i det samma vill resa sig upp, dör han i händerna på dem, som stödja honom.

Fåfängan visar sig också på andra sätt. Montaigne berättar om en i fred och krig väl ansedd man, som dog i hög ålder. Han sysselsatte sig i sina sista stunder med stor glädje och omtanke med att arrangera ceremonierna och hedersbevisningarna vid sin begrafning. Alla adelsmän, som besökte honom, måste lofva att närvara vid hans likbegängelse, och då han fick en furste, som besökte honom kort före döden, till att inse, att det vore riktigt, att han också kom, tycktes han dö tillfreds. »Je n'ay gueres vu de vanité si persévérante», säger Montaigne. Skalden Conradus Celtis lät måla sin bild som lagerkrönt diktare och berömmer sig själf i den grafskrift han författar. Mirabeau visar sitt lugn i medvetandet om den annalkande döden genom att låta raka sig. Det skall säkert intressera läsaren att lära känna de olika känslor, som besjälade Öhlenschläger i hans sista stunder. Halfannan timme, innan han dör, kallar han sin son till sig och säger honom, att han skall afsluta hans »Livserindringer»; han har bestämt, att hans tragedi Sokrates skall uppföras vid sorgefesten efter honom, och han ber sonen läsa upp för sig det ställe, där Sokrates talar om döden. Sedan det är uppläst, tar han afsked af dem alla, och kort stund därefter är han död. Mycket egendomlig som *blandning af mångt och mycket* är skildringen af Fredrik Wilhelm. Få dagar före sin död dikterar han ett långt aktstycke om instruktion för sin begrafning; han håller sitt tobakskollegium, talar allvarligt med sin son, låter sjunga psalmer för sig, skämtar och är allvarlig omväxlande, vill se sina tjänares nya livré och ser sig själf i spegeln, kan icke förstå, att pulsen är borta, då han kan röra sina fingrar — kort sagdt, det är en blandning af en mängd olika känslor, som dock till sist lämna rum för ett högtidligt allvar, då han ser läkaren betrakta sig stilla och sorgset.

I berättelserna om Fredrik Wilhelm och om Jefferson ha vi i korthet berört, att *sinne för skämt* kan liksom titta fram midt bland andra karaktärsdrag hos den, som vet, att han skall dö. Äfven andra exempel finnas på samma sak. Då det blir klart för Beethoven, att hans slut är förestående, säger han till sina vänner, citerande Augustus: »Plaudite, amici, comoedia finita est.» Den olyckliga Anna Boleyn, som Henrik VIII orättvist beskyllt för otrogenhet, visar en på en gång storslagen och rörande hållning. Då fångvaktaren vill trösta henne och säger, att smärtan vid halshuggning blott är obetydlig, svarar hon, att hon hört, att bödeln (som var tillkallad från Calais) nog var mycket duktig, och i det hon slog sig med händerna på nacken tillade hon leende: »min hals är så smal». Mycket egen är berättelsen om Sir Thomas Moore, ett annat af Henrik VIII:s offer. Han skämtar, då han skall bestiga schavotten, och då bödeln ber honom om förlåtelse, svarar han: »Du skall aldrig vinna berömmelse med att halshugga mig, min hals är så kort.» Och denna skämtande ton var icke utslag af lättsinne, tvärtom, han var känd som en sträng och allvarlig men dock mild och vek man, hvars naturliga munterhet hade sin grund uti ett rent samvete.

En blick på, hvad vi här framställt och belyst med exempel, skall visa, att mångas känslor inför spörsmålet om deras lifs afslutning äro af den art, att de göra döden lätt för dem. Vi få som sagdt framdeles tillfälle att visa det samma med andra exempel. Å andra sidan träffa vi *känslor, som fördystra tanken på den sista stunden och göra den pinsam*, när den kommer. Roger Bacon mindes i sin dödsstund de grymma förföljelser, han måst lida under sitt lif, och sade med skälfvande röst: »Jag ångrar, att jag arbetat så mycket i vetenskapens och människornas intresse.» En sådan *bitterhet* kan, till och med om den kanske är parad med någon belåtenhet eller medlidande med sig själf, dock icke annat än göra de sista stunderna pinsamma. Hos den stackars *galérslafven*, som Lauvergne berättar om, var *ondsinthet* den sista känsla, som kom till utbrott, innan han dog. När den, som vet, att han snart skall dö, känner *oro, därför att han icke kan rättfärdiga sina handlingar för sig själf*, måste tankarna ofta vara plågsamma. Den knappt 24 år gamle konung Karl IX, som två år före sin död hade låtit förleda sig att gå in på, att hugenotterna skulle dödas Bartolomeinatten, pinas på sin dödsbädd af de förskräckliga syner, han varit vittne till, och minnena af det onda, han förvållat, martera hans samvete. Den gamla drottning Elisabeth har säkert ångrat den pinsamma död, hon var vittne till, att grefvinnan af Nottingham måste lida, ty det var ju hon själf, som grep den döende grefvinnan med sina händer och skakade henne i sängen, i det hon ropade: »Må Gud förlåta dig, jag gör det aldrig.»

Men detta var ju dock ett intet emot, att hon hade samtyckt till att låta afrätta grefven af Essex, sin egen favorit. Då Henrik VIII, denna mer än grymma människa, om man ens kan kalla honom för människa, hvilken ingen vågade tilltala, och som hade låtit afrätta flere personer, blott därför att de sagt, att han var död, fick veta, att hans tid var ute, kände han sig mycket ängslig till mods och ångrade sina handlingar. Också Voltaire skall ha känt sig starkt plågad under sin sista tid, om man får tro den berättelse, som finnes i vår bilaga; andra af Voltaires biografer förneka, att han kände sig så illa till mods vid tanken på döden. En helt annan form för dödsfruktan är den, som man träffar hos sådana *eländiga karaktärer* som Nero. Egenkär och fåfäng in i det sista, har han säkert lidit en kvalfull död redan i sin fruktan för döden — och det samma gäller mången *förbrytare*, som skall undergå dödsstraff. Läsaren kan finna en berättelse härom i meddelandet om makarne Manning.

I den föregående framställningen ha vi sysselsatt oss med människans tankar i anledning af döden, för så vidt dessa tankar äro riktade på spörsmålet om tillståndet efter döden, lifvet efter detta, om också icke frågan har format sig bestämdt på detta sätt för den döende. Vi ha sett, att ganska många människor alls icke hysa någon fruktan för, hur det skall gå dem efter deras död. Hvad som är det bestämmande med hänsyn till fruktan eller icke-fruktan för tillståndet efter döden, är väl närmast personens i fråga samvete. Medvetandet om att ha handlat i öfverensstämmelse med de moraliska rättsbegreppen befriar honom från fruktan. Den, som känner dessa, kan då själf sägas vara herre öfver, om han skall behöfva hysa denna här omtalade form af dödsfruktan. För de många, hvilkas hela uppfostran och sociala ställning för det med sig, att de icke alltid rätt kunna skilja mellan sant och osant, rätt och orätt, godt och ondt, blir frågan knappast annorlunda, ty också för dem är samvetet det ledande. Också för dem gäller det, att när de handla i den rätta riktningen, i öfverensstämmelse med sina begrepp om, hvad som är rätt och orätt, böra de ju icke ha orsak att frukta för tillståndet efter döden.

En helt annan form för de tankar, människor hysa med anledning af frågan om döden, är den, som berör döden som naturlig händelse, som natur-akt. De flesta människor hysa fruktan för, att dö-den skall vara smärtfull och pinsam. De tro, att den sjukdom de haft och som vållat dem så mycken smärta, är ett intet att räkna med, mot hvad de skola genomgå, då de en gång skola skiljas hädan. Det är denna form af fruktan för döden, som det är vår uppgift att i det följande belysa, som är denna boks hufvudtema. Vi skola försöka att skildra, huru döden inträder under de olikartade förhållanden, som kunna medföra densamma, och huru människans tillstånd är under dessa förhållanden.

Hvad som intresserar oss mest är, som redan sagdt, huru hela organismen, individen i personlig mening, människan dör. Hennes lif är ju betingadt af, att det finnes lif i hennes organer och väfnader, och att dessa verka (funktionera) i harmonisk en-dräkt. När harmonien rubbas, uppkomma tillstånd, som kunna nödvändigt betinga dödens inträde. Vi skola i det följande söka visa, på hvilka olika sätt döden kan inträda under olika förhållanden, och börja då med att beskrifva den vanligaste formen, död genom sjukdom. Därefter söka vi skildra döden så, som den visar sig hos åldringen, som är mätt på att lefva, och upprulla till sist olika bilder af den död, som på ett mer eller mindre våldsamt sätt gör slut på den ofta lifskraftiga människan.

Om döden genom sjukdom.

Inledning.

När en människa dör af sjukdom, plägar man
säga, att hon är död af en bestämd sjukdom, och
ser man efter på dödlighetstabellerna, finner man
också, att dödsorsakerna stå uppförda under be-
stämda sjukdomsnamn, af hvilka de, som kräfva de
flesta offer, äro sjukdomar, som drabba *hjärnan, lun-
gorna eller hjärtat.* Det har också sedan gammalt
allmänt antagits, att döden alltid kom från något af
de tre nämnda organen. Galenus, som lefde från
130—200 skall först hafva framställt denna me-
ning, och den utvecklades vidare med stor skicklig-
het af Bichat, som skref den citerade berömda boken:
Recherches sur la vie et la mort. Det är intet tvif-
vel om, att vissa sjukdomar i hjärna, hjärta eller
lungor döda, just därför att de angripit något af dessa
organ. En man får en blödning i hjärnan (apoplexi),
han faller strax sanslös omkull och är död inom
få timmar. Vid obduktionen finnas väl sådana för-
ändringar i lungorna, hjärtat och de andra organen,
som tyda på, att blodomloppet har varit underkastadt
en förändring, men ingen kan dock tvifla på, att
mannen ifråga dödt af en hjärnsjukdom, att hans
död härleder sig från hjärnan. — Eller hjärtat brister

OM DÖDEN GENOM SJUKDOM.

plötsligt, det kan icke längre regelmässigt utföra sin funktion att drifva blodet ut i kroppens organ. Också här visar obduktionen förändrade blodfyllnadstillstånd, men enhvar skall med rätta säga, att den patienten är död af en hjärtsjukdom, att hans död kommer från hjärtat. Och hvad lungorna beträffar, så vet hvar och en, att man icke kan lefva, när man icke kan draga andan, och i de fall, där det är tydligt, att en sjukdom sådan som t. ex. lungsot har härjat i lungorna så, att deras väfnad icke längre kan sköta sin syssla, att besörja luftväxlingen och syrsätta blodet, där måste döden bli resultatet och patientens död härleder sig från lungorna.

Dock gifves det en stor mängd fall, där man trots noggrann observation icke kan säga, hvarifrån döden kommer. Detta gäller både iakttagelsen af patienten, medan han ännu lider af den dödsbringande sjukdomen, och iakttagelsen af obduktionsresultatet. Jag har själf på min tid som obducent företagit en stor mängd obduktioner och minnes tydligt, huru öfverraskad jag ofta var öfver den bristande förmågan att kunna afgöra frågan: hvaraf är då denna människa död? Det är klart, att denna patient är död af lungsot, ty det finns ju så godt som icke en smula andningsduglig väfnad kvar af hans lungor, men denne andre, där knappt hälften af ena lungan är förstörd af lungsoten, hvaraf är han död? Orsaken kan icke vara i lungorna, som i öfrigt icke heller visa sådant tillstånd af blodöfverfyllnad etc., som plägar antagas som oförenligt med lifvet. Ser man saken från den andra sidan, läkarens, som behandlar den sjuke, och ser, att han måste dö, så är man också mycket ofta i ovisshet, om han dör, därför att det är hans hjärna eller hjärta eller hans lungor, som icke längre förmå uträtta det för lifvets

bestånd nödvändiga arbetet — kort sagdt, man står
inför en olöslig gåta.

Som läsaren torde ha sett, är redan i det ofvan-
stående den omständigheten berörd, att i fall, där
man med säkerhet kan säga, att döden härleder sig
från hjärna, hjärta eller lungor, tydliga tecken finnas
på, att blodomloppet har varit underkastadt föränd-
ringar, hvilkas yttersta gränser äro organens öfver-
fyllnad med mörkt (venöst) blod eller fullständig
blodtomhet (anämi). Bägge dessa tillstånd äro oför-
enliga med lif eller lifsduglighet. En man, som får
hjärnblödning (apoplexi), går kanske icke så hastigt
under som den nyss omtalade, han har utan tvifvel
apoplexi, ty han har sjunkit samman med ett slag,
är medvetslös och lam i den ena kroppshalfvan, men
han kommer öfver det akuta i tillståndet, han vak-
nar åter till medvetande, lamheten går tillbaka eller
försvinner helt och hållet, och dock dör han inom få
dagar. Denne man, hvars död tillskrifves en hjärn-
sjukdom, är dock icke död däraf, ty symtomen af
dennas sjukdom ha ju nästan försvunnit, utan hans
död härleder sig kanske från lungorna, ty blodom-
loppet och luftväxlingen i dessa har genom själfva
apoplexin blifvit så rubbadt, att skadan icke kan
repareras. Eller hans död härleder sig kanske från
hjärtat, ty genom hjärnblödningen ha de nerver, som
behärska hjärtats regelbundna funktion, blifvit så
påverkade, att de icke längre kunna utföra sitt nor-
mala arbete. Hjärtat kan det då icke heller, och
följden blir en oregelmässig fördelning af blodet i
kroppens organ — döden. Och dock beror mannens
död lika väl kanske på hjärnan, ty då hjärtat icke
kan förse hjärnan med blod på regelmässigt sätt, så
kan hjärnan icke fungera normalt, och däraf kan
döden vara det nödvändiga resultatet — som man

ser, är det en så intim förbindelse mellan de olika organen, att det kan vara omöjligt att fullt reda ut dessa förhållanden från hvarandra. Och hvad som gäller de tre sedan gammalt så mycket omtalade organen, hjärna, hjärta och lungor, det gäller också för alla andra organ. Det är eget nog, att organ, som äro så viktiga för lifvets bestånd som *njurarna,* icke hafva tagits med som en vanlig utgångspunkt för döden. I verkligheten dö en stor mängd människor, därför att njurarna äro så medtagna af sjukdom, att de icke kunna förrätta sitt arbete, att afskilja från kroppen giftiga ämnen. I sådana fall dör människan af *urämi,* det gamla namnet för att beteckna, att urinen gått öfver i blodet. I verkligheten gäller det för hvart enda organ, att dess sjukdom kan blifva orsak till döden, en sanning som skall blifva läsaren mera begriplig, då vi anföra, att en sjukdom i en helt liten begränsad del af huden — och en sådan liten del kan icke göra anspråk på att kallas organ — kan ge anledning till döden. Det är något, som hvar och en vet, att en liten rispa i huden t. ex. på en spik kan orsaka inflammation, hvilken icke ens behöfver tydligt visa sig som bulnad, och att denna inflammation kan förorsaka blodförgiftning, d. v. s. att bakterier upptagas i blodet och cirkulera med detta. Om så sker, kan hvilket organ som helst bli säte för en sjukdom, som leder till döden, man kan för att hålla sig till de nämnda »hufvudorganen» få hjärn-, lung-, hjärt- eller njurinflammation — alltsammans af sådan art, att individen hastigt dör däraf. Men det finns också ett annat sätt, hvarpå bakteriernas öfvergång i blodet kan döda, det är genom att förgifta blodet själf, genom att tillintetgöra dess rikedom på syre och annat och därigenom göra det odugligt till organens näring. I sådana fall kan man med rätta bruka det annars så mycket missbrukade uttrycket »blodförgiftning», och man står här inför ett det allra farligaste sjukdomstillstånd. Undersöker man liket, finner man intet tecken på särskildt uttalad sjukdom i något organ, hvarken i hjärna, hjärta, lungor eller njurar — döden beror verkligen på en blodförgiftning genom bakterier, som sedan gammalt är känd under namnet *Septicämi eller Pyämi.*

Af det skrifna framgår, att man öfver hufvud taget icke är i stånd att i hvarje fall säga, hvilket organs sjukdom som är skuld till döden. I ett fall är det det ena, i ett annat fall det andra, i några fall äro flere organ samtidigt angripna på ett sätt, som är oförenligt med möjligheten att lefva. I andra fall återigen synas alls inga organ vara angripna, och dock äro de det kanske alla och obotligt — genom det sjuka blodet. Som det ofta går, när man skall bedöma dödsorsaken genom studiet af likets tillstånd, så går det också ofta, när man skall bedöma sjukdomsorsaken hos den lefvande människan. Därför har det också funnits skarpt skilda perioder i läkekonstens historia med afseende på teorierna för sjukdomarnas orsaker. I gamla tider taltes det mest om »förskämda vätskor»; de som hyllade dessa teorier, humoralpatologerna, måste vika för organpatologerna, då det blef ett mod att påvisa, att sjukdomen hade sitt ursprung från ett bestämdt organ. Nu då vetenskapen har lärt oss, att bakterierna spela en så enormt stor roll ifråga om sjukdomars uppkomst, så kommer humoralpatologien, vätskeläran, åter till heders, men den måste finna sig i att förlikas med organpatologien.

När man utom att ta det nu anförda i öfvervägande tillika erinrar sig, att det icke finns två fall af samma sjukdomstillstånd i samma organ, t. ex. icke två fall af inflammation i hjärnan, som visa alldeles samma symptom, utan att hvarje enstaka sjukdom har en oändlig mängd af utvecklingsgrader — naturen gör inga språng — och att hvarje sjukdom i hvarje organ kan kompliceras på särdeles många sätt med alla slags sjukliga tillstånd i andra, ofta aflägset liggande organ — då skall det bli klart för läsaren, att det ofta vid ett dödsfall är omöjligt att säga, att det är beroende på sjukdom i ett bestämdt organ.

Under dessa vanskliga förhållanden är det naturligt, att vetenskapsmännen sökt utforska, om det dock icke finnes ett enda organ eller en enda process eller, helt enkelt, ett enda ställe i organismen, hvars förändring är oförenlig med förmågan att lefva. Det såg ut, som om man lyckats finna ett sådant »ställe», när Flourens meddelade sina uppseendeväckande försök om *»le noeud vital», »lifsknuten»*. Han visade, att det i centrala nervsystemet, i »förlängda märgen» finnes ett ganska litet parti, hvars förstöring ögonblickligt medför döden. Sticker man med en fin nål i »lifsknuten», eller förstöres dess finare struktur genom en blödning, t. ex. på grund af ett slaganfall, så stanna alla lifsfunktioner som i ett nu. Förnimmelse, andedräkt, hjärtverksamhet — allt stannar ögonblickligt och döden är inträdd. Slaktaren dödar kaninen genom att med kanten af sin hand slå den bakom öronen, vivisektorn, som skall döda »försöksdjuret», sticker det i lifsknuten, det måste därför tyckas, som om angreppet med nålen eller slaget tillintetgjort ett slags kraft, som är bestämmande för lifvets bestånd. Och dock förhåller det sig icke så, som Flourens antog. Dels genom experiment, dels genom resonemang kan man visa, att lifvet icke

är mera koncentreradt eller mera till sitt väsen ut-
tryckt i »lifsknuten», än det är i många andra organ.
Vi följa Bertin i hans framställning: Flourens' lifs-
knut är centrum för andningsrörelserna, och när det
förstöres, är den första verkan den, att bröstkorgen
icke kan röras, men häraf beror andningen och af
denna återigen beror blodets omsättning och af detta
alla andra för lifvets bestånd nödvändiga funktioner
— man tänke t. ex. blott på hjärtats slag. Om man
nämligen mekaniskt uppehåller andhämtningen hos det
djur, hvars lifsknut man sårat, så återkomma hjärt-
slagen, det återfår medvetandet, och lifvet kan fort-
sättas med tillhjälp af den konstgjorda andningen.
Att lifsknuten icke är, hvad namnet anger, kan
också visas därigenom, att olika djur reagera olika
för ingrepp å förlängda märgen. Fåglar och dägg-
djur kunna i allmänhet blott lefva några få minuter
utan att andas, deras blod har starkt behof af att
förnyas, syrsättas med tillhjälp af andningen, och
om man sårar det parti af förlängda märgen, hvari
lifsknuten sitter, måste de dö inom några få minuter,
därför att andningen icke mera kan försiggå. Men
med de djur, som ligga i ide öfver vintern och
andas blott mycket sällan, och i synnerhet med de
kallblodiga djuren, hvilkas andning tillika till stor
del försiggår genom huden, är det en annan sak.
En groda kan lefva en månad, en triton eller en
salamander mer än 4 månader efter den omtalade
operationen (J. Béclard). Det förhåller sig sålunda
med »lifsknuten» som med många andra organ.
Dess förstörelse kan medföra döden, icke därför att
lifvets väsen sitter i detta särskilda organ, utan där-
för att tillintetgörelsen af detta organs funktioner
medför, att också andra organs funktioner gå under.
    När vi skola visa, huruledes döden inträder vid

olika sjukdomar, blir det förmodligen riktigast att ordna materialet så, att de viktigaste organens sjukdomar behandlas hvar för sig. Hjärta, hjärna, lungor och njurar äro i verkligheten de organ, hvilkas funktioner äro viktigast, och för hvart särskildt af dessa organ gäller det, att tillintetgörelsen af dess funktion medför, att de andra organen icke kunna funktionera på normalt vis. Det blir vår uppgift att för hvart och ett af dessa organs vidkommande visa dödens mekanism, när den beror på sjukdom i själfva organet, men också när den beror på komplikationer i organ, som ligga aflägset från det primärt angripna. Vi ledas därvid till att betrakta blodet som organ, och vi skola äfven skildra dödssättet vid blodets sjukdomar. Vi komma också att esomoftast tala om Flourens' *lifsknut.* — Läsaren kan förstå, att ämnet för denna framställning är ofantligt omfattande, då det finnes så enormt många sjukdomar i de olika organen, och då hvarje sjukdom förutom sina egna olika grader har många olika komplikationer, som kunna medföra döden. Det gäller därför att begränsa sig och i korthet framställa blott så mycket, som det är vårt arbetes i förordet omtalade afsikt att visa.

När döden härleder sig från hjärtat.

Enhvar vet, att när hjärtat upphör att slå, så måste individen dö. Det är nu icke så synnerligen vanligt, att hjärtat icke kan slå, därför att det finns en *sjukdom i själfva hjärtat;* i så fall är det fråga om *bristning af dess väggar, tryck på hjärtat af vätska eller svulster i hjärtsäcken, tilltäppning af de ådror, som ge hjärtköttet dess näring, förändringar i de rörelsenerver,* som tillhöra hjärtat som sådant, samt tillsist förändringar i *själfva muskelfibrerna,* för det mesta fettdegeneration, som på det hela taget förekommer ofta — med andra ord sjukdomar, som betinga, att hjärtat icke förmår sammandraga eller utvidga sig. Genom dessa sjukdomar kan hjärtat stanna i sin verksamhet — individen dör.

Icke sällan ser man, att det kan finnas allvarliga sjukdomar i hjärtat, och dock förorsakas individens död icke direkt af hjärtsjukdomen. Man ser t. ex., att hjärtat, som under normala förhållanden blott innehåller flytande blod, på grund af sjukdom kommer att innehålla stelnadt blod eller mer eller mindre fasta partiklar af annat slag. Dessa *»lefrar»* kunna slitas loss, sitta de i hjärtats högra kammare kunna de då genom lungpulsådern drifvas *ut i lungorna,* sitta de i vänstra kammaren föras de *upp i hjärnan* och tilltäppa dess pulsådror. Man kallar detta *blodpropp (emboli)* och det kan orsaka döden. I sådana fall är alltså hjärtsjukdomen anledning till, att döden kommer från lungorna eller från hjärnan.

Från en annan synpunkt sedt kunna sjukdomar i lungorna, t. ex. kallbrand, vara anledning till, att *hjärtats tillförande ådror (artt. coronariæ)* tilltäppas af små blodproppar (af stelnadt blod, innehållande bakterier) och detta kan orsaka döden. Här är det alltså hjärtdöd, betingad af sjukdom i ett närliggande organ, lungan.

Hjärtdöd kan också vara betingad af, att det finnes *sjukdomar i organ, som ligga aflägset från hjärtat. Blodkärlsvulster (aneurysmer)* kunna brista, och blodförlusten därvid blifva så stor och ske så hastigt, att hjärtats slag stanna. Att det samma kan inträffa, när *pulsådror afskäras,* är allmänt kändt. Som exempel på *sjukdomar i hela organismen (konstitutionella sjukdomar),* som kunna bli orsak till hjärtdöd, kan nämnas *rheumatisk feber* (hvilken liksom flere andra sjukdomar har en särskild tendens att angripa hjärtat), *alla smittosamma akuta sjukdomar, som äro förenade med feber oeh utslag (skarlakansfeber* kan nämnas som den af allmänheten mest kända representanten), *tyfoidfeber* och många flera.

Nervsystemets olika sjukdomar kunna medföra stor fara för hjärtat. Detta har väl sina egna små nervcentra, men det står tillika i mycket intim förbindelse med några från *hjärnan* kommande, vidt förgrenade nerver *(Nervi vagi)* och tillika med nerver, som tillhöra det *sympatiska nervsystemet.* Man kan förstå, att sjukdomar i hjärnan måste påverka dessa nerver och dessa i sin tur hjärtat, så att dess funktion kan tillintetgöras. Dessa olika hjärtnerver påverkas också af sjukdomar i *matsmältningsorganen* — det är således väl kändt, att ett slag på magen kan bringa hjärtat till att stanna — kort sagdt hvarje sjukdom i ett organ, som ligger aflägset från hjärtat, kan genom nerverna åstadkomma, att hjärtat förlamas, att det slutar upp att slå och individen dör. I slika fall är förlamningen en direkt aktiv påverkning genom nerverna, men man känner också en mera passiv form af hjärtförlamning. Hos individer, som äro mycket försvagade af långvariga sjukdomar, där krafterna icke räcka till, där det finns benägenhet att svimma, har man stundom anledning att förmoda, att en sådan svimning påskyndar slutet, i det den ökade kraftförlusten under svimningen gör, att hjärtat icke mera förmår att sammandraga sig.

När döden beror på, att hjärtat förlamas, hvad sker då? Att blodomloppet stannar. Den viktigaste verkningen häraf är, att hjärnan icke förses med frisk blod, och följden däraf är, att den sjuke faller i vanmakt. Den som dör af hjärtdöd, dör ofta hastigt. Men icke så alldeles sällan går det dock någon tid, innan döden definitivt inträder — och detta antingen den kommer af sjukdom i själfva hjärtat eller af komplikationer, uppkomna under förloppet af hjärtsjukdomen. I allmänhet kan man säga, att de, som dö af hjärtsjukdomar, antingen öfverraskas af döden, så att de icke få tid till att fatta, att det är döden, som förestår, eller också dö de under symtom, som de känna från sjukdomens tidigare förlopp, och som denna gång, då de icke skola uthärda därmed, kanske icke ens imponera på dem såsom särskildt starka eller värre, än hvad de förut så många gånger genomgått.

Låt oss först söka skildra *svimningen.* Den känna många hjärtsjuka till från sitt tidigare lif och många, som ej hafva hjärtsjukdom, känna svimning eller ansats därtill. Ofta hör man dem berätta, att det är en behaglig förnimmelse att på så sätt digna ned i ett sömnliknande tillstånd, men i andra fall visa sig olikartade, mindre behagliga förnimmelser. I de lättare fallen, som populärt kallas »*afdåning*», känner den sjuke antingen plötsligt eller i alla fall i hastigt tilltagande grad, att han blir yr i hufvudet och icke kan bruka sina sinnen. Han kan icke se tydligt, föremålen vända sig rundt för hans ögon, han hör som ett surrande eller susande, han tycker, att jorden glider bort under hans fötter, han raglar och griper efter något att stödja sig mot. Hans händer och fötter bli kalla, ansiktet och läpparna blekna och på pannan bryter kallsvetten fram. Snart kan han alls icke se mera, allt blir svart, han hör intet, får kväljningar, stundom också kräkning. Det kan hända, att han ännu kan behärska sig så mycket, att han söker komma åt att få sätta sig ned, men det kan också hända, att han som med ett slag störtar till marken. Han ligger då med svag puls, andas svagt, stundom snarkande, ansiktet är sammanfallet, men fast han sålunda förlorat sin styrka, kan han dock ännu uppfatta, hvad som försiggår omkring honom, ja kanske utföra små rörelser. Efter några sekunders eller minuters, i sällsynta fall först efter en timmes förlopp går anfallet öfver. Under gäspande och suckande, mera sällan krampryckningar vänder medvetandet helt och hållet tillbaka, han kan nu åter fatta korrekt, ansiktet återfår sin naturliga färg, extremiteterna bli varma, han känner sig kanske ännu något svag, men snart är han åter alldeles välmående igen. — Vid svårare grader af *svimning* börjar det hela på samma sätt som vid dåning, blott att det kommer hastigare på, och att de särskilda förnimmelserna från synens och hörselns sida äro starkare utpräglade. Är anfallet på sin höjdpunkt, ser man den sjuke ligga som död utan att röra sig. Pulsen kan dock kännas och andedräkten, fast mycket svag, är lätt att iakttaga. Ofta ligger han med öppna, stirrande ögon. Han kan ofta höra, fast han icke kan röra sig, och man kan sticka, nypa och bränna honom, utan att han visar tecken till smärta, och utan att musklerna sammandraga sig därvid. Ofta ser han rätt oförändrad ut frånsedt en stark blekhet. Detta tillstånd kan räcka länge, stundom flere dagar, och likväl gå till hälsa. Den sjuke har då i regel alls intet minne om, hvad som passerat, dock känner man fall, där personen i fråga kunde berätta, hvad som företagits med honom, hvad som sagts o. a. Icke sällan går det omtalade tillståndet öfver till död. — Alla dessa symptom vid svimningen ha sin grund i, att det kommer för litet frisk blod till hjärnan och förlängda märgen. Dessa organ mista plötsligt sin funktionsförmåga, därför förlorar den sjuke medvetandet och förmågan att förnimma och röra sig. Det är det animala lifvet, som är nära att gå under, men också det vegetativa lifvets funktioner, det automatiska, »inre» lifvet är nära att utslockna — det är från vanmakten till döden blott ett litet steg, som för den sjuke blir omärkligt.

Då nu hjärtsjuka ofta haft svimningsanfall, och då ett sådant ofta blir afslutningen på deras sjukdom, är det klart, att den död, som härleder sig från hjärtat, ofta kan vara en mild död, utan »dödskamp», utan ångslan — den döende faller plötsligt ihop utan att få tid att fatta, hvad som försiggår, eller föres han efter hand genom ett tillstånd, som, om än icke fullt fritt från obehagliga förnimmelser, dock icke påverkar honom särskildt, öfver i en sömn, som slutar med döden.

Men när döden, fast den härleder sig från hjärtat, beror på annat än vanmakt, är då också den döende omedveten därom? Det är han, och det skall framgå af våra fall samt af framställningen i de kapitel, som handla om död, härledande sig från hjärnan och lungorna.

Vi skola framdraga några fall, som visa, att dessa mera teoretiska resonemang slå in i verkligheten.

När *hjärtat brister,* skulle man på förhand tro, att den död, som betingas häraf, måste vara mycket plågsam. Läsaren må själf döma därom genom att läsa våra exempel.

D:r Geill berättar, att *en 76-årig f. d. styrman,* som i många år varit sinnessjuk, men alltid lugn och alltid frisk till kroppen, deltager i julfesten på hospitalet och är följande dag sig alldeles lik. Då han på aftonen skall till att kläda af sig, sjunker han plötsligt ihop, och utan att man hör honom klaga eller öfverhufvud säga något, är han död ett ögonblick därefter. Vid obduktionen visar det sig, att det finnes tre små bristningar af vänstra hjärtkammaren.

En sådan hastig död genom bristning af hjärtat är ingalunda sällsynt. Den berömda läkaren Abercrombie dog på så vis efter några få minuters förlopp. Också det 73-åriga sinnessjuka *inhyseshjonet,* som några få dagar visat symtom af hjärtlidande, dör rätt hastigt. De andra patienterna, som sofva i samma rum, väckas af ett buller. Det är den gamle mannen, som man, sedan ljus blifvit tändt, finner liggande på golfvet. Han är dock ännu, fast icke vid medvetande, i stånd till att frambringa ett klagande ljud, men då läkaren kommer tillstädes, är han död. På det hela taget är det regel, att när hjärtat brister, så inträder döden hastigt, men det kan också räcka längre tid. Som ett utmärkt väl observeradt fall af detta slag anför jag fysiologen Panums död. Han hade haft litet svårt att gå hem, efter hemkomsten kände han en häftig smärta i hjärttrakten och en känsla, som om något bruste inuti bröstet, och först efter upprepade morfininsprutningar fick han ro. Nästa morgon är han fullt klar utan aning om, att hans hjärta är brustet, och vill icke ligga till sängs utan hålla sin föreläsning. Han iakttar sig själf och håller ett slags föredrag för sin son, som också är läkare, om hvilka nerver, som äro rubbade i sin verksamhet. Få minuter efter det han skämtande talat med sina närmaste, höra dessa från det andra rummet ett klagande ljud. De finna honom medvetslös, han har fallit tillbaka i sängen, där han setat upprätt, och få minuter därefter är han död.

Också Georg II af England är ett exempel på mera långsamt inträdande död genom bristning af hjärtat.

När hjärtat hindras i sina rörelser utaf *vätska eller svulster i hjärtsäcken,* måste ju döden blifva en nödvändig följd. För vårt ämne är det likgiltigt om det är vätska (blod eller »vatten») eller om det är fråga om de sällsynt förekommande svulsterna, ty döden inträder på samma sätt. Den italienske skalden och »fritänkaren» Giacomo Leopardi hade länge varit sjuk och kanske därför sett så pessimistiskt på tillvaron. Ofta hade han känt sig frestad att själf göra slut på sina dagar, men tanken på den sorg, han därmed skulle vålla sina efterlefvande, afhöll honom därifrån. Nu har hans hjärtsjukdom, en vätskeansamling i hjärtsäcken (hydropericardium), starkt tilltagit, så att andnöden hindrar honom från att ligga och sömnen är dålig. Själf vet han icke om, att döden är så nära, utan talar om att åka ut till sitt landsställe, där han hoppas blifva bättre. Vagnen väntar utanför porten. — »Jag ser så svagt — öppna fönstret där — låt mig se ljuset» — äro hans sista ord, och därmed somnar han in.

Att döden ofta kan vara mild och lugn, när hjärtat i stället för att brista genom sjukdom sönderslites genom våld, t. ex. genom en dolkstöt, skola vi framdeles få tillfälle att närmare omtala. I dessa fall uttränger ofta en stor mängd blod i hjärtsäcken.

Den död, som beror på, att de *ådror, som förse hjärtköttet, äro mer eller mindre tilltäppta,* är ingalunda sällsynt. Då alla ådror hos äldre personer bli styfva och delvis förträngda och tilltäppta, har man anledning att tro, att många gamla, som dö hastigt, göra det af denna orsak. Ett slående exempel härpå är den 66-årige ämbetsmannen, som omtalas i Obs. 3. Han har förr haft oroande anfall af andnöd, men har befunnit sig förvånande väl efter en middag på landet. På natten får han ett nytt anfall och säger till läkaren, att det icke är så svårt som de förra — kort stund efteråt är han död.

Hos Panum och den ofvan omtalade sinnessjuke mannen, som dogo af hjärtbristning, funnos äfven de här omtalade sjukdomarna i hjärtats pulsådror. Det förefaller mig sannolikt, att Thorvaldsen dött af en sådan förändring i hjärtkärlen. Han hade varit på middag och därifrån gått till teatern; knappt har han satt sig på sin plats, förrän han faller framstupa och är död. Vi skola närmare omtala hans död i vårt kapitel om åldringar. Thorvaldsen hade väl varit sjuk men icke haft de häftiga anfall af smärtor och andnöd, som karaktärisera den sjukdom, som här talas om. Detta gäller däremot den berömde engelske läkaren John Hunter. Vid obduktionen af hans lik fann man hjärtats pulsådror alldeles förkalkade förutom andra förändringar, som voro en följd af hjärtköttets dåliga nutrition. Hunter dog i ett anfall af vanmakt. Han var på ett läkaremöte, där han var förberedd på att möta motstånd, han blir motsagd, slutar genast upp att tala, och i det han kämpar för att undertrycka sin vrede, skyndar han in i ett angränsande rum. Här faller han strax liflös omkull i armarna på en af sjukhusets läkare, som tillfälligtvis var i rummet, och utstöter en djupt klagande suck. Man skyndar till och företager under lång tid försök att återkalla honom till lif, i det man trodde, att det kunde vara ett svimningsanfall af samma slag, som han förr haft, och det trodde väl också Hunter själf. Skalden Lessing synes mig också ha dödt i den här omtalade formen af hjärtsjukdom.

Det är naturligt, att den död, som förorsakas af sjukdomar i hjärtats nutrierande ådror, också kan inträda mera långsamt. Det är också naturligt, att *förändringar i själfva hjärtköttets tillstånd* måste spela en roll vid dessa dödsfall, ty hjärtmusklernas tillstånd beror ju af, huru de nutrieras. Att också blodets förändringar och sjukdomar i aflägset liggande organ, som föranleda förändringar i hjärtverksamheten, måste ha sin betydelse för näringstillståndet i hjärtats muskelfibrer, ligger ju också nära till hands. Med ett ord, det finnes ganska många anledningar till, att hjärtköttet kan blifva sjukt, och i verkligheten träffar man också knappast någonsin ett fullt friskt hjärta, där det är fråga om död af långvarig sjukdom. Mest talar man om *fibrösa förändringar* och om *fettdegeneration* och denna särskildt förefinnes utomordentligt ofta — och är ej sällan den egentliga dödsorsaken. Det försvagade hjärtat förmår icke att med tillräcklig kraft drifva blodet ut i kroppens olika organ, hjärnan och lungorna lida därvid i sin funktion, detta inverkar på alla öfriga funktioner — allt går svagare och svagare. Om icke en akut shok, såsom t. ex. blott en sinnesrörelse, framkallar bristning af den degenererade hjärtmuskeln och därigenom föranleder plötslig död, får man se personen dö så småningom liksom ett ljus, som brinner ut. Lord Melville går till hvila i gladt medvetande om att ha visat sin aflidne vän, till hvilkens begrafning han rest, den sista sorgliga plikten, nämligen att ordna hans affärer. På morgonen finnes han liggande död i sin säng »alldeles i den ställning, som han brukade intaga, när han sof». Sådan är ofta åldringens död, som vi behandla i ett kapitel för sig, och så är också ofta döden för den, som har blifvit aftärd genom långvarig sjukdom eller på annat sätt, vare sig han är gammal eller ung. — Den gamle Thomas Jefferson, som i åtskilliga år haft diarré, är själf ganska på det klara med sin tilltagande svaghet, som skall sluta med döden. »Jag är som ett gammalt ur, som får

en skruf loss här och ett hjul där, så att det till sist
icke kan gå längre», säger han. Den utförliga be-
rättelse, som finnes i bilagan, och som ju icke är
skrifven af någon läkare, ger en utmärkt bild af de
olika stadierna i en sådan stilla, smärtfri död af ut-
mattning. Man måste tro, att det har varit fråga om
fettdegeneration af hjärtats muskler. Den 64-årige
läkaren Jul. Clarke, som var mycket plikttrogen och
lefde ett nästan asketiskt lif, måste uppgifva sin
semestervistelse i Skottland, därför att han fick svim-
ningsanfall. Han gick dock ut ännu någon tid, så
ock dagen innan han dog; han dog under sömnen.
Den 54 år gamle bonden, (Obs. 4) har under mycket
lång tid lidit af knäledstuberkulos, och sedan några
bölder öppnats, afstår man från vidare ingrepp, eme-
dan han är så dålig. Under den månad, som han
ligger på sjukhuset, se vi huru krafterna alltjämt
aftaga. Få timmar före hans död, då man kan
se, att han har endast kort tid kvar, frågar jag
honom, huru han mår, och han svarar: »tack, jag
mår rätt bra». Egendomligt nog kan icke hans
hustru se, hur det står till med honom. Under den
sista timmen kan han icke tala, utan nickar blott
som svar på frågor, och dör i en långsamt tillta-
gande sömn. Här finnes vid obduktionen ingenting
annat, hvarigenom döden kan förklaras, än fettdege-
neration af hjärtat. Ännu ett fall, där döden måste
antagas bero på det samma, fast det tillika finnes
många andra förändringar, är den 17-årige ynglingen
(Obs. 5), som förut med godt resultat opererats i
knäleden och nu kommer in på sjukhuset med höft-
ledsinflammation med riklig varafsöndring. Då han,
efter 11 månaders sjukhusvistelse, är nära döden,
anar han själf ingenting. Kl. $\frac{1}{2}$11, en half timme
innan han dör, blir han orolig och klagar öfver, att

han icke kan draga andan, men är fullt klar. Han
får litet kaffe och ett glas tokayer, faller därpå i hvila
och ligger stilla. Kort stund därefter svarar han
icke på tilltal, så ligger han en kvart och dör därpå
helt lugnt kl. 11. — Som ett exempel på död af
»hjärtinflammation» nämna vi den lilla 12-års flickan,
som Horneman omtalar. Hon var illa tillmods och
kunde icke få någon ro, hennes lynne förändrades,
så att det blef otrefnad i sjukrummet, men sista
natten, innan hon dog, blef hon åter bättre och var
snäll igen. »Så, nu ligger jag godt och skall sofva»,
säger hon — och sof sedan stilla hela natten, tills
hon framåt morgonen dog helt plötsligt utan att
förut vakna.

När man i allmänhet talar om hjärtsjukdom,
tänker man mest på »*organisk hjärtsjukdom med
klaff-fel*». Hvart och ett af de ofvan angifna sjuk-
domstillstånden hos hjärtat kan vara följd af en
sådan sjukdom, och döden således inträda på något
af de nyssbeskrifna sätten.

När det finnas ett klaff-fel, finnas ofta förändringar
i storleken hos de mynningar, genom hvilka blodet
flyter till och från hjärtats olika rum. Hjärtat kan
efterhand icke drifva blodet ut i de stora ådrorna så,
som det skulle, och följden blir, att det stannar i
kroppens olika organer och delar. Väfnaden under
huden, som är lös och lätt upptager det utsvettade
blodvattnet, blir svullen, först på de mest dispone-
nerade ställena såsom ben, händer och ansikte, sedan
i sin helhet. Det uppstår vattenansamlingar i krop-
pens stora håligheter, omkring lungorna och i buk-
hålan, och detta kan blifva ännu värre därigenom,
att njurarna äro sjuka — kort sagdt den sjuke har
»*vattusot*». Han har haft dessa symptom förr och
märkt, att hans andtäppa och hosta då varit värre,

men genom lämplig medicin har han till sin glädje känt sig lättad och sett att svullnaden gått tillbaka igen — hjärtfelet har blifvit kompenseradt Men sjukdomen framskrider, och kompensationen kan icke uppnås så hastigt. Det blir svåra lidanden att genomgå, i synnerhet äro dessa anfall af andnöd, som icke gå helt och hållet öfver såsom förr, mycket pinsamma, hvarpå också ansiktets uttryck och dess blåaktiga färg tyda. Af och till är väl denna »astma» lindrigare, ty den sjuke blir lätt dåsig och har kanske också benägenhet för svimningar, som icke äro obehagliga för honom. Men en dag blir det icke bättre, utan andtäppan kvarstår jämte ständig hostretning, man hör rassel — det är »vatten» i själfva lungorna. Nu är det icke mera tal om något hopp, på omgifningen gör den sjuke intryck af att lida mycket — det förefinns ju denna ständiga ansträngning att få luft — men den sjuke själf märker icke längre denna pina, ty hans medvetande är omtöcknadt och blir det mer och mer. Utan att man kan säga, när det sker, förlorar han helt och hållet medvetandet, och till och med om det ännu går lång tid, innan döden inträder, till och med om det på de omgifvande gör intryck af, att det är en stark kamp mellan lif och död, en pinsam dödskamp, säkert är dock, att den döende icke märker något däraf. Denna död har sin orsak i, att lungorna icke mera förmå att syrsätta blodet tillräckligt. Det har ingen inverkan på hjärnan eller andningscentrum, »lifsknuten». Som ett exempel på denna form af död hänvisar jag till Obs. 6 i vår bilaga. Man har all anledning att tro, att äfven om morfin ej användts till lindring, döden dock skulle ha inträdt lika stilla och omedvetet för patienten, som under så lång tid haft så mycket att lida.

Bloch, Döden.   5

Fredrik II, den store, af Preussen dog på samma sätt. Det är icke säkert, att det från början var fråga om en hjärtsjukdom, men bilden är sådan, att man utan tvång kan antaga detta.

Vid de omtalade klaff-felen i hjärtat finnas ofta aflagringar af mer eller mindre mjuka massor på klaffarna. Dessa massor kunna slitas loss af blodströmmen, och med denna föras de till organerna, oftast till hjärnan, till aflägsna delar t. ex. ena benets hufvudåder eller till lungorna. Därvid blir det *död genom blodpropp*. Vi skola i korthet nämna exempel på sådana fall af hjärtdöd, den mera detaljerade redogörelsen för dödssättet spara vi till de ställen, där död från hjärnan och lungorna omtalas.

Dickens har i omkring 5 år haft hjärtsymtom. På förmiddagen samma dag han dör skrifver han flitigt på »Edwin Drood», och vid frukosten är han vid utmärkt humör och synes frisk. Han arbetar sedan åter, men då han kommer till middagen, märker hans svägerska väl, att han är trött, tyst och tankspridd, men hon är van vid detta och tar icke notis därom. Först då de sitta vid middagsbordet, ser hon, att han ser dålig ut, och på hennes fråga svarar han: »ja, mycket dålig, jag har känt mig illamående den sista timmen». Han vill icke sända bud till läkaren, utan äta slut och sedan fara till London. Kort efteråt talar han osammanhängande och otydligt. Svägerskan ber honom gå in i sitt rum. »Kom och lägg dig», säger hon. »Ja, på golfvet», svarar Dickens otydligt och faller med det samma omkull — sedan är han medvetslös och dör följande dag i detta tillstånd. Det är apoplexi, »blodpropp» i hjärnan, som gjort slut på hans lif.

Som ett särdeles godt bidrag till belysning af frågan, huruvida döden genom blodpropp i hjärnan, härledande sig från en hjärtsjukdom, är plågsam eller ej, tjänar en berättelse, som jag har från D:r F.: Den gamla frun, som ofta haft svår andnöd, och som hade svullna ben, alltså led af hjärtsjukdom i långt framskridet stadium, fick plötsligt symtom af blodpropp i hjärnan. Alla, äfven läkaren trodde, att hon skulle dö, men hon kom sig. Då det sedermera berättades för henne, att man varit så rädd för, att hon skulle dö, sade hon: »det var ledsamt, att det inte blef så, jag hade det så godt». Några veckor senare upprepades detsamma, och denna gång dog hon.

Som ett exempel på död genom *kallbrand i benet, orsakad af blodpropp till följd af hjärtsjukdom,* kan jag nämna den 67-årige arbetaren (Obs. 7), fast den omständigheten, att han blifvit amputerad en tid förut, gör bilden något otydlig. Det är dock säkert, att han både före och efter amputationen i allt väsentligt visar samma bild — en egendomlig blandning af medvetet och omedvetet. Han talar kort före döden icke med sin hustru men vet dock, att hon finns där, och säger två gånger: »mor». En timme före döden förlorar han alldeles medvetandet, suckar djupt några gånger och dör.

Om död från *lungorna genom blodpropp* skall läsaren finna meddeladt i kapitlet om lungorna.

En återblick på hvad, som här är skrifvet om hjärtsjukdomar och döden vid dessa, skall visa läsaren, hvad som är flerstädes framhållet, att den, hvars död härleder sig från hjärtat, har en mild och stilla död och det till och med i de fall, där omgifningen måste tro, att han lider mycket, eller har orsak att känna det obehagligt att vara vittne till den döendes sista ögonblick.

När döden kommer från hjärnan.

Döden kommer oftare från hjärnan än från hjärtat. Vi taga i detta sammanhang hjärnan och förlängda märgen som ett, ty om vi skulle framställa döden från hvardera af dessa två organ för sig på ett begripligt sätt, måste vi sätta läsaren in i många detaljerade förhållanden, som det skulle blifva alltför vidlyftigt att här afhandla. Man vet särdeles mycket om hjärnans betydelse för den mänskliga organismen, man känner till stor del de olika centra för de olika sinnena, man vet hvilka partier, som styra de olika rörelserna, både de automatiska såsom andningsrörelserna och de frivilliga såsom rörelser af armar och ben, men hvad som intresserar oss mest i samband med vårt ämne är, att hjärnan är sätet för medvetandet. När hjärnan dör, så slocknar medvetandet, känseln är upphäfd, andningen stannar och hjärtat slutar att slå — man kan icke neka till, att det är många viktiga lifsyttringar, som styras från hjärnan.

Sjukdom i hjärnan måste sålunda vara mycket farlig, och i allmänhet sedt är också förhållandet så. Dock är det otroligt, hur ofta man ser, att sjukdomar, som imponera som dödliga, dock genomgås och leda till full hälsa. Det gäller för skador i anslutning till fall, slag o. d., som vi omtala i kapitlet om den våldsamma döden, och det gäller sjukdomar sådana som blodutgjutningar, inflammationer och delvis bölder. Vid obduktion af personer, hos hvilka andra organ visa sådana förändringar, att man måste tro, att den ursprungliga dödsorsaken ligger där, finner man icke sällan i hjärnan starkt uttalade förändringar, som icke gett några symtom hos patienten, medan han ännu var i lifvet. Helt visst behöfs det blott en liten förändring, för att den latenta sjukdomen skall döda, och det i ett nu. I närheten af en blodutgjutning, som icke gett några symtom, kan det genom trycket förorsakade utträdet af blodvätska (ödem) plötsligt nå ett centrum af lifsviktig betydelse, eller en varsamling genombryter plötsligt sin förra vägg, och döden inträder ögonblickligt. — Efter detta kan man förstå, att det är mer än vanskligt att gifva en någorlunda fullständig beskrifning af de faror, som de olika hjärnsjukdomar medföra, i synnerhet när man som vi måste fatta sig i korthet.

Af de talrika *sjukdomar i själfva hjärnan,* som kunna förorsaka döden, är *apoplexien* den mest kända. Den beror på, att blod uttränger i hjärnan, oftast därigenom att en åder brister. Häraf allaredan är det klart, att *sjukdomar i hjärnans ådror* måste spela en stor roll för människans lif, och att *förändringar i hjärnans blodomlopp,* för litet eller för mycket blod (anämi och hyperämi), fast de ofta blott förorsaka verkningar, som väl göra intryck af, att de skola medföra döden, men dock gå helt och hållet tillbaka igen, i vissa fall kunna blifva så utpräglade, att de orsaka döden. En helt och hållet annan grupp af sjukdomar, som äro allmänt kända såsom mycket lifsfarliga, äro *inflammationerna.* »Hjärninflammation» är väl oftast en inflammation i de hinnor, som omgifva hjärnan, men dess inverkan på denna själf, både på dess yta och i dess inre, gör sig alltid gällande, och när ett barn har tydliga tecken på »hjärninflammation» (tuberkulös meningit), är det i regel hemfallet åt döden. Den erfarne läkaren har svårt att tro, att det barn, som säges ha kommit sig efter en hjärnhinneinflammation, verkligen haft en sådan. Annorlunda med den epidemiska hjärnryggmärgsinflammationen (cerebrospinal-meningiten), den synes vara mindre farlig för lifvet. Inflammationerna i hjärnan bero oftast på, att med det cirkulerande blodet skadliga partiklar (bakterier af olika slag, oftast tuberkelbaciller) förts till hjärnan och där aflagrats. Men blodet kan också föra med sig till hjärnan skadliga ämnen (toxiner), som icke kunna påvisas som sådana, samt därigenom förorsaka död. En hvar af de smittosamma sjukdomarna, som t. ex. skarlakansfeber och tyfoidfeber, kan döda genom att hjärnan angripes, utan att man kan påvisa huru. Många ha trott, att det är den *höga temperaturen*, som hjärnan icke kan fördraga, andra att det är bakteriernas produkter eller dessa själfva — frågan väntar ännu på sin lösning. Det populära uttrycket, att »sjukdomen har slagit sig på hjärnan», har alltså sitt berättigande. Att *inflammation i hufvudsvålen*, t. ex. rosfeber (erysipeles), kan verka dödande genom att gripa öfver på hjärnan, är väl kändt.

Af andra sjukdomar i själfva hjärnan, som medföra döden, må vi nämna *hjärnsvulsterna,* af hvad slag de än äro, antingen mera godartade »inflammationssvulster» eller de elakartade, kräftartade svulsterna (»sarcom» och »gliom»), hvartill i detta sammanhang också må räknas de rätt vanliga elakartade svulster, som sitta i kraniet eller i ansiktet och dess håligheter och därifrån gripa öfver på hjärnan. Vid alla dessa sjukdomar, som uppstå i själfva hjärnan, kan den stanna i sin verksamhet — och individen dör.

I andra fall ser man, att det väl förefinnes sjukdomar i hjärnan, men att det icke är dessa själfva, som betinga den dödliga utgången — alldeles som vi skildrat beträffande hjärtat (se sid. 54). Det är sålunda mycket vanligt, att hjärnsjukdomar af hvarje slag gifva anledning till kräkning, och då det tillika ofta förefinnes oklarhet i medvetandet jämte svårighet att svälja, kan man förstå, att något af maten lätt kan komma »i fel strupe», det vill säga, att den i stället för att passera genom matstrupen ned i magsäcken går genom luftstrupen ned i luftröret och därifrån vidare ned i *lungan.* Här alstras nu en lunginflammation af mycket farlig natur med hög feber, och i själfva verket dö många människor af sådana »aspirationspneumonier». Döden kommer således i dessa fall från lungorna, fast den ursprungligen är betingad af en hjärnsjukdom. Men lungornas sjukdom kan också föranleda död från hjärnan, ty vid hvarje lungsjukdom blir blodets syrsättning abnorm, och mörkt (venöst) blod föres därför till hjärnan, och om lungsjukdomen är så starkt utpräglad, att det af lungorna behandlade blodet icke är friskt nog för att ge hjärnan (jämte andningscentret »lifsknuten») dess näring, så måste hjärnan och därmed individen dö.

I kapitlet om hjärtdöden ha vi redan sett, hurusom *blodpropp från hjärtat* kan betinga en dödande apoplexi, och då ett sådant hjärtlidande kan vara orsakadt af en *sjukdom, som ligger fjärran från hjärtat,* måste det ju också gälla för hjärnan. När *sjukdom i njurarna* förorsakar död, är det, som vi skola se, oftast från hjärnan döden kommer. För *sockersjuka,* hvars egentliga väsen är oss okändt, gäller detsamma icke så sällan. *Att sjukdomar i hela organismen,* såsom *rheumatisk feber, skarlakansfeber, nervfeber,* kunna orsaka död från hjärnan, ha vi redan förut omtalat (sid. 70).

Som man ser, gälla samma synpunkter för hjärnan som för hjärtat. Den sjukdom, som dödar, kan ursprungligen ha sitt säte i hjärnan, men den kan också härleda sig från aflägset liggande organ och förorsaka en dödande hjärnsjukdom.

Ännu återstå en del sjukdomar, som ha sitt säte i hjärnan, men om hvilkas väsen man icke vet riktigt besked — *sinnessjukdomar, fallandesot (epilepsi), hundgalenskap (rabies)* kunna nämnas som exempel, samt en del former af *förgiftningar*, hvaraf den med alkohol ju spelar den största rollen. Flera af dessa spörsmål behandlas lämpligare på andra ställen i vår bok.

De viktigaste symtom, som karaktärisera hjärnsjukdomarna, äro hufvudvärk (som dock eget nog är jämförelsevis sällsynt, om man undantar vid hjärnhinneinflammationen), svindel, förvrängda föreställningar i form af illusioner*) och hallucinationer från de olika sinnena, delirier, som gifva sig till känna på flere sätt, störningar i musklernas verksamhet i form af kramp eller förlamning, och hvaraf många symtom, som t. ex. kräkningar och ofrivillig afgång eller kvarhållande af de naturliga uttömningarna, bero. Benägenhet för sömnliknande tillstånd, såsom svimningar, sömnsjuka, skendöd, vid hvilka tillstånd förlusten af medvetandet är det dominerande i bilden, äro ett vanligt symtom vid olika hjärnsjukdomar.

Hvad försiggår, när en mänmiska dör af hjärndöd? Hjärnan (jämte ryggmärgen, se sid. 68) är ju nervsystemets centralorgan och regerar öfver alla lifsfunktionerna. Den sörjer för, att de uppträda gemensamt och harmoniskt, den tjänar som ett slags länk mellan alla de apparater, hvaraf människokroppen är sammansatt, och af hvars naturliga funk-

---

*) Illusion är en felaktig uppfattning af verkligen existerande ting, hallucinationer äro föreställningar, till grund för hvilka det icke föreligger något, som veterligen existerar. Delirier äro uttryck för en fullständig brist på förmågan att riktigt uppfatta, och kunna visa sig på många sätt; oftast, när man talar om delirium, tänker man på den drucknes vilda och oroliga beteende.

tioner möjligheten att lefva är beroende. Mister nerv-
systemet sin kraft, så att det icke längre kan regera,
så går det först ut öfver hjärnans egna förmögen-
heter. Förmågan att tänka, att känna, att frivilligt
röra sig nedsättes, förändras eller upphäfves, och
därmed förändras eller upphäfvas också alla de all-
männa funktioner, hvilkas gemensamma källa den
är. Andningen rubbas, blir långsam och stannar,
blodcirkulationen stoppas först i de aflägset liggande
delarna, därefter högre och högre upp mot centrum,
och till sist stanna hjärtats slag — »cor ultimum
moriens».

Som å sid. 52 omtalades, finnes retningsstället
(centrum?) för andningsrörelserna i förlängda mär-
gen (i »lifsknuten»). Förstöres detta ställe (som kan
ske t. ex. genom brott af halskotpelaren, genom hals-
huggning), måste andningen stanna. Utan att kunna
meddela detaljer (som läsaren saknar förutsättningar
att kunna förstå) må vi i korthet nämna, att man
genom försök på djur har bevisat, att lifvet i kroppen
kan förlängas och hjärtats rörelser hålla i ännu nå-
gon tid, äfven om hjärnans inflytande är upphäfdt.
Man kan också uppehålla blodomloppet någon tid
(genom att utföra konstgjord andning), till och med
om förlängda märgen är förstörd — vi anföra detta,
emedan det kan tjäna till belysning af sådana fall,
som icke synas svara mot den gifna framställningen
af tillståndet vid död från hjärnan.

Vid svåra hjärnaffektioner kunna alla lifsfunk-
tioner utsläckas med ett slag. Vissa fall af apo-
plexi, som just hafva sitt namn af »slaget», som
träffar, äro exempel därpå. Här är icke tal om, att
den det träffar får tid att märka något, hans med-
vetande är borta i samma ögonblick, som han träffas
däraf. Men det är icke regel, att så sker, utan som

oftast skrider förlamningen i hjärnan långsamt framåt. Först förlorar individen medvetandet och blir bedöfvad (coma), hans kropp blir okänslig, hans sinnen mottaga inga intryck, han har förlorat förmågan att röra sig, som han vill; kort sagdt han liknar en död. Men att lif finnes, därom vittnar den ofta hastiga, något rosslande andningen, den ännu kännbara pul sen, den snarare röda än bleka ansiktsfärgen. Detta tillstånd kan räcka några timmar, men när förlamningen ifrån dessa animala också griper in på de vegetativa funktionerna, då upphör bröstet att röras, man kan icke längre höra någon andning, och kort därefter slutar hjärtat upp att slå.

Den bild, som den visar, hvilken dör af hjärnsjukdom, är ju olika vid de olika sjukliga tillstånden i hjärnan, särskildt varierar den hos dem, som äro mycket länge sjuka, innan de dö. Hvad som är sagdt sid. 56 o. följande (i kapitlet om hjärtdöden) om svimningen, gäller ju naturligtvis också här; den är, såsom framgår af skildringen af de nyss omtalade viktigaste symptomen vid hjärnsjukdomarna, vanligt förekommande vid dessa. Af andra där nämnda symtom är det flera, som äro liktydiga med förlust af medvetandet — och det är då klart, att alla de, som dö af hjärnsjukdom under dessa symtom, icke kunna känna döden. Det återstår en del symtom, som väl ofta förlora sig någon tid före döden, men som i andra fall framträda i starkare grad och därvid prägla dödsbilden så, att man måste tro, att den döende lider särdeles mycket. Hufvudvärken afpressar barnet med hjärninflammation höga skrik och tjut, och då det ofta samtidigt skär tänder, måste det förefalla, som om det hade mycket ondt att utstå. Men detta barn är allaredan så medvetslöst, att det ingenting förnimmer — om det vaknar igen, har

det intet minne af de skrik, som ha förskräckt de om-
gifvande så mycket. Vi få längre fram tillfälle att
mera utförligt belysa denna fråga, om tecken till
medvetande hos medvetslösa. Också krampanfall
måste nödvändigt göra ett ohyggligt intryck. Den,
som ser en människa dö i kramp, måste tro, att hon
lider mycket, och dock är detta icke fallet. Epilep-
tici (patienter med fallandesot) veta aldrig något om
sitt öfverståndna krampanfall. Jag har talat med en
patient, som hade koppor, och som fick ett enstaka
krampanfall, under hvilket jag trodde, att han skulle
dö. Hans hela minne däraf inskränker sig till, att
sedan han med stort besvär och ansträngning kraflat
sig upp genom en skorsten för att komma ut i det
fria, och krafterna plötsligt sveko honom, så att han
föll ned igen, var detta förenadt med en behaglig
känsla. Om man vill söka förklara detta, ligger det
ju nära till hands, att det var krampen, som tillika
besvärat andningen, hvilken gett honom impulsen
till ansträngningen för och begäret efter att komma
ut i det fria. Då krampen höll upp, kände han sig
betydligt lättad och föll åter till ro i sin säng. Hade
han dött, skulle detsamma ha passerat. Krampen
upphör, innan döden inträder — denna kännes som
en befrielse — utan att tanken på själfva döden varit
tillstädes. Hvad han skulle ha lidit genom att dö,
hade inskränkt sig till det lidande, som en obehaglig
dröm kan förorsaka. Andra exempel på, att sådana
krampanfall, som se så ohyggliga ut, icke genera
de sjuke i motsvarande grad och i regel icke min-
nas af dem, skola framgå af olika sjukhistorier, som
finnas omtalade i kapitlen om död från njurarna,
om den våldsamma döden och flerstädes. Om de i
detta kapital omtalade krampanfallen vid ett fall af
hjärnsvulst är jag icke fullt på det klara, emedan

patientens döfhet hindrade mig från att tala utförligt
med henne, men det är knappast tvifvel om, att hon
lika litet som de andra, vi i detta kapitel anfört, har
känt dessa anfall.

På det hela taget är det tillåtet att dra den slut-
satsen, att den, som dör af hjärnsjukdom, lika litet
som den, som dör af hjärtsjukdom, har känning af
döden — detta gäller också för de fall, där de olika
sjukdomstecknen visa sig sådana, att omgifningen
måste tro, att den döende lider mycket.

Vi skola nu anföra några exempel, hämtade
från hvad en hvar har sett eller kan få tillfälle att
se. Det skall verka mera öfverbevisande på läsaren,
än hvad som ofvan är skrifvet.

Apoplexi, blodutgjutning i hjärnan, kan döda
människan på olika sätt. De starkast utpräglade
formerna af apoplexi medföra, att personen i fråga,
som kanske har befunnit sig fullt väl, plötsligt stör-
tar omkull. Han ligger fullständigt medvetslös med
rödt eller blåaktigt ansikte, påskyndad, stönande
andning och han dör, innan man fått tid att ge
honom vård. Många människor, som dö plötsligt
och oväntadt på gatan, dö af en sådan form af apo-
plexi. Naturligtvis varierar bilden mycket. Lauver-
gne berättar om M***, att han plötsligt känner sig
illa till mods vid slutet af sin måltid, reser sig
hastigt och går genom ett annat rum till sitt sofrum,
där han kastar sig på sin säng; ett ögonblick där-
efter är han död. Dickens låg, som vi sett på sid.
66, rätt länge medvetslös, innan han dog. Georg
I af England är ett exempel på en långt mildare
form af apoplexi. Han befinner sig på resa; det
första symtomet af apoplexien är, att han icke kan
röra den ena handen, sedermera blir talet otydligt,
och då han kommer till resans mål, blir han med-

vetslös. Utan att komma till sans dör han omkring ett dygn efter, sedan han blifvit sjuk. Den engelska drottningen Anna, gift med prins Georg af Danmark, dör också stilla efter ett anfall af apoplexi.

Walter Scott är på resa, då han i juni månad får apoplexi, och föres i halft medvetslöst tillstånd till London. När han kunde uttrycka, hvad som låg honom på sinnet, så var det, att han längtade hem till Abbotsford. Han kom dit i juli och dog där i slutet af september. Fyra dagar före sin död sade han de sista begripliga orden till sin svärson: »min käre vän, var en god man». Han dog helt stilla, så stilla, att de kringstående tydligt kunde höra det ljud, som han älskat så mycket, det stilla suset i trädens löf.

När apoplexien icke dödar omedelbart efter anfallet, får den sjuke ofta i långa tider släpa sig fram genom lifvet med sin lamhet. Enhvar har sett sådana, som med snedt ansikte, släpande det ena benet och oförmögna att fritt röra armen på samma sida se mer eller mindre dåliga ut. En sådan »apoplektiker» visar mången gång tecken på ett egendomligt tillstånd i hjärnan, som utan att i och för sig vara dödsbringande dock är ett memento, att döden kan öfverraska honom, hvilket den också ofta gör. Han har blifvit defekt i sin hjärna. Lauvergne har sett matematici ur stånd att addera två enkla tal; en språkman förmådde icke att framställa de regler, som han skrifvit i sin lärobok; en skald hade glömt, att han skrifvit en lång dikt — den var dock på 6,000 verser. I allmänhet är apoplektikern, fast han bevarar en del af sin personlighet, trots att han varit så nära att dö, blott en degenererad individ i förhållande till, hvad han varit. Han faller lätt i gråt, hans sinne blir blödigt, han blir religiös, ja vidskeplig. Lauvergne nämner ett fall från skräckväldet i Frankrike. Ett af dessa odjur, hvars maxim var, att »den siste konungen borde strypas med den siste prästens tarmar», fick apoplexi, då han var, 60 år gammal. En vältalig munk hade efter få timmar fått honom att bestyrka riktigheten af tros-artiklarna, som han förut förhånat; kort innan han dog, förklarade han, »att han trodde på Gud, kyrkan och konungen».

I andra fall går karaktärsförändringen i motsatt riktning. D:r Bérard, en ansedd fransk kirurg, fick 3 år före sin död ett anfall af apoplexi. Förut blid och förekommande blef han efterhand orättvis, miss-tänksam och lätt att bringa ur jämnvikt. Snart kommo nya anfall, hans fina intelligens blef mer och mer förslöad, och han dog tillsist.

En sådan apoplektiker dör icke så sällan plöts-ligt af ett nytt anfall. Läkaren Desruelles, som mot slutet af sitt lif mera intresserade sig för att skrifva vers än att verka som läkare, hade varit lam i 8 månader, då han plötsligt dog, medan han satt och läste upp för en vän en komedi, som han nyligen fullbordat. Också kompositören Gluck dör i det tredje anfallet af apoplexi vid 73 års ålder; det första anfallet träffade honom 6 år förut. Stundom kompli-ceras apoplexien under sitt förlopp med andra sjuk-domar, som verka dödande. Hjärtat kan förlamas genom de från den sjuka hjärnan utgående nerverna, och den sjuke dör då i vanmakt, eller det kan stöta till lunginflammation, som dödar på olika sätt, hvarom mera i kapitlet om lungdöden. Som ett exempel på, att apoplexi icke dödar såsom sådan, utan genom en annan sjukdom, som dock har samma orsak som apoplexien, nämna vi konung Fredrik I af Sverige. Det är en hjärtsjukdom som orsakar hans apoplexi,

då han är 72 år gammal, och han blir därefter lam
i högra sidan. Vid 75 års ålder, alltså 3 år senare,
får han en dag feber, och nästa dag ser man de
första tecknen på kallbrand i högra benet, orsakad
af en blodpropp i följd af hjärtsjukdomen. Kall-
branden sprider sig, och på fjärde dagen därefter är
det klart för honom, att han icke kan lefva längre.
Han tar farväl af sina ämbetsmän, kl. 6 tar han ett
rörande afsked af sin son och hans hustru, kl. 7 är
kronprinsen ensam hos honom; den oro, som varit
öfver honom, försvinner, och under en stilla, sakta
sömn dör han strax efter kl. 8.

Alla dessa exempel på död af apoplexi i dess
olika stadier visa, att döden är lätt och icke märkes
af den döende — hans medvetande är borta. Men
detta utesluter icke, att det för de omgifvande kan
se ut, som om det vore en svår »dödskamp» att utstå.

Blodomloppet i hjärnan kan förändras, an-
tingen så, att det kommer för litet blod till hjärnan
(anämi), eller att det är för mycket blod i hjärnan,
hvilket åter kan bero på, att för mycket frisk blod
drifves till densamma *(fluxions-hyperämi),* eller att
det icke är fritt aflopp för hjärnans blod, utan
mörkt, venöst blod stannar i densamma *(stas).* Vid
dessa tre tillstånd, som alla kunna sluta med dö-
den, äro väl de första symtomen olika, i det t. ex.
den bleke patienten med anämien, som föranleder
svimning (se sid. 56), tycker att det blir svart för
hans ögon, medan den, som har hyperämi, blir röd
i ansiktet och ser gnistor för ögonen o. s. v. Men
på det hela taget gäller det, att som följd af blod-
cirkulationens förändring blir medvetandet först om-
töcknadt för att sedan alldeles utslockna, om döden
följer. Då den sjuke som regel öfverraskas af detta
illabefinnande, och då det, när döden blir följd, has-

tigt förvärras på det sätt vi nämnt, så är det klart, att han icke kan vara medveten om den förestående döden, och således i regel ej heller lida däraf eller vid tanken därpå. Jag har talat vid en fru (Obs. 8), som hade lidit en särdeles stor blodförlust och alltså hade blodtomhet (anämi) i hjärnan. Hon blef i helt lugnt samspråk med sin svägerska öfverens om, att bud måste sändas efter en läkare; kort därefter hörde hon liksom ljudet af en kyrkklocka, en och samma ton ihållande, och så blef det svart för hennes ögon — från detta ögonblick kan hon alls icke berätta, om hvad som vidare passerade med henne, fast hon blef underkastad en rätt ingripande behandling. Hon kommer till sans först flera timmar därefter, då svägerskan säger henne, att sjukhusvagnen nu är kommen. Denna fru, som hade en lugn natur, hade den föreställningen, att hon skulle dö, hon tror att det var, strax innan det svartnade för hennes ögon. För henne var denna tanke en helt naturlig, som icke ingaf henne fruktan. — Det är ju lätt begripligt, att många andra icke skulle tänka på, att döden var förestående.

Som motsats till denna patient hänvisar jag läsaren till kapitlet om åldringar (se också bilagan, Obs. 65), där det talas om ett fall af stark blodtillströmning till hjärnan, som gör ett mycket pinsamt intryck på omgifningen, men dock slutar med hälsa. Den gamla fröken anar icke, att hon har ondt åt hjärnan och varit så nära döden. — Att stasen i hjärnan måste alstra slöhet och förlust af medvetandet är klart af det föregående. Icke heller de, som dö på detta sätt, lida däraf, hvilket kanske bäst framgår af våra exempel i kapitlen om död från lungorna och från njurarna, där det talas om asfyxi.

Det finnes en form för blodöfverfyllnad i hjärnan, som förtjänar ett särskildt omnämnande, och det är »*solstyng*». Detta förekommer blott sällan här i landet, fast vi känna fall, då soldater på ansträngande marscher i solhettan plötsligt falla omkull och dö inom en kort tids förlopp. Långt oftare förekommer det på sådana ställen, där mycket höga temperaturer kunna vara rådande, i synnerhet när invånarne icke ständigt äro vana vid sådana, såsom t. ex. i *New-York,* där i juli 1900 på ett dygn 225 personer dogo af »solstyng». Förr trodde man, att det var frågan om apoplexi, framkallad genom solstrålarnes inverkan på hufvudet. Nu vet man, att det icke är fråga om blödningar i hjärnan, och att sådana sjukdomsfall också kunna inträffa, utan att solen direkt verkar på personen i fråga. Vid ansträngande marscher i täta kolonner, på kvafva sommardagar, blir soldaten i sin täta mundering lätt öfverupphettad. Man talar då om *värmeslag* som dödsorsak. Vi låna från Dr. Kier och Hiller en beskrifning på värmens inverkan. Mannen blir stilla, sjunger icke med, orkar icke tala, han ser allvarlig, nästan sorgsen ut, men han är dock vid medvetande och kommer sig hastigt, om han får lof att hvila sig. En sådan man har en kroppstemperatur på 38 — 39° C.; stiger denna till 40°, så blir han slö och hans ansikte, som är mörkrödt med svetten pärlande i pannan, får ett stupidt uttryck. Med stirrande, röda ögon, stelt fästade på marken släpar han sig fram, snubblar lätt, känner sig slapp och illamående och kastar sig ned till sist. Är hans temperatur ännu högre, bortåt 41°, ser man att han blir oklar, han slutar upp att svettas, blir yr i hufvudet, vacklar — och faller plötsligt omkull. Han är då medvetslös, ansiktet blekt med blåaktig anstrykning; man kan knappt se, att han drar andan, af och till suckar

han, hjärtat slår oregelbundet och svagt. Det kan
nu inställa sig krampanfall, men de kunna också
uteblifva, och till sist dör han helt lugnt. Man kan
naturligtvis möta andra symtom, t. ex. sådana,
som likna verkan af alkohol, eller fall, som starkt
påminna om sinnessjukas anfall af raseri — på det
hela är det frågan om samma tecken på hjärnsjuk-
domar, som vi omtalat sid. 74. Det är ingalunda
sällsynt, att soldater omkomma på detta sätt. Hiller
har genomgått 568 berättelser om värmeslag, och i
95 af dessa fall hade döden inträdt. Äfven om plågor
föregått denna, själfva dödens inträdande kunde de
dock icke förnimma. De ha väl också knappast tänkt
sig, innan de blefvo medvetslösa, att de voro så sjuka,
att de ej skulle öfverlefva sin sjukdom.

Epilepsi, fallandesot är en sjukdom, som kan
hafva många olika orsaker, men oftast sjukliga för-
hållanden i hjärnan själf eller angränsande delar.
I hvarje fall finnes anledning att tro, att det epilep-
tiska anfallet beror på blodöfverfyllnad i hjärnan,
och det synes därför lämpligt att omtala döden vid
fallandesot på detta ställe. Många af våra läsare
torde ha sett en epileptiker falla på gatan och få
kramp. Ofta utstöter han ett skrik och störtar med
det samma medvetslös omkull, kramp inträder strax,
han ligger med hufvudet bakåt, ögonen äro öppna
och stirra vildt. Krampen blir värre, ansiktet för-
vrides och blir först rödt, sedan blått; ögonen rulla,
han andas med svårighet, »fradgan» står om munnen
— kort sagdt, han företer en mycket obehaglig an-
blick, och gör intryck af att lida mycket. Likväl
reagerar han under detta icke för de skador, som
fallet vållat, ögat påverkas icke af ljuset — med
andra ord, han är medvetslös. Anfallet går efter-
hand tillbaka, han ser frånvarande eller liksom för-

undrad på de omgifvande, han kan höra, men icke fatta, hvad som säges. Ofta får han hufvudvärk och obehagliga känningar i armar och ben. Om själfva anfallet har han intet minne, men är fortfarande under mer eller mindre lång tid slö och känner sig illamående på olika sätt. Man kan icke annat än förvåna sig öfver, att epileptikern aldrig har något minne af dessa anfall, som se så ohyggliga ut. Om han dör i ett anfall, så är detta vanligen mycket svårt — men därom vet han ju själf intet. Han dör af utmattning eller af kväfning (se döden från lungorna) utan att ana det. Döden kan också inträda i det omtöcknade tillståndet efter anfallet, men icke heller denna död är han som regel i stånd att förnimma. Läsaren skall i vår obs. 9 finna en berättelse om en 27-årig flicka, som bränt sig så, att det tog eld i hennes kläder, utan att hon hade någon aning därom. Vi observera flera anfall, och det framgår tydligt af skildringen, att om hon en gång skulle dö i ett sådant anfall, skulle hon själf icke ha en aning därom. För henne skulle döden blifva mild och fridfull, som om hon dog, medan hon sof — och dock har hon väckt de andra patienterna i samma sal med ett vrålande, som förfärar dem.

Det synes dock kunna förekomma, att epileptikern vet, att han skall dö — att döma af berättelsen om konung Henrik IV af England, som dog kort efter ett anfall, som träffade honom i Westminster-Abbey i London. Om en epileptiker icke dör i samband med själfva anfallet, utan »mera långsamt», så är han som oftast medvetslös lång tid före döden. För öfrigt dö de flesta epileptici af andra sjukdomar än själfva epilepsien, ofta tämligen oväntadt.

Hjärninflammation använda vi som gemensam

benämning för alla de olika former, hvarunder inflammation kan angripa hjärnan och dess hinnor. Fast sjukdomarna visa högst olika symtom, i synnerhet beroende på hvilka delar af hjärnan äro angripna, pläga de dock vålla döden på samma sätt, blott att det ofta är stor skilnad med hänsyn till den hastighet, hvarmed döden inträder. Alla de på sid. 74 omtalade symtomen af hjärnsjukdomar kunna visa sig vid hjärninflammationen, men, som redan sagdt, menar allmänheten vanligen med hjärninflammation den af tuberkel bacillerförorsakade *hjärnhinneinflammationen (Meningitis)*, som oftast uppträder hos barn, där tuberkulos så ofta finnes och i så många olika former, men som föröfrigt kan angripa hvarje ålder. För att dock nämna en annan form af hjärninflammation, som icke är sällsynt, skola vi påminna om den, som kan stöta till alla slags sår i hufvudet, öppna brottskador å hufvudskålen, ros och andra inflammationer i hufvudets hud m. m.

Hvad som karaktäriserar den sista tiden före döden är i synnerhet medvetslöshet, dåsighet eller sömn med alla slags öfvergångar däremellan. Den sjukes starka klagan öfver hufvudvärk, innan han förlorade medvetandet, hvilken af och till afpressade honom de ohyggliga, höga skriken, försvagas för att blott någon enstaka gång åter förskräcka omgifningen. Det förefinns dock ännu hufvudvärk, ty hvarför skulle annars den lille föra handen så ofta upp till hufvudet? Här dyker åter denna fråga upp, om den medvetslöse känner den smärta, som bringar honom till att yttra tecken däraf. Vaknar han från sitt medvetslösa tillstånd, så vet han alls icke, att han haft smärta, och har ingen aning om, att han upphäft skrik, fört handen till hufvudet o. s. v. Det är med honom alldeles som med den, hvars hjärna är påverkad af kloroform under en operation, han är säkert utan medvetande och utan känsel för smärta. Man kan t. ex. beröra hans öga, utan att han blinkar, och dock kan det hända, att han vid vissa operationer drar sig undan och skriker, men när han sedan vaknar, har han icke den minsta aning därom, han har icke märkt det minsta af operationen. I dessa fall måste man tro, att hans smärtyttringar äro ett slags utslag af vanan. Han är van vid, när det inverkas på ett bestämdt sätt på bestämda af hans väfnader (nerverna), att gifva det intryck, han därvid får i sin hjärna (smärtan), tillkänna på ett bestämdt sätt (klagan, skrik). En smärta, som icke kommer till medvetande på vanligt sätt, måste man ju antaga icke kännes af ifrågavarande individ *) — och vi tro därför, att till och med om barnet med hjärninflammation skriker och för handen till hufvudet, så känner det likväl icke smärta, enär det föröfrigt visar tecken på att vara utan medvetande. Liksom förhållandet är med smärtan, är det också med krampen, som är så ohygglig att se på; barnet märker den icke. Kort sagdt, alla de sorgliga sjukdomstecken, som modern ser sitt barn lida af, de uppfattas icke af detta — och ingen hjärninflammation, som har döden till följd, slutar, utan att det förefinns fullständig medvetslöshet under kortare eller längre tid.

Som exempel hänvisa vi i bilagan till den lilla flickan (obs. 10), som företer den högst egendomliga karaktärsförändring, som man icke sällan träffar (jämför sid. 64 o. sid. 78). Hon vill icke ha att göra med modern, utan biter henne till och med en gång i fingret. Hennes död är antagligen ytterst

---

*) Vi komma tillbaka till denna fråga, när vi i kapitlet om den våldsamma döden tala om, hvilket minne den förolyckade har af hvad han fått lida.

förorsakad af andningscentrums, »lifsknutens», öfver-
fyllnad med venöst blod.

Som exempel på en hjärninflammation, som ut-
vecklar sig i anslutning till inflammation i hufvud-
skålen, hänvisar jag till obs. 11, en 10 månader
gammal gosse, där vi tro oss ha bekämpat den
hotande hjärinflammationen, som beror på fraktur
å tinningbenet, men där det dock slutar med en ut-
präglad inflammation i hjärnhinnorna och en böld i
själfva hjärnan. Det lilla barnet har, som man lätt
inser, icke förmåga att känna de starka krampanfall,
som inställa sig kort före döden, ty det är alldeles
utan medvetande. Som ett annat exempel på död
i anslutning till inflammation hänvisa vi till obs.
12, en 24-årig fröken, som i 12 år haft upprepade
anfall af inflammation i pannbenet med varbildning
(osteomyelitisk benabscess). Hon får ett krampanfall,
och då man vet, att hon måste dö, om hon icke
blir opererad, trepanerar man och är glad att hitta
varhärden i hjärnan. Allt artar sig väl, men hon
måste ånyo opereras, och återigen tror man på möj-
ligheten af tillfrisknande, då döden gör ett hastigt
slut på hennes lif. Det är intressant att läsa om,
huru omedveten denna patient är om allt, som på
oss andra inverkar så ohyggligt; en gång tro vi
till och med, att hon är död, utan att hon anat det.
— Gendarmen Wolke får böta för sin tjänsteifver; in-
flammation tillstöter i ett af de sår han fått, och han
dör efter en lång tids medvetslöshet.

Kort sagdt, alla dessa patienter med hjärn-
inflammation ha dött, utan att döden som sådan varit
dem medveten.

Vid *svulster i hjärnan* inträder döden ofta plöts-
ligt och oväntadt, i synnerhet då svimningsanfall
föregått, och det är då i ett sådant anfall den sjuke

dör. Stundom dör han af apoplexi, i andra fall
återigen är det under symtom liknande hjärninflam-
mation, som patienten försämras för att slutligen
dö i kollaps, men som regel dör den sjuke »lång-
samt». Den 33-åriga fröken (obs. 13) är ett talande
exempel på, huru väl naturen sörjer för att mildra
de både psykiska och fysiska kval, som den unga
kvinnan måste lida af den elakartade svulst, hvaraf
hon angripits. Hon tror, att de svulstmassor, som
skjuta fram på det förut opererade stället i bröstet,
äro tecken på, att såret snart skall läkas, och hon
är dock opererad fyra gånger. Hennes hufvudvärk,
som är orsakad af hjärnsvulsten (hvilken kommer
från bröstsvulsten), försvinner. Hon känner icke,
att hon blir lam i vänstra benet, hon känner icke de
våldsamma anfall af kramp och andnöd, som till och
med förefalla högst ohyggliga för en läkare, hvilken
dock får se så mycket pinsamt. På mellantiderna
mellan de talrika anfallen af detta slag blir hon mer
och mer slö, känner icke mera igen sin syster, som
ständigt är hos henne, och afsomnar till sist helt stilla.

*Död af de olika hjärnlidanden, som härleda sig
från hjärtat, lungorna och njurarna,* skall läsaren
finna belyst med exempel i de motsvarande kapitlen.

När sådana sjukdomar, som angripa hela organis-
men, ss. *skarlakansfeber, rheumatisk feber, nervfeber,*
för att nämna de allmännast kända, döda den sjuke,
är ett af dödssätten det, att hjärnan, som å sid. 70
är omtaladt, angripes af de med blodet cirkulerande
bakterierna eller dessas giftiga produkter (toxiner).
Döden inträder här under samma bild, som när
hjärnan angripes af, att *var från ett sår upptagits i
blodet (septikämi och pyämi)* eller af att *bakterier*
kommit in i *benmärgen* och därifrån sprida sig i
hela organismen *(osteomyelitis).* På det hela är död

af hjärnlidande, orsakadt af de nämnda sjukdomarna, rätt sällsynt, i det att döden vanligen inträder på andra sätt (från hjärtat, lungorna, njurarna o. s. v.), men dock tillräckligt vanlig för att förtjäna ett särskildt omnämnande. Den form, hvarunder döden från hjärnan inträder, är i regel den, att medvetandet och känseln hastigt omtöcknas för att efter kort tids förlopp alldeles försvinna. Den sjuke dör som i en sömn, antingen under delirier eller fullständigt slö. Vi skola anföra exempel i kapitlet om död vid blodsjukdomar.

Två sjukdomar, som lämpligast omtalas här, fast de också bero på blodets förgiftning med bakterier eller deras toxiner, äro stelkrampen och hundgalenskapen — i mitt tycke de två förskräckligaste sjukdomar, som finnas.

Stelkrampen (tetanus, trismus), en ryggmärgssjukdom, är en förfärlig sjukdom, ty den sjuke plågas ohyggligt af de täta krampanfallen, som bringa hans bål och lemmar till att stelna i förvridna ställningar, efter att ha skakats som af en stark elektrisk ström. Han förmår icke öppna munnen, hvilket också plågar honom på flera sätt — men det värsta är, att medvetandet icke påverkas af sjukdomen. Medan de krampanfall, vi hittills omtalat, liksom de flesta (alla?) som finnas vid lung-, njur- och blodsjukdomar, icke kännes af den sjuke, och efter det de äro öfverståndna, icke ihågkommas af honom, så vet den, som har stelkramp, att det är kramp, som han har. Han skall snart finna, att nya anfall vänta honom, kanske än mera smärtsamma än det, som knappast ännu fullständigt gått öfver — och om det blir klart för honom, hvilken sjukdom han har, eller om någon har varit obetänksam nog att nämna ordet stelkramp för honom, så är det i

regel lika illa ställdt med honom som med den, som
vet, att han har kräfta, ty han inser, att han knap-
past står att rädda. Han finner då smärtorna under
krampanfallen mera plågsamma, än de skulle vara,
om han trodde, att de en gång skulle helt och hållet
försvinna, så att han åter blef frisk. Han väntar så
att säga för hvarje anfall, att detta skall döda ho-
nom, och till och med om han annars på det hela
taget icke fruktar döden, måste den dock nu stå för
honom som en fasa. Men lyckligtvis veta de flesta
af dessa patienter icke besked om sin sjukdom.
Läkemedlen, som ofta äro stora doser af bedöfvande
medel, verka också lindrande på deras psykiska li-
danden, och till och med om patienten dör med bi-
behållet medvetande under ett anfall, skall han ofta
dö i hopp, att detta anfall är det sista, föga anande
att det verkligen är det sista anfallet i en annan
mening. Vår obs. 14 är ett exempel därpå. Den
som läser berättelsen, kan icke annat än hysa stort
medlidande med denne man, som måste lida så
mycket trots stora doser bedöfningsmedel, och dock
påminner jag mig tydligt, huru besynnerligt det
föreföll mig, att han icke tycktes ana, huru sjuk
han verkligen var. Hade han vetat, hvilken sjuk-
dom han hade, skulle han säkert ha lidit mycket
mera. Det är för öfrigt icke så vanligt, att den sjuke
dör i ett anfall, ty ofta lindrar naturen hans kval,
till och med om läkaren icke kommer till hjälp, ge-
nom att låta döden inträda under en svimning, i en
plötslig kollaps eller i djup medvetslöshet (coma).
En annan ljuspunkt, om man nu kan tala om ljus-
punkter vid en så förskräcklig sjukdom, är att de
som skola dö, ofta blott ha få dagar att plågas.
Detta gäller isynnerhet om sjukdomsfallen i varmare
länder, där sjukdomen på det hela uppträder oftare

än hos oss. Våra observationer i bilagan visa olika former af död. De ha alla lidit mycket men dock mindre, än man skulle tro vid att läsa berättelsen, ty de ha icke vetat, hvad som felades dem. *Den 45-årige arbetaren* (obs. 15), som blifvit amputerad, tror ännu, att det är gikten, som slagit sig i käkarna, och dör utan att få tydliga krampanfall. *Den 30-åriga hustrun* (obs. 16), som tre månader förut blifvit opererad i fotleden, får lida mycket, men morfinen skaffar henne sömn, och då vi, som behandla henne, icke tro, att döden skall inträda så hastigt, som den gör, har hon väl heller icke trott det. *Den lille 5-års gossen* (obs. 17) dör också oväntadt hastigt efter att nyss ha sagt, att han mådde godt. Däremot har en annan *5-års gosse* (obs. 18), fast han också dör plötsligt, svåra plågor att utstå till strax före döden.

Hos *nyfödda* angriper stelkrampen från början mest tuggmusklerna, så att de icke kunna ta bröstet, och först senare komma krampanfallen i bålen och lemmarna. De tyckas lida mycket, men döden inträder i regel hastigt, och huru pinsamt än det intryck är, som den lille gör på omgifningen, så dör han dock efter allt att döma utan ytterligare ökade plågor, oftast i kollaps.

Angående andra ryggmärgssjukdomar, som kunna förorsaka död, hänvisas till kapitlet om döden vid lungsjukdomar (jämför obs. 22 och 23, där det närmare redogöres för två män, som brutit ryggraden), samt till kapitlet om krig, där Nelsons död omtalas. Den är visserligen orsakad af en inre förblödning, men lamheten, som beror på ett skottsår genom ryggraden, måste dock antagas ha bidragit till den rätt hastigt inträdande döden, åtminstone var Nelson själf öfvertygad därom.

Hundgalenskapen (rabies canina, vattuskräck, hydrophobi) är den andra af de förfärliga sjukdomar, som vi i korthet vilja omtala. Äfven här har den sjuke det svåra lidandet, att hans intelligens åtminstone i början är i behåll. Han vet, att han blifvit biten af en hund; han har hört, att man kan bli sjuk däraf, och antingen han har kännedom om sjukdomens symtom eller ej, skall det första tecken på, att han icke kan svälja, väcka rädsla hos honom. Detta, att icke kunna svälja, plågar honom under hela sjukdomen, det stegras till, att blotta åsynen af vatten eller till och med endast tanken därpå inger honom ångest. Och till och med om han icke är medveten om de delirier, som ofta stegras till anfall af det vildaste raseri (mani), till och med om han under dessa anfall icke är klart medveten om sin kramp och sin svårighet för att andas — i pauserna mellan anfallen bevarar han dock medvetandet om, att han har vattuskräck, att han icke kan svälja, att han ständigt måste spotta, och hans ångestkänsla paras ofta med djup melankoli. Den stackars sjuke dör oftast efter få dagar, stundom till och med få timmar, efter att de mera utbredda krampanfallen visat sig (Grisolle). Flertalet synes dö i asfyxi, hvarom vi hänvisa till kapitlet om död från lungorna.

Om död från hjärnan vid förgiftningar hänvisas till kapitlet: förgiftningar.

Om *sinnessjukes död* är så till vida intet särskildt att säga, som de i regel dö af alla slags sjukdomar — alldeles som de människor, som icke äro sinnessjuka. Vi skola dock framdeles få tillfälle att lära känna högst märkliga ting, när vi i slutet af detta arbete omtala, huru det medvetna lifvet kan forma sig, kort innan döden inträder.

En återblick på hvad, som är skrifvet om hjärnoch ryggmärgssjukdomar och om döden vid dessa, skall visa läsaren, hvad som flerstädes är framhållet, att den, hvars död härleder sig från hjärnan, i regel dör utan att känna, att han dör, ty hans medvetande är borta. Detta gäller också de fall, där olika företeelser måste inge omgifningen den tron, att den döende plågas mycket. Blott de, som lida af stelkramp och hundgalenskap, göra ett undantag. Det är troligt, att flere af dessa olycklige ha medvetande om, att de gå en mycket pinsam död tillmötes, om än själfva deras slut icke är dem medvetet som sådant.

När döden härleder sig från lungorna.

Lungorna och luftvägarna (luftstrupen och luftröret) måste funktionera väl, om man skall kunna draga andan väl. En hvar vet, att den, som icke kan andas, måste dö. Genom andningen föres frisk luft ned i lungorna, som därvid upptaga luftens syre och förvandla det blå (venösa) blod, som från väfnaderna kommit till lungorna, till rödt (arterielt) blod, med andra ord lungorna syrsätta blodet. Om denna *blodomsättning* som vi vilja kalla det, icke kan ske på tillfyllestgörande sätt, så måste individen dö. Det är allaredan upprepade gånger påpekadt, att blodomsättningens upphörande måste medföra döden. I samma ögonblick, som frisk blod icke kommer till »lifsknuten», stanna andningsrörelserna — och döden blir en följd däraf. Den död, som uppstår på detta sätt, kallar man *asfyxi, kväfningsdöd.*

Liksom för hjärtat och hjärnan, gäller det också för lungorna, att döden kan bero af många olikartade tillstånd i organismen. Att *sjukdomar i själfva andningsorganen (luftstrupen, luftröret och lungorna)* kunna döda genom asfyxi är lätt att tänka sig. För att icke bli för vidlyftiga nämna vi blott som exempel, att strupen och luftröret kunna tilltäppas af membraner vid difteri, eller att en *främmande kropp*, t. ex. en pärla, kan komma ned i luftröret och stoppa luftens fria passage. Vid *lunginflammation* (med dess många olika former) kan så stor del af lungorna bli obrukbar för blodomsättningen, att döden blir en nödvändig följd däraf.

Men sjukdom i lungan kan förefinnas, utan att den som sådan verkar dödande. Vid *lungsot (ftisis)* t. ex. kan döden orsakas utaf en stark blödning inuti en håla (caverna) i lungan. Döden inträder vid dessa fall, som vi sett, från hjärtat eller hjärnan.

Sjukdom i lungan kan också döda genom att inverka på andra organ, ja icke sällan äro dessa andra organs sjukdomar farligare än själfva lungsjukdomen. Så till exempel kunna lungsjukdomarna utbreda sig till angränsande delar ss. till *hjärtsäcken och därifrån till hjärtat* eller till *lefvern.* Den omständigheten, att lungsjukdomen förändrar blodets beskaffenhet, i det blodets omsättning icke kan försiggå på normalt sätt, betingar också att mörkt (venöst) blod föres till organen t. ex. till hjärnan, hvilket ju är mycket farligt. Vidare kan blodet, som passerat lungorna, taga med sig sjukdomsfrön därifrån och sprida dem öfver hela kroppen. Så kunna t. ex. tuberkelbaciller spridas, och vi ha redan i kapitlet om hjärnan sett, huru lifsfarlig en *hjärninflammation* af detta slag är. För att nämna andra slag af bakterier — de vanliga sådana, som finnas i abscesser (staphylococcer), kunna från lungorna icke blott föras till lungsäckens hålighet *(empyem)* utan också med blodproppar eller icke stelnadt blod från lungorna ut i kroppen och orsaka *septikämi och pyämi.*

Döden från lungorna kan vidare betingas af sjukdom i andra organ eller delar, till och med mycket aflägset liggande. Liksom lungsjukdom kan sprida sig till angränsande delar, så kan naturligtvis sjukdom i dessa sprida sig till lungorna. Att sjukdomar i hjärtklaffarna, hvarigenom blodets passage genom hjärtat till lungorna påverkas, bör kunna föranleda sjukdomar i lungorna är klart. Alla sjukdomar i hjärnan och i den del af ryggmärgen, där »lifsknuten» sitter, kunna som vi sett orsaka död från lungorna. Likaså kan man förstå, att *tryck* af svulster *på andningsnerverna* kan ha samma följd. Icke sällan orsakas döden från lungorna genom en *blodpropp (emboli i lungartärerna),* d. v. s. att stelnadt blod i en blodåder, beroende på en eller annan sjukdom, slites loss och föres med blodströmmen upp genom hjärtats högra hälft och därifrån ut i lungorna. Om än blodproppens passage genom hjärtat kan förorsaka stora förändringar där, som kunna blifva individens död, så är det dock oftast genom de förändringar i blodomloppet, hvilka uppstå i lungorna, som döden inträder. Den ena lungans tillförande hufvudåder täppes t. ex. fullständigt af blodproppen, så att det icke kan komma mera blod till denna lunga. Detta verkar på den andra lungan, så att den blir blodöfverfylld *(»lung-ödem»)* och därigenom mister sin förmåga att uppehålla lifvet. Döden är i dessa fall en hastig, oftast oväntad död. I andra fall täpper blodproppen blott delvis, och i den afspärrade delen af lungan kommer det då till *kallbrand.* Har bakterier följt med blodproppen, inställer sig snart hög feber, angripna lungpartiklar föras till hjärtat och kanske därifrån vidare ut i kroppens olika delar — kort sagdt, döden kan här, om också långsammare, inträda på särdeles många olika sätt. Dessa blodproppar kunna nu vara betingade af sjukdomar, som angripit organ eller kroppsdelar, liggande långt aflägset från lungorna, så t. ex. kan barnsängsfeber genom att ha orsakat blodpropp i bäckenets blodådror, ge anledning till emboli i lungartären. En inflammerad åder på benet, ett brott af lårbenet kan vara den aflägset från lungan liggande orsak, som föranleder död därifrån. Det är vidare klart, att om *blodet*, som cirkulerar i lungorna och här skall förnyas (syrsättas) för att kunna tjäna till näring för alla kroppens väfnader, icke är rent utan uppblandadt med skadliga partiklar, så kan detta ge anledning till död från lungorna. Antingen är det här fråga om påvisbar tillblandning med bakterier t. ex. tuberkelbaciller, eller de bakterier, som ha med varbildning att göra, eller är det giftiga bakterieprodukter, toxiner, som verka, eller är det förgiftningar med ämnen, som särskildt verka på blodet. De olika smittosamma sjukdomarna, såsom skarlakansfeber, mässling, rheumatisk feber, nervfeber, som vi omtala under »död från blodet», må nämnas här. Om de egentliga förgiftningarna hänvisas till det kapitel, som särskildt handlar därom. I en del fall kan det icke förklaras, hvarför det inträder död från lungorna. Ett faktum är, att döden från lungorna, hvilken, som man ser, kan förorsakas på många sätt, alldeles som fallet är hvad hjärtat och hjärnan beträffar, är det vanligaste af alla dödssätt. Detta förklaras bland annat däraf, att så många späda barn, för hvilka lungornas funktion ju är utomordentligt viktig, gå under af lungsjukdomar, som icke skulle döda en kraftig, vuxen människa. Också åldringen dör, som vi skola se, ofta af en lunginflammation, som i och för sig synes föga allvarlig, och detta därför att hans motståndskraft är så ringa. Slut-

ligen uppträda mycket ofta vissa former af lungin-
flammation hos individer af alla åldrar, när de äro
nära slutet på grund af andra sjukdomar. Det blir
då denna hypostatiska lunginflammation, som säkert
ofta är liktydig med aspirationspneumonien (se sid.
71) och kompliceras med blodöfverfyllnad i lungornas
öfriga väfnad, hvilken ger döden dess prägel.

På hvad sätt ter sig då döden från lungorna?
Därigenom att individen kväfves, döden är en kväf-
ningsdöd. Och fast man väl känner fall af mycket
hastig död från lungorna, är det dock regel, att den
inträder långsammare än döden från hjärtat eller
hjärnan. Detta har sin grund i, att äfven om luft-
tillförseln till lungorna afbrytes hastigt, så finns ju
dock ännu en viss mängd syre tillstädes i blodet, och
innan detta är nästan åtgånget, inträder döden icke.
Det är alltså en långsam kväfningsdöd, som är den
vanliga formen för människans död. Det låter mycket
ohyggligt — och dock tror vi oss kunna säga, att
den, som dör på detta sätta, icke känner, att han
dör af brist på luft. Bilderna af döden vid *asfyxi,*
som vi hellre vilja säga, äro naturligtvis högst olika,
allt efter graden och orsaken. Här skola vi blott
tala om asfyxien från allmän synpunkt och om dess
följder för väfnaderna.

Den första verkan af asfyxien är, att närings-
vätskan icke längre mottager eller upptager syre, och
af samma orsak afger den icke mera sin kolsyra.
Under dessa förhållanden blir blodet mörkblått (venöst)
och meddelar den lefvande väfnad, hvari det cirku-
lerar, den blåaktiga färgton (lividiteten), som karak-
täriserar asfyxien (den, som har andnöd, blir som
bekant »blå i ansiktet»). Blodomloppet blir nu för-
svåradt, vanligen långsammare, men den egentliga
dödsorsaken är, att det förskämda blodet skadligt

inverkar på väfnaderna. Det föres till hjärnan, hjärtat, lungorna och njurarne, till alla organ och alla väfnader, och harmonien störs då emellan väfnadernas funktioner, som ju äro beroende af hvarandra.

Man vet icke, om det är bristen på syre eller öfverskottet af kolsyra, som är farligast. Bristen på *syre* förhindrar cellernas syrsättning och därmed deras lifskraft och förmåga att utveckla sin verksamhet i näringsprocessens tjänst. Utan syre kan nervsystemet icke utöfva sin underbara styrande verksamhet, musklerna, alltså också hjärtats, kunna icke längre sammandraga sig, kort sagdt blodets brist på syre är i och för sig nog att förklara dödens inträde. Å andra sidan äro *kolsyrans* skadliga verkningar visade genom talrika försök, dess giftiga inverkan på väfnadernas element utsläcker deras lifsförmåga. Att den verkar stimulerande på dem förklarar delvis, att den asfyktiske icke sällan visar excitationssymtom. — Det är rimligast att antaga, att både syrebrist och öfverskott af kolsyra samtidigt spela sin roll för att frambringa de tillstånd, som från asfyxi leda till döden. Dessa tillstånd äro följande: ifrågavarande individ visar ofta en egendomlig blandning af okänslighet och förökad mottaglighet för intryck, det kan på en gång finnas slapphet och kramp i musklerna, hvilket äfven gäller för det vegetativa lifvets muskler. Man ser således ögats pupill omväxlande sammandraga och utvidga sig. För kroppens slutmuskler gäller det samma, och det kommer till ofrivilliga uttömningar, först aktiva, sedan passiva — allt därför, att det mörka blodet efterhand förminskar nervcentras lifsduglighet. Förslappningssymtomen bero sannolikt af brist på syre, krampsymtomen däremot af öfverskottet på kolsyra. För öfrigt påverkas de olika elementen och delarna af nervsystemet olika hastigt. *Intelligensen försvinner först.* *Känseln* (sensibiliteten) försvinner från peiferien mot centrum. Ledningsbanorna i ryggmärgen förlora sin känsel innan de mista förmågan att utlösa rörelser. Äro dessa banor afbrutna, förmår dock förlängda märgen ännu att framkalla retningen till *andning* och uppehålla *bröstkorgens rörelser.* Men också dessa automatiska rörelser stanna, och som enda vittnesbörd om, att döden ännu icke definitivt är inträdd, kan *hjärtat* ännu höras slå, men blott svagt, (ofta) hastigt och (ofta) oregelbundet — det varar blott några få ögonblick — och det är förbi. »Cor ultimum moriens!»

Den sjuke, hvars död beror på asfyxi, är i början ofta mycket lidande, ty han känner den förskräckliga lufthungern. Det gäller dock långt ifrån alla, ty den, som hastigt kväfves, t. ex. genom att blod eller annan vätska fyller hans strupe, eller genom att halsen sammansnöres såsom vid hängning, dör så hastigt, att det icke kan vara tal om, att han plågas af behofvet efter luft. A andra sidan finnas fall, där asfyxien är så jämnt tilltagande under en lång tid, att den sjuke icke märker det lilla plus, som behöfves, för att blodet icke längre skall kunna fylla sin uppgift. Det bästa exemplet därpå är lungsot. Vi ha redan förut tillfälligtvis berört denna fråga och återkomma längre fram därtill. Det återstår ett stort antal patienter, som duka under för asfyxi under symtom, till hvilka de själfva äro vittne, som »dragas med döden» och därför på omgifningen göra intryck af att lida mycket. Man hör det ohyggliga rosslandet i strupen, »dödsrosslingarne», man ser den döendes lidande uttryck, och att hans färg blir mer och mer blå. Dessa förhållanden förklaras därigenom, att när medvetandet aftager eller försvinner, kvarstår ännu känseln (sensibiliteten). Därför står intrycket af smärta ännu måladt på den döendes ansikte, fast detta dock icke uttrycker någon tanke. Att den döende rosslar har sin grund i, att andningsrörelserna ännu försiggå, fast mycket långsamt, och att det i luftröret hopade slemmet röres fram och tillbaka vid dessa andetag. Det är klart att den döende icke märker något däraf, ty hans medvetande är försvunnet. Men på ett tidigare stadium då, innan det är borta? Ja, här får man erinra sig, att dessa patienter ofta lida af en alltjämt tilltagande andnöd (t. ex. vid vissa former af akuta lungsjukdomar) och därför så att säga vänja sig vid att nöjas med litet luft, så att de icke ha så starkt behof efter frisk luft, som om de på en gång måste åtnöja sig med det lilla kvantum, som de få. Den berömde franske fysiologen Claude Bernard har anställt ett försök, som kan belysa detta. Han sätter in en fågel under en hermetiskt tillsluten glasklocka, hvari det finnes luft. Fågeln konsumerar luften därinne genom att andas, och det dröjer icke länge, innan det är otillräckligt med syre i luften. Den kippar efter andan och är nära att dö. Samtidigt föres en annan fågel af samma slag in i glasklockan. Den faller strax ned som träffad af blixten, får kramp och dör, medan däremot den första fågeln ännu andas. Ja denna kan man ännu få att lefva igen, när den kommer ut i friska luften, men den andra fågeln är fortfarande död. *) Enhvar känner för öfrigt något till detta; i ett sofrum, där fönstren icke varit öppna på natten, är så mycket af luftens syre förbrukadt och så mycken kolsyra utandad af

---

*) Försöken äro varierade på olika sätt för att visa organismens syreförbrukning under olika fysiologiska förhållanden; särskildt denna af Cl. Bernards föreläsningar (från 1856) handlar om betydelsen af, att man vänjes vid att kunna lefva i dålig luft.

den sofvande, att luften förefaller mycket förskämd för den, som varit i ett rum med frisk luft och sedan åter kommer in i sofrummet. Eller gå ifrån däcket ned i den hytt, där man sofvit om natten, och där luften icke föreföll en särdeles dålig, då man lämnade den — den står icke till att andas. Att människor kunna vänja sig vid att undvara syre en längre tid är kändt däraf, att många dykare kunna uppehålla sig under vatten otroligt länge. Vända vi oss till de patienter, som dö af asfyxi på grund af en kronisk sjukdom, som medfört anfall af andnöd, bör man påminna sig, att dessa, som lida så mycket, ju ofta haft liknande anfall, men gått igenom dem. Det är i alla fall tillåtet att tro, att de, när de för sista gången kämpa för att få luft, dock göra detta i den tron, att de skola segra, och att det visserligen är ett ovanligt svårt anfall, men att det nog skall gå öfver. Men under denna kamp, som medför så mycket lidande, tilltager asfyxien, blodet kan icke längre ge hjärnan tillräcklig näring, medvetandet försvinner — och därmed täcker en slöja öfver den döendes öga, så att han icke kan fatta sin egen pinsamma död. Ofta se de omgifvande honom ännu länge »kämpa med döden», men de kunna vara förvissade om, att han icke lider mera. När den asfyktiske dör af komplikationer, som förorsaka vanmakt, märker han ju heller intet af dödens annalkande.

Det återstår ett antal, vi våga säga ett mycket litet antal, af döende, för hvilka det sagda icke gäller. De lida, tyckes det, in i sista ögonblicket. Vi tänka här icke på »tryckning» och »tyngd öfver bröstet», hvaröfver många döende klaga kort före döden, ty den kan finnas vid hvarje form af mera långsam död. Vi tänka på dem, som verkligen känna svårighet att draga andan fritt, och som känna, att de icke få luft

nog. För dessa är döden en kroppslig plåga —
men här hjälper stundom deras egen andliga stånd-
punkt och deras syn på lifvet och döden dem öfver
det plågsamma, och i många andra fall kommer
läkaren till hjälp och lindrar döden.

Vi vilja nu anföra exempel till belysning af det
meddelade, men måste åtnöjas med några få sådana,
fast antalet lungsjukdomar och deras komplikationer
är så stort.

Lunginflammation (pneumoni), som angriper
en kraftig, vuxen person, dödar honom i allmänhet
icke. Man kan tro, att han icke skulle kunna stå
ut med den svåra andnöden, som färgar hans ansikte
blårödt, den starka feberhettan, som till och med
frambragt tecken på, att hjärnan måste vara angripen,
eftersom han talar oredigt. Men mellan 5:te och
7:de dygnet aftaga alla symtom, hostan blir mindre
plågsam, upphostningen förändrar natur, kort sagdt
han kommer sig. Det fruntimmer, som Hornemann
talar om, är ett exempel på ett sådant allvarligt till-
stånd, där alla tro, att döden måste bli utgången.
Det är egendomligt nog, att läsa om hennes upp-
fattning om döden. Icke så alldeles sällan ser man
dock döden bli följd af lunginflammation, hos barn
och åldringar är det till och med mycket ofta fallet.
Hos vuxna måste det däremot särskilda förhållanden
till, för att den skall kunna döda. Den kan under
sitt förlopp antaga en annan karaktär t. ex. öfvergå
i lungbrand, eller blir den andra lungan också an-
gripen, eller kompliceras den med andra sjukdomar.
I alla dessa undantagsfall kan döden inträda rätt
plötsligt genom hjärtförlamning, alltså en död genom
vanmakt, som icke förnimmes. Eller rätt så ofta
kollaberar den sjuke, han blir kall i ansiktet och om
händerna, huden blir slapp och täckt af kallsvett,

han är nära att svimma, och under ett sådant anfall kan han dö, eller också ligger han längre tid utan medvetande för att dö successive. Nyfödda och späda barn, som få lunginflammation, dö ofta af kollaps — men icke sällan ha de lidit mycket af andnöden, innan döden inträder. Kollabera de icke, så falla de oftast tillsist i en dvala, och utstöta blott af och till en suck, innan de dö utan att känna det. Beträffande åldringen tror man ofta, att han dödt en naturlig död, af ålderdomssvaghet, och dock har han dödt af lunginflammation — så ringa kunna de gamlas plågor vara vid detta dödssätt. Oftast förorsakas döden hos patienter med lunginflammation af komplikationer, ss. den andra lungans öfverfyllnad med blodvätska (ödem), sjukdomar i hjärnan eller hjärtat. Lauvergne berättar, att han sett omkring 500 patienter dö af lunginflammation stilla och lugnt i hoppet på att komma sig. Som ett exempel på, att en ung, kraftig man kan dö af lunginflammation, hänvisar jag till Facottet i bilagan. Han befinner sig på Mont Blanc — kanske är detta komplikationen, som dödar honom; det egendomliga är, att han, fastän läkare, icke anar, att han har lunginflammation. 8 timmar före döden slutar han plötsligt upp att tala och är sedan medvetslös. Georg Washington är fastän 67 år gammal en kraftig man. Han lider mycket, fast han icke klagar, han är på det klara med, att han skall dö, och ordnar sina affärer med stort sinneslugn. Omkring tio minuter, innan han dör, blir hans andedräkt lättare, han märker det själf och känner på sin puls, men i det samma förändras hans ansiktsuttryck, och han dör helt stilla »utan en suck». Tscherning dör af lunginflammation. Som man ser vid läsning af den tillförlitliga berättelsen därom, har han länge vetat, att döden var förestående; de sista timmarna är han medvetslös och känner icke själfva dödens inträde. Som ett exempel på dubbelsidig lunginflammation, komplicerad med delirium, antagligen beroende på att patienten användt för mycket spirituosa, kan anföras den *40 årige arbetarn* (obs. 19). Han går själf till sjukhuset — och är död fyra dagar dårefter. Alla de ohyggliga anfall, som hans omgifning sett, och som på dessa måste göra det intrycket, att han lider mycket, har han själf alls icke känt. Ej heller krampen, hvari han dör, har han kunnat märka — trots det pinsamma intryck det gör, har han således kommit lätt öfver sin sista stund.

I kapitlet om åldringar skall läsaren finna flera exempel på död i lunginflammation.

Lungsot (ftisis) är som bekant en mycket vanlig dödsorsak. Om dessa patienters uppfattning af sitt eget tillstånd på en tidpunkt, då alla andra kunna se, att de snart skola dö, är det taladt på sid. 19. Detta förhoppningsfulla tillstånd kan ju hjälpa många i lidandena, om det är några sådana förenade med deras död, hvilket knappast är fallet. Den ftisiker, som dör långsamt af utmattning, somnar oftast in helt stilla. Ewald hade lungsot och hade, efter hvad det säges, ständigt fruktat döden. Han var ju också jämförelsevis ung, 37 år, och ansåg väl, att han ännu hade mycket att uträtta, men då han kände sig mera sjuk, önskade han dock att bli befriad från sina plågor. Få dagar innan han dog, skref han den vackra dikten: »Udrust dig, Helt fra Golgatha!» — Och då han på sin dödsdag frågade, huru många timmar han ännu hade att lefva, och svaret ljöd, att det väl blott var några få, utbrast han: »Gud vare lofvad, Gud ske tack.» Fredrik Münter, som jämte andra såg honom dö, kunde icke bestämdt säga, när den stilla, lugna sömn, hvari han legat, öfvergick i dödens sömn.

Den tyske skalden Novalis (Friedrich von Hardenberg) dog i stilla sömn. Han hade på morgonen varit vid gladt lynne, vid niotiden bad han sin bror spela något på klaveret. Han föll sedan i sömn och utan att förändra sin ställning dog han kl. 12 med samma vänliga uttryck i sitt ansikte, som då han lefde.

Också Bellman synes hafva »somnat bort».

Schiller, som var 45 år, då han dog, yrade en hel del. Dagen före sin död var han dock klar och svarade, då han blef tillfrågad, hur det stod till: »immer besser, immer heiterer». Han begärde, att gardinen skulle dras ifrån, han ville se solen, och med ett vänligt uttryck i sitt öga såg han den dalande solen kasta sitt sköna skimmer öfver landskapet. Natten därpå fantiserade han starkt om den ofullbordade »Demetrius», följande morgon vid tiotiden yrade han åter mycket starkt och kl. 3 föll han alldeles tillsammans. Kl. 6 gick det »som en elektrisk stöt öfver hans drag, hans hufvud sjönk tillbaka och hans ansikte fick en prägel af upphöjdt lugn». Detta Schillers dödssätt är ett exempel på, huru den bröstsjuke kan dö, när han får ett anfall af feber, som tar krafterna från honom.

Icke sällan dör den bröstsjuke hastigt och under rätt ohyggliga förhållanden, såsom när en *stark blödning* i lungan gör slut på hans dagar. Antingen dör han i vanmakt eller däraf, att blodet kväfver honom genom att stoppa luftens passage genom strupen och luftröret. Den sjuke har kanske i förväg märkt, att det är en blodspottning i antågande (såframt han haft sådana förut), men därmed förbinder han ingen tanke på döden. Denna kommer i båda fallen så

öfverraskande och hastigt, att han icke kan förnimma
den — desto ohyggligare är det för de omgifvande
att vara vittne därtill. De se honom bli likblek och
förlora medvetandet, och medan det står blodigt skum
om munnen på honom, eller han upphostar en stor
mängd blod, gör han ännu instinktivt några kramp-
aktiga ansträngningar. Efter några ryckningar är
han död.

I andra fall kommer döden hos den bröstsjuke
hastigt och oväntadt, utan att man kan se någon
särskild anledning därtill. Den *21 årige unge mannen*
(obs. 20) vet att han skall dö, och förvånar sig öfver,
att det går så lång tid, utan att han märker någon
förändring. Han känner plötsligt behof att kasta
vatten och ber fadern skynda sig att gifva honom
uringlaset. Han får det, använder det, ger det till-
baka — drar en gång efter andan och i samma ögon-
blick är han död. Jag uppmanar läsaren att läsa
den utförligare berättelsen i bilagan. Lika så eget
är följande fall, som jag har från D:r F. Vid ronden
på sjukhuset ser han en ung lungsiktig man sitta
upprätt i sängen och putsa sig framför sin lilla spegel.
Han frågar honom hur han mår. »Tack, utmärkt!»
svarar denne leende och belåten — och i samma
ögonblick faller han tillbaka i sängen och är död. Ingen
af desse unge män har anat, att döden var förestå-
ende, ingen har lidit något vid dess inträdande.

Att den sista tiden för lungsiktiga också kan
vara plågsam, kan man förstå är fallet, när andnöden
småningom stegras, antingen därför att strupen är
sjuk eller på grund af andra komplikationer. Dock
inställer sig som regel före själfva dödens inträdande
ett tilltagande slöhetstillstånd, förorsakadt af blodets
öfvermättande med kolsyra eller brist på syre. (Om
en del komplikationer, som förekomma, kunna vi

icke uttala oss, ty det skulle blifva för vidlyftigt.) I sådana fall kan läkaren ofta ingripa lindrande. Se t. ex. den 32 årige typografen (obs. 21), han har utom lungsot äfven struplungsot. Man har på annat håll sökt att skaffa luften tillträde genom att aflägsna små svulstmassor från struphufvudet, men detta försök framkallade så stark andnöd, att han i hast måste inläggas på sjukhuset. Jag gör strax tracheotomi och inlägger en silfverkanyl i luftröret, hvaraf så godt som genast lindring följer. Det går dock under de följande tre månaderna utför med hans krafter, flera gånger tror han, att hans sista dag är kommen, men ännu har han dock litet kraft kvar. »Jag är så förfärligt matt i dag», säger han, och efter en obetydlig kroppsansträngning dör han plötsligt.

Hvad den egentliga orsaken är till denna hastiga död, kan man icke med visshet säga. Om en hjärtförlamning eller en mera plötslig öfverladdning af »lifsknuten» med mörkt (venöst) blod, uppkommen genom en obetydlig kroppsansträngning, hvarvid många som bekant hålla andan och därvid drifva blodet åt hufvudet (man blir blå i ansiktet när man »krystar»), är den egentliga orsaken, lämna vi därhän.

Vid många olika lungsjukdomar och vid många sjukdomar af annat ursprung spelar den omständigheten, att blodvätska blandad med blod uttränger i lungväfnaden, en enorm roll vid frågan lif eller död. *Ödemet* i lungorna gör det nämligen omöjligt för dessa att funktionera, i det vätska tillika uttränger i luftrörsgrenarna, samlar sig i dessa och föres upp till luftröret för att därifrån hostas upp. Ofta förmår icke den sjuke, som genom den ofullständiga blodomsättningen förlorat sin makt öfver musklerna, och hvars medvetande tillika är omtöcknadt, liksom hans känsel och andra sinnen äro förslöade, att få fram det mer eller mindre vattenartade slemmet. Det blir då kvar i luftröret, föres här fram och tillbaka och förorsakar det ohyggliga ljud, som har fått namnet »dödsrossling», men som ju också kan finnas hos sjuka, som komma sig. Detta symtom finnes hos de flesta af dem, som dö långsamt af asfyxi, men det kan naturligtvis också finnas där, hvarest döden inträder hastigt. Jag väljer till illustration af detta dödssätt ett exempel, som visar, hurusom död från lungorna hastigt kan inträda vid en sjukdom, som ursprungligen alls intet har med lungorna att göra: det är den *58 år gamle arbetarn* (obs. 22), som *faller ned från* en relativt ringa *höjd på hufvudet* mot en bjälke. Han är klar, har blott obetydlig smärta i hufvudet och nacken, men är fullständigt lam i båda benen, hvilket han själf påpekar. Om man läser berättelsen om honom, förundras man öfver, att han trots sin lamhet m. m. befinner sig så väl och är så sorglös. Jag konstaterar, att lamheten fortskrider uppåt, att han icke kan röra sin bröstkorg, jag hör slemmets rosslande, jag vet, att han snart måste dö — han anar ingenting därom. Han känner sig lättad af ett stimulerande medel, tror att det hjälper hans andnöd, säger till sjuksköterskan, att han nu skall lägga sig och sofva tills i morgon — och 5 minuter därefter är han död. I detta fall har brott af ryggraden jämte sönderslitning af ryggmärgen förorsakat död genom lungödem. Om detta beror på det dåligt syrsatta blodets inverkan på »lifsknuten» eller på, att de nerver, som uppspringa från det skadade ryggmärgspartiet eller i närheten däraf, ha påverkat cirkulationen i lungorna, eller om orsaken är en annan lämna vi därhän. Vi ha blott med detta exempel velat visa, att döden från lungorna, framkallad genom en skada, som drabbat ett aflägset liggande ställe, kan inträda, utan att den sjuke märker något däraf. Som ett annat exempel hänvisar jag på *den 37-årige hamnarbetaren* (obs. 23), som också genom ett fall på hufvudet fått ett brott å halskotpelaren och därigenom halsmärgen förstörd. Han vet själf, att han är lam, men låter trösta sig med, att det nog kan gå öfver igen, och är ganska belåten, fast han, då han föll ned i fartygets lastrum, trodde, att han skulle slå ihjäl sig. Det dröjer icke länge, innan han får delirium, som alldeles beröfvar honom förmågan att fatta situationen. Då han icke kan svälja som vanligt, får han en del af hvad han dricker »i fel strupe». Blodöfverfyllnad och ödem i lungan samt en liten aspirations-pneumoni tillkommer, och under stark feber faller han af och anar ej, att hans tillvaro så stilla afbrytes.

Att förändringar i de nerver, som ha med andningen att göra, kunna åstadkomma död från lungorna, utan att själfva ryggmärgen är medintresserad af sjukdomen, kan man se af det fall, som är upptaget i bilagan som obs. 24. Den unge mannen har först för 14 dagar sedan märkt, att han var sjuk. Det var intet annat, som felades, än att han hade blifvit tjock om halsen, så att han måste skaffa sig vidare kragar, men vi konstatera strax, att han bakom bröstbenet har en stor, elakartad svulst, som börjat sprida sig upp på halsen. Det är icke tal om att aflägsna den genom operation, utan vi förespå hans snara död. Det visar sig blott små anfall af andnöd följande dagar, men ihållande tecken på att svulsten trycker, äfven på luftröret. En morgon, då sjuksköterskan frågat honom, hur han mår, och han svarat: »som vanligt», ser hon, då hon skakar hans hufvudkudde, att hans hufvud faller framåt. Han säger, att han icke kan få luft, blir blå i ansiktet och förlorar medvetandet. De hastigt tillkallade läkarne funno honom väl ännu vid lif, men utan medvetande och bestämde sig att försöka, om en tracheotomi skulle kunna uträtta något. Instrumenten, som behöfdes för denna operation, funnos till hands, då man hade tänkt sig, att det kunde bli användning för dem, men dock blef det icke tid till att göra operationen, så hastigt dog han — säkert utan plågor. Om han öfverhufvud taget, innan han förlorade medvetandet, haft någon tanke på sitt tillstånd, så var det väl, att detta anfall af andnöd var värre än dem, som han hittills haft. Till mera djupgående tankar på sin förestående död hade han i hvarje fall icke tid. Om den närmaste orsaken till detta dödsfall är det svårt att ha någon mening, den ursprungliga orsaken är säkert den elakartade svulstens tryck på de nerver, som reglera andningen.

Men låt oss gå tillbaka till själfva lungorna, där »ödem» ju så ofta är dödsorsak. Det gäller ett rätt allmänt förekommande fall, *blodpropp, emboli i lungpulsådern*, som vi närmare omtalat sid. 94. Ursprunget till blodproppen kan som nämndt ligga flerstädes, bilden blir dock oftast densamma. Jag väljer som exempel fall, som jag själf har varit med om. En 73-årig kvinna har genom fall ådragit sig ett brott af lårbenshalsen, hon har genom sjukhusbehandlingen under loppet af omkring två veckor kommit så långt, att jag bestämmer mig för att anlägga ett fast bandage, för att hon skall kunna komma opp. Bandaget anlägges, och vi uppmuntra henne med att säga, att det hela blott tar några få minuter. Hon förklarar sig väl tillfreds och blir åter lagd till rätta i sin säng — knappt ha vi lämnat rummet, förrän det kommer bud, att hon är dålig, har smärtor i bröstet och andnöd. Vi skynda oss in och finna

henne liggande utan medvetande, kippande efter
andan och mörkblå i ansiktet. Hon dör utan att,
trots länge fortsatta försök att uppehålla lifvet, komma
till medvetande igen. Det är en blodpropp, som
från lårets blodåder passerat upp till lungan, omedel-
bart efter att vi anlagt bandaget. Som ett annat
exempel på dessa sorgliga fall, hvaraf det gifves
rätt många, där en lyckad operation, liten eller stor,
har gjort den sjuka, hennes omgifning och läkaren
tillfreds, men där en oväntad död gör ett snart slut
på glädjen, hänvisar jag till obs. 25. Den gamla
hustrun, som jag rätt snart efter en operation har
låtit komma upp ur sängen, därför att hon plågas
så mycket af att ligga, har skrifvit till sin man, att
hon var så belåten, och att han skulle komma och
besöka henne. Då han kommer, har hon till hans
och vår stora öfverraskning och sorg hastigt dött
under nattens lopp. I andra fall är läkaren icke sär-
skildt berörd af att se döden förorsakad af blodpropp.
Våra obs. 26 och 27 visa oss två kvinnor med bröst-
kräfta, som dö på detta sätt, hastigt — utan att veta,
af hvilken sjukdom de lida.

Hvad som på det hela karaktäriserar dessa döds-
fall af blodpropp i lungan, är det plötsliga, öfver-
raskande både för patienten och andra. Detta får
ofta, hvad patienten beträffar, sitt uttryck genom ett
rop, ett skrik, ett »hvad är det?», en hastig rörelse
med handen upp mot munnen eller bröstet eller
något annat. Stundom har den döende själf en
känsla af, att han skall dö, därför att andnöden kom-
mer så plötsligt och kan vara så stark. Som exempel
på en mera långsam död genom blodpropp kan
nämnas vår obs. 28. Den unge mannen, som har
en elakartad buksvulst, *vill* opereras, fast han känner
den med operationen förbundna faran och vet, att

den kanske icke kan fullständigt utföras. Det visar sig också, att hans svulst icke kan aflägsnas. Vi observera nu, huru svulsten växer och upprepade gånger ger anledning till blodpropp i lungan, på slutet till och med äfven i den hittills skonade lungan. Han magrar mer och mer och dör stilla, ungefär en månad efter att första gången tecken på blodpropp i lungan iakttagits.

Vi vilja ytterligare hvad själfva lungorna beträffar blott nämna, att *bronchitis*, en katarr uti luftrörets förgreningar i lungan, mycket sällan är dödsorsak för kraftiga individer, men däremot kan bli lifsfarlig för gamla, svaga människor och för dem, som äro försvagade af andra sjukdomar, i synnerhet när tillika en rådande epidemi, som t. ex. *influensa*, trycker sin prägel därpå. Gränsen mellan bronchitis och lunginflammation blir i sådana fall ofta otydlig, och det samma gäller för små barn, hos hvilka en bronchit kan bli farlig för lifvet, så snart den griper öfver på de finaste luftrörsgrenarna *(kapillär bronchit)*, och då ofta ger anledning till hastig död. I alla dessa fall är döden orsakad af den dåliga blodomsättningen. Det mörka, venösa blodet ger anledning till många olika störingar, af hvilka inverkan på hjärnan intresserar oss mest, därför att den däraf framkallade omtöckningen af medvetandet och slöhetstillståndet hjälper patienten ifrån de sista plågorna. Han har lidit mycket af den tilltagande andnöden, innan det kommer så långt, att han måste dö, men själfva döden är, som vi sett på sid. 96 o. följande, icke medveten för honom såsom sådan.

Kikhosta dödar blott ytterst sällan. Sker det, så är det genom komplikationer, ss. kapillär bronchit, lunginflammation eller genom följdsjukdomar. Vi kunna angående detta hänvisa till andra ställen i

vår framställning. Det samma gäller om *astma*.
Vi vilja blott påminna om, att allmänheten är be-
nägen att betrakta som astma hvarje sjukdom, som
karaktäriseras af anfallsvis uppträdande andnöd.
På så vis sedt, är det ju många, som dö däraf, men
det är då frågan om flera olika af de förut omtalade
sjukdomarna t. ex. en hjärtsjukdom. En verklig
astma dödar icke såsom sådan. Giacomo Leopardi
led af astma, men han dog af sin hjärtsjukdom stilla
och lugnt, utan att ana, att döden var så nära.

Lungan är omgifven af en hinna *(pleura)*, som
kan bli säte för sjukdomar. Hinnan bildar den ena
sidan af ett rum, hvars andra sida, likaledes beklädd
med en hinna, är bröstväggen. I detta rum kan
vid *lungsäcksinflammationen (pleuritis)* och andra
sjukdomar, hvilkas källa stundom ligger aflägsen,
samla sig vätska af olika beskaffenhet, vatten, blod
och var. Det kan uppstå svulster i detta rum (t.
ex. kräfta och andra elakartade svulster), och luft kan
intränga däri. Vid alla dessa sjukdomsformer måste
följden ju blifva, att lungan sammantryckes. Sker
detta i mycket hög grad, så att den alls icke kan
utvidgas mera vid inandningen, så blir det ju fara
för asfyxi på olika sätt. Det händer dock mycket
sällan, att denna är dödande; om så är fallet, är
det oftast, när förändringen inträder så plötsligt, att
den andra lungan icke får tid att finna sig däri.
Blodöfverfyllnaden kan då bli så stark, att den dödar.
Om dödssättet hänvisas till sid. 106, där det talas
om ödem i lungorna.

I regel förorsakas döden vid lungsjukdom icke
af denna sjukdom själf, utan af komplikationer från
själfva lungans sida eller från aflägsnare liggande
organ, eller genom att organismens kraft är under-
gräfd, såsom t. ex. vid gamla varansamlingar *(em-*

pyem), som icke behandlats på rätta sättet eller som trotsat behandlingen. Som ett exempel på ett sådant empyem, som genom patientens egen försummelse slutar med döden, kan jag anföra den 41-årige smeden från landet, obs. 29. Här har den sedan 17 år befintliga varansamlingen förorsakat den egendomliga sjukdom i organen, som kallas amyloid. Hos denne man är det njurarnas förändring, som orsakar hans plötsliga död. Vi skola omtala detta fall igen i kapitlet om död från njurarna.

Elakartade svulster, oftast kräfta, uppträda af och till i lungsäcken, men de ha nästan alltid sin källa annorstädes och äro komplicerade med svulster på andra ställen. Uppträda de först i lungsäcken, bli de utgångspunkten för svulstbildningar i andra väfnader, och det är då ofta dessa »sekundära» svulster, som göra ända på patientens lif.

Den gamle dr X., obs. 2, har länge varit sjuk. Trots tappning af stora mängder blodblandad vätska, bildas hastigt åter igen betydliga ansamlingar omkring den ena lungan. Han måste tappas flere gånger. Krafterna aftaga; han är själf icke på det klara med, att det är fråga om en kräftartad sjukdom. Först då han blir förlamad i benen och ser några små svulster i bukväggen, talar han om, att det visst är kräfta. Men han synes snart glömma det eller låtsas kanske så. En dag blir han orolig, talar oklart, är mycket ifrig och jämrar sig emellanåt starkt. Hans omgifning beklagar mycket hans tillstånd, som gör intryck af att vara så plågsamt för honom! Tre dagar därefter är han åter klar, vet själf intet om sin oro och sin klagan och säger, att han icke känt några smärtor. Efter några veckors förlopp uppträda samma symtom på nytt, men denna gång gå de småningom öfver i en stilla och lugn död. Hos denne man

har kräftsvulsten först uppträdt i lungsäcken och
därifrån gett anledning till kräfta i ryggmärgen m. m.
Om hans anfall af oro bero på, att hans njurar
äro angripna, eller om de härleda sig af, att kräft-
partiklar kommit till hjärnan, lämna vi därhän. Hans
stilla död kan lika väl bero på det ena som det andra.

Som ett utprägladt fall af kräfta i brösthålan
och bröstväggen, uppkommen efter kräfta i bröst-
körteln, kan läsaren lägga märke till obs. 30. Den
62-åriga fröken blef första gången opererad 7 år
före sin död. Sedan blef hon åter igen opererad,
men att aflägsna den stora svulst, som intog hennes
bröstben och bakom detta genom sitt tryck besvärade
hjärtats fria rörelser, var det icke tal om. Det fanns
tillika tecken på, att hennes lungsäck var angripen.
Trots hennes många lidanden, som dock kunde lin-
dras med döfvande medel, anade hon icke, huru
dålig hon var. Hvarken hennes svägerska, som dock
i alla dessa år hade följt hennes sjukdom, eller
sjuksköterskorna tänkte, att hon var döden så nära,
som hon verkligen var. Helt kort efter sedan sköter-
skan talat med henne, gick hon åter in och såg henne
då ligga liksom sofvande. Hufvudet var böjdt åt
ena sidan, men annars hade hon icke ändrat ställ-
ning, utan hade dött som under sömnen. Döden
var efter all sannolikhet orsakad af en vanmakt, hvars
anledning varit en af svulstens tryck framkallad hjärt-
förlamning. Alltså en död från hjärnan, väsentligen
framkallad af en hjärtförändring men också af störd
lungfunktion.

Vi ha i korthet omtalat (sid. 95), att *blodet*
som transportmedel för bakterier eller gifter (toxiner)
kan förorsaka död från lungorna. Det är ofta svårt
att afgöra, om döden i sådana fall verkligen beror
af lungorna, hjärnan eller hjärtat. Men när man

ser en sjuk, som trots klart medvetande och någorlunda god puls har blåaktig ansiktsfärg, och det sedermera tillstöter andnöd, blodskummig upphostning m. m., så måste man tro, att hans död hufvudsakligen beror af lungorna eller, om man så vill, af det förskämda blodet. Så var fallet med den medicine studeranden (obs. 31), som hade elakartad halssjukdom *(difteri)*. Han ber själf på morgonen om att bli opererad för att få friare andning, och fastän man inser, att det icke kan hindra hans död och knappast lindra den, företages operationen. Efter densamma är han klar, antyder med tecken (kanylen i luftröret hindrar honom att tala), att han vill skrifva, och med rask handstil skrifver han, att man behöfver icke söfvas för den operationen, ty den gör icke ondt, och sätter därunder sitt namn med en rask släng. Kort stund efteråt blir han matt och förlorar medvetandet, 2 timmar efter operationen är han död. Död med hoppet kvar om att komma sig, i alla händelser utan att känna dödens annalkande. Denne unge man, som skulle blifva läkare, begärde att bli opererad, därför att han visste, att detta stundom måste göras, när andnöd inträder vid difteri. Han led emellertid icke af sådan andnöd, som fordrar strupoperation (tracheotomi). Han hade icke *strypsjuka (croup)*, en sjukdom, som företrädesvis angriper barn, och som består i, att den elakartade halssjukdomen *(difterien)* föranleder inflammation med bildande af stelnande, hvitaktiga massor i strupen. Såväl den däraf föranledda svullnaden som själfva de massor, som fylla strupens hålighet, kunna åstadkomma kväfning. I regel är dock icke så förhållandet, utan döden föranledes af, att sjukdomsprocessen fortskrider vidare ned i luftröret och med dettas förgreningar ned i lungan. Döden måste då inträda

under samma symtom, som vi sett vid kapillär
bronchit, ödem eller vid lunginflammation, som ju
snart kan komma till, når croupen nått ned i lungan.
Döden är i dessa fall en långsam död genom asfyxi,
alltså utan medvetande, men kan också inträda rätt
plötsligt genom svullnad af ingången till strupen
eller genom hjärtförlamning. Innan barnets med-
vetande är omtöcknadt, lider det mycket, och det
är ömkligt att se den lilla, blek eller blåaktigt färgad
och med ett utpinadt ansiktsuttryck, kämpa för att
få luft. Det käns befriande att se, huru en väl lyckad
strupoperation verkar. Få ögonblick efter det ka-
nylen är införd i luftröret, återfår ansiktet sin fyl-
lighet, dess hud blir rödaktig och litet svettande,
barnet drager andan fritt och småler gladt. Det
lägger sig snart att sofva för att få hvila efter all
sin myckna pina och ansträngning i kampen att få
luft. Dess värre är läkarens ingrepp ofta blott till-
fälligt lindrande. Sjukdomen skrider vidare nedåt,
luftrörets finaste förgreningar och lungväfnaden an-
gripas, tecknen på asfyxi återkomma, men denna
gång mindre plågsamma, och döden inträder snart,
utan att den sjuke är vid medvetande. Som ett
exempel på död genom *förträngning af luftröret* trots
strupoperation hänvisas till obs. 32.

Vi ha härmed lämnat en kort framställning af
det sätt, hvarpå döden inträder vid de vanligast
förekommande samt vid några sällsyntare sjukdomar
i lungorna. Läsaren skall inse, att döden som regel
icke kännes af den döende. Till och med om de
omgifvande blifva vittne till, hvad som allmänt
kallas dödskamp, till och med om den döende före-
faller att lida mycket — så är det regel, att han
har förlorat medvetandet, alltså kan han icke plågas.

Det är således, hvad lungorna beträffar, liksom med hjärtat och hjärnan — döden kännes icke som sådan, den är ingen plåga.

När döden härleder sig från njurarna.

Njurarna ha den utomordentligt viktiga funktionen att skaffa människan af med de giftiga produkter, som hon fått i sig med födan, eller som alstrats inom organismen. Dessa gifter kallas toxiner, ptomainer m. m. Om de icke kunna utsöndras, blir individen förgiftad, och det kan hända, att han dör af denna själf-förgiftning (anto-intoxikation). Den form, hvarunder döden då inträder, är ofta *uræmi*. När man nu påminner sig, att det finnes särdeles många sjukdomsprocesser, som angripa njurarna, och när därtill kommer, att en njure, som en gång varit sjuk (t. ex. vid skarlakansfeber, hvilket är mycket vanligt), blir mindre motståndskraftig mot nya sjukdomsanfall eller mot skadliga inverkningar öfver hufvud, och det till och med om den, efter hvad det synes, blifvit fullt frisk efter den första sjukdomen, då kan man också förstå, att döden ofta måste bero på njurlidanden. Njurarna ha därför också länge varit organ, som kirurgen icke vågade sig på. Den nyare tidens framsteg ha vi att tacka för, att många människor med njursjukdomar nu kunna blifva återställda genom operation — men den försiktige kirurgen vet, huru farligt ingreppet är, och om det också är så, att många kunna lefva med blott en njure, betänker han sig dock mycket på att aflägsna en njure, till och med om den är obotligt angripen — ty antag, att den kvarvarande njuren är eller blir sjuk.

Att död från njurarna kan inträda vid sjuk-

domar i dessa själfva är alltså klart, men liksom
för hjärtat, hjärnan och lungorna, så gäller det också
för njurarna, att därifrån kunna alstras sjukdomar
i andra organ, hvilka då föranleda döden, och att
sjukdomar i andra organ och väfnader, ofta aflägset
liggande, kunna orsaka död från njurarna. Hjärtats
förhållande vid njursjukdomar har sålunda varit
kändt länge, och alla veta, att de smittosamma sjuk-
domarna, i synnerhet skarlakansfeber, mycket lätt
föranleda njurinflammation, alltså genom blodet.
(Alkoholister äro också utsatta för att få njurlidande,
hvarom mera i andra kapitel.) Blott genom att höra
njursjukdomarnes viktigaste symtom, skall det bli
klart för läsaren, huru farliga dessa sjukdomar äro.
Det förekommer hög feber, kräkningar, diarré, hjärn-
symtom, förminskad afsöndring af urin, som tillika
är betydligt förändrad i sin sammansättning och ofta
blandad med blod, ja det kan hända, att alls ingen
urin afsöndras. När alla dessa symtom uppträda
starkt och plötsligt, kan man förstå, att det kan in-
träda plötslig död — genom urämi. Mera kroniska
former af njursjukdomar äro särdeles vanliga och
förefinnas ofta lång tid, utan att patienten anar, att
hań är sjuk, i det han härleder sitt tilltagande svag-
hetstillstånd från något annat, t. ex. öfveransträng-
ning genom arbete eller »magkatarr». Därvid äro
de viktigaste symtomen: digestionsrubbningar, and-
täppa, som kan stegra sig till anfall af andnöd, be-
nägenhet för bronchit och vissa former af lungin-
flammation, samt vattusot, som består i, att blod-
vätskan uttränger i väfnaderna och deras håligheter
och allt efter platsen ger olika symtom, t. ex. ökar
andtäppan genom ansamling i lungsäcken (hydro-
thorax). Alla dessa förhållanden kunna bero af
själfva njursjukdomen, men lika så ofta äfven af den

komplicerande hjärtsjukdomen, stundom äfven af lungorna. Under dessa symtom, som ofta finnas vid den bekanta Bright'ska njursjukdomen, tilltager den sjukes mattighet, han blir mager, om icke svullnad, beroende på det utträdda blodvattnet, gör honom alldeles oformlig och pussig, och när därtill kommer, att han ser eländig och vaxblek ut, skall enhvar kunna förstå, att han är nära döden. För öfrigt är den, som lider af en kronisk njursjukdom, utsatt för att dö plötsligt.

Mellan de skildrade ytterligheterna finnas här, liksom vid alla andra sjukdomar, alla möjliga öfvergångsformer.

På hvad sätt inträder då döden, när den härleder sig från njurarna? I de föregående kapitlen har läsaren lärt känna, huru döden inträder vid hjärt-, hjärn- och lungsjukdomar, och det är lätt att inse, att hvad, som där skildrats, äfven ofta kan förekomma vid njursjukdomar, ty dessa föranleda ju ofta sjukdomar i de nyss nämnda organen. Det finnes dock ett dödssätt vid njursjukdomar, som är typiskt för dessa, och som just kan berättiga till att (i strid mot det gamla bruket sedan Galeni tid) sätta döden från njurarna som en sak för sig. Det är *döden genom urämi*, hvarmed, som vi sid. 117 nämnt, menas en själfförgiftning. Döden kan komma helt oväntadt, som om blixten träffat personen i fråga, han sjunker samman, några lätta krampryckningar uppträda, och allt är slut. I andra fall hinna några sjukdomstecken visa sig, oftast hufvudvärk, oro, delirier och afdomning. Patienten ser otydligt eller alls icke, hör dåligt, skär tänderna, sjunker ihop och ligger frånvarande, tills döden inträder; i andra tillfällen komma krampanfall, som kunna efterföljas af lamhet. Än det ena, än det andra symtomet behärskar sjukdomsbilden, men oftast äro många af dem samtidigt tillstädes. Det kan dröja olika lång tid, tills döden inträder, och den kan då komma plötsligt och relativt oväntadt, eller under hastig stegring af alla symtom, särskildt af bedöfningstillståndet (Coma), eller i andra fall under ganska jämn stegring. Läsaren torde redan ha insett, att dessa symtom, som komma från hjärnan, och som icke till fullo kännas af den sjuke, medan han ännu är någorlunda lifskraftig, alls icke komma till hans medvetande, när de stegras så, att de förorsaka döden. Men döden genom urämi kan också komma långsamt, vid de kroniska fallen af njurlidande med vattusot. Den sjuke ligger slö, men är dock emellanåt vaken och medveten samt äter, fast han ständigt har kräkningar. Han synes kunna bli frisk igen, men snart blir han återigen sämre. Nu ligger han så godt som hela dygnet i dvala, aptiten är borta, matsmältningen i oordning, hjärtklappning inställer sig med benägenhet för andtäppa, om hans slöhet tillåter honom att känna detta. De olika sinnena visa sjukliga symtom, emellanåt komma lätta ryckningar eller till och med starka krampanfall, om tecken på vattusot förefunnits, så tilltaga dessa ofta — och under stegring af alla dessa symtom dör han utan medvetande, under asfyxi, i en svimning, ett krampanfall eller hastigt och oväntadt.

Icke heller dessa patienter plågas af döden. Jag upprepar (se sid. 75, död från hjärnan), att till och med dessa krampanfall, som göra ett så ohyggligt intryck af att plåga den sjuke, kännas icke af honom. Jag kan anföra ett exempel, vår obs. 33, som ger en god skildring af själfva krampanfallet. En 65-års man, som jag flere år förut opererat för tarmkräfta, söker ånyo hjälp, därför att han har svårighet vid att kasta sitt vatten. Detta har sin grund i, att det nu finnas kräftmassor högre upp, som trycka på njurens afloppskanal, och som därigenom orsakat svullnad i densamma m. m. Till vår öfverraskning får han plötsligt ett krampanfall i armar, ben och själfva bålen, hvarunder han blir nästan blåsvart i ansiktet och har en sådan svårighet att andas, att vi, som äro närvarande, tro, att han skall dö. Anfallet räcker flera timmar och efterlämnar ett slöhetstillstånd, som först följande dags afton är borta. Jag talar då försiktigt med honom, och det visar sig, att han alls icke anar, att han varit sjuk, eller att han varit medvetslös — det är som om detta dygn af hans lif vore något, som icke rörde honom. Sedermera är han än klar, än oklar; halfannan vecka före sin död säger han rätt belåten: »nu börja vi ju att repa oss!» — men för oss andra är det klart, att han icke har lång tid igen. Och dock kommer döden oväntadt; han får en afton åter ett krampanfall, hvarunder han är alldeles medvetslös, och som varar omkring 5 timmar. Därefter ligger han stilla, tills han 12 timmar efter anfallets början blir blå i ansiktet och får dödsrosslingar, och utan att ha återfått medvetandet under natten dör han på morgonen helt stilla.

Denne man är ett godt exempel på, huru naturen på ett skonsamt sätt lindrar den sista tiden för den, som lider af den så mycket fruktade sjukdomen kräfta.

Lyckligtvis är det icke så ofta, som omgifningens minne af den döde på ett oskönt sätt störes af att få bevittna krampanfallen hos den döende. Många af dem, som dö i urämi, visa företrädesvis bilden af slöhet, dåsighet och apati. Stundom kan detta afbrytas af oro eller kräkningar, men också af ljusare ögonblick, då den döende stundom fattar sin belägenhet, ja till och med kan vara så klar, att han tar afsked af sina anhöriga.

Vi vilja nu anföra exempel, som skola visa läsaren, att det förhåller sig så, som ofvan är sagdt. Beethoven dog, så vidt jag kan förstå, af njurlidande. Han hade varit länge sjuk och flera gånger blifvit tappad för »vattusot», han vet, att han skall dö och emotser döden med sinnesro; på morgonen den 24 mars, 2 dagar före sin dödsdag, begär han dödssakramentet och känner sig uppbyggd däraf, men samma dags förmiddag börjar han att bli sämre. Medvetna perioder omväxla nu med omedvetna, han får kräkningar, och den 26 mars på eftermiddagen ligger han stilla, utan medvetande, svagt rosslande. En stark blixt, som plötsligt lyser upp rummet, påverkar hans synnerver, så att han slår upp ögonen, men kort därefter är han död utan att ha fått kramp. Detta är däremot fallet med den 50-åriga änkan, vår obs. 34, som inlägges på sjukhusets medicinska afdelning i mycket medtaget tillstånd. Hon erbjuder ett godt exempel på ett akut uppblossande af ett kroniskt njurlidande. Hon är mycket oklar och desorienterad, har hicka, kräkningar, diarré och lätta krampryckningar, hon stönar och pustar, ibland utstöter hon djupa suckar och jämrar sig. Hon blir mattare och påverkas icke af upprepade koksaltinsprutningar — kort sagdt, trots alla symtom, som kunna tydas som tecken på lidanden, kan hon icke känna något af allt detta. Ett exempel på mindre långsamt förlöpande njurlidande är vår obs. 35, den 9-åriga flickan. 3 månader innan jag såg henne, har hon blifvit angripen af inflammation i benmärgen, hvilken utom andra sjukdomstecken äfven föranledt njurlidande. Hon har uppkastningar, men är annars

lugn, blott på natten skriker hon till. Fyra dagar
efter inkomsten till sjukhuset blir hon oredig och
känner icke igen sin moder; på aftonen sjunker hon
ihop, blir kall och fuktig, trots att hon har rätt hög
feber. Urinafsöndringen stannar. Då det lidit något
fram på natten, utstöter hon ett skrik och dör strax
därefter. Icke heller denna lilla flicka har varit med-
veten vid dödens inträdande.

Döden kan vid inflammation eller liknande till-
stånd i njurarna som sagdt också inträda rätt plöts-
ligt och oväntadt. Det synes mig vara anledning
tro, att Molière, som plötsligt får ett anfall af kramp
under uppförandet af »Le malade imaginaire» och
dör kort därefter, har dödt af njurlidande. Som säkra
observationer kan jag anföra följande. Den i vår
obs. 36 omtalade intelligente mannen, som i flera
år haft njurlidande och noggrant studerat dess för-
lopp, har blifvit på det klara med, att detta skall
bli hans död. Han har legat till sängs i 14 dagar,
men synes nu bättre, då han plötsligt en eftermiddag
hastigt försämras. Den tillkallade läkaren, som
samma dags morgon lika litet som patienten hade
anat, att döden var så nära förestående, finner honom
döende. Patienten är vid medvetande, fastän det
redan är så långt lidet med honom, att han icke kan
se. Med svag stämma frågar han, om läkaren tror,
att det är döden, och då han sedan icke kan höra,
frågar han om igen. Han får ett lugnande svar och
ligger stilla, utan att märka sina närmastes smek-
ningar, hans andning får den egendomliga växlingen
i styrka, ömsom starkare ömsom svagare, och 5
minuter därefter är han död.

Som exempel på en helt hastig död kan anföras
obs. 29. Den 41-åriga smeden från landet, som vi
i korthet omtalat å sid. 113, har i 17 år försummat

att låta behandla sig för sin varansamling i lung-
säcken. Han hade emellanåt varit andfådd, så också
nu mellan kl. 9—10 på aftonen, men det gick öfver
igen, och han låg då stilla till kl. 11, då han åter
fick ett kort anfall af andtäppa. Han tog ett mildt
sömnmedel, men kl. $^1/_2$ 2 blir han åter litet andtäppt,
utan att dock sköterskan anar oråd; det var icke
något att anmärka på hans ansiktsfärg, och det gick
hastigt öfver. Kort stund därefter ropar han på
henne, ber henne helt naturligt att räcka honom
uringlaset, använder det och ger det tillbaka till
henne — och segnar därefter död ned utan att ge
ett ljud ifrån sig. Sköterskan, som kände honom
den månad, han hade legat på sjukhuset, var mycket
öfverraskad öfver hans död; hon hade, frånsedt de
nämnda anfallen af andtäppa, funnit honom likadan,
som han brukade vara, och hon var säker på, att
han själf icke anat sin nära förestående död. Döds-
sättet liknar det, som vi skildrat i kapitlet om död
från lungorna vid blodpropp (emboli i lungartererna),
men någon sådan fanns icke. Däremot voro hans
njurar i det tillstånd, hvari de kunna komma vid
olikartade tärande, långvariga sjukdomar, i detta fall
långvarig varbildning, nämligen amyloid-degene-
ration.

Elakartade svulster i njurarna (kräfta, sarkom)
kunna döda på samma sätt som mindre elakartade
sjukdomar, som dock ha tendens att förstöra njur-
väfnaden, t. ex. *tuberkulos*, nämligen genom urämi.
Den tyska kejsarinnan Fredrik hade »kräfta i njur-
arna». Hon var mycket matt, stundom afdomnad,
men som oftast vid fullt medvetande. Då hon visste,
att döden var nära, önskade hon tala med den engelske
prästen för att få tala sitt modersmål. Hennes son,
kejsar Wilhelm, hade skyndsamt rest hem till den

döende; då han trädde in i rummet, gled det ett gladt,
igenkännande leende öfver hennes ansikte, men kort
stund därefter föll hon åter i ett apatiskt tillstånd,
som öfvergick i döden.

Sjukdomar, som ligga aflägset från njurarna,
kunna, som vi redan sett, orsaka död genom urämi.
Den lilla flickan med benmärgsinflammation (obs.
35) dör af njurlidande, hvars första ursprung är ett
slag på armbågen. När skarlakansfeber dödar genom
njurarna, är det anledning att tro, att döden, som
beror på sjukdomsgiftets transport till njurarna, har
sin ingångsport i halsen. Men det är ju naturligt,
att död från njurarna särskildt förorsakas af sjuk-
domar, som på ett eller annat sätt ha med urin-
organen själfva att göra.

Bland sådana är det särskildt en sjukdom, som
är mycket vanlig hos äldre män, *hypertrophia pro-
statæ*. Den består i, att en förstorad körtel verkar
hindrande på urinblåsans funktion, förändringarna
fortsättas upp genom urinledarna (uretererna) till
själfva njurarna, dessas körtelsubstans försvinner
mer och mer och förändras dessutom på olika sätt.
Den 73-årige smeden, vår obs. 37, är ett ganska
godt exempel på död af denna orsak; dåsighet och
medvetslöshet i växlande grad är det, som mest
karaktäriserar hans sista tid. Stundom förefinnes
oro, som dock lindras med tjänliga medel; hans död
är alldeles stilla i medvetslöst tillstånd.

En sådan urämi kan också framkallas genom
tryck af svulstmassor eller inflammationsprodukter,
som ligga i bäckenet. Många äldre kvinnor dö som
bekant af *kräfta i lifmodern*. Ett af de många skon-
samma sätt, hvarpå naturen gör ett slut på deras
plågor, är att kräftmassor trycka på njurarnas af-
loppskanaler. Det inträder då en kronisk urämi,

efter hvad jag har sett, oftast förlöpande under bilden af ett tilltagande dåsighetstillstånd, som omärkligt går öfver i döden. Men det finns ofta svåra plågor under den tiden, hvarpå vår obs. 38 är ett godt exempel. I andra fall ser man som sagdt, att det är dåsighet, som under lång tid präglar sjukdomsbilden, intill dess den öfvergår i medvetslöshet.

Också män kunna få elakartade svulster, som förorsaka död på sätt här omtalats. Den å sid. 120 omtalade 65-åringen, som har tarmkräfta, dör i urämi, utan plågor, i medvetslöst tillstånd. Politikern och redaktören Hörup, 61 år gammal, har en elakartad svulst i bäckenet (sarcom). Hans många lidanden mildras först, då han omkring tre dagar före sin död faller i »en djup, orörlig sömn, blott afbruten af två oroliga perioder på ett par timmar, tills döden kom». Han hade ett enda ögonblick varit mera klar och »sagt ett par vänliga ord till sjuksköterskorna», samt upprepade därefter ett par gånger ordet: »farväl» till sin familj. Det, som karaktäriserar hans sista tid, är medvetslösheten.

En blick tillbaka visar oss, att det förhåller sig med den död, som härleder sig från njurarna, liksom med döden från hjärta, hjärna och lungor, den märkes icke af den döende, och dock ger just detta dödssätt ofta anledning till sådana ohyggliga anfall, särskildt syfta vi på krampanfallen, som måste väcka de omgifvandes bekymmer.

När döden härleder sig från blodet.

I det föregående ha vi upprepade gånger omtalat, att blodet kan vara transportmedlet för bakterier och deras produkter, toxiner, ptomainer o. s. v.

som då framkalla sjukdom. Det är klart, att då blodet är näringsvätskan för alla kroppens organ och väfnader, skall en sjukdom i blodet i och för sig kunna blifva ödesdiger för organismens lif, och då blodet cirkulerar öfverallt, måste det föra sina sjukdomsalstrande ämnen och smittofrön med öfverallt och således i hvilket organ eller väfnad som helst kunna bli orsak till en sjukdom, hvarifrån döden då kan ha sitt ursprung. Sålunda sedt gäller det för blodet som för hjärtat, hjärnan, lungorna och njurarna, att döden förorsakas af sjukdomar i själfva blodet, men att också sjukdomar, ursprungligen uppkomna annorstädes i kroppens organ eller väfnader, kunna betinga dödande sjukdomar i blodet.

Vi ha i de föregående kapitlen omtalat och meddelat exempel på, huru t. ex. hjärt- och lungsjukdomar kunna förändra blodets beskaffenhet och betinga asfyxi. Men asfyxi kan uppfattas som en sjukdom i blodet, ty antingen det är brist på syre eller öfverskott af kolsyra, blifva blodets fasta beståndsdelar, blodkropparna, sjuka, och detta återinverkar på blodets flytande beståndsdelar, dess serum. Det blir därför något godtyckligt, hvad vi skola räkna med till »blodets» sjukdomar. Förutom »blodförgiftningar» skola vi beröra många af de allmänt förekommande sjukdomar, som enligt vårt förmenande icke böra förbigås i vår bok, till och med om det icke är utan tvång, som de upptagas i detta kapitel. (Sådana förgiftningar af blodet, som betingas af kända ämnen ss. alkohol eller af de kemiska gifterna, omtalas i kapitlet om förgiftningar. Död betingad af giftiga gaser, som t. ex. kolos, omtalas i en afdelning för sig.)

De symtom, hvarunder den dödande sjukdomen i blodet börjar, kunna visa sig plötsligt (dock har ofta sjukdomen, fast dold, förefunnits under längre tid), så t. ex. vid rheumatisk feber, skarlakansfeber, eller de börja och förlöpa också i allt väsentligt mycket långsamt. Om också alla organ angripas, är det dock för de speciella sjukdomarna vissa organ, hvilkas lidande företrädesvis blir allvarligt, sålunda, för att stanna vid de anförda exemplen, vid rheumatisk feber lederna och hjärtat, vid skarlakansfeber njurarna. Men allt i allt får man dock säga, att det, som mest faller i ögonen af symtomen vid blodets sjukdomar, är inverkningen på nervsystemet, särskildt på hjärnan och förlängda märgen jämte »lifsknuten» — med dessa förändringars alla följder. Men jag fruktar att bli för tröttande, om jag längre uppehåller mig vid frågan i allmänhet, och går därföre hellre öfver till att strax meddela några exempel.

»*Blodbrist*» är för allmänheten mest känd som bleksot. Denna sjukdom är ju i och för sig icke dödande, men det finnes vissa med »blodbrist» förenade, mera elakartade former af blodsjukdomar, såsom t. ex. *anæmia perniciosa*, som i regel trotsa all behandling. Under tilltagande blekhet blir den sjuke mer och mer matt, det uppträder diverse symtom, som betingas af organens och väfnadernas dåliga näring (t. ex. kallbrand), och döden kan då inträda på olika sätt. Som regel blir det, att den inträder stilla och lugnt, ty i hjärnan finns ju blott föga blod, det förefinns hjärnanämi och däraf följande benägenhet för svimningsanfall (se sid. 56 och 79). Obs. 39 är ett exempel härpå. Annorlunda vid *blodförgiftningarna, septikämi* och *pyämi.* I allt väsentligt äro dessa tillstånd karaktäriserade af, att det finnes feber, ofta mycket hög och därför gärna strax förenad med delirier i mer eller mindre hög grad, såsom uttryck för att hjärnan är angripen.

Då det sjuka blodet för de skadliga ämnena till alla väfnader och organ, så förefinnes en oändlig variation i sjukdomsbildens detaljer, alt efter som det är 'lungan, hjärtat, lefvern eller något annat organ eller väfnad hvilken som helst, som företrädesvis angripes. Särskildt må vi dock framhålla, att ådrorna, som föra blodet rundt, naturligtvis ofta själfva bli angripna. Särskildt gäller detta blodådrorna med deras mörka (venösa) blod, hvilket ofta stelnar till proppar, som orsaka inflammation på stället (blod-åderinflammation, phlebitis), och då dessa proppar kunna lossas af blodströmmen och med denna föras långt bort till olika organ (blodpropp, emboli, jämför sid. 94 och sid. 109), kan man förstå, att det uti inflammationen i ådrorna ligger en särdeles stor fara för den sjuke. Hufvudsakliga skillnaden mellan septikämi och pyämi är i korthet den, att vid den förra bildas icke blodproppar, utan blodet är flytande, fast mer eller mindre fördärfvadt, stegrande sig till förruttnelse (*ichorrhæmi*) medan däremot pyämien karaktäriseras af blodpropparna och däremot svarande upprepade starka frambrytningar, troligtvis antydande för hvarje gång, att ett dittills skadadt organ eller väfnad blir säte för en inflammation med utpräglad tendens till varbildning.

För bägge de nämnda sjukdomarna gäller det, att döden oftast är omedveten för den sjuke, eftersom hjärnan är så starkt angripen. Sådana fall af septikämi och pyämi kunna uppstå vid hvarje bakteriesjukdom. Typen för dem var förr, att ett sår eller ofta blott en helt liten skråma i stället för att läkas blef orent och afsöndrade var. Därtill ansluter sig en inflammation i lymfkärlen och blodådrorna, eller det visar sig kanske alls ingen inflammation, utan en frossbrytning såsom förebud till hög feber —

Bloch, Döden.   9 och efter få dagars förlopp är den sjuke död, med eller utan symtom af, att viktiga organ äro angripna, med eller utan upprepade frossbrytningar och abscessbildningar. Ofta förefalla de »mellanlänkar», som finnas mellan ingångsporten för sjukdomen (såret) och döden, som om denna väsentligen berodde af dessa. Den, som vid försök att lindra smärtan af en liktorn, råkar att tillfoga sig ett litet sår, och som efter inflammation på stället får kallbrand i foten, för hvilket den sedermera måste amputeras, skall ofta få den uppfattningen, att det var kallbranden eller kanske amputationen, som dödade honom. I verkligheten är det septikämien, kommande från det lilla såret, ty kallbrand och amputation skulle icke ha dödat en frisk man. Gustaf III, hvilken som bekant blef skjuten på en maskerad den 17 mars 1792, är ett godt exempel på här omtalade förhållanden. Enligt berättelserna från denna tid trodde man, att han dog af kallbrand i såret eller af lungsäcksinflammation, orsakad af förkylning, men det är intet tvifvel därom, att hans »mycket milda död, utan svåra smärtor» berodde på septikämi. Bättre förstod man då förr, att *öppna benbrott (fractura complicata)*, t. ex. af skenbenet, kunde förorsaka dessa tillstånd, ty benmärgen har i stor omfattning direkt förbindelse med blodcirkulationen (nu vet man, att den också står i blodbildningens tjänst), och man visste dessutom, att *benmärgsinflammation (Osteomyelotis)* var en mycket farlig sjukdom. Och fastän dessa sjukdomar nu för tiden genom att behandlas på rätta sättet (tack vare den store engelska kirurgen Lister) till mycket stor del förlorat sin farlighet, händer det dock ännu, att de döda — hastigt eller långsamt, det kommer på ett ut, ty orsaken till döden är i bägge fallen

bakteriernas angrepp. I våra obs. 40 o. 35 finnas
beskrifningar på sådana benmärgsinflammationers
dödande förmåga. Den lilla flickan i det ena fallet
har blott varit sjuk i 10 dagar och därunder varit
oredig, ty febern har hela tiden varit hög. Fastän
hon icke kan säga, hvad hon heter, eller svara på
andra frågor, finnas dock svaga tecken på medvet-
ande. Hon dricker begärligt för att stilla sin törst,
men på morgonen är hon medvetslös, och sedan
ligger hon alldeles stilla, tills hon på eftermiddagen
afsomnar. I det andra fallet, också en liten flicka,
har sjukdomen varat längre, i 3 månader. Vi se
henne i 4 dygn och konstatera, att hennes njurar
äro angripna; hon dör under de symtom, som vi
skildrat såsom karaktäristiska för urämi (se sid. 119
o. 122). Dessa båda ha ingendera känt, att de
skulle dö.

Af mera allmänna sjukdomar, som också blifvit
sällsyntare och, när de uppträda, långt mindre far-
liga än före Listers tid, vill jag nämna *barnsängs-
febern (febris puerperalis)*. Om det efter förlossningen,
som ju alltid efterlämnar ett sår inuti lifmodern,
blir infektion, kan följden bli densamma som vid
hvarje annat yttre sår, d. v. s. septikämi, hastigt
dödande under utpräglade hjärnsymtom (se som
exempel obs. 41), eller blodåderinflammationen i
bäckenet med alla deras delvis omtalade följder (se
sid. 94 under blodpropp, emboli), som också kunna
orsaka pyämi. Icke sällan är mellanlänken mellan
sjukdomens inträde och döden en *bukhinneinflam-
mation (peritonitis)*. Då denna sjukdom är rätt
vanlig och dessutom känd såsom särdeles smärtsam
och farlig, skola vi anföra flera exempel på den,
som tillika illustrera olika af dess många utgångs-
punkter. I allmänhet betingas den af infektion d. v. s.

de inflammations- och varalstrande bakteriernas verksamhet (oftast *staphylococcer*). Att sår i bukväggen, hvilka tränga igenom till bukhålan, lätt kunna orsaka bukhinneinflammation, är lätt att förstå. Det är intressant att läsa den utförliga beskrifningen om konung Henrik III af Frankrike, som blef öfverfallen af dominikanermunken Jacques Clément, hvilken tillfogade honom flere sår i magen. Läkarne (det var år 1589) tro icke, att det är farligt, blott en af dem skall hafva sagt, att han trodde, att en tarm var skadad. De måste bestyrkas i sin tro af konungen själf, som 2 timmar efter öfverfallet skrifver det i bilagan meddelade brefvet till drottningen, hvari han själf försäkrar henne, att alltsammans icke har något att betyda, och att han meddelar henne det, blott för att hon icke skall bli skrämd genom de rykten, som kunna komma till hennes öron. Sedermera skrifver eller dikterar han ett bref af liknande innehåll till Mr. du Pleszis. Det är intet tvifvel om, att Henrik III blifvit behandlad på ett mindre lämpligt sätt, i det att genom ett lavemang vatten, blandadt med tarminnehåll, pressats in i bukhålan. Men äfven om han blifvit behandlad efter nutida principer, skulle det kanske gått med honom, som det nu gick, i det tarminnehållet sannolikt skulle kommit ut i bukhålan och där ha framkallat den bukhinneinflammation, som dödade honom. Han kände sig mycket svag, svimmade flera gånger frampå aftonen, fick kväljningar, feber och häftiga smärtor, som fortsatte, tills han dog i ett svimningsanfall. Säkert led han mycket, om han än var utan medvetande i det allra sista; dock kunde han, om det varit nu för tiden, fått så god lindring, att hans sista timmar hade blifvit lättare.

Bukhinneniflammationer kunna vara kroniska

och plötsligt förändra sig till akuta, som hastigt döda. Detta kan t. ex. ske i samband med en operation, hvarpå obs. 42 om den 40-åriga hustrun är ett exempel. Hon iakttar sig själf med ångslan, om det skall visa sig något tecken, som tyder på, att hon icke befinner sig bra, men är dock jämförelsevis lätt att lugna. Under en hastigt tilltagande septikämi, om hvilket tillstånd läsaren kan få en god föreställning genom att genomläsa berättelsen i sin helhet, dör hon lugnt utan smärta och utan medvetande. Den form, som är mest omtalad af allmänheten, är *blindtarmsinflammation (appendicitis)*, d. v. s. att från det lilla maskformiga bihanget på blindtarmen utgår en inflammation, som angriper bukhålan. Den 30-åriga lärarinnan (obs. 43) lider af ett svårt anfall af denna sjukdom och har genom stora morfindoser väl blifvit fri från sina smärtor, men har fortfarande stark feber och uppkastningar, när jag på femte sjukdomsdagen får se henne. Jag inser, att hon är nära döden, och denna inträder också på aftonen helt stilla, utan att hon själf, som dock förr haft anfall af samma sjukdom och känner faran däraf, har trott, att hon skulle dö. Här har morfin, som hon fått $4^1/_2$ timmar före döden, hjälpt att lindra denna. Egendomligt är, att hon, fast hon visar alla tecken på en snart förestående död, dock emellanåt har full sans och talar förståndigt med sin broder.

Ett annat exempel på samma, rätt hastiga förlopp af en dödande septikämi, beroende på *blindtarmsinflammation*, är obs. 44 om den 45-åriga damen. Iakttagelserna af sjukdomens förlopp äro särdeles pålitliga, då de härstamma från flera af våra skickligaste läkare. Den utförliga berättelsen visar oss, att fastän den sjuka är varmt intresserad af medicinska frågor och till och med öfversatt en

afhandling om blindtarmsinflammation från danska
till tyska, och fastän hon vet, att hon har denna
sjukdom, faller det henne dock icke in, att hon kan
dö däraf. Hon är väl tillfreds, så länge hon är vid
medvetande, och tänker icke på att sända några som
helst meddelanden till sina frånvarande släktingar,
hvilka hon dock stod mycket nära. Helt visst skaffa
läkarne henne god hjälp genom att ge henne opium
och genom att föregifva, att temperaturen är lägre,
än den verkligen är, men man måste i alla fall för-
våna sig öfver, att en så stormande septikämi kan
förlöpa så mildt, hvad den sjukas subjektiva befinn-
nande beträffar. Natten innan hon dör, är hon något
oklar och pratar mycket, men klagar icke öfver smärtor;
de sista timmarna före döden är hon utan med-
vetande. Det kan icke vara tvifvel om, skrifver
hennes läkare, att det är själfva septikämien, som
har sin andel i hennes psykiska välbefinnande. Att
så verkligen kan vara fallet, framgår lika så tydligt
af sådana sjukhistorier, där magsymtomen icke
blifvit behandlade med opium eller morfin. Jag upp-
manar läsaren att studera berättelsen om den 17-
årige maskinisten (vår obs. 45). Han har en stor
mängd var i buken, som kommer från ett af kall-
brand orsakadt *hål på en tarm (gangræna intesti-
nalis)*. På aftonen, innan han dör, har han blott
fått ett helt svagt sömnmedel, på morgonen kl. 9
är han klar och säger, att det gör ondt att andas,
men att han inga smärtor har i magen. För mig
är det klart, att hans död är nära förestående, och
man inskränker behandlingen af en munsjukdom,
som han har, till det minsta möjliga, fortsättande
blott för att han icke skall tro, att han icke får sin
skötsel som vanligt. Han vill gärna ha litet rödvin
och vatten, »det smakar så godt». Kl. 10, då det

är tal om, att hans familj nog snart kommer och
hälsar på honom, säger han, att det vore ej så tref-
ligt, om de komme i dag, då han känner sig så trött.
Kort efteråt blir han orolig, reser sig upp i sängen,
ser sig förskräckt omkring och säger: »luften är så
tjock och tung, jag har så svårt att andas». Han
får då några Hoffmans droppar och faller till ro.
Kl. $^1/_2$12, då hans familj kommer, ligger han all-
deles stilla, utan att igenkänna någon, kl. 12 dör
han helt lugnt. Som sagdt, en bukhinneinflamma-
tion med hål på en tarm och mycket var i buk-
hålan, och dock endast helt kort före döden ett an-
fall af oro, som kommer af, att han har svårt för
att andas. Jag inflikar här den anmärkningen, att
det på det hela taget icke är sällsynt, att döende
känna »tyngd öfver bröstet», behof efter mera luft,
stegrande sig till smärtsamt obehag. Jag har dock
fått det intrycket, att det oftast är de patienter, som
lida af sjukdomar i bukorganen, hvilka klaga här-
öfver. Detta symtom finna vi i obs. 46 hos den
39-åriga fru H., som införes till sjukhuset få timmar
före döden, efter att ha varit sjuk i 5 dagar. Det
är en bukhinneinflammation, som uppkommit genom
ett *färskt magsår (ulcus perforans ventriculi).* Hon
är döende, fastän hon är klar, hvilket läsaren själf
kan inse af berättelsen, och om operation är det
icke tal. Uppgifterna i bilagan visa, hurusom lä-
karen är i stånd att lindra den döendes sista stunder.
Hon tror knappt, att hon skall dö, utan att hon
nog skall bli så frisk, att hon kan tåla vid att opereras,
om det skulle bli nödvändigt. Hon känner lindring
af de läkemedel hon fått, fastän tyngden öfver bröstet
kvarstår, och dör i medvetslöst tillstånd.

Konung Adolf Fredrik är sannolikt ett exempel
på mycket hastig död af ett *färskt magsår (ulcus*

perforans). Han har med god aptit ätit sin middag, då han vid 8-tiden på aftonen plötsligt får ett häftigt kolikanfall; han lägger sig ned öfver bordet stödd på sin arm, i det han säger: »nu får jag igen min svåra kolik»; strax efteråt reser han sig och vill gå, men hinner blott till dörren, där han sätter sig på en stol. Han knäpper hastigt upp sin väst, medan drottningen hjälper honom på olika sätt, och han kastar hufvudet bakut mot stolsryggen och väggen. Då drottningen är mycket upprörd och de närvarande riksråden se, huru det står till, anmoda de henne om att gå in i rummet bredvid, hvilket hon också gör. I det samma griper konungen de två herrar, som stå bredvid honom, om handlederna, hans ansikte blir blekt, och han är död. En hastig, men plågsam död — man kan, om man vill söka efter förhållanden, som mildrat döden för den döende, tänka sig, att han, som ju haft dessa anfall förr, kanske har trott, att detta visserligen var mycket svårt, men att det väl också skulle gå öfver.

Bukhinneinflammation kan hafva många flera orsaker, t. ex. sjukdomar i *lefvern och gallblåsan, bråk (hernia),* som icke bli opererade i tid, eller som döda patienten trots operation, infektion efter *bukoperationer,* smittosamma allmänt förekommande sjukdomar, som särskildt angripa tarmen, t. ex. *tyfoidfeber,* vissa former af *tuberkulos,* på det hela alla slags *tarmsjukdomar* (vår obs. 47 är ett exempel på en sådan, fast mycket sällsynt förekommande form), också *elakartade svulster,* när de antaga en mycket intensiv karaktär — kort sagdt, bukhinneinflammationen härleder sig oftast från sjukdomar i andra organ eller väfnader. Vid alla fall kan man icke tro, att det är själfva inflammationen som dödar, det är, som vi ha sett, oftast en septikämi, som gör den sjuke medvetslös, innan han dör. Inverkan på nervsystemet spelar också en stor roll, så t. ex. dog Adolf Fredrik säkert på grund af den shock, som maginnehållets plötsliga utträngande har utöfvat på de stora sympatiska nervganglierna i bukhålan. Dessa inverka då i sin tur på hjärtat, ty det är, som vi sedermera skola få se i kapitlet om den våldsamma döden, en känd sak, att en helt ringa förändring i dessa nervganglier, t. ex. genom en ganska obetydlig stöt, kan ögonblickligt medföra döden. Jag har uppehållit mig så länge vid bukhinneinflammationen, därför att jag vet, att denna mycket smärtsamma sjukdom är så allmänt känd, och det har förvånat mig själf mycket, att döden vid denna sjukdom så ofta är smärtfri, äfven i de fall, som icke behandlats med morfin.

Vi ha sett, att organ, som äro säte för sjukdom, kunna orsaka döden genom sjukdomar, som de framkalla i andra organ eller väfnader, och detsamma gäller hvad bukhålan beträffar. Som vi redan förut antydt, kunna blodproppar från bäckenets blodådror rifvas loss och föras till lungorna, och det är till och med rätt vanligt, att patienter med sjukdomar i dessa delar dö af lunginflammation, se t. ex. vår obs. 48. I andra fall stanna de inom organ, som ligga i bukhålan själf t. ex. i lefvern och föranleda här *inflammationer*, *abscesser*, hvilka i sin tur göra hjärta och lungor sjuka eller rätt ofta orsaka död genom septikämi eller pyämi. Lefverabscesser, som mycket allmänt förekomma i varmare länder, äro för öfrigt jämförelsevis sällsynta hos oss, dock komma de icke sällan från *gallstenssjukdomar*. Af de sjukdomar, som bero på smitta, infektionssjukdomarna, finnas några, som företrädesvis angripa lefvern. Detta gäller särskildt *gula febern*, som vi längre fram skola tala om. Fastän man ofta ser eklatanta exempel på, huru naturläkning inställer sig, genom att varet uttömmes, t. ex. genom en tarm eller genom lungan, så händer det dock mycket ofta, att *lefverbölden (abscessus hepatis)* medför döden, antingen genom sin verkan på nervsystemet och hjärtat eller genom septikämi. Bryter varet igenom till de stora kroppshålorna, sker det antingen till bukhålan eller till högra lungsäcken, där det framkallar de svåra inflammationer, som vi sett kunna medföra döden.

Öhlenschläger dog af en lefverabscess, om hvars egentliga orsak jag ingenting känner. Det är, som vi redan nämnt å sid. 40, högst egendomligt att läsa om de sista två timmarna af hans lif. Han är klar, sysselsätter sig med frågan om utgifvandet af hans lefnadsminnen och begär, att sonen skall läsa upp ett stycke ur hans tragedi Sokrates, som handlar om döden. Han tar afsked af alla dem, som äro honom nära, och dör »lugnt, utan smärta, med fullt medvetande i det sista». Huruvida han var medveten ända i det sista, är väl tvifvelaktigt; den frågan omtala vi utförligare i afdelningen om det mänskliga medvetandets tillstånd kort före döden.

Af andra bukorgan, som kunna angripas vid bukhinneinflammation, må vi nämna *mjälten*, hvars sjukdomar liksom benmärgens kunna bli särdeles farliga därigenom, att organet har med blodbildningen att göra. Vid bukhinneinflammation kan det bildas abscesser i mjälten, men det är dock mycket sällsynt; långt oftare angripes mjälten, när *lefvern* är sjuk, eller genom sjukdomar, som bero på bakteriers eller andra skadliga ämnens cirkulation med blodet. *Tyfoid och frossa* (samt vissa blodsjukdomar af okänd natur) utmärka sig särskildt genom att de angripa mjälten, hvartill vi sedermera återkomma.

För död, framkallad af *abscess i mjälten (abscessus lienalis)* gäller i allt väsentligt detsamma som för lefverabscessen. Kanske är död genom septikämi vanligast, eftersom mjälten står i så direkt samband med blodet.

Vi lämna härmed bukhinneinflammationen och vända oss till *de akuta smittosamma sjukdomar*, som bero på bakteriers cirkulation i blodet, och som ofta uppträda i *epidemier*. Allmänheten känner dem under namnen *mässling, skarlakansfeber, difteri, influensa, tyfoidfeber, kolera, gula febern* m. fl. För de flesta af dessa sjukdomar gäller det, att de bero på, att bakterier (som äro väl kända hvad några, mindre väl hvad andra beträffar) komma in i blodet och föras omkring med detta. De kunna då förorsaka sjukdomar i alla organ och väfnader — vi ha också i de föregående kapitlen fått omtala dem upprepade gånger — och döden kan sålunda bli följden af dessa sjukdomar. Se t. ex. på *skarlakansfeber (scarlatina)*; ingen sjukdom har en sådan benägenhet som denna att föranleda komplikationer, som ofta äro långt farligare än den, i de svåra epidemierna i och för sig visserligen mycket farliga grundsjukdomen, som är så mycket allvarligare därför, att den ju oftast angriper barn. Den inledande *halssjukdomen* kan bli så allvarlig, att den föranleder död genom *asfyxi*, i det att de inflammerade mandlarna bli mycket ansvälda och svullnad af ingången till strupen tillkommer *(Oedema glottidis*, som ofta orsakar plötslig död). Eller också sprider sig halssjukdomen till örat, orsakar inflammation där, och denna föranleder *abscess i hjärnan* eller en blodpropp, som fortsätter sig ned på halsen, ger anledning till *lunginflammation*, eller fortsätter vidare ned i *hjärtsäcken* eller *lungsäcken*, om den icke redan förut medfört död genom *septikämi* eller *pyämi*. I andra fall angriper skarlakansfebern, som vi sett, i synnerhet *njurarna*, och följden däraf kan bli *vattu-sot*, som för öfrigt också kan ha sin orsak i blodets vattiga beskaffenhet (*hydrämi*), såvidt icke döden inträdt hastigt genom *urämi*. Sjukdomar i *lungsäck* och *lunga* samt i *hjärtat* äro mycket vanliga komplikationer — men i främsta ledet bland dessa stå dock symtomen från *hjärnans* och *ryggmärgens* sida, vi säga uttryckligen symtom, därför att det ofta är mycket vanskligt att uppdraga gränsen emellan, hvad som är komplikationer, och hvad som tillhör sjukdomen som sådan. I några fall äro hjärnan och ryggmärgen dock så starkt angripna, att man måste tro, att de blifvit det först, såsom förhållandet är vid *cerebrospinal-meningiten*, på hvilken vi anföra ett exempel i obs. 49. Men, som sagdt, det är ofta mycket svårt att veta, hvad som är sjukdomen själf, och hvad som är komplikationer, hvarmed också är sagdt, att när den sjuke dör hastigt under symtom af en lokal sjukdom, det icke är gifvet, att det är denna, som medför döden. Mera sannolikt är det, att den allmänna blodsjukdomen, blodförgiftningen, om man så vill, är den som dödar, och att den lokala sjukdomen blott är ett utslag af denna. Det skulle kunna anföras ännu flera komplikationer, men det sagda må vara nog för att förklara, att alla de dödssätt, vi hittills omtalat som följd af olika sjukdomar, kunna förekomma vid skarlakansfeber. Den vanliga förekomsten af hjärnsymtom, som ofta äro ett utslag af den höga febern i början af sjukdomen, och som kunna orsaka plötslig död, är oss en borgen för, att den sjukes medvetande hastigt omtöcknas, och att han icke känner den inträdande döden. Annorlunda med de dödsfall, som

först inträda i konvalescensperioden; här kan det ofta_
vara svåra stunder att utstå ända inemot dödens in-
träde — men, som vi ha sett, den hvars död här-
leder sig från hjärtat, lungorna eller njurarne, har
ju också i regel en smärtfri och omedveten död, till
och med om hans sjukdom är kronisk. Här är så-
ledes ingen orsak till att belysa det sagda med ex-
empel.

Det skulle vara öfverflödigt, att utförligt skildra
för läsaren de andra nämnda smittosamma sjuk-
domarna, ty det skulle i allt väsentligt bli ett upp-
repande. Jag nöjer mig därför med att helt kort
anföra några enstaka punkter, speciellt hvad som
karaktäriserar hvarje särskild af sjukdomarna:

Mässling (morbilli) dödar blott helt svaga barn
eller för det fall, att epidemien är särdeles elakartad.
Oftast orsakas döden af lunginflammation, men man
får också se helt små barn dö i krampanfall eller
under stark oro hastigt kollabera. Något äldre barn
kunna ligga flera dagar medvetslösa — vi behöfva
icke säga läsaren, att dessa barn icke lida något,
icke ens de, som hafva svåra krampanfall.

Diphteritis, elakartad halssjukdom (difteri) kan
medföra döden på samma sätt som skarlakansfeber.
En särskild komplikation är den i kapitlet om lung-
orna, sid 115, omtalade *strypsjukan (croupen)*, som
ju ofta förlöper dödligt. Egendomliga för difteri
äro dessutom de i ett senare stadium inträdande
muskelförlamningarna. Vissa fall af plötslig död
synas bero på *hjärtförlamning* (se sid. 55), annars
äro förlamningarna icke dödande, om man undantar de
sällsynta fall, där de angripa andningsmusklerna. Det
gäller särskildt för difterien, att en stor mängd af
de sjuke duka under för allmäninfektionen, hvarpå
vi å sid. 115 anfört ett slående exempel. Icke heller

dessa patienter kunna sägas som regel plågas af dödens inträde.

När *influensa-epidemien* uppträder i en elakartad form, bortrycker den ofta en stor mängd *äldre* personer — det är som oftast en lunginflammation, som medför döden. I vårt kapitel om åldringens död skola vi se, att den för honom oftast är lätt.

Den som en gång sett en sjuk, som har *nervfeber (Febris typhoides)*, vet att han ligger där sanslös, och de, som talat med patienter, som gått igenom sjukdomen, skola veta, att de ofta berätta, att de haft det rätt behagligt under detta tillstånd, fast en del af dem lidit af svår hufvudvärk, åtminstone i början. När tyfoidfeber slutar med döden, kan denna inträda under stegring af det dåsiga tillståndet, under det att febern håller i sig. Hjärtats kontraktioner bli svagare och svagare, och den sjuke faller till sist alldeles ihop och *dör stilla.* Eller också kunna *hjärnsymtomen tilltaga* och behärska sjukdomsbilden, hvarvid efter stark oro följer djup medvetslöshet, som öfvergår i döden, såsom den unge skalden Hauff är ett exempel på. Eller också är det tydligt, att *lungorna äro angripna*, andnöd förefinnes, man hör rosslingar, och döden följer i asfyxi. Stundom ser man, hvilket är egendomligt för tyfoidfebern, att det uppstår svullnad framför öronen, i spottkörtlarna *(parotitis)*, hvilken kan bli utgångspunkten för en *pyämi* (om man icke vill betrakta den som ett symtom på en redan förefintligt pyämi). Vidare kan, hvilket vi ofvan omtalat såsom äfvenledes utmärkande för tyfoid, *mjältens* inflammation bli det förhärskande, och patienten dör med eller utan frossbrytningar af *septikämi eller pyämi.* Stundom är det de för tyfoidfebern karaktäristiska *tarmsåren*, som döda den sjuke, antingen genom att ge anledning till en stark inre *förblöd-ning* eller genom att, när de brista, förorsaka en hastigt dödande *bukhinneinflammation*. Slutligen ser man af och till, att tyfoid (detta gäller dock mera för den *exantematiska tyfus*) hastigt medför döden under symtom, som tyda på, att kroppens vätskor äro liksom stadda i förruttnelse. Det uppstår kall-brand på flera ställen, blödningar inställa sig, och den sjuke sjunker samman i ett slapphetstillstånd och dör med eller utan delirier. — Läsaren torde inse, att ingen af dessa döende plågas.

Kopporna (Variolæ) hafva före 1796, d. v. s. innan den engelske läkaren Jenners stora upptäckt af vaccinationens verkan blifvit allmänt erkänd, ofta uppträdt i mordiska epidemier. Man beräknar, att under 1700-talet dogo i Europa årligen 400,000 människor i kopporna, och befolkningen var ju då långt mindre talrik än nu. Det är säkert konsta-teradt, att många folkstammar i Nordamerika och annorstädes blifvit fullständigt utrotade, sedan euro-peerna fört kopporna med sig dit. Dödsfallens antal var naturligtvis olika i olika epidemier, men det kunde vara enormt stort, öfver 70 %. Det var sär-skildt de sammanflytande och med blödningar kom-plicerade kopporna *(konfluerande och svarta koppor)*, som dödade så obarmhärtigt, och då intet organ eller väfnad skonas för deras angrepp, kan läsaren lätt föreställa sig, på huru många olika sätt döden kunde inträda. Oftast var det dock febern och dess inverkan på hjärnan, som bröt den sjukes motstånds-kraft och hastigt beröfvade honom medvetandet, så att han icke längre behöfde vara vittne till de plågor, som andra af samma sjukdom lidande måste ge-nomgå. Men det måste ha varit så, att ganska många plågats betydligt genom tanken på döden, när de sågo sig angripna, ty de hade ju varit vittnen till andras lidanden, och kände utgången däraf. Efter Jenners tid är det något helt annat; nu är det mycket sällsynt, att en vaccinerad person, som får kopporna, dör däraf. Till och med om han är mycket dålig, har krampanfall och synes vara nära döden, kan han dock komma sig, som vi sid. 75 haft tillfälle att omtala i ett fall af detta slag. Såsom vi där sågo, skulle döden genom kramp icke ha varit särdeles plågsam för den sjuke, i hvarje fall icke medveten såsom sådan, och det samma gäller för de fall, där det är febern eller komplikationer, t. ex. sjukdomar i andningsorganen, som medföra döden. Det kan dock förefinnas symtom, som plåga patienten mycket, fastän han förefaller de kringstående medvetslös. Särskildt i början, när febern är hög och inverkar på hjärnan, kan hufvudvärken blifva mycket svår. Den nämnda patienten har berättat mig, att han emellanåt tänkte, att han skulle dö »och det vore riktigt skönt, för då blir jag då af med den förfärliga hufvudvärken». Men närmar det sig mot slutet, blir medvetslösheten i regel så stark, att smärtor icke kunna uppfattas som sådana.

Kolerans historia börjar först riktigt med 1817, då den uppträdde som epidemi i Indien, hvarför den kallades den *asiatiska* koleran. Först 1830—31 tog den riktigt fart i Europa, i Sverige ha vi som bekant haft allvarliga epidemier 1834, 1853 och 1866. Som läsaren vet, skrämmes folk hvarje år af meddelanden om, att nu är koleran här eller där; det är ju blott några få år, sedan Hamburg hade sin epidemi. Koleran, som orsakas af den s. k. »kommabacillen», angriper i synnerhet *tunntarmen*, men lämnar för öfrigt inga organ eller väfnader påverkade. *Diarré* är därför också hufvudsymtomet, och när den varat någon tid, kommer *kolera-anfallet* plötsligt och oväntadt. Tarmuttömningarna tilltaga, uppkastningar, plågsam törst, häftiga magplågor, särskildt i maggropen, stark hjärtklappning med ångestkänsla tillkommer, hvartill medvetandet om, hvad det är fråga om, — det råder ju en epidemi — ofta betydligt bidrager. Enorma mängder af risvattenliknande massor uttömmas. Icke så underligt då, att den sjuke blir mycket matt, hans nässpets, tunga och panna bli kalla, sedermera äfven händer och fötter, hans röst blir så svag, att han icke kan tala. Ansikte, händer och fötter bli slutligen blåfärgade, huden får en egendomlig, liksom intorkad konsistens, han får andnöd och smärtsam kramp, i synnerhet i vadmusklerna. Man kan tänka sig hans kval — ty hans medvetande är icke omtöcknadt, han känner allt, han vet, att det är kolera, och att det är sällsynt, att någon kommer sig. Han kan dock ännu gå igenom anfallet. Den läkare, som Hornemann omtalar från 1853, som låg med halföppna ögon, kall och utan puls, men ännu vid medvetande, och som själf kände, att han nu skulle dö, kom sig dock igen. Närmar det sig mot döden, har kolerapatienten ännu flera lidanden att utstå. Helt visst tilltager mattheten, uppkastningar och tarmuttömningar afstanna, och den smärtsamma krampen upphör — idel behagliga saker, äfven hvad mattheten beträffar, ty denna gör honom alltmera likgiltig till sinnes. Men han blir allt kallare, ögonen sjunka djupt in i hufvudet, näsa och haka bli spetsiga, färgen i ansiktet och på händer och fötter djupt mörkblå, och huden blir så rynkig och torr, att den icke mera liknar hud. Han är dock alltjämt vid medvetande, fast han icke kan få fram ett ord och knappast röra sig. Man kan icke känna hans puls,

Bloch, Döden.

och hjärtljuden höras aflägsna och långsamma. Till sist blir hans andning helt svag och ytlig, den blir oregelbunden, och den utandade luften är kall — nu har han då ändtligen fått ro, hans sinnen äro omtöcknade, och han somnar bort helt sakta.

Sådana anfall, som i de flesta epidemier döda omkring hälften af de kolerasjuka, kunna medföra döden inom få timmars förlopp, men räcka ofta 6 —24 timmar, mera sällan 2—3 dagar. Man kan tänka sig, hvad dessa människor måste lida, — de äro så att säga vittne till, att de dö bit för bit — det sista, lugna, sömnliknande tillståndet är dem icke någon ersättning för all denna pina. Lauvergne kallar träffande den kolerasjuke för en »lefvande död». Han känner sitt tillstånd, sysselsätter sig därmed, arrangerar sina affärer och öfverlefvar en lång tid sin dödskyla. Lauvergne berättar om den plikttrogne läkaren Fleury, att han trots sin sjukdom ser till sina patienter på sjukhuset i omkring 4 timmar, går sedan hem och sätter sig med fullkomligt lugn på sin säng för att invänta det sista ögonblicket. »Hvad är klockan?» »Fem», blef svaret. »Det är bra, då är tiden inne. Jag reser bort. Farväl, farväl!» Detta fall visar ju, huru mycket den sjukes tillstånd beror af hans sinnelag, af hans syn på lif och död. I detta sammanhang vill jag åter nämna den läkare, som Hornemann skötte år 1853. Han berättade sedermera, att han trots medvetandet, att han skulle lämna hustru och barn och det därtill i knappa villkor, icke kände något bekymmer därvid, utan tvärtom ett visst behagligt lugn. Detta fall är säkert rätt enastående. Kanske dock en del af de sjuke hysa det hoppet, att de äro ibland de få, som skola öfverlefva sjukdomen — och däri finna en tröst för, hvad de få utstå. Kolerapatienten kan också dö, sedan koleraanfallet gått öfver, af följdsjukdomar, men döden har vid dessa intet särskildt anmärkningsvärdt utöfver, hvad läsaren känner från detta kapitel och de föregående.

Under sådana skräckinjagande epidemier händer det stundom, att sinnesrörelsen kan döda en person, utan att han i verkligheten är angripen af sjukdomen. Lauvergne assisterades vid behandlingen af en kolerasjuk matros utaf en förbrytare. Då matrosen jämrade sig starkt för sina häftiga magplågor, gjorde det ett sådant intryck på denne, att han föll död ned.

Jag har beskrifvit koleraanfallet så utförligt därför, att det är första gången, som vi under framställningen af död genom sjukdom finna ett exempel på, att döden kan vara pinsam in i det sista. Blott patienter med stelkramp (sid. 88) och hundgalenskap (sid. 91) förefalla mig att kunna ställas vid sidan af kolerapatienterna; dock finnas vid dessa sjukdomar icke sällan några ljuspunkter, som alldeles felas vid kolera.

Den *inhemska koleran (cholera nostras)* är ett rätt ohyggligt namn på det stundom i stort antal fall uppträdande *akuta diarré* (sommardiarré), som oftast angriper *barn*. Äro dessa svaga, så duka de under med symtom, som något påminna om kolera, men som dock väsentligt afvika därigenom, att den höga febern hastigt beröfvar dem medvetandet. De dö då utan att märka dödens inträdande, hvilket också gäller för akut diarré hos *gamla*, svaga individer.

En smittosam tarmsjukdom, som är karaktäriserad af, att det utvecklar sig en egendomlig form af inflammation i den nedersta delen af tarmkanalen, och som föranleder häftiga smärtor och trängningar, är *dysenterien (rödsoten.)* Medför den döden, kan detta ske på många sätt, genom tilltagande feber, som föranleder utmattning, kollaps och medvetslöshet, genom tillstötande bukhinneinflammation med eller utan bristning af tarmen, eller genom pyämi, hvarvid lefverabscesser och lunginflammation ofta äro de förhärskande symtomen, om nu patientens medvetande är sådant, att han kan hafva någon förnimmelse däraf. Alla dessa former för den dödliga utgången äro ofvan omtalade och behöfva därför icke nogare beskrifvas.

Gula febern, en sjukdom, som kräfver sina flesta offer i och omkring Centralamerika, har sitt namn af, att patienten, hvars hud i början af det med hög feber och allehanda symtom förenade anfallet är intensivt röd, efter några dagar blir gul, ofta mycket utprägladt gul. När döden blir utgången, ser man ofta den sjukes oro tilltaga, och kramp inställer sig, men efterhand inträder en bedöfning, hvari han icke märker den annars så plågsamma andtäppan. Mellan 3:dje och 14:de dygnet dör han i medvetslöst tillstånd af utmattning eller i kramp eller efter en häftig blödning. Af de förändringar, som finnas efter döden, är den mest konstanta den, att *lefvern* har en färg, som kan visa alla nyanser af gult. En bild af döden vid denna sjukdom är väl tecknad i den journal, som vi i bilagan återgifva efter Lauvergne. Med hvilken sinnesro har icke den *marinläkare*, som skrifver journalen, emotsett sin egen död af gula febern. Ännu en timme före sin död studerar han sjukdomens symtom, och dock vet han, att hans timme snart är slagen. Denne läkare har sålunda bevarat sitt medvetande till kort före döden, kanske därför att han bemödat sig så mycket för att göra det. Lauvergne, som sett många dö i gula febern, och som har det intrycket, att hufvudvärken är den

värsta plågan, så svår, att de finnas, som önska sig
döden för att blifva befriade därifrån, meddelar, att
många dogo glada genom den tröst de hämtade i
religionen eller genom tankarna på sina anhöriga.
Andra visade tecken på rädsla. *En man*, som såg
sig i spegeln och trodde, att han var gul, fast han
i verkligheten icke var det, blef så förfärad, att han
föll omkull i häftig kramp. Detta anfall upphörde,
och han blef frisk, men någon tid därefter fick han
verkligen gula febern, och då detta blifvit klart för
honom, blef han förtviflad, skrek och grät — och
dog utan att ha fått lugn i sitt sinne. Liksom för
koleran gäller det också för gula febern, att fruktan
för att under en rådande epidemi blifva ett offer för
sjukdomen kan icke blott framkalla densamma (som
vi nyss sett) utan också medföra döden. Lauvergne
berättar om *en man*, som såg sig i spegeln och fann,
att han var litet gul, och strax föll ned död på
fläcken.

Pesten (bubonpesten, den orientaliska pesten) är
känd ifrån forntiden, men särskildt från de stora
epidemierna i 15:de och följande århundraden, och
dyker ännu upp då och då. Det för denna smitto-
samma sjukdom mest utmärkande är, att den för-
orsakar körtelbölder. Den kan medföra döden mycket
hastigt, men är dock icke absolut dödande. Den
kan börja med bölderna, hvartill sedan kommer feber,
eller börjar den med feber af samma karaktär, som
vi talat om vid tyfoidfebern, och först senare uppträda
bölderna och alla slags inre sjukdomar. På hvad
sätt den föranleder döden, kan läsaren själf tänka sig
genom att påminna sig hvad, som ofvan berättats om
död vid smittosamma sjukdomar. I Danmark har
pesten uppträdt upprepade gånger; Mansa berättar
därom i sin bok om pesten i Helsingör och Köpen-

hamn 1710 och 1711. I bilagan finnes en liten intressant inblick i förhållandena, som vi anföra för att visa, med hvilket lugn Sören Prip såg på förhållandena.

Mjältbrand och rots, smittosjukdomar öfverförda i människans blod från sjuka djur, äro så sällsynta, att vi tro oss kunna förbigå dem. De kunna döda genom septikämi, pyämi, lungsjukdomar eller utmattning.

Vi tro oss härmed ha gifvit läsaren en öfversikt öfver det sätt, hvarpå döden inträder vid de mest kända smittosamma sjukdomarna. Det gäller för dessa, när man undantar flertalet fall af kolera, att döden i regel är den sjuke omedveten som sådan. Dessa sjukdomar förlöpa ju oftast akut. Man känner också mera kroniskt förlöpande smittosamma sjukdomar, som i regel visa sig långt mindre farliga, hvaraf *syfilis* väl är den allmännast kända. Det är mycket sällsynt, att denna sjukom medför döden, när den är förvärfvad. Sker detta, så är den sjuke ofta påverkad på skadligt sätt i andra afseenden, t. ex. af alkohol. För öfrigt är det hufvudsakligast genom hjärnkomplikationer, som döden kan inträda, och då, såsom vi sett, omedvetet för den sjuke. Är förhållandet, att sjukdomen föranledt en blodådersvulst, så kan dennas bristning föranleda död genom inre förblödning. Annorlunda när sjukdomen är medfödd; de nyfödda duka ofta under mycket hastigt under tecken på allmän utmattning *(marasmus)*, de som bli något äldre, äro blott föga motståndskraftiga och dö af olika sjukdomar, som redan läsaren känner till.

(Om tuberkulosen skola vi tala längre fram.)

Medan de omtalade smittosamma sjukdomarna ha bakterier och deras produkter att tacka för sin uppkomst och utveckling, så finnas andra sjukdomar, vid hvilka blodet hyser sjukdomsalstrande organismer, som icke höra till bakterierna. Som ett godt exempel härpå kan nämnas *frossan* (*malaria, intermittens*), mest studerad från den tid, då man lärde känna chininets förmåga att bota den (midten af 17:de århundradet), och som på sista tiden visats bero på, att lefvande organismer, som finnes i insekter, genom stick af dessa öfverföras i människans blod, där föröka sig och gifva anledning till de typiska anfall af frosskakningar, som uppträda. Det är en sjukdom, som oftast uppträder i sumptrakter, och ett af dess väsentliga kännetecken är, att den föranleder stark svullnad af *mjälten*, hvilken, som vi ju sett, är ett organ, som har med blodbildningen att göra, och kunna dessa mjältsvulster bli enormt stora. En vanlig frossa medför icke döden, äfven om den icke blir behandlad. Men det finnes mycket *elakartade former (perniciös intermittens)*, som kunna leda till döden, dock oftast först i det 2:dra eller 3:dje anfallet, och sker det då på olika sätt, allt efter anfallets olika karaktär. I några fall är *diarré* särskildt framträdande (det kan till och med likna kolera), i andra är det *hjärnsymptom*, i synnerhet *delirier*, i andra fall återigen utpreglad medvetslöshet *(coma)*, som mest utmärker sjukdomsbilden. Några fall utmärkas af, att den sjuke faller i den ena *svimningen* efter den andra, vid en del är det däremot *krampanfall*, som mest väcka uppmärksamhet — kort sagdt, bilden är mycket växlande. Det sätt, hvarpå döden inträder, skall vara klar för den läsare, som följt framställningen här ofvan. Blott det är att märka, att då frossan utmärker sig genom att uppträda i anfall, mellan hvilka det är jämnt ett eller flera dygns mellanrum, och då dessa mellantider oftast äro feberfria, så har den sjuke, som kanske känt sig nära döden vid det nu öfverståndna anfallet, orsak till att ägna frågan om, hvilken påföljd det nästa anfallet skall få, en större uppmärksamhet, och med denna skola för många också plågorna ökas. Oftast torde dock utmattningen och de af själfva sjukdomen orsakade hjärnsymtomen så omtöckna hans medvetande, att han icke kan känna sin död.

Den, som genomgått anfall af frossa, vare sig mera elakartade eller godartade former, är utsatt för att råka i ett kroniskt sjukdomstillstånd, som kallas *malaria-kakexi*. Den sjuke ser och känner, att hans buk växer; det är *lefvern* och *mjälten*, som äro förstorade, stundom alldeles enormt. Detta vållar besvär, kan orsaka andtäppa, och då det tillika oftast uppträder *vatten i bukhålan* (*ascites*) och *diarré*, beroende på sjukdom i tjocktarmen, så förlorar han krafterna, magrar mer och mer, och under tilltagande afmattning dör han efter några månaders förlopp. I synnerhet barn gå under på detta sätt, ty de ha ju så liten motståndskraft. En sådan död af *utmattning* (*marasmus, exhaustio virium*) är, som läsaren vet, oftast en lätt och stilla död. Att dessa sjuka äro mindre motståndskraftiga mot alla slags sjukdomar är själfklart. Stundom dö de hastigt, utan att man kan förklara orsaken, efter att plötsligt ha blifvit medvetslösa. Icke heller dessa patienter plågas utaf döden.

Sockersjuka (*diabetes mellitus*) är en allmänt förekommande sjukdom, hvars egentliga orsak och natur äro okända. Vi anmärka i korthet blott, att *lefvern* är ett af de organ, hvari socker bildas, samt det högst egendomliga förhållandet, att skada å ett begränsadt litet parti af förlängda märgen, där ju också »lifsknuten» finnes, kan förorsaka uppträdande af socker i urinen. Sjukdomen är i det väsentliga karaktäriserad af, att den sjuke känner stark hunger och törst, och att han afsöndrar en förökad mängd urin, i hvilken man kan påvisa socker. Det är en känd sak, att diverse skador hos dessa sjuke lätt leda till kallbrand, och vi ha i det föregående skildrat, huruledes denna kan framkalla den sjukes död (se sid. 67). Den patient, som icke blifvit behandlad på rätta sättet, magrar efter hand enormt, fastän han äter så våldsamt, och det uppträder symtom, som likna skörbjugg (se nedan). Vätskeansamlingar inställa sig i de stora kroppshålorna (ett slags vattusot), icke sällan blir han blind (af grå starr), rätt ofta kommer han att få lungsot, och under tilltagande feber (hektisk feber) och särdeles utpräglad mattighet, som förökar hans betryckta stämning, hvilken till sist öfvergår i slöhet (*apati*) eller svagsinthet (*demens*), dör han stilla, om icke ett diarré gjort ett hastigare slut på hans lif. Man förstår, att om än döden är stilla och lätt, så har han dock lidit mycket förut. Annorlunda med de patienter, som på ett tidigare stadium (och det äfven om de bli riktigt behandlade) mer eller mindre plötsligt dö af »*coma diabeticum*». Jag hänvisar till två exempel i bilagan: obs. 50, den 54-årige ångbåtskaptenen, som fastän han haft sockersjuka i 8 år, dock fortfar att sköta sin plats till ett par veckor före sin död, och som nu, efter några få dagars dåsighet, slöhet och oklarhet, blir orolig några timmar före döden, men får ro genom behandlingen, innan han dör. Vidare obs. 51, den 56-årige spårvagnskusken, som i ett års tid rätt ofta haft anfall af medvetslöshet, och nu får kallbrand i foten, samt dör så hastigt, att det högeligen öfverraskar sköterskan. Hon ändrar någonting med hans bandage och säger, att »nu blir det nog snart bra med foten». — »Tror ni det?» svarar han. I detsamma märker hon, att han sparkar med foten. Hon ser upp och blir till sin häpnad varse, att han är medvetslös. Han förblir det, tills han dör 10 minuter efter, att han yttrat de nämnda orden. Dessa två män ha säkert icke plågats uti döden.

Skörbjugg (*scorbut*) är en sjukdom, som nu för tiden förekommer jämförelsevis sällan, och som företrädesvis karaktäriseras af blodets benägenhet att uttränga ur ådrorna, hvarvid det uppstår blödningar och blodsvulster. Näringstillståndet är ytterst dåligt, och det bildas lätt sår, som ofta gå öfver i kallbrand. Vid svårare fall uppträda, under stigande kraftförlust och lidanden af många slag, större blodansamlingar med tillblandade inflammationsprodukter i olika organ och kroppshålor. Leder sjukdomen till döden, så blir den sjuke som ett lik, redan innan han är död. Han är så matt, att han icke kan röra sig, andas blott med stor ansträngning, huden är som öfversållad med blödningar och sår, lemmarna äro hopdragna i lederna, som äro svullna af blödningar, och han plågas af sår i munnen, där tänderna äro utfallna. Sådana lidanden ha många sjöfarande, särskildt upptäcktsresande, måst utstå, innan den stora uppfinningen att konservera födoämnen blef allmänt känd, och innan man visste, att det är bristen på vissa födoämnen, som så mycket bidrager till sjukdomens uppträdande. Dessa sjuka ha dock fått en jämförelsevis lätt död, ty antingen har febern omtöcknat deras medvetande, eller ha de dödt af en betydligare blödning, d. v. s. i afsvimning.

Det finnes andra sjukdomar, som karaktäriseras af benägenhet för blödningar, och som ofta medföra döden, därför att blödningen icke blir eller icke kan bli stoppad (den *Werlhoffska morbus maculosus* och *hæmophilien*, den ärftliga blödaresjukan). Vid dessa mycket sällsynta sjukdomar dör patienten oftast i en svimning, alltså utan medvetande.

Vi återvända ett ögonblick till en sjukdom, som förut blifvit omtalad i flera kapitel, nämligen *tuberkulosen*, mest för att visa, hurusom en sjukdom, som beror på upptagande i blodet af bakterier (tuberkelbaciller), kan vara mångfaldig i sina yttringar. Vi ha sett, att den kan leda till död från hjärnan genom hjärnhinneinflammation (sid. 84). Lungsoten (sid. 103) är det vanligaste sätt, hvarpå den leder till död från lungorna. Hvad njurarna beträffar, är det icke sällsynt, att tuberkulosen angriper dem så starkt, att deras funktion tillintetgöres, och sålunda blir döden genom urämi ju ofta utgången. Det är rätt vanligt, att tuberkelbacillerna först angripa órganen, men döden kan också blifva följd, när en eller annan väfnad är det först angripna. En liten skråma i huden kan vara ingångsporten, först uppstår där en lokal inflammation, som angriper lymfkärlen och körtlarna, och därifrån kan det bli en allmän infektion med tuberkelbaciller, som hastigt leder till döden. Eller också finns det ett mellanled, som blir utgångspunkt för allmäninfektionen, t. ex. en lungsjukdom — kort sagdt, det finns alla möjliga former för det sätt, hvarpå organismen anpripes. Ett icke sällsynt dödssätt, som kan vara ganska hastigt, beror på, att tuberkelbacillerna med blodet spridas öfver hela kroppen och angripa så att säga alla organ (den *akuta miliartuberkulosen*). Vid olika fall inträder döden på olika sätt, beroende på hvilket organ är mest angripet. Det är dock mycket vanligt, att döden orsakas af, att blodet, som är förgiftadt af tuberkelbacillerna och deras produkter, blir urståndsatt att uppehålla sin funktion. Den sjuke får ett egendomligt blåblekt utseende, hjärnverksamheten omtöcknas, ofta komma enstaka tecken på hjärninflammation, och utan att känna den andtäppa, som ofta finnes, dör han. — Tuberkulosen kan också döda på annat sätt än genom tuberkelbacillernas verksamhet. Väl får man se, att en höftledsinflammation ger anledning till hjärninflammation, men det är lyckligtvis ingalunda vanligt. De flesta tuberkulösa ledåkommor (som ju i allmänhet icke äro lifsfarliga sjukdomar) hafva, när de föranleda döden, ett mycket långvarigt förlopp. Det uppstår varansamlingar, som utbreda sig ansenligt, nedsätta den sjukes krafter och icke sällan föranleda den å sid. 113 och 124 omtalade amyloiddegenerationen i organen. Dessa patienter dö af utmattning (*exhaustio virium*), de tyna långsamt bort. Icke så alldeles sällan kan en sådan patients sjukdom få ett hastigare dödande förlopp därigenom, att de tuberkulösa abscesserna kompliceras med vanlig varbildning (förorsakad af de vanliga varbildande bakterierna, staphylococcerna). Varbildningen utbreder sig då hastigare, feber tillkommer, och döden kan då inträda från hjärnan eller från lungorna, t. ex. genom att den sjuke i sitt utmattade tillstånd har fått mjölk eller annat i »fel strupe» (se sid. 71), eller kommer döden från hjärtat eller njurarna.

Allt i allt kan man finna, att döden i tuberkulos, huru mångfaldig den är i sin art, dock icke är en för den sjuke plågsam död. Vi sluta vår öfversikt öfver död genom sjukdom med att omtala de elakartade svulsterna, hvars värsta representant, kräftan, ju är allmänt känd.

Kräfta (cancer) kan som bekant angripa alla organ och väfnader. Dess hufvudkaraktär är just, att den icke respekterar någonting som begränsning,

den angriper allt och förstör allt. Den har också
en äfven af »lekmän» väl känd benägenhet för att
komma åter, till och med om den är aflägsnad (den
recidiverar), och fastän en stor mängd patienter lång
tid efter operation förbli friska och icke se något
utbrott på det behandlade stället, så duka dock många
af dem under genom sjukdomens utbrott i inre organ
och delar. De mest kända formerna äro, hvad
kvinnan beträffar, svulsterna i bröstkörteln och i
lifmodern. Hos män angripas inre organ fullt så
ofta som yttre, dock bli de delar, som ligga på öfver-
gången mellan det inre och det yttre, de naturliga
öppningarna, särdeles ofta angripna. Det sätt, hvarpå
sjukdomen förlöper, är så varierande, att man omöj-
ligt kan gifva en allmängiltig, kortfattad öfversikt.
Det finnes fall, som äro så långsamma i sin utveck-
ling, och som förorsaka så obetydliga symtom, att
ingen anar, att den sjuke, som dör af utmattning,
har haft denna sjukdom, som ju i allmänhet fruktas
så mycket — det finnes å andra sidan fall, som
förlöpa raskt, hastigt bilda stora sår, hvilka, i syn-
nerhet när de tillika blifva säte för de vanliga var-
bildande bakteriernas inverkan, kunna bli afskyvärdt
stinkande och se högst ohyggliga ut. Sådana pa-
tienter kunna dö på många olika sätt: den rikliga
varafsöndringen utmattar dem, eller dö de af febern,
af blödning från såret eller af blodpropp, hvilken,
som vi sett på sid. 109, ofta går till lungorna, men
också kan gå till hjärnan.

Bilden af döden måste bli olika, allt efter som
det ena eller andra af de omtalade dödssätten ger
den sin prägel. Läsaren känner ju detta och vet,
huru mildt naturen ofta gör slut på sådana patien-
ters lidanden, lidanden som ofta svårt förvärrats af,

att den sjuke trott — eller af någon obetänksam person fått veta — att det är kräfta, som han lider af.

Jag skall framdraga några exempel, som åskådliggöra dödssättet vid kräfta och andra elakartade svulster (sarcom). Vi kunna icke anföra exempel på död af kräfta i alla de olika organen, ty det skulle föra för långt, utan måste nöja oss med de allmännast förekommande. Af sådana ha i föregående kapitel omtalats flera olika fall: sid. 110 ha vi omtalat döden i två fall, som ursprungligen berodde på att *bröstkörteln* angripits (obs. 26 och 27); sid. 125 är *lifmoderskräftans* utgång åskådliggjord (obs. 38); sid. 113 ser man det dödande förloppet af en kräfta i lungsäcken (obs. 2), sid. 108 döden vid en elakartad svulst i *brösthålan* (obs. 24, hvarmed kan jämföras obs. 30, sid. 114); sid. 120 är omtalad död vid den vanliga kräftan i nedersta delen af *tarmen* (obs. 33); sid. 87 belyser död af en elakartad svulst i *hjärnan* (obs. 13). Vi tro oss därför kunna åtnöja oss med att anföra exempel, som visa olika dödssätt vid den vanliga sjukdomen *magkräfta (cancer ventriculi)*. Konung Kristian IV af Danmark torde ha dödt däraf vid 71 års ålder. Två dagar före sin död är han så matt, att han måste gå till sängs; han känner det själf och yttrar: »Här ligger jag, en Guds fånge.» Medvetandet är klart nog, han har sagt sin dotter Leonora Christina, att hon icke skulle gråta, ty han kommer nog upp igen, och han har satt henne in uti, huru han ordnat affärerna för henne. Hans samtal med prästen, som efter tidens sed ännu 3 timmar före hans död talar öfvertygande med honom om hans själs frälsning, vittnar också därom. Han dog »vid fullt förnuft, stilla och utan rörelse», säger prästen Hindsholm — »alldeles som när man faller i sömn», säger läkaren Sperling; han var således till sist utan medvetande. Om döden är förorsakad af, att kräftsvulster afsatt sig i andra organ, t. ex. i lefvern, hvilket är mycket vanligt, eller om den är betingad af utmattning eller annat, är icke klart. Hvad vi afse, är ju att visa ett exempel, som kan tjäna som typ för många andra, på en lugn och stilla död i denna sjukdom. Att det verkligen förhåller sig så, kan läsaren finna vid att genomläsa den i vår obs. 52 meddelade skildringen af den 70-åriga hustruns död. Hon är trött, och alla tecken tyda på, att krafterna icke längre förslå; hjärtverksamheten är svag, hon vet själf, att hon icke kan komma sig, hon är också trött vid lifvet och önskar blott, att det snart skall vara förbi — på aftonen, innan hon dör, känner hon tryckning öfver bröstet, men hon nekar att ta droppar, som man vill ge henne för att stärka krafterna. Hon tar dock sedermera emot en mild sömndryck, men den skaffar henne icke sömn, hon lider något af trängningar, men framåt morgonen får hon ro och dör helt stilla.

Att också den, som icke själf tror döden vara så nära, kan få en lugn och stilla död af magkräfta, synes tydligt af vår obs. 53. Vi betona särskildt, att på denne man alls icke användts smärtstillande eller bedöfvande medel, som kunde sägas hafva sin andel i hans befinnande.

De två nyss nämnda fallen leda tanken hän på frågan, om icke dessa sjuke genom operation skulle ha kunnat räddas från sin buksvulst. Naturligtvis var det icke tal om operation. En 70 år gammal, mycket svag kvinna med kräftsvulst i magsäcken — hvem kan väl tänka sig möjligheten af, att mänsklig skicklighet skulle kunna rädda henne från att dö. Och äfven om hon öfverleft operationen, äfven om hon icke haft, hvad hon nu hade, talrika svulster annorstädes, så skulle hon ju blott genom många faror och plågor ha uppnått en kort förlängning af lifvet. Jag upprepar det, ingen betänksam läkare skall föreslå en sådan sjukling ett så farligt försök på att trotsa naturens bud. Det samma gäller om den 62-årige mannen, som också är så svag. Annorlunda när det gäller yngre, som enligt naturens ordning ha grund att tro, att deras timma ännu icke är slagen. Här kan läkaren, när alla andra omständigheter tala för, att det finnes en chance för tillfrisknande, eller när plågsamma symtom icke kunna lindras på annat sätt, bestämma sig för att försöka en operation, fastän man vet, att den är så farlig för lifvet. Oftast är den blott ett fåfängligt hopp, ty antingen öfverlefver patienten icke operationen, i det han dör af kollaps eller af bukinflammation, eller var operationen, äfven om den går lyckligt, i alla fall gjord för sent. Krafterna komma icke åter, läkarne och den sjuke själf göra, hvad de kunna, men det tjänar intet till — han dör. Se som exempel härpå berättelsen om den 33-årige mannen, vår obs. 54.

Som redan sagdt, döden kan inträda på många olika sätt vid samma sjukdomsform. Ingen af dem, som voro omkring *Napoleon på S:t Helena*, icke ens läkarne, anade, att han var så sjuk. Det var magkräfta han led af. Den sista veckan synes hans intelligens ha blifvit betydligt nedsatt, den 5 maj på morgonen yrade han starkt — han är på valplatsen, där han var så ofta förr, det gäller Frankrike, armén, det gäller honom själf, »tête d' armée»! Han springer upp ur sängen dragande med sig Montholon, som söker hålla honom tillbaka. De falla båda omkull på golfvet, men därmed är hans

energi uttömd. Då han åter blifvit förd till sängs,
ligger han lugn, och medan ovädret rasar och
rycker upp med roten de träd, som han planterat,
utandas han stilla sin sista suck — icke tänkande
på, öfver hur många människors lif och välfärd
han gjort sig till herre.

Vi skulle kunna anföra flera exempel på olika
dödssätt vid kräfta och andra elakartade svulster,
däribland också några, där operation försökts för
att rädda den sjuke. Läsaren skall finna sådana i
vår bilaga i observationerna 55—63. Men det an-
förda må vara exempel nog på, att också de mest
fruktade sjukdomarna, de elakartade svulsterna, som
af alla erkännas för att vara de värsta sjukdomar,
man kan få, därför att utsikterna för att bli frisk
äro så små, — att också dessa sjukdomar i regel
få en utgång, som måste betecknas som mild, en
lindring genom en för den sjuke själf omedveten
död, som gör slut på hans många lidanden.

Vi hafva härmed afslutat vårt försök att fram-
ställa det sätt, hvarpå döden inträder, när den för-
anledes af sjukdom. Vi ha sett, att döden kan komma
så hastigt, att den liksom öfverraskar den sjuke, som
kanske icke ens anade, att han var sjuk, och vi ha
sett, att å andra sidan den sjuke kan tyna af helt
långsamt för att till sist dö, som om han stilla
somnade in. Mellan dessa två ytterligheter, den
plötsliga och den mycket långsamt inträdande döden,
finnas alla möjliga öfvergångsformer.

Den ledande tanken i vår framställning har varit
den, att äfven om den sjuke lider af de mest plåg-
samma sjukdomar, så är döden som regel icke plåg-

sam.   Ja, det är tvifvelaktigt, om någon öfverhufvud taget är så vid sans, att han märker själfva dödens inträdande.   Men hur är det med dem, som äro vid medvetande till det sista? Det hör man ju så ofta sägas, att den sjuke var »redig i det sista», och enstaka af de exempel, vi anfört, peka också i samma riktning.   Lida dessa då icke? Denna fråga är delvis redan besvarad i vår framställning, vi skola närmare skärskåda den, när vi längre fram vilja försöka att skildra den döende.

Om åldringar och deras död.

Det är icke lätt att säga, när en människa är gammal. I allmänhet tänker man, när man hör ordet »gubbe», på en skröplig, darrande varelse, som har förlorat sina sinnens fulla bruk, och som man tror icke kan ha annat att tänka på, än att han nu snart skall dö — och ser man en sådan individ, uppskattar man honom till 70 à 80 år, man har ju hört, att »sju gånger tio äro stoftets år». Men om man ser sig omkring bland sina bekanta och frågar om deras ålder, blir man snart på det klara med, att det finnes många »gubbar», som äro unga. Hvem känner icke personer på 70 eller till och med 80 år, som ännu äro lifliga och friska till sinnet, och som röra sig med största lätthet — men å andra sidan, hur ofta ser man icke personer, som ännu icke fyllt 60 år, men som redan äro skröpliga och bära prägeln af att vara mycket gamla. Så har det alltid varit, och man kan hos olika författare finna exempel på båda slagen af åldringar. Lika litet ges det några regler för, när en människa blir gammal, som det kan gifvas regler för *lifvets längd*. Huru länge en individ, och särskildt då människan, kan lefva, har intresserat många. Den förste författare, som mera ingående sysselsatt sig med frågan, synes vara den berömde Francis Bacon († 1626). Han trodde sig hafva iakttagit, att för organismerna, såväl djur som växter, det i allmänhet finnes ett bestämdt förhållande mellan deras växttid och lifstid. Han betraktade det som *naturens regel*, att djur i allmänhet lefva 8 gånger det antal år, som åtgå till afslutandet af deras växt, tills de bli fullvuxna. Denna »regel» har sedermera blifvit omstridd. Buffon, den kände franske natur-forskaren, håller på 6 eller 7 gånger i stället för Bacons 8; Flourens säger, att talet bör vara 5 eller nära 5. Hufeland har i sin »Makrobiotik eller konsten att förlänga det mänskliga lifvet», en bok, som har väckt stort uppseende (den första upplagan utkom 1796, och den utkommer ännu i nya upplagor), ställt sig på Bacons sida. Enligt Hufeland behöfver män-niskan 25 år för att bli vuxen — hennes absoluta ålder blir således 8 gånger 25, det vill säga 200 år. Det finnas flera, som anse, att människan egent-ligen borde bli 200 år gammal, t. ex. Quetelet och Haller, hvilken senare till och med sätter 240 år som den naturliga gränsen för människans lif. Detta får man icke förstå så, som om Haller trodde, att många människor bli så gamla, ty han har själf uppgjort beräkningar öfver, huru gamla människor blifva, och kommit till det resultat, att det fanns öfver 1,000 väl konstaterade fall af människor på 100—110 år, omkring 62 på 110—120, 29 på 120—130, om-kring 15 på 130—140 år. Kommer man öfver 140 år, säger Haller, så är man inne på mytens område. Dock känner han fall från England, som han själf tyckes tro på; det är Eccleston, som blef 143 år, och Jonathan Effingham, som enligt *London Evening Post* dog i februari 1757 i en ålder af 144 år, men man måste som bekant vara försiktig med att tro på, hvad tidningarna säga.

Allt efter som de vetenskapliga undersökningarna

skridit framåt, har man fått en mera bestämd uppfattning af dessa förhållanden. Man har genom att studera skelettets byggnad bestämdt påvisat, när dess tillväxt är afslutad, det vill med andra ord säga, att man nu med bestämdhet vet, när en människa är fullvuxen i kroppslig måtto. När människan är omkring 20 år, försvinna nämligen de broskskifvor, hvarifrån benens längdtillväxt försiggår, i stället för brosk kommer benväf, och därmed är växandet afslutadt (epifyserna bli apofyser). För Flourens upphör ynglingaåldern med det 20:de året, ty nu växer kroppen icke mera på längden, man är fortfarande ung, tills man blir 40 år, men nu slutar kroppen att växa i groflek, nu börjar mannaåldern. Blir man gröfre efter det 40:de året, så beror det icke på tillväxt utan blott på anhopning af fett. I mannaåldern, 40—50 år, blir organismen på det hela kraftigare, utan att det egentligen är tal om tillväxt, alla organ och deras funktioner nå höjdpunkten af sin utveckling. Så kan det hålla sig ett tiotal år eller mera, därpå kommer ålderdomen, och med det 70:de året börjar gubbåldern. För Flourens är Bacons 8-tal icke riktigt, utan det bör vara omkring 5-talet. Den naturliga gränsen för människans lif blir då omkring 5 gånger 20, d. v. s. 90—100 år, hvilket också slår in. Man må betänka, huru ytterst sällsynt det är, att människan når den naturliga gränsen för sin lifsduglighet, därför är det också så sällsynt, att få se människor på 90—100 år. Det är emellertid påfallande, huru många människor som bli mycket gamla; börjar man intressera sig för saken och se efter, så blir man öfverraskad. I Köpenhamn dogo år 1898 en stor mängd människor vid hög ålder, det var 5,907 mellan 70 och 80 år gamla och 3,113 mellan 80 och 90 år gamla. Icke mindre än 311

personer voro 90—95 år, då de dogo, och 56 voro
öfver 95; af dessa 56 voro 7 öfver 100 år gamla,
då de dogo. I London med dess 4$^{1}/_{2}$ millioner
människor dogo år 1900: 85,534 människor. Af
dessa voro 9,072 mellan 65 och 75 år, 6,456 mellan
75 och 85 år, 1,623 voro 85 år gamla eller därut-
öfver. (I England och Wales var det år 1900 af
män 5,427 och af kvinnor 8,297, som voro 85 år
gamla och därutöfver, då de dogo.) Som man ser,
så lefver det många mycket gamla människor rundt
omkring oss, och så har det alltid varit. Vi skola
meddela några fall ifrån äldre källor, hvilka före-
falla oss intressanta.

Enhvar erinrar sig från sin barndom Methusa-
lems namn och den förundran det väckte, att han
blifvit så gammal — 900 år. Det har blifvit på-
visadt, i synnerhet af Hensler (vi citera Hufeland),
att man i äldsta tider räknade 3 månader som ett
år; först på Abrahams tid, som sammanfaller med
en någorlunda som historisk konstaterad tid, räknade
man 8 månader som ett år, och först efter Josefs
tid var det som nu, att året hade 12 månader. Den
judiska historien visar, att Abraham blef 175, Isak
180, Jakob 147 och Ismael 137 år gammal. Hvad
kvinnorna beträffar känner man blott Saras ålder,
hon blef 127 år. Josef lefde 110 år, Moses 120
år, men redan af honom lära vi, att »vårt lif räcker
70, högst 80 år» — alltså var det för 3,000 år
sedan lika, som det är nu.

Bland de gamla *grekerna* blefvo många berömda
män gamla. Den vise lagstiftaren Solon blef 80,
skalderna Anakreon och Pindaros likaså, Sofokles
blef 92, Georgias från Leontium, en stor talare, blef
108 år. Isokrates, den mycket ansedde talaren och
läraren i filosofi, blef fastän han som ung var svag

till hälsan, 98 år gammal, Democritos, filosof och naturforskare, blef 109 och Diogenes, cynikern, blef 90 år. Den berömde Pythagoras blef också mycket gammal; han delade människolifvet i 4 lika stora delar: från 1—20 år är man barn, från 20—40 en ung människa, från 40—60 år är man människa och från 60—80 en gammal människa, som tacklar af; är man öfver 80 år, kan man icke mera räknas till de lefvande, hur gammal man än blir.

Hvad de gamle *romarne* beträffar, har man delvis särdeles pålitliga uppgifter. Hos Plinius (L. 5, kap. 49) finnas nämligen berättelser om en folkräkning på kejsar Vespasiani tid. I den del af Italien, som ligger mellan Appenninerna och Po, fanns det år 76 (efter vår tidräkning) 124 människor, som voro 100 år gamla och däröfver, i Parma funnos 3, som voro 120 år gamla, och 2 på 130, i Piacenza 1 på 131 år, i Faventia en kvinna på 135 år; i en liten by tätt intill Piacenza, som hette Velleïaceum, funnos 6, som voro 110 år, och 4 på 120, »M. Mucius M. Filius Galeria Felix» var 140 år gammal. Jag anför namnen för att visa läsaren, huru pålitliga dessa uppgifter måste antagas vara. Detta framgår också af, att Plinius i näst föregående kapitel, efter att ha meddelat, att Hesiodosus är den förste, som skrifvit om detta ämne, uppräknar en stor mängd exempel på hög ålder hos olika personer, men tillfogar, att de måste antagas vara opålitliga. Enligt Plinius blef Perpenna 98 och Valerius Corvinus 100 år; af kvinnor, som nådde en hög ålder, omtalar han Livia, gift med kejsar Augustus, som blef 97, och en adlig dam Statilia, som blef 99 år; Ciceros hustru Terentia blef 103 och Clodia Osilii 115 år gammal. Han nämner också skådespelerskor, som uppträdde på teatern vid hög ålder, Lucceia, då hon var 100 år, och Galeria Copiola, då hon var 104 år. Hon hade blifvit presenterad för Pompejus som ett under, då hon var 91 år; då hon uppträdde i sitt 104:de år, var det till ära för Augustus.

100-åringar ha alltid haft företrädesrätten att väcka en viss uppmärksamhet. Jag har en sällsynt bok, utgifven 1799 af James Easton i Salisbury, som handlar om 1712 människor, som blifvit 100 år gamla och därutöfver. De äro samlade för en period af 1733 år, från år 66 till år 1799; där meddelas anekdoter om de mest remarkabla fallen, och den är rätt underhållande att bläddra i. Där är engelsmannen Thomas Parr, som blef 152 år, och som ett par år före sin död blef presenterad för konung Karl I (gamla människor bli alltid presenterade för kungar) af earlen af Arundell, hvars hustru samtidigt presenterade en 123-årig barnmorska, som hade praktiserat tills 2 år förut. För Parr blef resultatet af presentationen, att han blef upptagen i earlens familj, där han spisade och drack så mycket af de bästa viner, att han blef dålig; »om han icke hade förändrat sin diet, hade han kanske lefvat många år ännu», säger Easton. Han dog 1635, och vid obduktionen, som utfördes af den berömde Harvey, funnos hans inälfvor, »i synnerhet magsäcken», säger E., mycket friska och starka, och för öfrigt var det mest påfallande, att det fanns fettbeläggningar.

Då den danske kungen Kristian VI och hans drottning Sofia Magdalena aflade ett besök i Norge, gafs af Colbjörnson i Fredrikshald en fest, vid hvilken framställdes ett jubileumsbröllop. Från trakten hade hämtats 4 hundraåriga kvinnor och 4 hundraåriga män; tre par af dem voro gifta, men Hans Torlasken, som icke var gift, hade medfört Joran Gallen, som, efter hon var 100 år, fick agera brud vid detta särskilda tillfälle. De åtta gamla roade sig förträffligt, kvinnorna dansade efter landets sed med gröna kransar på hufvudet.

Som exempel på giftaslystet folk kan nämnas John Valney, som blef 124 år gammal och hade varit gift 11 gånger, samt John Gay, som blef 101 år och hade varit gift 16 gånger. David Grant, som blef 127 år, följdes till grafven af 118 efterkommande. Pantlånerskan Sarah Prossen samlade 10,000 pund, tills hon var 102 år. Då James Geras dog i sitt 109:de år, stodo 70 barn, barnbarn och barnbarnsbarn kring hans säng. Simon Gillivoray lefde i 113 år på den lilla ön St. Kilda och hade aldrig varit annorstädes. En man, som blef 108 år gammal, hade praktiserat som läkare i Surry under namnet Elisabeth Page, och först, då han dog (1772), uppdagades det, att han var man.

En dansk vid namn Drakenberg är ett kändt exempel på mycket hög ålder. Han föddes 1626, var matros, tills han blef 91 år, och hade varit 15 år i turkiskt slafveri. Då han blifvit 111 år gammal, tyckte han, att han ville lefva i lugn, och gifte sig därför med ett 60-årigt fruntimmer, som emellertid dog någon tid därefter. Vid 130 års ålder blef han förtjust i en ung bondflicka, som dock betackade sig för att bli hans hustru. Han gjorde flera försök att bli gift, men det var ingen som ville ha honom; han lefde ännu i 16 år som änkeman och dog 1773, 146 år gammal. Ännu de sista åren af sitt lif skulle han hafva varit rätt hetsig och ofta aflagt prof på sin styrka.

Det skulle kunna anföras många flera, mer eller mindre egendomliga berättelser om mycket gamla personer, men jag måste nöjas med att hänvisa dem, som intressera sig därför, till den angifna litteraturen; i det följande får jag dessutom tillfälle att be-

röra enstaka fall. Hvad som skulle visas med det
här meddelade, är, att det alltid funnits och ännu
finnes en mängd människor, som bli mycket gamla,
och att det att vara 100 år icke är så utomordent-
ligt sällsynt, medan däremot den, som blir öfver
100 år gammal, kan göra anspråk på, att betraktas
som något enastående.*)

Hvad som försiggår i människoorganismen, allt
efter som den åldras, är rätt svårt att förklara
med icke-medicinska uttryck. På det hela taget
kan man säga, att alla väfnader förlora i kraft, de
slitas genom det myckna bruk, de varit underkastade,
och de många yttre påverkningar, de varit utsatta
för, — alldeles som en maskin slites. Väl bildas
det ständigt nya celler, men de hafva icke den lifs-
duglighet som de, hvilka bildas i den kraftiga åldern.
Att den, som börjar bli gammal, icke sällan blir
fetare, ofta oproportionerligt fet, får icke uppfattas
som tecken på, att han blir kraftigare. Också för
honom gäller det, att alla väfnader utan undantag
blifva försvagade och därigenom alla organ, hvilka
ju stå i inbördes sammanhang; därför blir också
hela individen försvagad. Lungorna, som skulle
syrsätta blodet, kunna icke längre med samma kraft
som förr hämta den friska luften; hjärtat, som skall
drifva blodet rundt i kroppen, har icke samma muskel-
kraft därtill. Ådrorna, i hvilka blodet skall cirkulera,
bli styfva och deras finaste förgreningar i organen för-
må icke att tillräckligt ofta föra friskt blod till dessa,
därför blir organens näring sämre, de skrumpna,
hvilket allt efter deras olika betydelse ger sig
tillkänna på olika sätt. De organ och väfnader

---

*) Den som intresserar sig för att veta, hur stor utsikt han har
till att bli gammal, hänvisas till Westergaards utmärkta arbete, sär-
skildt 7:de kapitlet.

som starkast reagera för näringsstöringar, äro helt
säkert nervsystemet, särskildt hjärnan, och häri-
från komma ju också de ålderstecken, som folk mest
lägger märke till. Men åldringen själf märker icke
detta så mycket, han har mera öga för, att han
hastigt blir trött, att han blir andfådd, när han har
ansträngt sig litet, att han lätt blir frusen eller ständigt
är kall, i synnerhet om fötterna, att hans matsmält-
ning är i oordning, särskildt att han lider af för-
stoppning — och ser han sig i spegeln, så kan han
väl se, att hans hår är hvitt, eller att han är skallig,
han är väl icke alldeles blind för, att han är rynkig
och ser gammal ut, men på det hela taget gäller
detsamma med hänsyn till hans eget omdöme om
sitt utseende som om hans uppfattning af sina själs-
förmögenheter — att de icke äro så synnerligen
förändrade. Ser han däremot en annan åldring, så
är ofta hans blick öppen för dennes förändringar.
Låt oss i följd se på dessa särskilda organförändrin-
gar, som bero på atrofi och fettdegeneration, och
därigenom försöka att teckna några bilder af åldringar.
Vi veta dock på förhand, att det icke finns två, som
likna hvarandra.

Som sagdt, *hjärnverksamhetens tillstånd* är det,
som är mest i ögonen fallande. I allmänhet förbin-
der man med ordet åldrig tanken på en andligen
försvagad person, och enligt vår framställning af
hvad, som försiggår i väfnaderna på ålderdomen,
måste det ju också vara så. Det första tecknet på
aftagande själskrafter är, att minnet försvagas, och
detta börjar ganska allmänt med, att man icke kan
minnas namn. William Penn kan icke minnas namnen
på sina bästa vänner; en för öfrigt själsfrisk och
mycket intelligent man kallar sina barn n:r 1, 2 och
3, därför att han icke kan minnas deras namn. En

hvar af läsarne torde känna till detta, antingen ha de hört det i sin omgifning eller, om de själfva är komna in på femtiotalet, så veta de det af egen erfarenhet — det är tidigt, som man börjar att bli gammal. Så småningom förlorar man minnet på andra områden men bevarar det ännu på vissa. Detta intressanta tema om minnet, som vi närmare omtala i kapitlet om den våldsamma döden, belyses ganska godt af, hvad som försiggår hos åldringen. Man minnes ju öfver hufvud blott det, som fängslar ens uppmärksamhet; ett föremål, en upplefvad tilldragelse, innehållet af, hvad man hört eller läst, präglar sig i hjärnans celler, och där sitter det färdigt att reproduceras, när vi så önska, eller när det genom tillfälliga omständigheter påverkas i riktning af reproduktion. Enhvar vet ju, att han kan minnas händelser från sin tidigaste barndom, som ha varit af den art, att de gjort ett djupt intryck på medvetandet, d. v. s. på hjärncellerna. Men åldringens hjärnceller äro skrumpnade, de kunna icke mottaga eller fasthålla intryck så kraftigt som förr och heller icke reproducera dem så lefvande som förut. Dessutom har åldringen mistat en del af sina forna intressen; hans lifserfarenhet har visat honom, att det egentligen är ganska litet, som är värdt uppmärksamhet, och han blir ouppmärksam. Dessa två förhållanden betinga, att åldringen så hastigt glömmer det, som han nyligen upplefvat — men däremot kan godt minnas, hvad han upplefvat långa tider tillbaka, ty dessa händelser ha satt en så stark prägel i hans hjärnceller, att de icke försvinna därifrån, och under påverkan af blodets omlopp och af yttre intryck, som framkalla idéassociationer, komma dessa barndomshändelser åter fram. P. A. Heiberg, som sitter så ensam i Paris, säger själf, att hans »minne är nästan alldeles borta; jag kommer nog ihåg hvad som tilldragit sig för länge sedan, men alls icke hvad som nyligen har skett». Holberg hade glömt det, som han själf hade skrifvit.

Folk kallar det »att bli barn på nytt», när dessa förhållanden äro så starkt utpräglade, att åldringen synes alldeles frånvarande för hvad, som angår det närvarande. Talesättet är träffande, men är icke alltid uttryck för något, som bör göras till föremål för åtlöje eller medömkan. Hos några kan det visa sig på ett särdeles vackert sätt och i hvarje fall vara till stor glädje för ifrågavarande individ själf. Men innan det kommit så långt, att man kan säga, att åldringen är barn på nytt, gifver förlusten af minnet och bristen på hjärncellernas reproduktionsförmåga i den rätta riktningen sig ofta tillkänna på ett mycket tokroligt sätt. Två gamla män, som bo på landet tillsammans under sommarferierna och pläga spela litet kort om aftnarna, sitta och spisa middag. »Du skall spela ut!» säger den ene. »Men, käre vän, vi äta ju soppa!» svarar den andre. Denne förstnämnde mottager en gammal bekant, som besöker honom, liksom om det vore en alldeles likgiltig, främmande person. Den främmande går, litet upprörd däröfver, in till den andre gubben och berättar det; strax efter komma båda gubbarna ut tillsammans, och då den förste tillfrågas, om det varit någon främmande hos honom, säger han: »jo, D. var här och hälsade på mig» — som om han hade känt honom och talat helt naturligt med honom. Af dessa två gamle män var den, som här figurerar som den förnuftigast observerande, den äldste, men han hade själf sin skavank på minnet. Han fick besök af en yngre man, och samtalet föll på en bok, som nyligen kommit ut, och som handlade om en af hans ämbetsbröder: »Jaså, har det kommit ut en bok om honom, den skall jag minsann läsa, när jag får tid; honom kände jag väl», säger han. Ett fruntimmer, som åhör samtalet, säger nu: »men Herre Gud, Hr K. ni har ju läst i den boken hvarenda dag under sista veckan!» Det egendomliga, som vi ofvan berört, att åldringar icke kunna se, att de själfva se gamla ut, men väl, att andra göra det, finner man af detta exempel också gälla för åldringens förmåga att observera psykiska tillstånd. Hvad vi berättat, är ingalunda enastående; som ett kuriöst exempel på, att en sådan förlust af minnet kan vara till glädje för åldringen, vill jag anföra bildhuggaren Houdon. Då han var öfver 80 år, gick han hvarje dag på teatern och njöt med stor glädje hvar afton af samma föreställning; det var en tragedi, hvari den berömde Talma spelade. Reveillé-Parise frågade honom, om han icke ledsnade på att alltid se samma stycke. »Inte alls! jag har alldeles mistat mitt minne, så att hvar gång jag ser denna tragedi igen, är det för mig en première», svarade han. Reveillé-Parise berättar också om en välinstruerad hundraåring, som helt muntert sade: »Jag har glömt allt utom Gud; resten bryr jag mig icke om.»

Man ser ofta, att åldringen i en obestämd känsla af att ha förlorat förmågan att sysselsätta sig med och bearbeta ämnen af mera gediget innehåll, dock liksom känner behof af att gifva sina hjärnceller något att beställa. Det är mycket vanligt, att gamla människor räkna, ett lätt och rent mekaniskt arbete, som icke altererar sinnet — och så gör det dessutom alls icke något, om de räkna fel. Den gamle mannen, som röker sin pipa vid fönstret, räknar ofta huru många, som gå förbi på en bestämd tid, eller så länge som hans pipa räcker;

går han ut, så räknar han, hur många steg han tar. En mycket omtalad engelsk åldring, gamle Nobs, (alla barn i Kent skrattade, då man nämnde hans namn), gick hvarje dag samma väg och sade alltid detsamma till bestämda personer på bestämda ställen, och de svarade alltid detsamma igen. Han berömde sig af, att han 40,000 gånger räknat, huru många steg hans spatsertur tog; var det regnväder, så gick han i sitt rum samma antal steg och förde samtalet med imaginära personer. (Hufeland efter Schubert.) De hittills omtalade exemplen visa en hjärnverksamhet, som väl är på dekadans, men dock ännu eger förmåga till korrekt verksamhet på andra områden. Går det mera utför, blir åldringen barn på nytt, så förloras själsförmögenheterna stundom helt och hållet, så att välkända föremål förväxlas. »Drick bara! drick bara!», sade en gammal dam, då hon såg, att jag luktade på en Eau-de-Colgne-flaska — eller all observationsförmåga går förlorad, och personen lefver blott i den sfär af föreställningar, som tidigare, starka intryck på hans hjärnceller nu reproducera, antingen korrekt eller mindre korrekt eller alldeles förvirradt.

Att *ålderns inverkan på sinnena* måste göra detta själslif ännu mera brokigt, är ju klart. Enhvar vet, att gamla personer ofta *höra* dåligt. De många komiska förväxlingar, som detta kan gifva anledning till, roa sällan den gamle själf. Han ser, att hans omgifning ler, men vet icke hvarför, och blir ofta med rätta stött däröfver. Allt efter individens karaktär påverkas han på olika sätt. Den största plåga, som den dåliga hörseln kan välla en gammal person, är, när den leder till, att han blir misstänksam. Ty detta alstrar sorg, vrede, missnöje med allt, och detta just i den period af lifvet, då sorglösheten ofta är den enda ersättning för det myckna, som åldringen annars måste sakna på grund af sin försvagade kroppsliga förmåga — ett memento för de unga att de, också af denna orsak, böra visa de gamla uppmärksamhet och respekt.

Att *synen* försvagas hos äldre personer, är ju en känd sak. Redan mot slutet af fyrtiotalet måste de använda glasögon, och ljuset, som faller på boken, måste vara klart. Detta, som ju är så olika, allt efter ögats olika byggnad (Holberg kan icke klaga öfver sina ögon, »ty jag läser ännu den minsta stil utan glasögon»), spelar ju för öfrigt icke någon synnerligt stor roll, lika så litet som det betyder något egentligt, att ögats genomskinliga delar bli mindre klara (särskildt kommer det en grå rand i hornhinnans yttersta del), och att tårvätskan, som gör ögat fuktigt och därigenom ger blicken dess glans, ofta afsöndras mindre lifligt — dessa förhållanden spela egentligen icke någon annan roll, än att de förläna uttrycket ett till åldern svarande allvar. Men att *smaken,* som ju står i intim förbindelse med *lukten,* förändras, kan godt vara grund till, att lifvet förefaller den gamle mindre tilltalande, och kan också ha direkt inverkan på matsmältningen. Det femte sinnet, *känseln,* är naturligtvis nedsatt, men det skulle föra för långt att omtala de inverkningar, som kunna bli följden däraf — på det hela måste man tro, att det som oftast är behagligt för den gamle.

De *organ,* hvilkas åldersförändringar för öfrigt mest prägla åldringen och märkas af honom själf, äro hjärtat och lungorna. Det degenererade *hjärtat* kan icke pumpa ut blodet så kraftigt i ådrorna; en mera långsam blodcirkulation inverkar på alla organs funktionsduglighet, särskildt på sekretionernas liflighet. Därför blir matsmältningen, denna lifsverksamhetens viktiga faktor, långsammare och svårare, värmeproduktionen aftager, den gamle har kalla händer, fötter och näsa. Hvad *lungorna* beträffar märkes, förutom hvad som beror på den långsammare blodcirkulationen, själfva lungornas skrumpningsförändringar tydligt af åldringen. Han kan icke andas så kraftigt som förr, hans lungor förmå icke att syrsätta blodet så starkt som förut — och detta märker han på, att han hastigt blir andfådd vid minsta ansträngning, att han icke kan gå så långa vägar som förr, och tillika har ju detta förhållande betydelse för hjärtat och dess funktion. Som ofvan sagdt, alla delar i människokroppen stå i inbördes beroende af hvarandra, men viktigast är dock, som redan nämndt, förhållandet mellan hjärtat, lungorna och nervsystemet (hjärnan). Ytterligare skola vi blott i korthet beröra, att de förändrade blod- och nervförhållandena i *musklerna* ju spela en utomordentligt stor roll för åldringens befinnande. Här kommer åter andningens försvårande på tal, men mest lägger åldringen dock märke till, att hans krafter i allmänhet, och särskildt i armar och ben, tagit af. Det börjar med, att han, när han sitter på huk eller ligger på knä, icke kan resa sig utan hjälp, och detta kan börja tidigt. Senare blir detta ringa obehag mera märkbart, ty han kan icke längre gå i trappor utan hjälp. Därtill kommer, att hans atrofierade *ben*, som bilda skelettet, icke heller kunna bära honom så säkert som förr. Läsaren kan själf vidare föreställa sig, huru många af lifvets dagliga bestyr, hvars utförande förr aldrig fordrat en tanke, som nu kräfva hjälp af andra på många vis.

Det finnes ytterligare ett organ, hvars atrofi spelar en ofantligt stor roll för åldringens befinnande och ofta är den egentliga dödsorsaken, fastän han själf icke märker dess förändringar; det är *njurarna*, som vi syfta på. Dessa organs betydelse vid frågan om, »hvaraf människan dör», har blifvit underskattad, ty för åldringen är njurarnas skrumpning (atrofi) af den allra största betydelse. De förändringar, som hos de flesta gamla inträda med själfva vattenkastningen, hafva därmed intet att göra, om ej möjligen att njurförändringen i en del fall förorsakar, att det afsöndras särdeles mycket urin. Men annars märker han icke, att hans njurar äro sjuka, han anar icke, att en del af hans aptitlöshet och digestionsrubbningar bero därpå, att hans stora benägenhet för sömn, som ju för öfrigt är ett godt på ålderdomen, har sin källa i njursjukdomen, i det att den orsakar lätta anfall af »urämi». Också här gäller det föröfrigt, att njurarnas skrumpning verkar på andra organ, särskildt hjärtat, och detta återigen på hjärnan och dess funktion — så att man icke alltid kan reda ut förhållandena, det ena från det andra. Det ligger ju föröfrigt utom denna boks omfång att redogöra för dessa saker — vi ha blott velat i korthet beröra dessa för gubbåldern karaktäristiska förhållanden i syfte att göra det lättare begripligt för läsaren, huru åldringen dör.

Totalintrycket af, hvad vi sagt om åldringens själs- och kroppstillstånd, måste vara, att det står dåligt till med honom. Han är i alla afseenden bruten, och då åldersförändringarna tilltaga med åren, måste han blifva mer och mer sjuklig. Detta är ju ingalunda alltid fallet, tvärtom går ju inledningen till detta kapitel just ut på att visa, att begreppet åldring är mycket elastiskt, att man har »unga gubbar», och att unga män stundom äro »åldringar». En hvar dömer ju i frågor som denna mest efter, hvad han själf upplefvat, och tror en gammal man, att han i alla afseenden är utmärkt, skall han snart finna andra exempel, som visa detsamma, och däraf då lätt draga den slutsatsen, att alla gamla män ha det godt. Så tyckes det ha gått med Cato, och Ciceros ryktbara bok: »om ålderdomen» är så godt som alltigenom ett lofprisande af ålderdomen, lagdt i munnen på den 84:årige Cato. Boken, som af åtskilliga författare berömmes mycket, förefaller mig icke så god, som den har namn om sig att vara. Där finnas vackra partier, särskildt om landtlifvets glädje (15:de kapitlet) och tankar om döden (19:de, 21:a o. 23:e kapitlen), men i sin helhet är den litet tråkig och — ensidig. Cato skulle ha sett de gamle på en försörjningsinrättning — och han skulle ha talat annorlunda. Ett stort intresse erbjuder boken genom att meddela trovärdiga exempel på lifskraftiga och arbetsdugliga åldringar i forntiden. Cato själf skrifver, fastän 84 år gammal, på 7:de boken af sin romerska historia; »jag samlar forntidens minnesmärken, jag utarbetar med största flit mina tal i de mest berömda rättegångar, som jag fört; jag studerar andlig och världslig rätt, läser flitigt de grekiska skrifterna och på Pythagoreernas vis upprepar jag på aftonen, för att öfva mitt minne, hvad jag för hvarje dag har sagt, hört eller gjort», säger han. Att han varit lycklig i sin höga ålder, skulle man tro af hans ord: »Tager jag fel i min tro på själens odödlighet, så tar jag gärna fel och önskar icke, så länge jag lefver, att ryckas ur denna villfarelse, som gläder mig.» Han var 85 år gammal, då han dog (149 f. Kr.)

Som exempel på män, som i hög ålder varit i besittning af sina *själskrafter*, omtalar Cato Sofokles, »som skref tragedier till sin högsta ålderdom. Då han på grund af detta sitt intresse syntes försumma sitt hus, blef han af sina söner instämd inför rätten, för att domarne skulle förklara honom för sinnessvag och oförmögen att sköta sin egendom. Då skall den gamle hafva läst upp det sorgespel, som han just hade i handen och nyligen hade skrifvit, Ödipus från Colonos, för domarne och frågat, om de tyckte, att denna dikt var en sinnessvags arbete. Så snart han hade läst upp den, blef han frikänd af domarne.*)» Sofokles var 90 år, då han kort tid därefter dog (år 406 f. Kr.). Cato nämner också Homerus, Hesiodus, Simonides, Isocrates, Pythagoras, Demokritos, Plato, Zeno, Diogenes m. fl. som män, hvilka trots sin höga ålder arbetade med spänstigt sinne. Som exempel hämtade från annat håll, kunna bland konstnärer nämnas Titian och Michelangelo. Cherubini fullbordade ett requiem, som anses för hans förnämsta verk, då han var 76 år gammal. Auber komponerade »Rêves d' Amour», då han var 87 år, och den blinde Händel, som blef 74 år, komponerade några månader före sin död, fastän han visste, att den var förestående, ja han medverkade själf vid uppförandet af sin »Messias» 8 dagar före sin död. Holberg's intellektuella sysselsättningar på ålderdomen, som vi närmare omtala längre fram, visa, huru sund hans själ var. Sibbern, som är 87 år, vill upp ur sängen, han vill afsluta den politiska pjäs, som han författar mot vänsterpartiet. Scharling deltar ännu i sitt 77:de år med lif i diskussioner. Bossuet, J. J. Rousseau äro trots sin höga ålder mycket spänstiga till sinnet, Le Sage skref Gil Blas vid 67 års ålder, La Fontaine utgaf 2:dra samlingen af sina fabler, då han var 60 år. Voltaire, som blef

---

*) Enligt Smith uppläste han ett bestämdt stycke (citeradt); hans son Iophon blef af domaren tillrättavisad för sitt uppförande, men Sofokles förlät honom.

84 år, var lika snillrik och satirisk på gamla dagar. Cornaro, som väckte så stort uppseende med att skrifva sin afhandling om lif och död, därför att han själf befann sig så väl, då han var gammal, skref denna bok vid 95 års ålder. James Watt förvånade Walter Scott, som besökte honom, genom sitt stora vetande på många områden; Watt var då nära 80 år. Buffon, som blef 81 år, arbetade vid hög ålder med ifver på att öka sin kunskap i naturvetenskaperna. Fontenelle, som själf blef 100 år, fastän han som ung varit mycket klen (se bilagan), berättar om Anatomen Duverney, att han trots sina 84 år tillbragte flera nätter i sin trädgård, liggande alldeles stilla på magen, för att iakttaga sniglarnas lif. Det finnes naturligtvis många andra exempel på sådan sinnesspänstighet hos gamla personer.

Att också *kroppskrafterna* kunna finnas kvar vid hög ålder, ser man ofta. Cato omtalar atleten Milo, som ännu vid hög ålder kunde bära en lefvande oxe på sina skuldror en hel stadium (185 meter). I Easton's galleri af åldringar finnas många exempel på kraftiga sådana, och hvarje läsare torde känna andra. Hvad som är mycket öfverraskande, är de väl konstaterade fallen af nya tänder och andra »naturens nycker» hos gamla människor — men de kunna knappast betraktas som uttryck för vanlig lifskraft.

Det anförda må vara exempel nog på kraftiga, sinnesfriska, arbetslustiga och därigenom tillika oftast rätt lyckliga åldringar. Men detta är ju dock undantag, ty i allmänhet måste man säga, att den gamle märker årens tyngd. Hvad, som karaktäriserar hans andliga tillstånd och kanske kan betraktas såsom uppvägande de bördor, han måste bära, är, att han genom, hvad han i sitt lif upplefvat, har vunnit en erfarenhet, som bringar honom att se öfverlägset på det, som förr oroade honom, hvartill också kommer, att hans passioner äro utslocknade. Låt oss höra, hvad Holberg skrifver om sig själf vid hög ålder; han är då omkring 70 år. »Min hälsa är bättre, än jag hade kunnat vänta efter så många öfverståndna svagheter och uti den ålder jag är. — Det är kylan, som orsakar, att jag största delen af vintern måste hålla mig inne.» Han berättar om sina andra sjukdomstillstånd och talar särskildt om den kritik, han af denna anledning blifvit utsatt för, samt i det hela om folks uppfattning af hans barontitel och hans skrifter. Att Holberg trots sin höga ålder och svaga hälsa dock var frisk till sinnet, framgår af, att han på sin ålderdom skrifvit rätt mycket, bland annat Plutus och Abracadabra (jämför Scheibe's lefnadsteckning af Holberg sid. 80).

Det finns dessvärre blott sparsamma meddelanden om Holbergs sista tid (se bilagan). Att H. med lugn såg på sitt lifs snara afslutning, bör icke öfverraska någon. »Det är mig nog att veta, att jag hela mitt lif har sträfvat att vara en nyttig medborgare för mitt fädernesland, och jag vill därför gärna dö, i synnerhet som jag ser, att mina själskrafter ej heller längre vilja stå mig bi», säger han.

Den berättelse, hvarur ofvanstående, som Holberg själf meddelat, är citeradt, är skrifven på danska och blef utgifven först efter Holbergs död i det sista bandet af hans epistlar, som utkom 1754, således samma år, som han dog. Han var då 70 år gammal. Det är af denna berättelse klart, att Holberg har känt ålderns tyngd, men till gengäld har han med lugn sett på, hvad som förr skulle ha rubbat hans jämnvikt. Man må icke tro, att detta blott beror på, att det är Holberg; de flesta gamla vinna denna öfverlägsna uppfattning, alldeles oafsedt deras andliga kapicitet. En vis och lofvärd öfverlägsenhet, den att förlora intresset för hvad, som blott har ringa eller intet värde, en känsla som hjälper mången ifrån det pinsamma, som förut föresväfvade honom, när han tänkte på, att han skulle dö. Men det finns ju icke två människor, och häller icke två åldringar, som äro lika. Mången gammal man hyser — ofta i all hemlighet — illusioner; hör han, att nu är hans gamle vän död, så gör detta intet intryck på honom, han själf har nog i det minsta ett par år ännu att lefva. Då Daubenton, som arbetat mycket tillsammans med Buffon, blef vald till senator, erbjöd sig en af hans kolleger att hjälpa honom med hans föreläsningar. Han svarade: »ingen kunde bättre vara i mitt ställe än ni, min käre vän; var försäkrad om, att när åldern tvingar mig att draga mig tillbaka, så skall jag öfverlämna min plats till er.» Daubenton var då 83 år gammal. Likaså löjligt är följande. Den berömde abbé Morellet blef vald till medlem af lagstiftande församlingen, då han var 85 år gammal. Man valdes för 5 år åt gången, och lönen var 10,000 francs om året. På en af sina vänners lyckönskningar svarade Morellet: »jag tar gärna emot arbetet, ty 50,000 francs skola sätta mig i stånd att lägga af något för min ålderdom och så mycket hellre», tillade han, »som *man kan bli återvald*». Den gamle mannens illusion slog icke in, vid 88 års ålder bröt han lårbenet och dog någon tid därefter, därför att han icke kunde tåla vid att ligga till sängs. — »Jag *vill* icke dö», var Cherubini's sista ord. Det tjänade ingenting till, han dog kort därefter, 82 år gammal.

Sådana åldringar föra som oftast en lycklig tillvaro; för andra kan den blifva pinsam, när vissa karaktärsdrag utvecklas vidare eller uppträda som alldeles nya; den girige till exempel har mycket att genomgå. Molière skildrar honom liksom också den inbilladt sjuke. Den knarrige och misstänksamme åldringen plågas själf lika mycket, som han plågar sin omgifning, medan den pratsamme och fnoskige mera tröttar än plågar. Den frivole åldringen verkar frånstötande, ty han saknar den värdighet, som tillkommer ålderdomen, och som alltid inger respekt — han är till sitt väsen emot naturens ordning.

Med hvilka tankar åldringen emotser döden, beror i många fall af hans andliga och kroppsliga tillstånd. På det hela taget får man väl tro, att de flesta gamla med lugn tänka på den stund, som skall bli deras sista, många säkert med ett gladt medvetande om, att då få den ro och hvila, som de så väl behöfva. Den ensamme, gamle P. A. Heiberg tillbringar de sista 5 åren af sin landsflykt under mycket torftiga förhållanden; den blinde mannen sitter där med krokig rygg och böjdt hufvud, kan blott gå från sin säng till kaminen och därifrån tillbaka och har förlorat intresset för, hvad som försiggår ute i världen. »Jag känner mig mycket tillfreds, ty alla här i huset äro så goda mot mig och visa mig all möjlig uppmärksamhet; min roll i världen är utspelad, och jag sitter ju här blott och väntar på min död. Tanken därpå oroar mig icke», säger han.

Vi vända oss nu till frågan, *på hvad vis dör åldringen?*

Man talar ofta om hans död som den *naturliga döden*, den naturliga afslutningen på lifvet, »lampan slocknar», »ljuset brinner ned». Dessa bilder passa väl in på den, hvars själs- och kroppskrafter småningom aftagit, ty det karaktäristiska för ålderdomen är ju, att alla organ utan undantag försvagas — döden måste då blifva en nödvändig följd, maskinen är så sliten, att den stannar af sig själf. Den gamle, som så ofta fallit i slummer, slumrar en dag in i den eviga sömnen; sömnen är dödens tvillingsyster, står det hos Homerus. Man måste medge, att på så vis sedt är ålderdomen en sjukdom (»senectus ipsa morbus est», säger Cicero), hvars naturliga och oundvikliga slut är döden. Men då blir det tvifvelaktigt, om man kan tala om en naturlig död, ty det skulle vara eget, om alla olika, för lifvets bestånd nödvändiga funktioner vore så likformigt försvagade, att hela organismen gick under genom ett samtidigt bortdöende af alla organ. Liksom det enskilda organet visar olika utpräglade ålderförändringar på olika ställen, så gäller det också för åldringen, att om han dör en »naturlig död», så kommer denna i det ena fallet företrädesvis från ett, i det andra fallet från ett annat organ. Hos den ene kommer döden från hjärnan, därför att dess blodkärl äro förändrade af åldern, hos den andre från lungorna, emedan dessas celler äro de mest förändrade, hos den tredje från njurarna, därför att dessa organ äro mest skrumpnade o. s. v. Då nu åldringen på det hela är mindre motståndskraftig mot yttre skadliga inverkningar, och då hans försvagade organ reagera mindre lifligt för sjukliga tillstånd, kan man förstå, att han ofta kan få dödande sjukdomar, som förlöpa obeaktade, dels därför att man icke har märkt, att en ringa yttre påverkning (t. ex. en lätt förkylning) har ägt rum, dels därför att han icke visar i ögonen fallande sjukdomssymtom. Det är sålunda för läkaren väl bekant, att lunginflammationen hos gamla saknar de mest påtagliga symptom, som annars karaktärisera den, när den angriper en kraftig man. Det finns intet »håll» och ej heller den egendomliga, blodiga upphostningen — och då den gamle kanske förut varit andtäppt, fäster man ingen vikt vid, att hans andtäppa möjligen blifvit något starkare. Men det är också en känd sak, att ganska många gamla dö af lunginflammation eller andra sjukdomar i andningsorganen, som aldrig skulle döda en kraftig man, t. ex. af bronchitis (katarr, förkylning). Eller — för att nämna ett annat exempel — den gamle har ofta visat tecken tydande på, att hans hjärna var försvagad, han har ofta fallit i sömn på dagen, därför att den ansträngda, fast alls icke af arbete betungade hjärnan har fordrat hvila, alldeles som det hvarje afton normalt är förhållandet med den friske, kraftige mannen, när han arbetat mycket. Men en dag visar det sig, att sömnen varar längre än annars, och när han vaknar, är han icke så styrkt däraf som vanligt; kanske visar sig tillika svaghet i förmågan att röra en arm eller ett ben eller vid att tala — kort sagdt, det är ett litet anfall af apoplexi, fast det går fullständigt tillbaka igen. Men så en annan gång går den »naturliga» sömnen öfver i dödssömn; det har kanske varit ett starkare apoplektiskt anfall, oförenligt med lifvets bestånd, fastän ingen anat dess inträffande. Det är för alla läkare en känd sak, att en stor mängd åldringar dö af sådana hjärnsjukdomar, som bero på, att de styfva ådrorna icke kunna normalt besörja kretsloppet i hjärnan, att de brustit o. s. v. Man skulle kunna nämna många andra exempel på sådana otydliga sjukdomar i andra organ, särskildt hjärtat och njurarna, men det anförda är tillräckligt att förklara, att den gamle, som synes dö en »naturlig död», i verkligheten dödt af sjukdom, af samma sjukdomar, som under vissa förhållanden kunna döda kraftige män. Det blir därför mycket vanskligt att anföra bestämda exempel på naturlig död hos åldringar, så mycket mera som de tillförlitliga uppgifter, som jag funnit angående detaljer om gamla personers död, blott sällan innehålla användbara uppgifter om en möjligen förefintlig sjukdom.

Jag vill då nöja mig med att anföra några olika exempel om hvartannat.

Den vackraste döden och den, som tillika kommer den naturliga döden närmast, är väl den, då den lifströtte åldringen stilla somnar in i döden. Den 86-årige påfven Pius IX (som dagen före sin död svarat läkaren, då han säger; »det blir nog bättre tills i morgon!» — »Nej tvärtom») ligger stilla utsträckt med frid och mildhet öfver sina drag. Då kardinal Manning knäböjer vid hans läger och kysser hans hand, säger han: »Adio, carissimo!» En gång för han krucifixet till sina läppar, men den trötta handen måste låta det falla; han sjunker i sömn och somnar bort helt stilla.

Om den 75-årige Mathias Claudius säges det bestämdt, att han dog af ålderdomssvaghet, utan att lida af någon särskild sjukdom. I den utförliga berättelsen om hans sista tid, som visar ett märkligt exempel på, hurusom den döende, som alltid intresserat sig för frågan om döden, iakttager sig själf, skall läsaren finna ett exempel på, huru åldringen kan bevara sitt medvetande tills kort, innan han dör. »Nu är det förbi», äro hans sista ord; ännu en gång slår han upp sina stora, klara, strålande ögon, de söka efter hustrun och lysa af innerlig kärlek. Men då han vill se bort på sina barn, som också äro tillstädes, släckes ljuset i hans ögon, han drager andan djupt några gånger och dör.

Skalden Ingemann, som var 72 år, då han dog, kan anföras som ett vackert exempel på en stilla död. hos en åldring, som dör af sjukdom (sannolikt lunginflammation). Han hade länge sysselsatt sig med tanken på döden, innan han blef sjuk; det var också klart för honom nu, att han skulle dö. På aftonen, då solen skulle till att gå ned, lät han draga gardinen från fönstret för att ännu en gång njuta af det sköna skådespelet; han kunde dock blott se dess återsken, och då man beklagade detta, sade han med ett gladt leende: »jag är så nöjd, med hvad jag såg», och lät åter draga för gardinen. Då han efteråt är ensam med sin hustru, tager han hennes hand, och då hon omfamnar honom, lägger han sin hand på hennes hufvud och välsignar henne. Sedermera kommer läkaren, och den gamla tjänarinnan är också närvarande. I rummet härskar stilla frid, den döende ligger tyst och stilla, seende på sin hustru och hon på honom, medan de hålla hvarandra i handen. Han dör så stilla, att hon icke anar, då han dör, utan ännu en half timma efteråt tror, att de fortfarande se på hvarandra. Blott läkaren iakttog det ögonblick, då han dog, men kunde icke besluta sig för att säga det till henne.

James Watt, som vi ofvan hafva lärt känna som en själsfrisk åldring, varmt intresserad för mångahanda, kände i sitt 83:dje år, att hans krafter starkt aftogo. Han tackade försynen för de välgärningar, som han njutit, och för sitt långa lif och somnade stilla bort.

Fontenelle, som blef nära 100 år gammal, hade under de sista 2 à 3 åren af sitt lif ofta anfall af svaghet, som kunde stegras till svimningar, men de gingo hastigt öfver, och han mådde sedan alldeles bra igen. En morgon den 8 januari 1757, fick han ett sådant anfall, men denna gång fick han ej sansen fullt åter, utan dog följande dag på eftermiddagen. Detta stilla dödssätt beror på, att hjärnans ådror ej längre förmå att leda blodet i normal cirkulation.

Fastän döden för åldringen mycket ofta är stilla som ett »afsomnande», finner man dock många exempel på en *hastig, oväntad död*. I sådana fall har obduktionen oftast visat, att det varit fråga om oväntade, symtomlösa lunginflammationer eller om apoplexier. Som läsaren vet, kan den plötsliga döden också vara beroende på andra organs sjukdomar, särskildt på långsam, symtomlös skrumpning af njurarna. I vår framställning af död genom sjukdom ha vi omtalat många exempel på hastig död, här anföra vi blott några enstaka, hämtade från den höga åldern. Som ett vackert exempel på en lugn och stilla, hastig död vända vi tillbaka till den stora bildhuggaren Thorvaldsen. Han hade ätit middag tillsammans med Öhlenschläger, Ernst Meyer och några andra, och hade varit ovanligt glad. På vägen till Kungl. Theatern mötte han Bindesböll, byggmästaren för muséet, på hvars gård man nu ser hans graf. På teatern hälsade han vänligt som vanligt på Collin — men knappast hade han satt sig, förr än han böjde sig framstupa — och de närmast sittande sågo till sin förskräckelse, att han var död. Hans sjukdom var ett organiskt hjärtfel; vi ha förut redogjort för, hurusom ett sådant kan vålla plötslig död. Han var 74 år gammal.

Den danske prokanslern Erik Pontoppidan dog hastigt, medan han, som så ofta förut, satt vid sitt skrifbord. Han hade väl någon tid haft »tryckning öfver bröstet», men alls icke varit sängliggande. Då han på sin dödsdag satt och skref, kände han, att hans sista timme var kommen, och sade till sin hustru, som stod vid sidan om honom: »hälsa mina vänner och säg, att jag dör i tron på Guds son!» Som han uttalat dessa ord, dog han.

Den berömde encyclopedisten Denis Diderot hade i Februari 1784 haft blodstörtning. Kort tid därefter fick han en lungsjukdom och ett anfall af apoplexi och i anslutning till en hjärtsjukdom. Han öfverlefde allt detta, dock icke lång tid. I Juli, kort efter sedan han flyttat in i en utmärkt bostad vid Rue Richelieu, som Kejsarinnan Katarina II af Ryssland låtit hyra åt honom — i den tro, att han här skulle befinna sig bättre än i hans berömda bostad i 4:de våningen vid Rue Taranne — satt han som vanligt till bords tillsammans med sin hustru och åt med god aptit; då madame Diderot, som just ställt en fråga till honom, lyfte upp ögonen, förundrad öfver, att han icke svarade henne, såg hon, att han var döende. Det torde ha varit ett slaganfall, som slutade hans dagar.

Lunginflammation orsakar mycket ofta plötslig, oväntad död. Durand Fardel känner 5 sådana fall; 3 af dessa patienter voro mycket svaga och dogo, antingen medan de talade, eller strax efter att de druckit, utan att någon skulle kunnat ana några timmar förut, att de skulle dö så snart.

Det gäller naturligtvis för alla dessa fall, att den döende, som sålunda öfverraskas af döden midt i sin dagliga verksamhet, blott mycket sällan kan hafva medvetande om, att han dör. Om han öfver hufvud taget får tid att fatta något, så måste han tro, att han blir sjuk — men därifrån är det långt till att tro, att han skall dö. Då medvetandet alltid utslocknar hastigt, så kan den, som dör på detta hastiga sätt, icke lida kroppsliga smärtor genom döden.

Vi vända oss nu till exempel på *gamla personers död af långvarigare sjukdom.*

Göthe var 84 år gammal, då han dog. Det torde enligt Eckermann's berättelse ha varit en lung-inflammation, som i början blifvit förbisedd — och dock funnos här hos den kraftige åldringen just några af de symtom tillstädes, som annars ofta sak-nas hos gamla. Då det blifvit klart för läkaren och för Göthes omgifning, är det icke fanns hopp om lifvet, anar G. själf icke, huru sjuk han är. Han vill icke ligga till sängs, han talar med glädje om, hvad han vill ha till middag, och njuter vid tanken på den annalkande våren, att han då skall få spat-sera ute och bli återställd från sin sjukdom. Få timmar, innan han dör, talar han om likgiltiga saker med sin svärdotter, som sitter vid hans säng; stun-dom slumrar han, till sist somnar han stilla bort.

Tscherning, som är 79 år gammal, dör af lung-inflammation, stilla och utan medvetande. Han vet, att han skall dö, och vill icke hafva »all den artifi-ciella stimulation, som blott alstrar oro».

Fredrik II, den store, har astma och svullna ben, sannolikt en njur- och hjärtsjukdom. Carlyle skildrar lefvande hans sista timmar. Kungen, fastän stundom oredig, frågar med intresse om läkarens mening an-gående hans tillstånd. Då han hör klockan slå och på sin fråga, hvad hon är, får svaret »elfva», säger han: »Jag vill opp kl. 4!» Strax före 12, då han ser, att en af hans hundar sitter på en stol och skakar af köld, säger han: »lägg ett täcke öfver honom!» Det blir åter stilla i rummet; han sitter stödd mot sin kammartjänare alldeles stilla i nära 2 timmar. En gång, då kungen med ansträngning kommit ifrån ett hostanfall, säger han: »La montagne est passée; nous irons mieux!» ett rätt karaktäristiskt yttrande för lättnaden vid att ha fått hosta upp — annars säger han ingenting. Kort efter klockan 2 slutar han opp att andas. Han var öfver 74 år gammal.

Sibbern, som är 87 år, är något matt, men vill dock upp ur sängen för att arbeta. Han har flera rätt stora sår, som sannolikt bero på, att blodkärlen äro styfva och icke föra blodet så lifligt till kropps-delarna (arterioscleros med gangrän); han dör efter att lång tid ha varit medvetslös, 16 dagar efter sedan han måst lägga sig till sängs.

Konung Kristian IV af Danmark var nära 71 år, då han dog, sannolikt af magkräfta. Den, som läser berättelsen i bilagan, skall förvånas öfver att han icke får vara i fred de sista timmarna, men det är tidens sed, att prästen väcker den döende i hans sista sömn. Dock kan läsaren se, att konungen efter att ha lugnat prästen och tillika, efter hvad mig synes, låtit honom veta, att han nu vill ha ro, dör helt stilla liksom i en sömn.

Kväkaren William Penn fick slag, då han var 68 år. Han lefde dock ännu i 6 år, men skildras som en åldring med brutna krafter; 1 år före sin död kunde han knappt gå utan hjälp. »Den 29 Juli 1778 fick han frossbrytningar omväxlande med fe-berhetta. Hannah, hans hustru, skickade ilbud till Bristol för att hämta sonen John till faderns dödsbädd, men döden kom hastigare än budet. Frampå morgonen den 30 Juli afsomnade Penn i sitt 74:de år.»

Som andra exempel på gamla personer, som fått en stilla och smärtfri död af sjukdom, kunna nämnas Tieck, Robert Franz, Haydn, Uhland och Liszt, hvilken sistnämnde dog af lunginflammation.

Att de gamla människor, som dö *af olycksfall*, såsom fall från höjd, öfverkörning etc., i regel icke känna smärtor utan dö medvetslösa, skall framgå af hvad, som berättas i kapitlet om våldsam död. Det går naturligtvis de gamla liksom de unga, särskildt karaktäristiskt är det fall, som omtalas i vår Obs. 64. Den 86-åriga damen kommer genom att öfverköras af spårvagnen i en så ohygglig situation, att alla, som se det, måste känna djupt medlidande med den gamlas öde. Fastän hon får mycket allvarliga skador och är så nära döden, att man måste tro, att hon skulle ha dödt, om hon icke strax fått läkarebehandling, — så påminner hon sig dock alls intet, af hvad som passerat. Det må vara tillåtet att tro, att hon, om hon hade dödt, icke skulle haft medvetande därom, ej heller känt smärta därvid.

Liksom ett sådant olycksfall nödvändigt måste påverka omgifningen obehagligt och göra intryck af, att den döende lider mycket, så finnes det också sjukdomstillstånd, som sluta med döden, hvilka måste göra samma pinsamma intryck. Särskildt är detta fallet, när det förefinnes oro eller sinnesförvirring, som kan stegras till raseri. Den döende är dock i sådana fall medvetslös, och det är all anledning tro, att han ej lider fysisk eller psykisk smärta däraf. Ty hvarför skulle då den, som kommer sig efter sådana anfall, alls icke kunna erinra sig det minsta af något obehagligt? Jag har observerat ett för mig mycket upplysande exempel i detta afseende, det är Obs. 65. En särdeles stilla och anspråkslös gammal fröken, 82 år, blir plötsligt orolig, högljudd och gör intryck af att lida mycket. Då inga lugnande medel hjälpa, önska vi alla, att hon måtte få dö, då hon ju så länge varit trött på att lefva, och beklaga, att just hon skall lida så mycket och så länge. Mot förväntan kommer hon sig; hon anar ingenting om sin sjukdom och har icke ett spår till minne af att ha plågats något. Hade hon dödt, måste man

ju tro, att det skulle ha skett utan smärta; säkert skulle
hon i alla fall ha dödt utan att vara medveten där-
om. — Sådana sjukdomsfall äro ingalunda enastå-
ende hos gamla personer. Hos Durand Fardel finnas
meddelade flera exempel på sådana hjärnkongestio-
ner, som yttra sig på olika sätt. Den annars frid-
samma åldringen blir plötsligt ifrig och talar högt,
han glömmer, hvar han är, och kan icke orientera
sig, känner icke eller tar miste på sin omgifning.
Somliga bli irritabla och ondsinta, andra bli muntra
och sjunga. Ett sådant delirium slutar ofta med hälsa.
I andra fall visar det sig mera, genom att den gamla
utför vissa egendomliga handlingar o. s. v. De gamla
kvinnorna på *Salpêtrière* börja ofta sina anfall med
att icke kunna hitta sin säng. Eller gå de upp på
natten och lägga sig i grannens säng, föras så utan
motstånd tillbaka, men strax efter gå de åter upp
och bort till en annan säng — och allt detta utan
att göra oväsen eller säga ett ord. Sådana anfall,
som skulle kunna belysas på många andra sätt,
sluta oftast med, att den gamla blir, som hon var
före anfallet, och icke anar det minsta därom, men
det kan också sluta med döden. — Durand Fardel
berättar efter Devergie ett karaktäristiskt anfall. Det
är en 63-årig man, som blott klagat öfver litet huf-
vudvärk, har ätit frukost med god aptit och sofvit
i 2 timmar, men som, då han ännu har litet hufvud-
värk, går ut för att få frisk luft. Plötsligt sätter
han sig utan att säga något, blir blek och böjer
hufvudet framåt. En uppsyningsman, som just går
förbi, närmar sig till honom — och ser, att han är
död. Obduktionen visade blodöfverfyllnad i hjärn-
hinnorna, och säkert har denna man icke lidit något
vid sin död. — Som ett exempel på detta slags de-
lirier hos åldringar tror jag mig också kunna nämna

kompositören Auber. Under de sista 3 dagarna af sin lefnad (han var 87 år) var han svag som ett barn. Från att hittills icke ha bekymrat sig om kanonskotten, som dånat natt och dag (det var under Paris' belägring 1871), darrar han nu vid hvarje skott. De sista två dagarna var han mycket orolig, så att fyra personer måste hålla honom tillbaka i sängen. Han återfick aldrig medvetandet.

Finnas vid sjukdom delirier, med eller utan kramp, märker den sjuke icke själf detta. Det är begripligt nog, att d:r Tronchin fann det mycket ohyggligt, när Voltaire få timmar före döden i en förfärlig oro ropade: »Je suis abandonné de Dieu et des hommes!» Men den 84-årige mannen var alldeles medvetslös, hvilket läsaren lätt kan öfvertyga sig om genom att i vår bilaga genomläsa berättelsen om hans sista tid.

Kasta vi en blick tillbaka på innehållet i detta kapitel om åldringar och deras död, så se vi, att ålderdomen i och för sig är en sjukdom. Den medför sådana förändringar i organismen, att de funktioner, som karaktärisera lifvet, blifva försvagade — och döden kommer ofta, utan att den gamle märker dess ankomst, han somnar stilla bort. Drabbas han af en sådan sjukdom, som vi veta kan döda en ung människa, så uppträder sjukdomen ofta med liksom förmildrade symtom, men har dock lättare att döda honom, då han ju är så föga motståndskraftig. Han dör som de flesta utan att märka dödens inträde, denna död, som han ofta tänkt på som en befrielse. Ty den tänkande gamle har insett, att lifvet icke är det högsta goda.

Medan man finner det helt naturligt, att människor dö af sjukdom eller af ålderdomssvaghet, be-

traktas det mera som en olycklig händelse, när ovan-
liga förhållanden framkalla döden.   Olycksfall, ex-
plosioner, drunkning, död vid vulkaniska utbrott,
jordbäfningar, åskslag m. m. äro exempel på denna
form för döden, hvilken man kallat för *den våld-
samma döden.*   Här som öfverallt finnas ju talrika
öfvergångsformer. Dessutom är det rätt tvifvelaktigt,
om benämningen våldsam död med rätta kan an-
vändas, när törst, hunger, utmattning, förfrysning
eller sinnesrörelse är dödsorsaken. Vi vilja dock
samla här omtalade dödssätt i ett kapitel för sig
under den gemensamma titeln: »Den så kallade våld-
samma döden.»

Den så kallade våldsamma döden.

Om död af sinnesrörelse.

Att de olika inverkningar, för hvilka hvarje människas sinne är utsatt, hafva inflytande på ansiktets uttryck och färg, är något, som en hvar har iakttagit, och den, som observerat sig själf, när hans sinnesstämning varit förändrad, af glädje eller sorg, af vrede eller fruktan, han vet också, att kroppens organ och väfnader på högst olika sätt reagera för de olika sinnesaffekterna. *Hjärtat och därmed pulsen »klappar af glädje».* Äfven förlägenhet eller blygsel kan få hjärtat att klappa, så att rodnad stiger upp på pannan och kinderna, ja till och med på halsen och bröstets framsida. Hippocrates, »läkekonstens fader», förstod, då han kände Perdicca på pulsen, att denne älskade Phila. Vreden är dock kanske den af sinnesrörelserna, som mest karaktäriseras af, att *»blodet stiger åt hufvudet».* Ett lustigt exempel på sanningen däraf hafva vi i kalkonerna, hvilkas näbb och hufvudflikar bli mörkröda af ilska, när de retas. Å andra sidan kan hjärtats påverkande af sinnesrörelsen betinga, att blott föga blod föres till hufvudet (ansiktet och hjärnan). Man blir som bekant *»blek af fruktan».*

Andningen visar sig också på många sätt stå under inflytande af sinnestillståndet. Den sorgsne *»suckar»* och känner sig beklämd, den, som har tråkigt, drar emellanåt andan djupt och gäspar, den vrede andas hastigt, och hans utspända *näsborrar* *»flämta»*. Den rasande kan andas så våldsamt, att spottet blir skum, som omger munnen, *»han skummar af raseri»*. Det är icke så litet skum, han kan producera, ty hans *spottkörtlar* äro också i förökad verksamhet; emellanåt *»fräser»* han då också *»af ilska»*, medan den bedröfvade känner *»strupen snöras ihop»*. Dessa blodomloppets och andningens nyanser åtföljas af förändringar i *temperaturen.* Man säger, att man *»brinner af begär»*, *»kokar af vrede»* och *»ryser af rädsla»*, hvilket sistnämnda motsvaras af, att man känner *»kalla kårar öfver ryggen»*. La Rochefoucauld går så långt, att han säger, att alla våra passioner bero på, huru varmt eller kallt blodet är.

Hvilket stort inflytande sinnestillståndet har på *matsmältningsorganen,* vet en hvar; den, som är sorgsen till mods, förlorar aptiten, åsynen af en favoriträtt väcker den. Den, som känner sig starkt berörd af en underrättelse eller af en sorglig anblick, kan få kväljningar och uppkastningar. Kväljningen är väl känd af den, som har dåligt samvete. Att också tarmarnas funktion kan påverkas af sinnesbeskaffenheten, är ju allmänt kändt, kanske dock i mindre grad än *urinorganens.* Härmed äro vi inne på körtlarnas område och vilja i korthet omtala, att *svettkörtlarnas* afsöndring står under sinnets inflytande. Ofta inträder svettning som reaktion, först sedan den egentliga sinnesaffekten är öfverstånden, sålunda kan svetten bryta fram öfver hela kroppen eller på ett enstaka ställe (pannan, flathanden), när fruktan är öfver. *Spottkörtlarna* ha vi i korthet ofvan omtalat; vi tilllägga, att »det vattnas i munnen», d. v. s. spotten afsöndras lifligt, vid åsynen af en läcker rätt eller vid tanken på något surt. Detta medför också, att man måste svälja litet oftare än annars. Kanske läsaren bäst känner detta fenomen, den ökade spott-afsöndringen, från hundarna, som tåligt se sin husbonde äta, medan spotten mer och mer i långa slamsor rinner ned för käkarna. Kvinnor, som ge sina barn bröstet, kunna berätta om sinnesaffekter-nas inflytande på *mjölkkörtlarnas* rikedom på mjölk. Slutligen behöfva vi blott nämna *tårkörtlarnas* namn, och läsaren vet, hvad verkan sinnestillståndet har på dem.

Musklerna äro i hög grad påverkade af sinnes-rörelser. Se på den glades ansikte, hans muskler sammandraga sig och äro spända; den bedröfvade *»hänger läpp»*, hans muskler äro slappa. Äfven kroppens muskler afspegla sinnestillståndet: den glade och stolte går *»med högburen panna»*, d. v. s. håller hufvudet i vädret med nackmusklerna, medan den bedröfvade och ödmjuke *»hänger hufvudet»* och låter armarna falla slappt ned. Jag vill åter påminna om hunden; hvem känner icke de olika uttrycksfulla ställningar, som hans öron och svans kunna intaga? Den rädde *»känner sina knän skaka och skälfva»*. Vid åsynen af något förskräckligt eller vid en oväntad och sorglig underrättelse kan personen i fråga *»falla ihop som en trasa»* — medan tvärtom det glada barnet hoppar och springer, *»dansar af glädje»*. Liknande verkningar ser man hos vuxna. Archimedes sprang genom gatorna i Syrakusa och ropade: »Heureka»! (Jag har funnit det!) Davy dansade rundt i sitt labaratorium, då han hade upptäckt kalium. Också de muskler, som icke äro underkastade viljans herravälde, påverkas ofta starkt af sinnesrörelse.

Ögats olika uttryck vid sorg, glädje, fruktan o. s. v. bero både på, huru glansfullt det är genom tåraf-söndringen, och huru pupillens beskaffenhet är, om dess muskler äro sammandragna eller slappa, om den är liten eller stor. Därtill kommer som en mycket viktig faktor ögonlockens tillstånd. Den vrede kniper ihop dem, den sorgsne *stirrar rakt framför sig* med öppna ögon, den förvånade *gör stora ögon*.

Dessa anmärkningar om, hvad man kan kalla sinnesrörelsernas fysiologiska verkningar på människan, skulle kunna göras fullständigare, men det sagda må vara nog för oss. Vi måste påminna läsaren om dessa fakta, för att det skall bli begripligt, hurusom sinnesrörelser kunna förorsaka döden.

Först ett par ord om, hvad det är, som försiggår hos människan, när hennes sinne kommer ur jämnvikt, och detta ger sig till känna på något af de ofvan omtalade sätten. Det är ingen, som vet det. Förr har man sysselsatt sig mycket med »passionerna» och deras verkningar; talrika äldre läkareböcker vittna därom, och de bilder, som tecknas af människan i affekt, äro ofta särdeles träffande. Det var en allmän tro, att alla sinnesrörelser utgingo från hjärtat. Det är mycket naturligt, ty man känner ju hjärtat bulta af glädje, och blir man ängslig, tar man sig också på det ställe ungefär, där hjärtat har sin plats. Det var för öfrigt icke bara hjärtat, som förr i världen ansågs för känslornas säte, det fanns många, som trodde, att när man blef ond, var det gallans fel. Lefvern själf hade med kärleken att göra, mjälten med skrattet och hjärtat med visdomen. På en senare tid, då frågan om själens säte flitigt studerades, och man var mest benägen att förlägga det till ett eller annat bestämdt parti af hjärnan, blef frågan om känslornas säte sammanblandad därmed.

Det ligger utom vår uppgift att närmare ingå på de uppställda teorierna, blott det vilja vi i korthet omtala, att man nu verkligen vet ganska mycket om olika »förmögenheters» säte i hjärnan. Men vet t. ex., att man talar med ett bestämdt parti af hjärnans vänstra pannlob. Men trots allt, hvad man sökt utfinna af studier och fynd vid olika hjärnsjukdomar och trots alla försök på djur, finns det ännu ingen, som säkert vet, hur det förhåller sig med sinnesrörelserna. Det finnes anledning att tro, att det stora sympatiska nervsystemet, som är spridt i hela kroppen, är sinnesrörelsernas perifera organ, och att stora hjärnans grå yta är deras centralorgan, men huru verkningarna på dessa två organ äro, och huruledes de samverka, vet ingen. Man måste tro, att det sympatiska nervsystemet spelar en roll, därför att man genom att afskära eller reta en af dess stora stammar på halsen kan frambringa samma förändringar, som vi ofvan sett kunna uppstå i olika organ och väfnader under sinnesrörelsernas inverkan. Och att hjärnan har sin andel i sinnesrörelserna, sluter man naturligtvis däraf, att den öfver hufvud taget är medvetandets säte — utan medvetande ingen sinnesrörelse. Vi måste dock anmärka, att hela nervsystemet måste vara i normalt tillstånd, om sinnesrörelsen skall visa ett normalt utslag. Om man, för att nämna ett exempel, kommer att känna förskräckelse med alla dess följder (»kalla kårer på ryggen», »skälfning i knäna») genom ett ljud eller en oväntad beröring af ett föremål, så måste de nerver, på hvilka intrycket (ljudet, beröringen) verkar (och dessa nerver äro icke sympatiska nerver), vara normala för att kunna leda intrycket till centra (i det sympatiska nervsystemet och i hjärnan). Och dessa måste vara normala för att kunna leda det mottagna intrycket på olika nervbanor (som också måste vara normala) till de organ och väfnader, hvars funktioner sättas i verksamhet. Om någon af alla dessa nervapparater ej är normal, hvilket ju kan vara fallet vid olika sjukdomar, så verka sinnesrörelserna också på ett abnormt sätt — häri ha vi således förklaringen till, att individens tillstånd har så mycket att betyda, när det är frågan om, huru han påverkas af det ena eller det andra. Den, som är mycket trött, blir kanske retad till vrede af något, som han annars aldrig skulle bry sig om; den, som är hungrig, är ofta kinkig, men när han stillat sin hunger, ser han åter allt i en ljusare dager.

Efter denna inledning skola vi nu försöka skildra döden, förorsakad af sinnesrörelse. Då den vetenskapliga grundvalen är så klen, är det icke mycket vi kunna komma med, knappast annat än exempel. Att man skall vara försiktig med att tro allt, hvad som berättas om död af sinnesrörelse, är själfklart. Det säges mycket allmänt, att Sulla dog af vrede och Leo X af glädje, men det är ingen, som riktigt vet, hvaraf någon af dessa båda dog. Om Sulla, som dog i sitt 60:de år, och som få dagar före sin död afslutade 22:a boken af sitt arbete om sitt eget lif och sin tid, säger Bertin, att han dog af vrede, och denna berättelse har som sagdt öfvergått i det allmänna medvetandet tillsammans med en annan, som säger, att han dog af »lussjuka», ett vidrigt namn på en sjukdom, som icke existerar. W. Smith, som på det hela taget verkar pålitlig, berättar, att det lättsinniga lif, som han alltid lefvat och äfven nu hängaf sig åt efter att till allas öfverraskning ha dragit sig tillbaka från diktatorsvärdigheten i sitt 59:de år, påskyndade hans död. Den omedelbara dödsorsaken var bristning af ett blodkärl, men någon tid förut hade han lidit af den »disgusting» sjukdom, som nu för tiden kallas morbus pediculosus eller phtiriasis. Här kommer således åter berättelsen om denna sjukdom igen, men i en annan form. Plutarch är kanske källan till denna uppgift; han säger, att en böld, som brustit, och som hade den nämnda orsaken, plötsligt gjorde slut på Sullas lif. Det finnes helt visst bölder af detta slag, och de kunna till och med bli rätt stora och genom febern taga på patientens krafter, men i de fall, som jag sett, ha de icke visat sig annorlunda än så många andra slags bölder, som bero på kratseffekter i huden, och de finnas till och med hos små, svaga barn. Det är ju möjligt, att Sulla haft en sådan böld, och att han dödt af den feber, som den förorsakat. Det skulle då vara septikämi, som vi omtalat å sid 128. Appianus berättar, att Sulla genom en dröm blef spådd att dö. Han berättade det dagen därpå för sina vänner och skref sitt testamente; samma afton fick han feber och dog påföljande natt. Här är således icke tal om någon böld. Cicero talar häller icke därom. En nyare författare, Zackariä, som gjort Sullas lif till föremål för grundligt studium, kommer till det resultat, att han dog en naturlig död, och att alla dessa berättelser äro påhitt. Han gör den träffande anmärkningen, att man har trott dem, »därför att folk öfver hufvud fordra, att ovanliga människor skola dö på ett ovanligt sätt».

Om *påfven* Leo X säges det ganska allmänt, att han dog af glädje, då han hörde, att Milano var eröfradt. Montaigne, som utgaf sina berömda Essais 1583, berättar därom (livre I, chap. 2) med följande ord (som Simon Goulart citerar i ett arbete af 1610): Leo X blef så glad, då fursten af Milano meddelade honom en underrättelse, som han mycket önskade, att febern tog öfverhand (que la fièvre l'en print), och han dog däraf. Lauvergne säger också, att han dog af glädje.

Månne icke den omständigheten, att Montaigne är så berömd och så mycket läst, är grunden till, att man har trott, att det var sant, och så berättat det vidare? Det finns andra berättelser, som härleda sig från samtida, hvilka lyda helt annorlunda. Då Leo X blott var 45 år gammal och dog plötsligt, har man sagt om honom, som det så ofta säges under dylika förhållanden, att han blifvit förgiftad; så lyder (enligt Brosch) berättelsen hos Jovius, Guiccianuni och Lamilotto. Enligt Borgia vore vin och utsväfningar orsaken till hans oväntade och plötsliga död — som man ser högst olikartade berättelser, alldeles som hvad Sulla beträffar. De visa, huru försiktig man skall vara med att tro, hvad som berättas.

De exempel, som nedan framdragas, kan läsaren själf vara i stånd att kritisera med hänsyn till deras pålitlighet. Som källor för en del använda vi vetenskapliga skrifter af Chrichton, Féré, Hach Tuke m. fl.

Glädjen, som bringar hjärtat att bulta och drifver blodet till hufvudet, så att man »blossar af glädje», kan förorsaka ett sjukligt tillstånd, som alldeles påminner om den berusade. Féré berättar mycket utförligt (sid. 226) om en 32-årig, intelligent man, som sysselsatte sig med teckning. På morgonen, medan han klädde på sig, fick han ett bref, som meddelade, att han hade fått en god plats, som han icke längre trott, att han skulle få. Han hade knappt läst brefvet till slut, förr än han började springa fram och tillbaka i sina föräldrars rum och med stor liflighet berätta, hvilka utmärkta utsikter han nu hade. Småningom blef han ännu lifligare, ansiktet blef rödt och ögonen glänsande, han gestikulerade ifrigt, öppnade fönstren och ropade till dem, som gingo förbi; i öfverdrifna ordalag och under utbrott af skratt berättade han dem, hvarför han var så glad. Nu gaf han sig till att omfamna sina föräldrar och dem, som kommo in i rummet, pratande, skrattande och gestikulerande utan uppehåll. Hans tal och åthäfvor blefvo mer och mer osammanhängande, han rusade ut, på gatan, blott klädd i nattskjorta och kalsonger, dansande, skrattande och sjungande. Det såg ut, som om han ville gå till en af sina vänner, som bodde på en närliggande gata, men utan svårighet blef han emellertid förd hem igen. Alltsammans hade räckt omkring 2 timmar, då det började gå öfver. Plötsligt skälfde han i hela kroppen, med ryggen stödd mot väggen stod han med böjda knän, framstammande obegripliga ord. Han sjönk därpå ihop, och när man reste upp honom, lät han det ske, men hade ett frånvarande utseende och svarade icke på tilltal. Han blef förd till sängs och var då slapp och ansiktet ej längre rödt, utan han gjorde intryck af att ha fallit i sömn; då man lyfte hans hufvud, fick han uppkastning. Då Féré såg honom, hade han sofvit i 2 timmar och var mycket svår att väcka. Själf anade han icke, hvad som passerat, och det dröjde länge, innan det blef klart för honom, äfven angående brefvet. Han kunde röra hufvud och armar fritt, men då han försökte stå, sjönk han ihop. Detta gjorde honom ängslig, och nu började han att fråga. Han erkände själf, huru besynnerligt han uppfört sig, hade en känsla, som om han varit berusad, och kände svår tyngd i hufvudet. Efter det Féré undersökt honom närmare, var han trött, somnade och sof oafbrutet i omkring 19 timmar. Det dröjde 5 dagar, innan han kunde gå obehindradt på sina ben, annars fanns det inga sjukdomstecken. Det må anmärkas, att det icke var tal om, att hän kunde ha varit berusad.

Det är intet hinder för, att detta tillstånd, som läsaren har igenkänt som en hjärnkongestion (se sid. 194), kunde ha blifvit så förvärradt, att det hade förorsakat döden. Mannen skulle då ha dödt utan medvetande, hans sista medvetna tanke skulle ha varit glädje. Men det går icke alltid så, utan den, som dör af glädje, kan också ha sorgsna tankar — alldeles som en berusad, som omotiveradt från skratt faller i gråt. Helt visst äro bägge utan klart medvetande och förnimma alltså icke på vanligt sätt de känslor, som de gifva uttryck åt, men det är dock anmärkningsvärdt, att en sådan förändring i sinnestillståndet kan inträda. Det exempel, som här skall omtalas, visar tillika, på huru svaga fötter våra kunskaper om sinnesrörelsernas inverkan på kroppen stå. Här börjar det nämligen med, att den glade icke som vanligt blir röd i ansiktet utan blek. Fallet är observeradt af en engelsk läkare, Chrichton Browne, och godkändt af den kände Handfield Jones; jag anför det efter Féré (Sid. 229). En ung, mycket nervös man fick genom telegram den oväntade underrättelsen, att ett betydligt arf tillfallit honom. Han blef så blek, att en af hans vänner, som såg honom läsa telegrammet, trodde, att det var fråga om en olycka. Han hämtade sig dock snart igen och uttryckte sin glädje på ett något exalteradt, men dock för honom alldeles naturligt sätt. Under loppet af en timme blef han nu mera exalterad, kunde icke sitta stilla och icke låta bli att skratta. Han tror ännu, att detta var ett naturligt uttryck för, att han blifvit befriad från svåra bekymmer. Han besluter sig att gå ut ett slag, i den tro, att den friska luften skall lugna honom, men märker snart, att han tvärtom blir mera exalterad, och att han börjar förlora herraväldet öfver sina tankar. Han förstår, att hans munterhet är onaturlig och blir orolig däröfver; hans vän hjälper honom hem, men han kan icke låta bli att sjunga högt och bete sig på ett opassande, löjligt sätt. Nu blef läkaren hämtad; denne fann honom liggande på en soffa, pratande hit och dit om allt möjligt, gestikulerande våldsamt, hvarje ögonblick högljudt och omotiveradt skrattande och ytterst retlig, när man motsade honom. Han blef nu mera omedgörlig, hans anmärkningar hade en sarkastisk prägel, som hans vänner förklarade vara främmande för hans natur. Själf var han medveten om, att han icke var sig själf, och föll i gråt däröfver, men kort efteråt var han återigen sarkastisk och konstig. Hans ansikte var rödt, hufvudet varmt, ansiktsdragen lifliga, ögonen glansfulla, hans puls, som var kraftig, slog 100 slag — kort sagdt, man kunde tro, att han var berusad, men var det absolut icke tal därom. Läkaren tillrådde en kall dusch på hufvudet, men det ville han icke vara med om. Excitationen blef nu starkare, och det dröjde icke länge, förr än han fullständigt delirerade — efter hand blef därpå rösten svagare, han kunde icke uttrycka sig, hans rörelser voro darrande, han vacklade, och då han skulle sätta sig på en stol, så föll han. Det hade nu varat i 7 timmar. Han fick därpå uppkastning och blef sedan lugnare, hade öronsusning och svår hufvudvärk. Nu lät han behandla sig och sof sedan i 7 timmar. Då han vaknade, var han klar och förståndig, men hade kväljningar och hufvudvärk samt var mycket matt. På morgonen hade han åter uppkastning, och frampå förmiddagen hade han ett litet anfall af pratsamhet — men efter 2 dygns förlopp blef han frisk.

Läsaren inser nog, att det icke är något hinder för att tänka sig, att när glädjen framkallar sådana förändringar som de här meddelade i hjärnans blodfyllnadsförhållanden, den då också skulle kunna medföra döden. Hos den sist omtalade tyder den strax i början inträdande blekheten på, att hjärnan är blodfattig; det vill säga, att det kan inträda vanmakt, och en sådan kan, som vi sett (sid. 56), blifva så stark, att den öfvergår i döden. Som regel förorsakar glädje dock, som redan sagdt, en starkare blodfyllnad i hjärnan, och en sådan kongestion kan ju blifva så stark, att den förorsakar döden. Det är på detta sätt, som man måste förklara de fall af död, orsakad af glädje, som finnas meddelade af olika författare, om man icke tror, hvilket jag är mest benägen till, att kongestionen dödar därför, att det redan finnes en sjukdom i hjärnan eller hjärtat eller de stora blodkärlen, som utgå därifrån. Den starka blodvågen bringar ett svagt ställe att brista — däraf döden. Denna kan visserligen då sägas ha inträdt på grund af sjukdom, men det är ju dock likafullt sinnesrörelsen, som dödar. Blott obduktion kan ge full visshet, och så vidt jag vet, föreligger intet fall, där sådan företagits. En berättelse från lång tid tillbaka om Nicholas Groupe, som passar in här, finnes i bilagan.

Från forntiden föreligga olika meddelanden om död af glädje. Af exemplen skall framgå, att den glada känslan ofta föregåtts af andra, såsom spänning, ångest m. m., och att man således måste utgå ifrån, att den dödande glädjen icke drabbar en fullt normal människa. Också åldern kan ju ha betydelse, ofta därför att, som vi i kapitlet om åldringar sett, den höga åldern i och för sig kan betraktas som en sjukdom. Sålunda är t. ex. Diagoras, atleten från Rhodos,

gammal, då han dör af glädje. Han var, likasom
sin släkt, mycket berömd för de segrar, som han
vunnit i de olympiska spelen, själfve Pindarus hade
berömt honom i ett ode. På gamla dagar följde han
sina två söner till Olympia. Bägge sönerna segrade
och förde därefter fram fadern inför de församlade
åskådarne, som kastade kransar till honom och lyck-
önskade honom, ty han hade ju nått höjdpunkten af
mänsklig lycka. Detta vara år 464 f. Kr. W. Smith,
efter hvilken vi meddelat dessa detaljer, omtalar icke
hans död, men det berättas, att han dog af glädje,
då han såg sina tre söner vända hem från de
olympiska spelen, bekransade såsom segrare, alltså
att det sannolikt var vid ett annat tillfälle än det,
som Smith omtalar.

Sofokles, tragediförfattaren, säges ha dödt af
glädje i sitt 90:de år, då en af hans tragedier blef
mottagen med stort bifall. Det finnes emellertid andra
berättelser om orsaken till hans död, bland annat
den, att han under en offentlig uppläsning af »Anti-
gone» talade så länge utan att stanna, att han tappade
andan och dog. Det berättas också om Dionysius
(den förste tyrannen i Syracusa, född 430 f. Kr.),
att han dog af glädje, då han hörde, att hans tragedi
blifvit prisbelönt. Smith berättar, att han flera gånger
vunnit 2:dra och 3:dje pris i Athen för sina tragedier
och till sist, alldeles strax före sin död, vann han
1:sta pris vid Lenæa för ett skådespel, som handlade
om friköpet af Hectors lik. Om orsaken till hans
död meddelar Smith, att det går olika rykten, bland
annat att hans läkare påskyndade den till fördel för
hans son. Chilon från Lacedemonien skall också
hafva dödt af glädje, då han hörde, att hans son
hade vunnit pris vid brottningskampen i Olympia.
Juventius Thalna underkufvade som konsul 163 f. Kr.

Corsica. Då underrättelsen om, att senaten voterat honom en triumf, nådde honom vid foten af ett altare, där han offrade till tack, öfverväldigade den honom så, att han föll död omkull. Fall, som berättas från krig, visa på olika sätt sinnets spända tillstånd. Valerius Maximus berättar, att två romerska matronor dogo af glädje, då de sågo sina söner vända hem efter striden vid sjön Thrasimenus: »den ena dog, medan hon omfamnade sin son; den andra blef plötsligt öfverraskad af att se sin son, medan hon djupt begrät hans förmodade död». Denna öfvergång från ängslan och sorg till dödsbringande glädje tycktes icke vara så sällsynt. I bilagan skall läsaren finna flere exempel, hämtade från äldre tider; de finnas under namnen Damoiselle, Taffurus och Sinas. Såsom värdefullt därför, att det är iakttaget af en läkare i våra dagar, meddelar jag följande fall efter den engelska medicinska tidskriften *The Lancet*. En 43-årig dam väntade på en järnvägsstation för att ta emot sin dotter; det uppstår oroande rykten om en tågsammanstötning, hvarvid många människor skulle hafva dödats. Då modern såg sin dotter komma oskadd sig till mötes, omfamnade hon henne häftigt, sjönk därpå ihop och var 12 timmar efteråt död. I ett sådant fall måste man ju tro, att det varit fråga om ett slaganfall. (Jämför sid. 74.) Polismästaren Fouquet skall ha fallit död ned af glädje, då han fick höra, att Ludvig XIV förlåtit honom. Det är, som sagdt, icke alltid lätt att utreda, hvilka känslor som äro förhärskande hos andra vid olika tillfällen, men glädje måste i alla händelser säkert ha varit medverkande i följande fall. En medelålders man, som vid en spelbank i Anhalt vunnit 1,000 dukater, syntes icke berörd däraf, då pengarna sköts öfver till honom, men då han blef tillfrågad, om han ville fortsätta spelet, svarade han icke. Det visade sig, att han var död (Hach Tuke).

Affekter af helt annat slag, där det personliga spelar en mindre framträdande roll eller kanske alls ingen, äro de patriotiska. Lauvergne berättar, att Baudin, »des Ardennes, de la convention nationale», dog helt plötsligt under inverkan af patriotiska känslor, då han hörde, att Bonaparte oväntadt återvändt hem till Fréjus. En annan berättelse, som går ut på något liknande, härrör från läkaren Benj. Rush. Den har värde därför, att han hade tviflat på möjligheten af död, orsakad af glädje, innan han själf upplefde följande (vi citera efter Hach Tuke). Under amerikanska revolutionen dog dörrvaktaren vid kongressen, en äldre man, plötsligt och omedelbart efter, att han hört, att lord Cornwallis' armé var besegrad. Den allmänna meningen var, att hans död berodde på den häftiga sinnesrörelsen, hvari detta meddelande försatte honom, han dog af »politisk glädje». Rush anser, att denna slags glädje tyckes vara en af de starkaste känslor, som kan sätta människans själ i rörelse(!).

Våra exempel på död af glädje äro härmed meddelade. Det finns ju flere af dem, som äro trovärdiga, och som synas visa, att man verkligen kan dö af glädje. Huru stark verkan denna affekt kan ha, belyses dock bäst af de två sjukhistorierna efter Féré, som gälla människor, som återhämtade sig. De ha den fördelen att vara goda observationer, anställda af en läkare i våra dager.

Sorgen, som »tynger» och gör »nedböjd», synes verkligen kunna åstadkomma sådana förändringar i organ och väfnader, att man »täres bort» af sorgen, men detta är blott förhållandet, när den verkar under lång tid. Den sorg, som »förlamar», den verkar öfverväldigande på samma gång, och blott denna kan verkligen sägas vara direkt eller indirekt orsak till plötslig död. Vid den länge inverkande sorgen finnas så många andra möjligheter för dödsbringande förändringar, att man svårligen kan reda ut, hvad som till slut är dödsorsaken.

Det finnes icke så få berättelser om död, orsakad af olycklig kärlek, men läsaren torde förstå, att de icke kunna vara pålitliga. Upphöjd och skön i all sin enkelhet är berättelsen om Helga den fagra; den härstammar från *sagotiden* och är kanske icke pålitlig, men den är väl värd att läsas. För öfrigt nämna vi i korthet Artemisia, som icke kunde öfverlefva Mausolus. Smith säger härom: »Artemisia, dotter till Hekatomnus och syster, hustru och tronföljerska till fursten i Carias, Mausolus, regerade 352—350 f. Kr. Hon är i historien ryktbar för den stora sorg, hon kände vid sin mans, Mausolus', död. Det berättas, att hon blandade hans aska i sin dagliga dryck, och för att minnet om honom aldrig skulle gå förloradt, byggde hon på *Halicarnassus* det berömda monument, som fick namnet *Mausoleum*. Det ansågs som ett af världens 7 underverk.» Smith omtalar icke hennes död, men åtminstone öfverlefde hon Mausolus i omkring 2 år. Som bekant användes benämningen mausoleum ännu för att beteckna särdeles praktfulla grafvar.

Lucretia, Pindaros och Tasso sägas som bekant hafva dödt af olycklig kärlek, men jag har icke kunnat finna något pålitligt därom. Icke heller om Romeo och Julias sköna kärlekstragedi föreligga pålitliga historiska uppgifter. Shakespeare låter Julia döda sig, då hon vaknar i grafven och ser Romeo död, men hos Bandello, som skrifvit den italienska novellen, läser man, att Julia sitter djupt nedsjunken med

Romeos hufvud i sitt sköte och dör utan att säga ett ord. (Se i bilagan: Romeo och Julia).

Från forntiden berättas det om Isocrates, en af de 10 attiske talarne, att han dog af sorg, då det sista hoppet om fäderneslandets frihet gick förloradt vid underrättelsen om utgången af slaget vid *Chæronea*. Smith däremot säger, att han själf var vållande till sin död, dock sätter han också detta i samband med det omtalade sorgebudet. Isocrates var då 98 år gammal. (338 f. Kr.).

Att sorgen kan verka förlamande och föranleda döden är ju troligt nog. Vi anföra det dock med samma förbehåll, som vi gjort vid döden af glädje; det är möjligt, att döden beror på, att ett sjukt organ starkt påverkas af sorgen. Simon Goulart berättar (enligt Guichardin): »Då fransmännen år 1501 för andra gången eröfrade kungariket Neapel under anförande af seigneur d'Aubigny, officer hos konung Ludvig XII, hade en af Gibbert's, hertigen af Montpensier, söner farit till Pouzzoli för att se sin faders graf (han hade stupat i ett föregående krig och blifvit begrafd där); han kände sig så starkt gripen däraf, att han efter att ha utgjutit en ström af tårar föll död omkull på själfva grafven.» Denna berättelse förefaller mig trovärdig, därför att den kommer fram under den form, som den har; detsamma gäller också följande berättelse, som S. Goulart har från *Histoire de Hongrie.* »År 1541 under kriget mellan konung Ferdinand af Ungern och sultan Soliman inträffade följande händelse: ibland de tyske officerarne fanns en schwabisk adelsman, Raisin, hvars son utmärkte sig så mycket i striden, att alla och äfven hans fader betraktade honom med beundran. Alla prisade denne unge man, som ingen kände, men innan slaget var slut, blef han omringad af en stor hop fiender och dödad. Raisin, som blef rörd af att se den tappre unge mannens öde, och som icke anade, att detta berörde honom så nära, vände sig till de andre kaptenerna och sade: 'i sanning, denne tappre kavaljer förtjänar att rosas framför de andre och att högtidligen begrafvas, för det han gjort sin plikt så väl.' Alla instämde däri, beklagande förlusten af den unge mannen. Man förde dit den döde — då Raisin såg, att det var hans egen son, blef han så öfverväldigad af smärta, att han icke kunde tala. Med ögonen fästade på sonen förlorade han medvetandet och gaf upp andan.»

Från samma källa meddela vi också följande: »Pomperan, en fransk adelsman, fick se prins Aversa bland kejsar Karl V:s trupper. Han blef däraf så öfverraskad och gripen af smärta, att han lyftande ögonen mot himmelen föll till marken och dog med ögonen på så vis öppna. Man kunde icke med något af de använda medlen hindra hans själ från att lämna kroppen.»

Man har anledning tro, att döden, när den framkallas af sorg, inträder genom vanmakt (se sid. 56), dock stå vi här återigen inför frågor, som äro särdeles vanskliga att förstå. Den sörjandes vaso-motoriska system tyckes vara i ett sådant tillstånd, att mindre blod föres till de olika organen och väfnaderna. Därpå tyder hela hans utseende, det slappa, hängande, böjda däri, den vacklande gången, det fårade, bleka ansiktet. Men i motsats härtill veta vi ju alla, att den svåra sorg, som träffar plötsligt, och som framkallar tårar, karaktäriseras af, att ansiktet blir rödt, »blossar» och svullnar, och detta tyder ju på, att ådrorna äro utvidgade. Kanske kan man lösa motsägelsen med att säga, att ådrorna först förträngas och därpå utvidgas, men man inser lätt, att det icke är stort bevändt med en sådan förklaring, lika så litet som med den, att gråten först inträder, när sorgen aftager — ty det är ju ingalunda alltid fallet, att »tårarna lätta». På det hela är den omständigheten, att en och samma inverkan på blodkärlens nerver (den vaso-motoriska apparaten) än åstadkommer utvidgning, än förträngning af kärlen, utan att man kan förstå orsaken därtill, ju ett faktum, som gör, att vi icke kunna komma frågans lösning närmare.

Medan man har svårt att förstå, att någon kan dö af glädje, bättre att sorgen kan döda, synes det däremot lättare för det allmänna medvetandet att gå in på, att man kan dö af vrede eller fruktan.

Vreden, som bringar sitt offer till att »fara opp» och »glöda af harm», medan »ådrorna svälla i pannan», eller som, när den stiger till högre grader, får honom till att »skumma af raseri», »skära tänder», spotta och stampa i golfvet och »bete sig som en galning», kan troligen jämförelsevis lätt orsaka döden, eftersom de förändringar i blodomloppet, som förefinnas vid vreden, just med lätthet medföra, att en förefintlig sjukdom tager en ödesdiger vändning, och det kanske mest hos dem, som söka behärska sig. Äldre läkare ha tviflat därpå. Den berömde Galenus menade, att förskräckelse och glädje kunna döda, men vreden förmår det icke. Senare tiders läkare hysa samma åsikt. Willis, som skrifver om »mer än 11 affekter», säger, att kvinnor svimma och män dö af glädje, men icke af vrede. Huru försiktig man får vara med att tro, hvad som berättas, ha vi redan sett, då vi talade om Sullas död. Det säges också, att påfven Paul III dog af vrede, läsaren kan i bilagan se, att grunden till uppgiften icke är alldeles pålitlig. Att det emellertid kan inträffa, att vrede förorsakar döden, är troligt nog. Fabricius Hildanus berättar om en ung man, som hämtat sig godt efter ett öppet sår i hufvudet med brott af hufvudskålen, att såret, som nästan var läkt, åter blef inflammeradt, då han på 14:e dagen blef mycket vred, och att han dog 4 dagar därefter. Det finnes icke så få andra exempel på »död af vrede» hos Hildanus, men de kunna förklaras på annat sätt. Escoubas såg en lifmoderblödning uppstå under ett anfall af vrede, och Highmore såg en patient dö af blodstörtning under liknande förhållanden. Det är klart, att sådana blödningar under vissa omständigheter kunna medföra döden genom vanmakt. Den *romerske kejsaren* Valentianus († 375), som hade fört en oafbruten strid mot Qvadierna och Samartianerna (enl. Smith), emottog en deputation från fienden. Under förhandlingarna talade han sig het, föll plötsligt omkull och dog; troligtvis var ett hjärnslag orsaken. Säkra iakttagelser af en sådan »indirekt död» af vrede finnas hos Tissot. En känd läkare har berättat honom, att han hade sett en soldat, som fått prygel af en officer och icke tordes slå igen, falla död på fläcken, upphetsad af sin vrede. Hans hjärna var starkt blodfylld. Dr Lorry observerade en mycket aktningsvärd dam, som gått ut i en dräkt, som väckte uppmärksamhet, och blifvit rått tilltalad af några unga personer, hvarvid hon föll ned död. Dessa och andra uppgifter visa tydligt, säger Tissot, att Galenus har alldeles orätt, då han uppger, att vrede icke kan orsaka döden.

Slutligen kunna vi meddela en säker berättelse om en läkare, som dog af vrede, säker, emedan det företogs obduktion. Fallet, som vi redan omtalat i kapitlet om död af hjärtsjukdom, gäller en af de berömdaste engelska läkare, John Hunter, och han var då 68 år gammal. Det hände i London; direktionen för St. Georges Hospital hade bestämt, att ingen finge mottagas som studerande, som icke kunde prästera betyg om föregående studier. Bestämmelsen syntes fattad för att utesluta Hunters landsmän, och saken hade därför berört honom mycket illa. Han ingaf ett förslag om, att två unge män, som enligt den nya bestämmelsen icke kunde bli mottagna, dock skulle blifva det. Hunter, som fruktade för sakens utgång, sade till en vän före sammanträdet där den skulle afhandlas, att om det blef en obehaglig dispyt, blefve det riskabelt för honom själf. Då Hunter kom till sjukhuset, fann han redan sammanträdet börjadt. Han gick in i rummet, framlämnade de unge männens ansökningar och började tala för deras mottagande. En af de närvarande läkarne fann det lämpligt att strax motsäga en af Hunters anmärkningar; afbrottet och motsägelsen skola för öfrigt hafva framkommit på ett formellt riktigt sätt. Hunter slutade strax upp att tala, gick tillbaka från bordet och kämpande för att undertrycka sin sinnesrörelse, störtade han in i rummet bredvid. Knappt hade han kommit dit, förr än han med en djupt klagande suck föll liflös i armarna på dr Robertson, en af sjukhusets läkare, som tillfälligtvis var i rummet. Långvariga försök att återupplifva honom — man trodde att det kunde vara ett svimningsanfall af det slag, som han förut haft — voro förgäfves. John Hunter var död!

Vid obduktionen funnos tydliga förändringar i hjärtats egna ådror (art. coronariæ, se sid. 60) och andra däraf orsakade sjukliga förändringar i hjärtat; hjärnan var blodöfverfylld. Detta fall är alltså ett säkert bevis för, att döden kan bli följden af ett anfall af vrede hos en människa, som väl har en tydlig hjärtsjukdom, men där man dock icke kan tro, att döden skulle hafva inträdt just vid denna tidpunkt,

om han icke blifvit utsatt för den omtalade sinnes-
rörelsen.

Ännu ett fall, som af läkaren Crichton räknas
till död genom sinnesrörelse, och hvarvid vrede
spelat en roll: en omkring 50-årig man, Rust, som
bodde i Bern, och var en präktig och fridsam man,
kom i gräl med en annan. I ögonblickets hetta fick
han ett lätt slag i ansiktet, hvaraf hans sinnesrörelse
så stegrades, att han föll omkull, till utseendet död,
och rätt länge förblef i detta tillstånd. Då han åter-
fått sansen, gick han hem, men klagade mycket öfver
hufvudvärk, åt blott obetydligt till kväll och fick
uppkastningar. Sedan han gått till sängs, sof han
rätt godt till kl. 1 nästa morgon, då han fick ett
slaganfall, hvaraf han dog samma dag.

Medan det föreligger jämförelsevis få exempel
på, att vreden ger anledning till död, är det en
allmänt känd sak, att fruktan, skräck och rädsla
kunna bemäktiga sig en människa så starkt, att de icke
blott bli mycket sjuka, utan också kunna dö under
inverkan af sinnesrörelsen.

Fruktan och dess högre grader, förskräckelse
och rädsla, är väl den sinnesrörelse, som är bäst
känd af en hvar, ty den yttrar sig på så många sätt
i lifvets dagliga situationer. Det karaktäristiska för
fruktan är, att det område, hvarpå den verkar, är så
stort. För att nämna ett exempel kunna icke blott
samtliga muskler, som äro underkastade viljans herra-
välde, bli påverkade af fruktan, utan också alla de
muskler, hvilkas verksamhet vi icke själfva behärska.
Äfven vid denna sinnesaffekt gifva de populära tale-
sätten ett träffande uttryck för ifrågavarande persons
tillstånd. Man »förlamas af fruktan», »förstenas af
rädsla», man »far samman», t. ex. vid ett oväntadt

ljud, som tillika kan orsaka »kalla kårer öfver ryggen».*)
Eller »blodet stelnar i ådrorna», man ryser och »håren
resa sig på ens hufvud», medan »den kalla ångest-
svetten bryter fram på pannan». Det inflytande,
som fruktan kan ha på de olika uttömningarna,
hvilka vanligtvis stå under viljans herravälde, så att
de nu blifva åtminstone till en viss grad ofrivilliga,
är ju en allmänt känd sak.

När det blir frågan om, hvilket inflytande fruktan
har på sinnet, kommer man att röra sig på ett
utomordentligt vidsträckt område. Det är rent af
förunderligt, hvad som kan röra sig i människans
sinne i form af fruktan — allt efter hans naturs sär-
skilda beskaffenhet. Vi syfta icke blott på den fruktan,
som betingas af yttre intryck, utan också på den, som
har sin källa i människans lönligaste tankar. Därför
är fruktan också den sinnesaffekt, som oftast alstrar
sjukdomar hos de därför disponerade, och det finns
ett stort antal sjukdomsnamn, som under tidens lopp
bildats för att beteckna fruktan af olika slag: en är
rädd att gå öfver en öppen plats (agoraphobi), en
annan fruktar eld (pyrophobi); den, som är rädd för att
möta ett visst slags människor, kallas anthropophob,
medan den, som icke kan tåla åsynen af vissa djur,
synes lida af zoophobi. Denna sista form af fruktan är
särdeles allmänt känd, och Féré nämner flera exempel,
som ha historiskt intresse: Germanicus kunde icke tåla
att se tuppar eller höra dem gala, Henrik III kunde icke

*) Som bekant får man också »kalla kårer öfver ryggen», när
man starkt påverkas af åsynen af något upphöjdt skönt eller af att
höra något vackert, som är »hjärtgripande»; den vördnad, som väl
är den känsla, som då ligger till grund därför, har ju ingenting att
göra med den fruktan, hvarom här är tal. Här se vi åter, huru
komplicerade de förhållanden äro, som stå i samband med sinnes-
rörelserna. Helt olikartade känslor kunna yttra sig på samma sätt.
Detta gäller också om hjärtat. »Hjärtat klappar» såväl af glädje som
af fruktan.

uthärda åsynen af en katt, Tycho Brahe skall hafva svimmat, då han såg en räf. För öfrigt är det lika så mycket åsynen af insekter och smådjur som af stora djur, hvilken vållar fruktan. Många fruntimmer skrika, som bekant, när de se en spindel. Fruktan för att gå i mörker håller ju ofta i sig långt utöfver barnåldern. Fruktan för att bli förgiftad eller för vissa sjukdomar kan bli så stark, att den alldeles tillintetgör den, som hyser sådan.

Vi ha uppehållit oss något länge vid dessa sjukliga tillstånd, som kunna framkallas af fruktan, för att läsaren bättre må kunna förstå, att döden också kan bli följden däraf. Därmed mena vi, att när fruktan i och för sig säkert kan framkalla sjukdomar, hvilkas egentliga väsen måste sökas i en förändrad verksamhet hos nervsystemet, så kan man också förstå, att denna inverkan någongång kan bli så stark, att den orsakar döden. Huru detta sker, är icke alltid lika klart; i några fall synes det säkert, att det är genom inverkan på den stora nerv, nervus vagus, som vi ha omtalat sid. 55. Det är bekant, att vid stark retning af denna nerv stannar hjärtat — och det är ju liktydigt med död. I andra fall är det kanske genom inverkan på centrala nervsystemet, kanske särskildt genom cirkulationsförändringar i ›lifsknuten› (se sid. 51), som ju är centrum för andningsrörelserna. Därmed är icke sagdt, att icke fruktan lika så ofta dödar genom att liksom andra affekter åstadkomma, att organ, som äro sjuka, bli så påverkade genom nervsystemet eller blodomloppet, att sjukdomen tar en afgörande vändning i form af död, såsom t. ex. genom att orsaka, att hjärtat brister, eller genom att framkalla hjärnslag eller en blödning, som vållar döden genom vanmakt. Detta sistnämnda var sålunda fallet med en dam, om hvilken

Broussais berättar följande (efter Hach Tuke): hon satt i gräset, då en lefvande groda föll ned från en roffågels klor; denna syn verkade så, att hon genast fick en svår blodstörtning och inom få minuter var död.

Det finns en form af fruktan, som är mycket allmän, men som dock sällan blir föremål för människans närmare eftertanke, nämligen fruktan för döden. Vi ha ofvan i ett särskildt kapitel, där vi framdragit exempel på människors tankar om döden, sökt att närmare belysa denna fråga, och på tal om död af olika sjukdomar ha vi också tillfälligtvis berört den. Hos flera af de kända klassiska författarne finnas uppsatser om fruktan för döden, och det är sedan gammalt också kändt, att fruktan för döden kan orsaka död. Hos Seneca läser man i det 24:de brefvet, att Epicurus, den berömde grekiske filosofen, som dog år 270 f. Kr. i en ålder af 72 år efter en långvarig och mycket plågsam sjukdom, som han bar med sant filosofiskt tålamod, säger: »så oförsiktiga eller snarare enfaldiga äro människorna, att många af dem dö af själfva fruktan för att dö».

Det är sagdt om *påfven* Clemens XIV († 1774), att »han dog af förskräckelse för att dö; gift var hans fixa idé, och den plötsliga förruttnelsen af hans lik var blott verkan af den förfärliga rädsla, som dödade honom». Denna något löjliga uppfattning härstammar från baron Gleichen († 1807), som en lång tid var anställd i Danmarks diplomati. Enligt Fr. Nielsen gick det rykten om, att han blifvit förgiftad med acquetta, som gifvits honom i nattvarden eller i fikon; det finns dock många andra, däribland läkarne, som neka till, att han dödt af gift. Enligt M. Brosch utspredo jesuiterna det ryktet, att han till straff för, att han undertryckt deras sällskap, blifvit sinnessjuk och dödt som sådan. Saken är väl den, att ingen vet riktigt besked; det är den hastigt inträdande förruttnelsen, som gett anledning till förgiftningsryktet.

Läsaren påminner sig kanske, att vi berättat om en man, som dog af fruktan för att få gula febern, i det han, då han såg i spegeln, att han var litet gul, föll död ned (se sid. 149), och att en man, som assisterade Lauvergne vid behandlingen af en kolerasjuk matros, blef så tagen, då denne visade tecken på häftiga magplågor, att han föll död ned. Att de, som skulle undergå operationer på den tiden, när man icke hade kloroform (före 1847), kunde svimma af fruktan för, hvad de hade att genomgå, är allmänt kändt. Att de också kunna dö af fruktan, kanske af fruktan för att dö (?), är säkert. Det berättas sålunda, att en man, som skulle opereras för blåssten, var placerad i den därtill bestämda ställningen; kirurgen skulle visa de närvarande, huru hudsnittet skulle läggas, och förde under samtidig förklaring sitt finger lätt öfver patientens hud, då denne i det samma föll ihop och dog. B. Rush berättar (enligt Hach Tuke) följande: en framstående, omkring 60 år gammal veterinärkirurg, som var af god konstitution och »stark moralisk kraft», blef behandlad af den berömde Cazenave. Det gjordes flera försök att aflägsna hans blåssten medels krossning, men det ville icke lyckas. Då man därför måste säga honom, att det var nödvändigt att företaga stensnitt (en »blodig» operation i motsats till den »oblodiga» krossningen), blef han mycket besviken. Man visste, att han fruktade denna operation mycket, dock gaf han strax sitt samtycke till dess utförande, skenbart bibehållande sitt vanliga lugn. Då patienten placerats i rätt läge och stöddes af assistenter, skulle Cazenave som första akt af operationen införa ett instrument i blåsan (detta räknas icke för operation). Han såg då, att patienten, som visat stort lugn och allvar under förberedelserna, blef blek och svag, och efter 10 minuters förlopp var han död trots alla åtgöranden.

Ett annat fall, där beröring af huden har verkat genom reflex (liksom vid den först omtalade stenoperationen) och varit den mera direkta orsaken till, att fruktan för att dö har framkallat döden, finnes (enligt Brouardel) meddeladt af L. Brunton. En portvakt vid Aberdeens Kongl. Kollegium hade gjort sig hatad af de studerande och skulle straffas. De samlades på natten, utnämnde domare, och två af dem hämtade mannen och förde honom till ett ensligt ställe, där man uppställt en stupstock jämte yxa. Han tog det för skämt, men studenterna försäkrade honom, att det var allvar. De förhörde honom, förklarade honom skyldig och uppfordrade honom att bereda sig till döden, ty han skulle strax halshuggas. Den stackars portvakten såg förgäfves efter en blick, som kunde tyda på, att det var skämt. En af studenterna band en bindel för ögonen, han måste nu knäböja framför stupstocken, yxan lyftades, men i stället för dess egg lät man en våt serviett beröra hans hals.

Belåtne med sin hämnd togo de nu bindeln från hans ögon — för att se, att han var död.

B. Rush, som gifvit denna död af fruktan för att dö namnet thanatophobi, meddelar enligt dr. Currie följande: hos en kvinna, som höll på att föda barn, skulle det företagas en operation för att uttömma en vätskeansamling i buken. (Operationen består i, att man med ett rätt fint instrument gör ett hastigt instick genom bukväggens hud, och den varar blott en sekund.) Då läkaren kom in i rummet, svimmade patienten, och då han ville hjälpa henne, såg han, att hon var död. »Hon dog af en plötslig paroxysm af fruktan.»

Dessa exempel, kanske mest det sista, äro ju mycket talande vittnesbörd om död af fruktan vid s. k. »shock». Det är möjligt, att flera af de dödsfall, som i våra dagar tillskrifvas kloroformverkan, bero på fruktan, eller att åtminstone sinnesaffekten kan medverka till döden. De förekomma nämligen icke så alldeles sällan i början af kloroformeringen, innan eller strax efter operationen är börjad.

Det är som sagdt svårt att veta, om det är fruktan för att dö eller andra anledningar till fruktan, som i dessa fall orsakat döden. Detsamma gäller för ett fall, som är meddeladt af O. Bollinger år 1888: en 60-årig fånge, som var anklagad för mord, hade under 5 månaders fångenskap städse varit mycket missmodig och nedstämd; den dag, han skulle inställas inför rätten, sjönk han alldeles samman, då han blifvit förd in i salen. Han gjorde intryck af att vara döende och måste föras ut igen; efter 24 timmar var han död. Vid obduktionen funnos inga organförändringar, som kunde tydas som dödsorsak, hvarför Bollinger drar den slutsatsen, att det verkligen existerar en död, som beror på innervationsstöringar i hjärtat, en död »vom gebrochenen Herzen».

Ett annat fall, som synes kunna tyda på, att fruktan för straff kan göra en människa dödssjuk, omtalar Bonetus: en polsk soldat, George Grokatzki, deserterade från sitt regemente år 1677, men blef få dagar efteråt upptäckt på ett värdshus, drickande och svirande. I samma ögonblick, som han blef gripen, utstötte han ett högt skrik och kunde sedan icke tala. Då han blef förd inför krigsrätten, var det omöjligt att få honom att säga ett ord, tillika blef han orörlig som en staty och tycktes icke fatta,

hvad som försiggick omkring honom. Han blef satt
i fängelse, men här hvarken åt eller drack han något.
I början ansatte officerarne och prästerna honom,
sedermera sökte de att trösta och lugna honom —
men allt förgäfves; han fattade det icke, utan förblef
oberörd. Fjättrarna lossades, och han togs ut från
fängelset — men han rörde sig icke. Han tillbragte
20 dygn på detta sätt utan att intaga någon föda
och utan att hafva någon naturlig uttömning; därpå
föll han efterhand tillsammans och dog. — Fastän
det är möjligt, att den förtärda alkoholen kan hafva
någon del i sjukdomens utbrott (hvilket dock icke
förefaller mig sannolikt), och fastän det svaghets-
tillstånd, som framkallats af hans vägran att äta, i
förening med hans nervsjukdom (ett slags katalepsi),
äro de egentliga dödsorsakerna, synes det dock, som
om den stackars mannens fruktan för det straff, han
skulle lida, måste anses vara den väsentliga anled-
ningen till hans död.

Fruktans inverkan på nervsystemet, så att döden
blir följd däraf, belyses också af Montaigne's berät-
telse i hans essai om fruktan: »vid en belägring blef
en adelsman så gripen af fruktan (la peur, qui serra,
saisit et glaça si fort le coeur), att han föll stendöd
till marken invid breschen utan att vara sårad.»
Goulart berättar, att le sieur de Courdray, som fruk-
tade att blifva gripen af kommendanten i Issoudon,
de Sazzay, som hade låtit hänga flera personer, flyk-
tade till en af sina »Mestairie», där han dog af för-
skräckelse.

Som ett annat bevis på rädslans inverkan på
nervsystemet med däraf följande död, men utan att
en beröring eller annan yttre påverkan har spelat
någon roll, meddelar jag följande: Plater berättar
(se Crichton), att några unga flickor gingo ett stycke

utom staden för att se en förbrytare, som blifvit
hängd. En af dem kastade sten på liket och träffade
till sist så hårdt, att det kom i rörelse. Häröfver
blef hon mycket förskräckt, troende, att den döde
blifvit lefvande, att han kom ned från galgen och
sprang efter henne. Hon rusade hem och var utan
sans och fattning, fick sedan häftig kramp och dog.

Också dödligt förlöpande epilepsiartade tillstånd
kunna framkallas af fruktan. Ellis (efter Hach Tuke)
säger i en berättelse om trollkarlars förmåga, att
kunna framkalla epileptiska krampanfall, att två
gossar, som blifvit skickade ut till en mans hus för
att plocka rofvor, gingo ut på marken, då mannen
icke var hemma. Denne, som var en »trollkarl»
(»besvärjare»), kom hem, innan de gått bort, och
uttalade de förskräckligaste förbannelser öfver dem,
hotande dem med »agony of body from posession,
equal to that arising from a barbed spear or hook».
Pojkarna sprungo hem, men kort därefter blef den
ene af dem sjuk, och man trodde, att det var verkan
af förbannelsen. Missionärerna hämtades och funno
honom liggande på golfvet, »vridande sig i ångest,
med skum om munnen, ögonen stående stela fram
ur ögonhålorna, ansiktsdragen förvridna och lem-
marna i häftiga krampryckningar. Han dog kort
därefter under en förskräcklig dödskamp.»

Medan det här omtalade dödsfallet måste antagas
bero af nervsystemet, har man också fall, som tyda
på, att hjärtat är utgångspunkten för döden — fastän
äfven då genom inverkan från nervsystemet. Sålunda
fann man vid obduktionen af en man, som bevittnat
ett förfärligt skeppsbrott och därigenom blifvit så
upprörd, att han efter att ha fått stark hjärtklappning,
kände svårighet för att draga andan, därpå föll i
vanmakt och dog — blott, att hjärtat var förstoradt.

Observationen är pålitlig, ty den härleder sig från Senac, som skrifvit en känd bok om hjärtsjukdomarna.

Till slut skall jag anföra ett exempel, som visar, att döden genom fruktan också kan inträda lugnt och stilla. Dr Ward, som meddelar fallet, tror liksom Hach Tuke, att fruktan har dödat mannen, ty vid obduktionen kunde man icke finna någon förändring, som kunde tydas som dödsorsak. Det är fråga om en engelsk slaktare, Filby, som hämtar dr Ward till att besöka ett fruntimmer, som bor i huset intill Filby. Han gjorde besök där, men samma natt kl. 3 blef han hämtad ånyo. Den sjuka var då död, men nu hade hennes syster blifvit sjuk. Ward talade då med Filby, som tycktes hafva druckit litet, men för öfrigt var klar och talade förståndigt. »Jag antar, att det blott är af det slag, hon fått», sade Filby, »som hon är sjuk.» Filbys hustru vakade nu hos den sjuka, och Filby var själf flera gånger under nattens lopp uppe hos henne. Han föreföll frisk men var betryckt och sade: »jag har aldrig sett en död förr än i dag, och jag hoppas också, att det skall vara sista gången». Mellan kl. 6 och 7 fann hans hustru honom halfsofvande i en länstol vid kaminen; han talade med henne, ville icke ha té utan bli sittande där och sofva. Hon lämnade honom och gick till sängs, blott hans dotter, en 8-årig förståndig flicka, stannade i rummet hos honom. Omkring $\frac{1}{2}$ 8 samma morgon såg hon, att fadern sjunkit samman i stolen, och kallade då på en man, som kom in och lyftade upp honom, men gick igen. En timme senare blef dr Ward kallad och fann då Filby död, sittande i sin länstol med benen i kors. Hans ansikte var lugnt, och han syntes sofva; hans ben voro kalla, men utan dödsstyfhet. Dottern hade hela tiden varit i rummet, men icke märkt någon förändring.

Förutom redan omtalade sinnesrörelser, glädje, sorg, vrede och fruktan, är människans sinne ju underkastadt många andra inverkningar, ofta af mycket komplicerad natur. För att fullständiga vår framställning af frågan om död af sinnesaffekter skall jag anföra ännu några exempel, som jag träffat på i litteraturen.

Girighet, säger Goulart, var skuld till kardinal Perouse's död. Kardinalen, som också kallades broder Armellin, var jämte påfven Clemens VII i Rom i slottet St. Angelo, då staden eröfrades af de kejserliga trupperna. Då han såg soldaterna plundra hus och palatser, blef han så betagen af smärta öfver förlusten af sina ägodelar, att han dog efter få timmars förlopp, »af sin egen girighet».

Hvilka känslor, som genomströmmat Raalda, en mycket erfaren och klok frisisk rådsherre, då han i Leuwarden skulle afsvärja sig den nederländske konungen och aflägga ed till konungen af Spanien, Philip II, är ju svårt att veta; men »han blef så upprörd och förvirrad, att han blef beröfvad sina sinnens och lemmars bruk och dog på stället».

Bättre kan man förstå följande: *sultan* Soliman sände en *evnuck* med befallning att döda Bajazet's *lille son*. Då han kom in i rummet och ville lägga snaran om barnets hals för att strypa det, ser han den lille småle mot sig. Barnet reser sig, sträcker sina händer upp emot honom och vill kyssa honom, hvaraf evnucken blef så rörd, att han föll död ned.

Att *skratt* kan döda, kan man förstå, när man vet, att stagnation af blod i hjärnan kan leda till döden. Den berömde holländske läkaren Boerhave skrifver, att han sett en man, som under en måltid blef så öfverväldigad af skratt, att han stupade omkull, och alla närvarande trodde, att han dött af apoplexi. Boerhave beskrifver hans utseende rätt drastiskt och tillägger, att han icke skulle hafva undgått döden, om den närvarande läkaren icke behandlat honom. Han förklarar också skrattets verkan på hjärnan och tillägger, att man vet, att skratt kan bringa ådror i hjärnan att brista och orsaka blodspottning från lungorna. I en not meddelar Alb. Haller, att F. Lupideius i en afhandling om skrattet har offentliggjort ett fall, där detta verkligen orsakade döden. Aretæus räknar till och med skratt med som en af orsakerna till apoplexi, »risus usque ad mortem» (»skratta sig till döds»). Också Goulart har en skildring häraf: »två unga flickor fingo en man till att skratta så mycket, att han alldeles slutade upp att skratta. De trodde, att han var afsvimmad, men sågo till sin förfäran, att han var död».

Som flera gånger förut sagts, är det ju omöjligt, att få klarhet om, hvilka känslor och tankar, som röra en människas sinne under olika omständigheter, och det är icke häller möjligt att utreda, huru stor andel en stark sinnesrörelse kan hafva i ett föreliggande dödsfall. Detsamma gäller i så många af lifvets skickelser. Den som skadas genom att falla ned, köras öfver, som är nära att drunkna m. m. måste ju ofta erfara stor sinnesrörelse. Kommer så därtill, att han, innan den hotande katastrofen inträder, kanske är utmattad af ansträngning, medtagen af kyla (t. ex. under en bärgsbestigning) eller af värme (t. ex. under en lång cycletur), så täfla kanske så många olika omständigheter om att framkalla det afgörande, som verkar döden, att sinnesrörelsen träder i bakgrunden som medverkande till den. Alla dessa förhållanden göra det också svårt att tänka sig, hvad den, som dör af sinnesrörelse, har att genomgå. Vi tro på det hela taget, att till och med om dödens

inträdande icke uppfattas såsom sådant af ifråga-
varande person, har han dock ofta ganska mycket
lidande att utstå. Därför talar icke blott, att de
affekter, som oftast leda till död, nämligen fruktan
och vrede, i och för sig äro så plågsamma, men
också glädjen kan ju, som vi sett, medföra tillstånd,
som äro mycket pinsamma. Vi tro därför, att det
på det hela — af många orsaker — är att önska,
att sinnesrörelse icke må blifva anledningen till
människans död.

Om död af törst.

Att lida af törst är säkert långt mera plågsamt
än att lida af svält; *Sven Hedin* har pröfvat båda
delarna på sin färd genom Asiens öknar. I sin bok
om denna vandring, hvarur vi i vår bilaga lämna
ett utförligt utdrag under ordet: *törst*, får man en
särdeles god föreställning om de kval, som han och
hans följeslagare fått utstå. Vi använda denna Hedins
skildring, som i alla afseenden gör intryck af att ge
en mycket pålitlig bild af tillståndet hos den, som
måste dö af brist på vatten. Den är pålitlig, därför
att den, fastän skrifven af en person, som själf känt
dessa kval, dock är så fullständigt fri från försök
att intressera läsaren genom en dramatisk form.

Utan att framdraga detaljer på detta ställe (läsaren
skall finna dem i bilagan), vilja vi blott framhålla,
att då den, som törstar, måste förbruka sin egen
kropps vätskor, blir den hufvudsakliga verkan den,
att väfnaderna torka in. Huden blir som pergament,
kinderna blifva »ihåliga», ögonen matta med glas-
artad glans, ligga djupt in i hufvudet och gifva den
olycklige ett ohyggligt utseende, icke olikt en död-

skalle. Alla ledgångar bli torra och knakande. Pulsen blir långsam och knappast kännbar; med möda kan han släpa sig fram, plågad af en olidlig hicka och med en brännande och svidande känsla i svalg och strupe. — Berättelsen visar, hvilken betydelse det har, att den lidande icke tappar modet. Hedin *ville* icke dö i öknen, hade han gett efter för sin sömnlust, så hade han kanske dött. Det är en af ljuspunkterna i Hedins skildring, att den, som uppger hoppet, kan trött och sömnig, som han är, finna hvila i döden genom sömn. Men därtill hör en resignation, som ju blott få människor äga. De andra exemplen på död af törst, som Hedin meddelar, visa ju detta. Den gamle mannens sista ögonblick äro dock icke så förtviflade som den yngres. Den gamle mumlar: Allah! och hans anletsdrag visa ett upphöjdt lugn; den yngre, som förbrutit sig emot sina olyckskamrater, plågas mera. Bägge förlora medvetandet, innan de dö; hade Kasim icke fått hjälp, skulle han också ha förlorat medvetandet fullständigt, innan han dött. Kanske har den egendomliga känsla af likgiltighet, som Hedin omtalar, bidragit att mildra deras kval, innan de upphörde att känna dem.

Den skildring, som Vambéry lämnar af plågorna vid törst, är icke så detaljerad som Hedins. Men den tecknar dock en bild af de kval, som den resande i öknen måste lida. Man kan förstå det turkiska ordspråk, som säger: »en droppe vatten, som gifves den törstande i öknen, aftvår hundrade års synder».

Man får för öfrigt icke glömma, att de plågor, som törsten medför, blandas med följderna af utmattning och hetta. På det hela taget är det ju sällsynt, att törst eller hunger, hetta eller köld komma till att verka enbart, såsom vi skola få se vid skildringen af död genom förfrysning m. m.

Om död af hunger.

Att vara hungrig, när man vet, att man kan få något att äta, äfven om det dröjer länge, innan tillfället yppar sig, är ingalunda alltid obehagligt. Men att veta, att man icke har utsikt att stilla den hunger, som inställer sig vid den tid, då man brukar äta sina måltider, det ger strax anledning till, att hungerskänslan blir plågsam. Medan den, som vet, att han omsider skall få sin hunger stillad, ändock kan iakttaga, att den går öfver för att först senare komma igen vid en tidpunkt, som svarar mot den, då han brukar äta, så skall däremot den, som vet, att han icke kan få mat, fortfarande känna hungern som en plåga. Det dröjer icke länge, innan törsten också plågar honom svårt, hans fantasi upphetsas, och om han icke ser någon utväg till räddning, utan måste tro, att han går döden till mötes, så är hans tillstånd förtvifladt. Det är ju ytterst sällsynt, att människor befinna sig i en sådan situation. När det är tal om hungersdöd, så är det i regel fråga om en ofullständig näring. I början finns det blott litet att äta, men man kan dricka vatten och annat; när sedan födoämnena äro åtgångna, tillgriper den hungrande andra saker, som under vanliga förhållanden icke användas till föda. Det är sorgliga berättelser af detta slag, som man läser om skeppsbrutna i öppen båt på hafvet, om arméer, som äro inneslutna i fästningar m. m. Sinnessjuka, som vägra att mottaga föda, och som det icke lyckas att mata, fångar, som beslutit att ta sig själfva af daga genom att ingenting äta, och människor, hvilkas matstrupe är så förträngd af sjukdom, att maten icke kan passera igenom, äro exempel på, att hungersdöd kan inträda under mera vanliga förhållanden. Men det är ju också ytterst sällsynt, att i sådana fall det kan bli tal om en fullständig hunger. I hvarje fall kan ingen, som har tillfälle till att få läkarhjälp, löpa fara att dö af hunger, ty man känner många sätt att hjälpa detta.

Liksom det är sällsynt, att all tillgång till näring eller näringssurrogat är afspärrad, så är det också sällsynt, att hungersnöden drabbar fullt friska människor. De berättelser, som finnas från äldre och nyare tid om hungersnöd på grund af missväxt, torka m. m. i olika länder (särskildt Irland, Preussen, Österrike, Algier, Kina och Indien), ha varit föremål för många studier. Det samma gäller om skildringar från Krimkriget och andra motsvarande tillfällen (berättelsen om den 4 månader långa belägringen af Torgau i Sachsen år 1813—14, hvarvid 20,000 af de 26,000 försvarande dogo, skall vara särdeles pålitlig). Dessa studier ha visat, att det icke så mycket är fråga om död af hunger som om död i olika sjukdomar af mer eller mindre tyfusliknande natur, hvarför man också talar om hungertyfus, hungerpest o. s. v. När därtill kommer, att hvarje särskild individs konstitution, ålder och många andra förhållanden själfskrifvet måste ha betydelse för de plågor, som åtfölja hungersdöden, så kan man förstå, att det är omöjligt att gifva en ren bild af densamma. »Svältkonstnärer» kan man icke ha nytta af för att besvara frågan; de förtära ju vatten och annat, och de ha säkert ofta preparerat sig i förväg för att bättre kunna motstå verkan af bristande näring. Man kan utgå ifrån, att i allmänhet en människa, som är komplett stängd från att förtära någonting som hälst, skall känna en pinsam hunger, som tilltager för att efter 20 timmars förlopp nå sin höjdpunkt. Därefter aftager hungern, men törsten är fortfarande plågsam. Den hungrande blir aftärd. Alla väfnader, särskildt slemhinnor, hud och muskler, mista sin fyllighet, därför att deras vätskeinnehåll går förloradt. De bli torra och magra, musklerna bli slappa och mista sin kraft, en allmän känsla af matthet inställer sig jämte benägenhet till svimning. Och det är icke underligt, ty blodet, som ju också är en väfnad, får icke tillräcklig näring, det förser icke hjärnan med tillräcklig kraft, för att den skall kunna utöfva sin normala verksamhet. Vi ha ju förut sett, att anämi (»blodbrist»), antingen den beror på sjukdom eller blodförlust, orsakar svimningar. I verkligheten finns det många sjukdomar, där blodets dåliga sammansättning och det däraf följande försämrade näringstillståndet i hjärnan föranleder om hungern påminnande tillstånd. Läkaren talar därför också om »inanitionstillstånd», som kunna uppträda under olika förhållanden, och särskildt vid lungsot. De kunna uppträda som en öfvergående yrsel, men visa sig i andra fall som verkliga delirier och »sinnessjukdomar». Jag har sett ett sådant tillfälle. En 22-årig flicka hade förlorat betydligt med blod genom kräkning (från ett magsår) och hade tillika ingenting fått förtära på fyra dagar. Då hon börjat att få litet krafter igen, därför att hon fått något att äta, blef hon en dag (den 8:de sjukdomsdagen) alldeles oväntadt och plötsligt oredig, svettades starkt, kastade sig i sängen och tycktes vara medvetslös. Det varade halfannan timme; efter anfallet var hon klar och klagade öfver hufvudvärk, men fyra dagar därefter fick hon åter ett häftigt anfall. Hon var städse feberfri. Först då man kunde konstatera, att hennes blod var på god väg att bli normalt igen, föreföll hon alldeles utan fara, och det var nu blott trötthet och benägenhet för svimning kvar. Hade hon dött i ett af de omtalade anfallen, skulle hon ha gjort det utan att känna dödens annalkande.

Den hungrande kan dö jämförelsevis tidigt i en svimning, och hans död är då lätt. (Kanske är det kännedomen om denna form af hungersdöd, som bragt några af forntidens män till att frivilligt välja detta dödssätt.) Men oftast får han upplefva, att han blir mer och mer mager och matt; hans psykiska tillstånd är visserligen olika allt efter hans natur, men slöheten blir dock mer och mer uttalad. Han förmår icke tala, blir kall och känslolös, han delirerar, förmår icke att röra sig, blir medvetslös och dör med eller utan kramp. Det synes som om en vuxen, frisk man icke kan lefva mer än 12 dagar utan att förtära något som hälst. Huru länge räcka hans plågor under dessa 12 dagar? Det är omöjligt att svara på, blott ett är säkert, att hans förskräckliga kval lindras emot slutet, ty från det ögonblick, som han börjar delirera, har han förlorat medvetandet. Efter döden finnas då också tecken på, att hjärnan är mest lidande.

Den, som icke är alldeles beröfvad all näring, men dock måste sägas dö på grund af ofullständig sådan, liknar ju på det hela mera en sjuk. Han är i själfva verket en sjukling, hvars hjärnas lidande är det, som mest karaktäriserar hans sjukdom och död. Vi kunna därför hänvisa till kapitlet om död från hjärnan.

I vår bilaga finnes en skildring, som säkert skall intressera läsaren mycket, och det är berättelsen om Theodor Schultzes sista tid. Han förstod, att han hade kräfta i matstrupen, och bestämde sig då att icke förlänga sitt lif genom att äta. Det enda, han förtärde, var the och kaffe. Plötsligt slutade han att ta socker dårtill i tanke på, att detta var närande. Sista tiden fick han litet morfin. Det är ju ett exempel på hungersdöd, om också icke ett rent sådant. Hans död, som var honom själf omedveten, då den inträdde, fastän han ju länge vetat, att den var oundviklig, berodde på hans sjukdom jämte hans bristfälliga näring. Mest läsvärdt är dock detta exempel därför, att man får leta länge för att finna en så storslagen karaktärsfasthet och en så öfverlägsen och samtidigt så fin uppfattning af människans förhållande till lif och död.

Om död af förfrysning och utmattning.

Kölden verkar helt olika på olika individer, allt efter deras konstitution, temperament, ålder och allmänna kroppstillstånd. Hvilken betydelse det har, om man är i rörelse eller sitter stilla, vet enhvar, liksom det ju också är allmänt kändt, att man långt bättre tål stark köld, när det icke blåser, än när det blåser. När man på vintern sitter i ett rum med kakelugnsvärme, har man svårt att förstå, att man kan tåla vid att vara ute i en köld, som svarar mot —50° C. I hvarje fall skulle man tro, att man skulle finna det mycket obehagligt, men detta behöfver ingalunda vara fallet. I Nansen's bok om hans resa i polarhafvet meddelas städse, huru kall luften var. Mellan —30 och —40° C. var ingalunda sällsynt; den 11 mars visade termometern —50° C., »vi befinna oss alla mycket bra därmed; i kväll är temperaturen —51,2», säges det. Också Sverdrup berättar om de låga temperaturerna; det gäller också mars månad och ungefär på samma breddgrad (omkring 79°); »i de 14 dagar, vi varit ute, var medeltemperaturen —45°, enstaka dagar under —50°», säger han. Desse män, som ju färdades mycket länge i kalla trakter, tålde som bekant kölden väl. Af den mycket ansedde prof. Hann's lärobok i meteorologi, som är citerad i vår bilaga under ordet temperatur, lära vi, att de absoluta temperaturextremer, som man har mätt på jordytan, ligga mellan +50° och —70° Celsius. Meteorologerna Gerson och Süring nådde år 1901 i ballong den största hittills nådda höjd i atmosfären, 10,500 meter; temperaturen var här —40° C. När man vet, att människor väl fördragit så stark köld, så kan man ej bli annat än öfverraskad, när man läser om dem, som frusit ihjäl under förhållanden, där det icke är tal om stark köld. Blott några få graders kyla synes kunna döda. Man måste dock betänka, att det icke är kölden enbart, som verkar, utan att andra moment, särskildt utmattning efter ansträngningar, också måste tagas i betraktande. Den, som förtär alkohol, är mera utsatt för att frysa ihjäl än den nyktre; blåser det kallt, är faran större, än om luften är stilla.

I kapitlet om krig skall läsaren finna Larrey's berättelse om de franske soldaternas tåg i Ryssland. Denna skildring ger en förträfflig bild af köldens verkningar tillsammans med ansträngning. Kanske också att det nedstämda humöret har haft sin andel i det sorgliga slut, som så många af soldaterna gingo till mötes. I samma kapitel finnes general Lavasseur's skildring af reträtten vid Bou-Thaleb; fastän det blott var ett par graders köld, dog en stor mängd af soldaterna, men här spelade blåsten en stor roll.

De symtom, som särskildt uppträda, när kölden verkar dödande, äro en betydlig matthetskänsla och en ooöfvervinnerlig benägenhet till sömn. Den förfrusne går osäkert, nästan som en berusad, han förmår icke att tydligt urskilja de föremål, som han ser, hörseln försvagas, och det klingar och susar för öronen, medvetandet blir omtöcknadt, och han stirrar meningslöst, idiotiskt framför sig. Ser man en sådan person, blir man ohyggligt berörd af hans bleka, blåaktiga ansikte med sitt slöa uttryck. Snart störtar han, och om det icke kommer hjälp, blir han liggande utan medvetande. Andningen blir långsammare och svagare, pulsen likaså, och alldeles omärkligt inträder döden som i en sömn. — I andra fall (och det är det vanligaste, när det icke är fråga om människor, som äro tvungna att gå) har den, som är ute i den stränga kölden, väl känt, att det är kallt, men han tycker icke, att det är så svårt. Efter hand blir han mattare och får ett oemotståndligt behof att hvila sig, men har han blott suttit eller legat ett ögonblick, så faller han i sömn — för att icke vakna mer. Jag har hört en berättelse om ett fall, som belyser detta: en omkring 40-årig man berättade, att han som ung vid omkring 25 års ålder var på en färd tillsammans med några andra. Det var sträng kyla, och då de kände sig matta, satte de sig på en dikeskant. Han kunde minnas, huru skönt det kändes att få sitta, och att han snart försjönk i ett tillstånd, som står för hans minne som ett af de skönaste i hans lif. Det var, som om himmelen öppnade sig för honom, och han såg syner, »änglar som dansade» etc. Mera mindes han icke; han vet blott, att han vaknade till medvetande i ett hus, där man sade honom, att han blifvit funnen tillsammans med de andra i ett tillstånd, som lät befara hans död. Han hade kallbrand i fötterna, något som han icke anade, innan man sagt honom det. Mannen sade af sig själf, att om han dött därute på vägen, så skulle han icke kunna tänka sig en saligare död.

De, som bli återväckta till lif från det tillstånd af skendöd, som kölden kan framkalla, blifva icke sällan illamående med hufvudvärk och andra retnings-symtom från hjärnan, och kunna då förlora med-vetandet, få delirium och dö i detta stadium. Eller ock blir det blott en ansats till uppvaknande. Frem-mert och Luppian ha meddelat Sonnenburg, att de i St. Petersburg sågo en människa, som blef funnen i närheten af sjukhusporten i medvetslöst tillstånd och tämligen stelfrusen. Ögonen hade ett glasartadt uttryck, och man kunde knappast spåra andedräkt eller puls. Med lämplig behandling kom andningen i gång, och man kunde åter höra hjärtats slag, men dock icke känna pulsen. Man fick till och med den sjuke till att helt sakta säga sitt namn, men svag-hetstillståndet vände tillbaka, och han afsomnade stilla, 15 timmar sedan han blifvit funnen. — Icke häller denne patient har lidit något genom dödens inträdande.

Som en i alla afseenden utmärkt skildring af, huru köld och ansträngning i förening kunna orsaka döden, hänvisar jag till Mosso's meddelande af be-rättelsen om bröderna Zoja's död. Det är två unga män, söner till en anatomie professor i Paris, som äro på en lusttur tillsammans med en läkare. De ha ofta förut gjort fjällturer, men blifva nu öfverfallna af ett oväder, och fastän det blott räcker helt kort, och oaktadt temperaturen icke är synnerligen låg, om-komma de dock båda. Den skildring, som läkaren gör af denna utflykt, är mycket omständlig och på-litlig, den är utarbetad med fin uppfattning för det sorgliga i situationen och dock alldeles objektiv — jag ber läsaren att läsa den med uppmärksamhet — ;

den visar klart, huru döden inträder under sådana förhållanden, och tillika, som vi flere gånger förut haft anledning att framhålla, att de efterlefvande ofta lida långt mera af att se dem, som dö, än hvad de döende själfva lida.

På det hela taget torde man inse, att de, som dö af förfrysning, icke ha något att lida af själfva dödens inträde.

Att man kan dö af *utmattning*, ha vi redan belyst med flera exempel. Utmattningen åstadkommer ju sällan döden, utan att det tillika finns andra moment, som måste tagas i betraktande. Den, som lider af en sjukdom, som länge har tärt på hans krafter, dör stundom af utmattning (exhaustio virium, se sid. 152). Icke sällan är det blott en liten ansträngning, som ger utslaget, såsom vi sett hos de patienter, som omtalats i våra *observationer*. Vi ha sett, att den, som utsättes för öfverväldigande hetta eller sträng köld, kan dö, när utmattning genom ansträngningar tillkommer. Här vilja vi blott i korthet belysa ansträngningars inverkan på den friska människan, och följa därvid Mosso. Liksom den intellektuella utmattningen kan förorsaka hallucinationer, kan den fysiska tröttheten eller utmattningen, öfveransträngningen af kroppsarbete, framkalla exaltation. Mosso och hans följeslagare, som uppehöllo sig på toppen af *Gnifetti* i en hydda, som drottning Marguerita af Italien låtit uppföra där (4,560 meter öfver hafvet), sågo ofta, att de resande, som haft en tröttsam bestigning på stormiga dagar, voro mycket upphetsade vid ankomsten. Detta gällde också förarne, som dock voro vana vid dessa turer. De gjorde icke sällan intryck af att vara berusade, talade mycket högljudt, och till och med efteråt, när de kommit till ro, var det, som om deras karaktär blifvit förändrad. Mosso såg sålunda en af sina bekanta, en allvarlig läkare (som alls icke hade förtärt någon spirituosa), slå kullerbyttor, slå ut med armarne, kasta sig omkull på rygg, skratta och prata, så att Mosso blef helt orolig för hans tillstånd. Lemercier såg en gång på toppen af Monte Rosa två engelsmän, som knäböjde och med hög röst sjöngo »God save the Queen», och Piachaud såg en öfvad bergbestigare, som vid ankomsten brast i gråt. Dessa exempel visa, att ansträngningen förändrat cirkulationsförhållandena i hjärnan, föranledt kongestion till densamma, saker som vi omtalat å sid. 79 och 194. Om en sådan kongestion blir så stark, att den dödar, kan man förstå, att den angripne icke känner, att han dör.

Men Mosso såg också två personer, som kommo in i hyddan i ett utomordentligt utmattadt tillstånd. Efter sedan man bragt dem hjälp, var det som om de vaknade ur en dröm, och först efter hand blef det klart för dem, hvar de voro, och att det fanns människor omkring dem. Detta hade dock lika mycket sin grund i, att de icke strax kunde se. Också i sådana fall skulle ju döden vara fullständigt omedveten för den, som den drabbar.

Mosso har också iakttagit verkan af den ansträngning, som cyklister kunna utsätta sig för. Vid den första internationella täflingen mellan cyklister i maj 1894 i Italien (det gällde att cykla 530 kilometer från Milano till Turin) sågo han och flere andra läkare de ankommande. De två förste, som hade användt 27 timmar, befunno sig rätt väl, men de andra voro svårt angripna och exalterade. En af dem väsnades så starkt, då han kommit till sängs, och talade så högt, alltjämt repeterande berättelsen om sin färd, att han måste isoleras; hvarken böner eller hotelser kunde bringa honom till tystnad. I New York blefvo två cyklister, som hade åkt i 6 dagar för att vinna 12,000 dollars-priset, så exalterade, att de en hel dag ansågos för sinnessjuke. Mosso meddelar, att denna exaltation kan verka dödande, som man sett en gång efter en cyklisttäfling; när den gör det, är det dock oftare, sedan den åtföljande utmattningen inträdt. Denna period är mest karaktäriserad af likgiltighet och apati, som öfvergår i ett sömnliknande tillstånd (hypnos, beskrifven af Tissié i en afhandling om cyklister).

Nervsystemets depression efter exaltationen iakttages också hos alpvandrare. Den berömde Tyndall skrifver om sig själf, att han måste ge akt på sig själf, att detta likgiltighetstillstånd icke skulle öfvergå till sorglöshet, då han besteg Weisshorn. Likgiltigheten kan till och med stegras till dödsförakt. Mosso bad en gång enträget sina förare, att de skulle låta honom bli liggande i snön, och det föreföll honom grymt, att hans ledsagare gjorde invändningar och hotade honom. Det slutade med, att de med våld måste förmå honom att gå vidare. Mosso lofvade dem, att han skulle gå frivilligt, om han blott finge lof att ligga utsträckt några minuter. »Jag kände ingen fruktan för döden; den syntes mig till och med som en befrielse», säger han. Mosso anser detta tillstånd af likgiltighet för sig själf och andra för en af de viktigaste orsakerna till olyckor i Alperna.

Genom utmattningen lider också minnet. En professor i botanik glömde efterhand alla växtnamn, allt efter som han steg högre, men kunde minnas dem igen, då han gick ned. Då Saussure gick ned från Col du Géant, kunde han icke finna ord för att uttrycka sina tankar. Att också synen lider, ha vi redan anmärkt — kort sagdt, utmattningen angriper hjärnan på ett sådant sätt, att om döden följer, så kan det icke bli tal om, att den, som dör under sådana förhållanden, kan plågas däraf.

Om död genom olycksfall.

(Förblödning, fall från en höjd m. m.)

Begreppet olycksfall är vidtsväfvande, ty nu för tiden, då det finns bolag, som »assurera för alla slags skador», räknas äfven den obetydligaste skada för ett olycksfall, blott den hindrar den skadade ifrån att utföra sitt vanliga arbete fullkomligt obehindradt. Som vi sett på sid. 130, kan ett obetydligt sår, t. ex. om man skär sig litet med en knif, ge anledning till död af septikämi. Den, som bryter benet, kan dö af en blodpropp (se sid. 109), äfven om brottet icke står i fri förbindelse med luften. Vi måste därför söka att samla, hvad vi vilja skildra, under särskilda hufvudgrupper. I flere af dessa skall läsaren finna meddelade fall, som icke egentligen kunna räknas med som olycksfall, så t. ex. i kapitlet om förblödning.

De två omständigheter, som dominera bilden, när tal är om olycksfall, äro blodförlusten och förlusten af medvetandet. Naturligtvis kan det uppstå skador, som äro långt allvarligare, såsom t. ex. att ryggraden krossas och lamhet inträder. Men det, som starkast tränger sig på uppmärksamheten, och som också kan vara af afgörande betydelse för frågan om lif eller död, är blödningen och medvetslösheten.

En *blödning* kan, som vi flere gånger omtalat, bli så stark, att hjärnan genom blodförlusten icke mera kan fungera normalt. Den sjuke svimmar då och mister sans och fattning. Vi ha på sid. 56 utförligt omtalat svimningen och i Obs. 8 meddelat ett godt exempel på de förnimmelser och tankar, som en kvinna kände vid ett sådant tillfälle.

Är vanmakten djup på grund af stor blodförlust, så kan det hända, att den öfvergår till död, utan att den afsvimmades utseende påfallande förändras; den bleke patienten, som ligger så stilla, liknande en död, somnar stilla bort. I *forntiden* visste man, att det kunde vara ett behagligt dödssätt, ty det var vanligt, att den, som fick befallning att beröfva sig själf lifvet eller frivilligt gjorde det, valde att afskära sina pulsådror. När det icke lyckades, måste giftet tagas till hjälp, hvarmed de i Athens domstol dödsdömde togos af daga. Filosofen Seneca, som på många ställen i sina bref till Lucilius söker att öfvertyga honom om, att det är berättigadt att taga sig själf af daga (en lära, som för öfrigt icke delades af alla), har förtörnat sin forne lärjunge, kejsar Nero. Då denne får höra, att Seneca icke bereder sig till att frivilligt dö, sänder han honom befallning, att det skall ske, men öfverlåter åt honom själf att välja sitt dödssätt. Seneca har ofta öfvervägt, hvilket sätt man bör föredraga — det, »hvarmed man hastigast banar sig väg till friheten». Att han icke nådde sin befrielse hastigt, synes af den skildring, som Tacitus gifvit af hans sista timmar. Den gamle mannen (han var nära 70 år), hvars kropp tillika var utmärglad, därför att han åt så litet, och som icke vill motsätta sig, att hans hustru, Paulina, följer honom i döden, öppnar ådern på armen med samma instrument, som hon använder. Men blodet flyter blott långsamt från Senecas gamla ådror, och han låter därför öppna flere. Det hjälper ändock icke, han lider förfärliga

kval, och då han fruktar, att åsynen af dessa skall
göra Paulina mindre ståndaktig, eller emedan han
icke själf kan tåla att se hennes plågor, ber han
henne gå in i ett annat rum.   Seneca är ännu
vid medvetande, han kallar på sina skrifvare och
dikterar för dem några anteckningar, som blefvo
offentliggjorda efter hans död (men som Tacitus icke
meddelar).   Då Seneca ser, att döden icke inträder
hastigt nog, ber han sin läkare, Statius Annæus,
att räcka sig det gift, som stod där tillagadt, men
icke häller detta vill göra verkan.   Slutligen stiger
han ned i ett kar med hett vatten och bestänker där-
med dem, som stå närmast, i det han säger: »jag
viger detta vatten åt Jupiter befriaren»*), lägges sedan
ner i karet och kväfves af de heta ångorna. På detta
något teatraliska sätt slutade den gamle filosofen sina
dagar år 65 — annorlunda än han hade tänkt sig.
Som han själf hade önskat, blef hans lik brändt, och
askan bisatt utan ceremonier. Hans hustru, Paulina,
blef på Neros befallning hindrad från att dö; hon
förblef likblek, säger Tacitus.

Petronius, en af Neros »maitres de plaisir», kom
bättre ifrån sin förblödningsdöd.   Han lät öppna
ådrorna, förband dem igen, öppnade dem åter —
och sammalunda flera gånger. Han skämtade med
sina vänner och visade sig också på gatorna i Cunnæ.
Då han till sist sjönk samman af utmattning, upp-
nådde han sin afsikt, att det skulle se ut, som om
han dödt en naturlig död (år 66 e. Kr.).

Cato med tillnamnet Uticensis (därför att han
dog i *Utica*) tar lifvet af sig själf i sitt 49:de år.
Han dör af blodförlusten. Seneca beskrifver hans sista

---

*) Tacitus' Annaler XV, sid. 64: »addita voce: libare se liquorem
illum Jovi Liberatori».

natt i ett bref till Lucilius: han har Plato's skrift om odödligheten i sin hand, och under hans hufvudkudde ligger svärdet, längesedan bestämdt till att hjälpa honom. Förtviflad öfver människorna, rasande på Cæsar, drager han svärdet och söker att döda sig. Man skyndar till, då man hör buller, och förbinder hans sår, men han rifver upp det med egna händer och dör hastigt (år 45 f. Kr.).

Att döda sig själf med svärd eller dolk var icke ovanligt i forntiden. De berättelser, man läser härom, såsom t. ex. den nyss meddelade om Cato och den, vi anföra i bilagan om Otho, kunna icke annat än imponera som exempel på modiga och fasta karaktärers upphöjda uppfattning. Det är i sådana fall naturligtvis icke alltid blodförlusten enbart, som leder till döden, ofta träffas andra organ och väfnader, särskildt nervsystemets, hvilkas skadande är oförenligt med lifvets bestånd. Så går det också i *krig*, där bajonetten är det dödande vapnet, och vid *attentat*.

Som några exempel på dessa senare, där blodförlusten dock synes vara den egentliga dödsorsaken, skall jag anföra följande. Konung Henrik IV af Frankrike åker den 14 maj 1610 på en af Paris hufvudgator. Vagnen råkar bli hindrad att köra fram, då i det samma Ravaillac med ena handen hjälper sig upp i den, medan han med den andra stöter en lång knif två gånger hastigt efter hvartannat i konungens vänstra sida. Denne utstöter ett skrik och säger, att han är sårad, men strax därefter, att det icke är något. D'Epernon, som sitter vid hans sida, stöder honom, blodet flyter ut ur hans mun, och han dör. Det visade sig, att denna hastiga död af förblödning hade sin grund i, att knifven hade genomborrat lungan och afskurit en af de stora ådrorna strax ofvanför hjärtat. Med afseende på närmare detaljer hänvisar jag till meddelandet i bilagan om Ravaillac.

Kejsarinnan Elisabeth af Österrike, som blef sårad af en dolk år 1898, dör halfannan timme därefter. Hjärtat är genomborradt, och döden beror på en inre förblödning. Hon är dock i stånd till att, strax efter det hon blifvit sårad, gå ombord på det fartyg, som det var hennes afsikt att resa bort med. Man tror där i början till och med, att det icke är fara på färde, men då hon förlorar medvetandet, vänder man om, och hon föres i land igen. Hon själf anar ingenting om den gräsliga ogärning, för hvilken hon blifvit offer. Hennes sista ord till hofdamen, som hjälper henne, äro: »hvad har skett?»

De anförda exemplen visa oss det egendomliga, att de anfallna icke varit på det klara med situationens allvar. I vår afdelning om död i krig, skola vi få se, att detsamma gäller för attentat med skottsår. Med härtig de Berry var det dock annorlunda. Han träffas kl. 11 på kvällen af en dolkstöt, efter att han blifvit våldsamt gripen bakifrån och vriden halft om. Han drager själf ut dolken, men svimmar af den starka blödningen. Då han några timmar senare ser läkaren suga ut såret, säger han: »hvad gör ni där, doktor? Dolken är kanske förgiftad —». Han lider mycket, särskildt af andnöd. Kl. 5 på morgonen, då konungen sitter hos honom, ber han om nåd för mördaren. Konungen svarar: »vi skola tala om det en annan gång». En timme därefter är han död. Dolken hade träffat själfva hjärtat. Detta är ett exempel på en mera långsam död af förblödning, vid hvilken dock andra moment kanske spelat en afgörande roll.

Att många af dem, som i *krig* dödligt såras af bajonett- eller lansstyng, få lida mycket, så framt icke döden ögonblickligt följer, är ju själfklart. Reformatorn Zwingli visar oss ett exempel, som är värdt att läsa. Han söker som martyr sin tröst i medvetandet om att lida för den goda saken, men annorlunda måste det ju vara för en soldat, som är utkommenderad i krig, och som icke känner sig hänförd af den sak, för hvilken det strides.

En läkare, som ser många fall af stor blodförlust vid olika skador, eller som företager många stora operationer af blodrika svulster på ställen, där man icke i förväg kan göra blodtomt, eller försäkra sig mot blödning under operationens förlopp, blir icke sällan vittne till död af kollaps, d. v. s. att den sjuke mer och mer faller ihop, eller kanske alls icke kommer till sans igen efter skadan eller operationen, så att han, kan man säga, dör bort helt stilla. I sådana fall är det icke häller blodförlusten enbart, utan också shocken på nervsystemet samt kloroformen eller annat bedöfningsmedel, som orsakar döden. Detta gäller också för många af de sorgliga och ohyggliga fall, där en patient dör under operationen, och där det enda, som förmildrar intrycket däraf, är, att patienten ju är bedöfvad och därför ovetande om situationen, men har somnat in, påverkad af bedöfningsmedlet och i hopp att få hjälp för sin sjukdom. Det ges dock fall, där det här omtalade dödssättet, som åtminstone delvis beror på blodförlust, icke är ett stilla afsomnande utan gör ett ohyggligt intryck. Den döende är då orolig, kastar sig af och an och känner en stark ångest, som framkallar klagan och skrik: »jag dör, jag dör!» Det bleka ansiktets uttryck tyder på ångest och plågor, och andnöden gör den döendes andhämtning kort och stönande. Först kort innan döden inträder, blir medvetandet omtöcknadt. Den, som sett en sådan bild, har svårt att glömma den

igen. — Sådana fall äro dock sällsynta, då man ju
i koksalt-transfusionen har ett godt medel att mot-
verka blodförlusten och i morfinen hjälp att lindra
smärtorna och ångesten. — Stundom är blödningen
så våldsam, att det icke kan bli tal om att kunna
bringa verksam hjälp, utan patienten dör efter få
ögonblick. Man glömmer icke lätt ett sådant fall.
Hos en 24-årig man hade vi fyra dagar förut lyckligt
aflägsnat en stor kräftsvulst från halsen och stannat
en våldsam blödning från halsens stora blodåder.
Vid omläggningen, i samma ögonblick som en in-
lagd tampon borttages, väller blodet fram på en gång
från såret och munnen, men man får blödningen
hastigt att stanna genom att tamponera såret. Han
gör dock intryck af att vara döende, är medvetslös,
med krampryckningar i armarne och utvidgade pu-
piller. Småningom blir den hastiga andningen lugnare,
blödningen har alldeles stannat genom lämplig be-
handling, och man ger honom nu saltvatteninsprut-
ningar. Han återfår då medvetandet, så till vida att
han jämrar sig litet och klämmer armen på den
närmast stående. Andningen blir därpå regelbunden,
och han ligger åter lugnare, men kort därefter ser
man, att hans pupiller, från att ha dragit sig samman
ett ögonblick, blifva utvidgade, och andningen blir
långsammare och tyckes vilja upphöra. Han får åter
saltvatteninsprutning på olika sätt och behandlas
med andra medel, men andningen upphör, pupillerna
dilateras ytterligare, och han dör. Vid obduktionen
fanns en stor mängd blod i magsäcken och en mindre
mängd i luftröret. Huru ohygglig än denna bild är,
så har patienten knappast lidit plågor genom sin
hastiga död, ty den har öfverraskat honom, och hans
jämmer de få ögonblick, som han höll på att åter-
komma till lifvet, får mera uppfattas som framkallad af

den vid behandlingen kända smärtan, än som medvetet uttryck för dödsångest.

Vi lämna härmed frågan om död af förblödning och vända oss till den andra framträdande sidan vid olycksfallet: den skadade ligger utan medvetande. Har han *hjärnskakning?* Det är den fråga, som de ängsliga anhöriga alltid först göra. Många af dem, som efter ett fall ligga medvetslösa, äro blott afsvimmade; de ha i samma ögonblick, som fallet begynte, fått svindel och förlorat medvetandet, samt återvinna det först, sedan de legat en stund på marken, under transporten till sjukhuset, eller medan de där behandlas. Äfven om de icke lidit blodförlust, kan det dock vara svimning, som man ser däraf, att de äro och förblifva vid fullt och klart medvetande, sedan de en gång vaknat. Så har förhållandet varit med flera af de patienter, som vi snart skola omtala, när det är fråga om, hvad de kunna erinra sig om olyckshändelsen. Den, som har hjärnskakning, kan alldeles likna en afsvimmad, och räcker den blott helt kort, så kan man lätt förbise, att det verkligen varit mer än en svimning. I regel räcka hjärnskakningens symtom dock längre, $^{1}/_{2}$—3 dygn, och en sådan person liknar då en helt lugnt sofvande. Man kan knappt se eller höra, att han andas, och pulsen, om den är kännbar, är mycket långsam. Han ligger orörligt stilla och svarar icke, äfven om man ropar högt i örat på honom. Dör han, utan att det finns andra skador än hjärnskakningen, så dör han som i en sömn.

Men mycket ofta finnas utom hjärnskakningen andra skador. Det kan vara *brott å hufvudets ben*, hvarifrån *blod* kan sippra ut och *trycka på hjärnans yta*, eller är detsamma *öppet*, i förbindelse med luften. Det händer, att *ett stycke* ben är *nedtryckt i hjärnan*, eller att *hjärnmassa*, krossad och blandad med jord, *tränger fram*. Eller blöder det från öron och näsa, och förlamningen af en ansiktsnerv visar oss, att det är ett *brott på kraniets bas*. Eller ock gör han intryck af, att det blott är en hjärnskakning, och har kanske till och med under symtom af hjärnirritation vaknat upp ur sitt medvetslösa tillstånd, och de anhöriga glädja sig allaredan öfver hans återvändande till lifvet, då han plötsligt åter blir medvetslös, får kramp eller förlamning i en eller flera lemmar, uppkastningar — och dör under dessa symtom af *hjärntryck*.

I andra fall har det kanske icke funnits tecken på hjärnskakning, utan mannen, som fallit och slagit sitt hufvud, t. ex. mot kanten af en stentrappa, har rest sig igen och talat förnuftigt, kanske återtagit sitt arbete, då han plötsligt faller omkull, medvetslös, med kramp eller lamhet i ena armen eller benet. Detta är ett fall af hjärntryck, som beror på, att en stor pulsåder inne i kraniet brustit, och att först småningom det utträngande blodet kan trycka så starkt på vissa delar af hjärnan, att de förlamas. I rättsmedicinskt afseende hafva dessa fall ju en utomordentligt stor betydelse. Kommer därtill, att från blödningar i hufvudet blod kan komma ned i strupen och lungorna eller sväljas ned och fylla magsäcken, att det kan finnas många andra skador samtidigt, såsom brott af refben, lemmar, ryggraden, bäckenet och mycket, mycket annat, så kan läsaren förstå, att det finnes så många brokiga bilder, att det icke är möjligt att här i vår framställning anföra exempel på dem alla. Vi nöja oss därför med att anföra ett par fall och att i allmänhet säga, att alla de, som dö i anslutning till sådana skador, de dö också utan medvetande om att dö, och det äfven om deras oro och annat måste bibringa omgifningen den tanken, att de plågas.

.Vi välja just ett sådant exempel, som måste vara öfvertygande för läsaren. Det är vår Obs. 66, en 38-årig hamnarbetare, som träffats i hufvudet af ett nedfallande tungt föremål och strax fallit omkull medvetslös. Där finnes en betydlig fraktur på kraniet med blödning och krossning af hjärnmassan. Denne man rör fortfarande armar och ben, så att man måste hålla vakt, för att han icke skall skada dem. Då det på aftonen visar sig symtom, som bestämma mig att undersöka skadan, rör han fortfarande armar och ben så starkt, att det behöfves flera personer för att förhindra, att rörelserna icke skola störa operationen. Denna är rätt ingripande, men han, som naturligtvis icke är kloroformerad, efter som han är utan medvetande, ger icke på något sätt till känna, att han anar, hvad som företages med honom. Han flyttas in i sin säng igen i samma medvetslösa tillstånd och ligger alltjämt orolig på samma sätt hela natten och påföljande dag. Först mot aftonen slutar han upp att röra benen, andas lugnare och blir blekare. Så ligger han till kl. 5 på morgonen, då han får en kräkning, hvarvid han för första gången rör på hufvudet, i det han vrider det litet åt sidan. Tre kvarts timme efteråt dör han helt stilla. Medvetandet var alltså borta från det ögonblick, han skadade sig, och till döden. Han kände icke igen sin hustru eller de anhöriga, som sutto hos honom.

En sådan ögonblicklig förlust af medvetandet vid större skador kan också inträda, utan att hufvudet (hjärnan) skadas. I bilagan finnes ett exempel härpå (Obs. 67). Det är en ung man, som blifvit fastklämd mellan en kran och en mur, så att bäckenet m. m. sprängts itu. De män, som förde in honom till sjukhuset, ansågo, att det blott gick en bråkdel af en minut, innan de fingo honom loss, men han var då redan medvetslös. På sjukhuset var han alldeles utan metvetande, reagerade icke för upplifvande medel och dog, medan hans sår förbundos.

Icke så sällan äro de skadade berusade, och den bild, de förete efter skadan, kan vara komplicerad på många sätt. Jag hänvisar läsaren till Obs. 68, en 42-årig arbetare, som icke återfår medvetandet, fastän han visar liksom ansats därtill, och särskildt till Obs. 69, en 36-årig man, som plötsligt fallit omkull på gatan med krampanfall, och därvid ådragit sig ett brott af hjärnskålen. Det är en alkoholist, som fått ett af dessa krampanfall, som bero på njursjukdom. Förd till sjukhuset, kan han icke upplysa om, huruvida han stött hufvudet eller ej, utan säger, att han mår bra. Han förbindes och lägges till sängs, men får snart kramp — och nu utvecklar sig bilden af delirium, han ser djur m. m. Denne man är alltjämt medvetslös i 4 $\frac{1}{2}$ dygn och dör utan att känna dödens inträde. Nästan hela tiden har han famlat automatiskt med händerna, som om han ville gripa något, och först kort före döden aftaga dessa rörelser i intensitet, men fortsätta dock som svaga reminiscenser af de föregående rörelserna — tjugu minuter före döden aflösas de af skakning i armarne, som sprider sig till ryggen och benen och tyder på en förändring i själfva ryggmärgen.

Att de, som på grund af hjärnskador äro medvetslösa, verkligen icke uppfatta, hvad som försiggår med eller omkring dem, äfven om de genom enstaka rörelser eller på annat sätt måste göra ett annat intryck på omgifningen, kan knappast betviflas. Vi ha redan berört den frågan på sid. 84 i kapitlet om hjärnsjukdomarna, men återvända dock därtill.

Om läsaren med uppmärksamhet vill genomläsa vår Obs. 70 om den 27-årige arbetaren, som blifvit medvetslös i omedelbar anslutning till ett fall på hufvudet, tror jag, att han skall vara ense med mig om, att denne man icke plågas något och icke anar något om, huru han rör sina ben m. m. den första dagen, som han är på sjukhuset. Man kan icke tro annat än att, om han dödt under loppet af detta dygn, skulle han icke anat detta, och dock liksom skymtar man en antydan till medvetande under hans handlingar. Vi träffa här åter det automatiska i rörelserna, som strax ofvan omtalats, men i detta fall äro rörelserna desamma, som han jämt utför, när han är frisk, blott att de nu, då han är sjuk, utföras i öfverdrifven grad och särdeles ofta. Själf vet han intet om, att han har för vana att slå benen i kors, men familjen vet det. Nu då hans hjärna icke har något arbete, som är den pålagdt att utföra af medvetandet, så arbetar den på egen hand automatiskt, »i de gamla hjulspåren». Den är van vid att låta benen korsa hvarandra, och nu gör den det utan kommando. Ty äfven om mannen icke vet, att han har för vana att lägga benen i kors, är det dock säkert nog, att det, när han är vaken och vid medvetande, blott sker som utslag af en befallning, utgången från honom (äfven om den är honom i samma ögonblick omedveten). Dessa rörelser äro då tecken på en hjärnverksamhet, som icke kommer till den sjukes medvetande, liksom skriken hos barnet med hjärninflammationen (sid. 74 och 84). Läsaren bör tillika lägga märke till det successiva uppvaknandet och återvinnandet af själsfunktionerna, men i synnerhet hvad som meddelas om hans minne af olycksfallet och dess följder — ett mycket viktigt spörjsmål, som vi senare skola behandla mera utförligt.

Som regel gäller det, såsom också är af de meddelade exemplen tydligt, att den, som genom ett fall får större skador å hufvudskålen, tillika får sådana skador å hjärnan, att han mister medvetandet och därmed uppfattningen af smärta. Men det finns också en del fall, där detta icke är händelsen, och de äro mycket plågsamma för den sjuke och hans omgifning. Sådana patienter kunna naturligtvis få en mild död, om blodförlusten mattar dem till afsvimning och successiv kraftförlust (exhaustio virium), men det kan också bli nödvändigt, att läkaren kommer till hjälp för att förskaffa den döende lindring (eutanasi). Ett sådant fall är meddeladt i Obs. 71. Det är en 25-årig järnvägskonduktör, som blifvit öfverkörd af ett lokomotiv, och som trots ett öppet brott å hufvudskålen, hvarifrån aflägsnats en del benskärfvor, som delvis trängt in i hjärnan, dock är vid medvetande och talar lugnt och naturligt. Om hans öfriga skador och förlamningar hänvisar jag till bilagan. Denne man, som visar bilden utaf *shock på nervsystemet* vid svåra skador, fortfar att vara klar och lider mycket. Sannolikt måste han ju dö, fastän man icke kan veta när, och man bestämmer sig för att lindra hans sista tid med morfin, äfven om den däraf möjligen kan förkortas, ett beslut, svårt nog att fatta. Hvilken god verkan, som uppnåddes, kan läsaren se af berättelsen.

Ett annat rätt pinsamt fall skall jag omtala i Obs. 72, lindansaren Roat's nedstörtande år 1827, som på sin tid väckte stor uppmärksamhet. Herman berättar: linan var utspänd mellan exercisplatsen och Rosenborgs torn. Fredrik VI och hans båda döttrar hade jämte 5 à 6,000 människor beundrat Roat's djärfhet. Den 12 juni upprepade han föreställningen ock gick denna gång med förbundna ögon och en säck öfver hufvudet. I tornet på Rosenborg klädde han om sig och tömde ett glas vin. Då han gick ned för linan, blef han på det ställe, som vid hans sista uppträdande hade varit det farligaste på grund af linans slapphet, stående några sekunder »i attitud, blott hvilande på en fot». Han skyndade nu raskt ned, stannade och ropade till de 36 karlar, som höllo linan spänd, att de skulle strama den. Folk trodde, att han skulle göra nya konster. Plötsligt brast linan, och den bjelkställning, som höll den, blef alldeles sliten upp ur jorden. »Roat föll som död ned till marken.» Läkarne, som genast undersökte honom, sågo blod komma ut ur båda öronen. Då han återkommit till medvetande, kände han strax, att hans fall skulle medföra döden, men beklagade blott sin hustru och sina barn och ropade flere gånger: »Ich sterbe! Ich sterbe.» Han blef åderlåten, förbunden och körd till Frederikshospitalet. Jag har uppsökt journalen, som i bilagan meddelas i öfversättning (journalerna författades den tiden på latin, hvilket delvis förklarar deras knappa form). Han hade brott på hjärnskålen och flera andra skador, men af beskrifningen framgår det, att han ej förlorat medvetandet. Han dog nära midnatt, och då det säges, att det var under symtom af tryck på hjärnan, kan man vara säker på, att han varit utan medvetande i själfva dödsögonblicket.

Medan vi hittills ha sysselsatt oss med mycket allvarliga skador, som medfört döden, vilja vi nu vända oss till sådana tillfällen, där ett fall från en betydlig höjd icke medför allvarliga, dödande skador. Ty dessa belysa i flere hänseenden den fråga, som intresserar oss angående de döende, jag menar frågan om, hvilka förnimmelser de hafva haft, som fallit ned, och hvad de kunna berätta oss därom. Det är klart, att när det är fråga om sådana fall, som annars skulle hafva medfört döden, strax eller senare, så kunna vi hämta lärdom däraf.

Det väckte stor uppmärksamhet, då Heim, den bekante professorn i geologi, 1892 höll föredrag i alpklubben i Zürich om nedstörtande från betydliga höjder under bergbestigningar. Han hade, utom hvad han själf upplefvat, fått meddelanden från åtskilliga personer, och hufvudinnehållet däraf var, att den, som störtar ned, hvarken känner smärta eller ångest, utan snarare ett slags välbehag. Egendomligt är också, att hans föregående lifs händelser kunna hastigt, som i ett slags panorama, passera förbi hans ögon, innan han slutat falla, och medvetslösheten inträder. Den slutsats, som däraf kan dragas, är ju klår: det går likadant med den, som dör genom fallet. Han erfar alltså icke några plågor däraf eller af den död, som följer, utan snarare ett slags välbehag. Det är en hos allmänheten mycket utbredd tro, att den, som drunknar, har vackra syner och i en hast erinrar sig många af sitt lifs händelser. Vi skola närmare omtala dessa förhållanden på tal om drunkningsdöden, men att det också kan vara fallet vid nedstörtande från stora höjder har, som sagdt, väckt en viss öfverraskning.

Låtom oss först i korthet berätta, hvad Heim själf kände, då han störtade ned 1871, således omkring 20 år innan han höll sitt föredrag. I samma ögonblick, som han mistat fotfästet, visste han, att han skulle falla ned emot en klippa och väntade på stöten. Han försökte så godt som möjligt att klamra sig fast med händerna i snön för att bromsa farten utan att märka de sår, som han därvid fick. Då han störtade ned emot klippan, hörde han tydligt, att hans kropp stötte emot, men smärta kände han först en timme senare. Heim säger nu: hvad jag tänkte och kände på 5—10 sekunder, låter sig icke berättas på 10 gånger så många minuter.» Hans tankar voro utomordentligt klara, och de bilder, han såg, voro mycket tydliga. Först tänkte han på, hvilka följder fallet skulle få (och han resonerar mycket klart däröfver). Han beslutar, att om han icke förlorat medvetandet, när han nått till botten, så skall han taga upp sin flaska med ättikether ur fickan, och taga ett par droppar på tungan. Han bestämmer sig för att hålla fast i sin käpp och försöker att taga af sina glasögon, för att han icke, om de ginge itu, skulle få glasbitarna i ögonen, men han måste uppgifva försöket. Så tänker han igen på, hur det skall sluta, och bestämmer, att han, om han kan, skall ropa högt, att han är oskadd, för att hans reskamrater (bland hvilka äro en broder och tre vänner till honom) icke må blifva så oroliga, för att de icke kunna bispringa honom. Så faller det honom in, att han icke skall kunna hålla sin första föreläsning, som var annonserad till fem dagar efteråt, och han tänker på, huru underrättelsen om hans död skall nå hans familj, som han i tankarna tröstar. »Därpå såg jag som i ett skådespel på något afstånd hela mitt gångna lif afspegla sig i talrika bilder»; sig själf såg han »som hufvudpersonen i skådespelet». »Allt var som förklaradt i ett himmelskt ljus, allt var skönt, utan smärta, utan ångest eller pina.» Han känner, att »en gudomlig ro drager som en härlig musik genom hans själ», och sakta sväfvar han ut mellan de rosenröda, men i synnerhet fint violetta skyarna, medan han dock ser, att han flyger fritt genom luften, och att det under honom finnes ännu en snömark. Så hörde han sin kropp slå emot botten, det var, som om ett mörkt föremål farit förbi hans ögon, och han ropar af alla sina krafter 3—4 gånger, att han är oskadd. Sedan tager han droppar, griper efter glasögonen, som ligga i snön vid sidan om honom, undersöker sig, om han icke brutit armarna o. s. v. — och ser därpå sina reskamrater långsamt närma sig. Han kan icke förstå, att de redan äro där, men de berätta honom, att han icke svarat dem förrän efter en half timme. Då först blef det klart för Heim, att han hade förlorat medvetandet efter fallet — kort därefter kunde han åter vandra vidare.

Whymper, en känd bergbestigare, föll från en gletscher på Matterhorn. Under en väg på 70 meter stötte han emot den ena klippan efter den andra. Han var hela tiden vid medvetande, räknade till och med hvarje stöt, men kände ingen smärta därvid. Då stötarna blefvo starkare och starkare, tänkte han, att om den nästa blefve ännu starkare, så skulle det vara ute med honom. Intet af dessa luftsprång förefóll honom obehagligt. Han tror, att död på detta sätt bör vara ett af de minst smärtsamma dödssätten.

Andra meddelanden, som finnas hos Heim, gå i det väsentliga ut på detsamma (se bilagan).

I tidningen *Le temps* för den 7 sept. 1895 analyser F. de Wyzewa Heims föredrag, och Egger kritiserar i en uppsats i *Revue philosophique* år 1895 Heims uppfattning. Eggers uppsats, som har till titel: de döendes jag, går i det väsentliga ut på att visa, delvis genom exempel, att det är ett ganska naturligt och normalt förhållande, att den civiliserade vuxne har en mycket lefvande känsla af sitt individuella jag, när han på ett eller annat sätt ser döden för sig (döden här uppfattad som jag'ets afslutning). När Heim har betonat, att tänkandet försiggår så oerhördt hastigt, så är det icke tal om en sjuklig exaltation af minnet, utan om absolut normala förhållanden. Men detta gäller blott för den medvetne vuxne, för barn och gamla är förhållandet annorlunda — kort sagdt, Egger ger Heim rätt så till vida, som han också är af den meningen, att när döden hotar, passera lifvets händelser revu inför personens i fråga inre öga. Denna afhandling uppfordrar andra att meddela sin uppfattning af frågan, såsom Sollier, Moulin och Keller. De belysa ämnet med exempel af olika slag — mer eller mindre goda; äfven Egger upptager frågan ånyo samma år. (I bilagan finnas referat af en del af dessa arbeten.) Redan den omständigheten, att det är skrifvet så mycket i frågan, visar ju, huru vanskligt det är att få klarhet däri. Läsaren kan själf döma därom genom att genomläsa de exempel, som de olika författarne anföra.

Jag har, öfverraskad af Heim's meddelande, sökt att få det belyst genom att tala med åtskilliga, som störtat ned från stora höjder. Fallen meddelas i bilagan; det är först obs. 73, en 36-årig maskinarbetare, som faller ned från en stege. Han är, väl att märka, nykter och kan gifva klart besked, då han kommer in på sjukhuset kort efter fallet. Han kan blott minnas, att stegen gled, men om han tog tag i något, eller hvilka andra tankar, han i detta ögonblick hade, vet han icke. Han vet ingenting om, att han fallit ned genom luften i skeppets lastrum, och att han stött sig på de bjälkar, som lågo där. Han vet heller icke, huru han kom upp för trappan till däck, men då han var där, hade han situationen klar för sig och kan från denna stund minnas allt, som passerat.

En 19-årig bleckslagare (obs. 74) faller från ett tak ned i gatan. Vid inkomsten är han klar, men har intet minne af själfva fallet. Han vet blott, att han vaknade till lif på gatan, såg folk omkring sig och märkte, att det gjorde ondt vid att andas (han hade brutit ett refben), tillika såg han, att det var blod i hans mössa — intet panorama af lifvets händelser! Egger skulle kanske invända, att han var så ung. Låt oss därför se på den 56-årige målaren (obs. 75), som faller från en ställning, fritt ned genom luften, från fjärde våningens höjd. Han blef hastigt omtöcknad och anade icke, att han föll till marken och slog sig, men kom dock snart till sans igen, då han låg på marken, och hade då smärtor i vänstra höften (det var brott på lårbenshalsen). Han kunde icke göra reda för, hvilka tankar han hade, innan han blef medvetslös; jag minns ännu hans leende, då han förnekade att hafva tänkt på sitt föregående lif eller på, att det nu var ute med honom. Egger skulle kanske invända, att det icke var någon »civiliserad» vuxen man. Denna invändning har nu i verkligheten intet berättigande, men för att öfvertyga läsaren om, att äfven mycket intelligenta människor kunna störta ned, utan att lifvets minnesbilder rullas upp för deras själs öga, skall jag i sammandrag anföra en berättelse, som Egger själf fått af en känd parisergeolog (han föll också från ett berg, om någon skulle mena, att det är skillnad på, om man faller från ett berg eller en ställning). »Jag föll som en klump och var afsvimmad, innan jag visste, att jag fallit», säger han. Han tror, att han stött hakan emot klyftans kant, hvars tillvaro han dock *icke* anade, eftersom den var täckt af snö. Han vaknar först i botten på klyftan, och är då snart klar nog för att under största sinneslugn resonnera öfver sina utsikter att komma upp — fastän kanske med förlamade ben. Han vet icke, huru det gick, ty han svimmade för andra gången. Här finns ingenting om känslor af välbehag, ingenting om ett panorama af lifshändelser.

Kanske vill man invända, att dessa människor, som alls icke haft aning om sin luftfärd, kanske fått minne därom senare, men därpå kan svaras, att det sistnämnda fallet hade passerat flera år, innan han meddelat det till Egger. Jag har också själf observationer, som visa, att minnet om luftfärden icke återkommer senare. Se t. ex. vår obs. 76 om en 15 års gosse, som $1/2$ år förut fallit ned från femte våningen och brutit ryggraden, och obs. 77 om den 39-årige muraren, som 5 månader förut fått samma skada, genom att en stege föll baklänges med honom. Hans enda minne om fallet är, att han såg något af muren liksom glida. Innan han nått marken, hade han också förlorat medvetandet, och innan han började falla, hade han icke tänkt på något som helst — alltså, tiden återkallar icke minnet.

För öfrigt är det mycket intressant att lägga märke till, huru minnet af enskildheter vid sådana händelser kommer styckevis tillbaka — den 16-årige C. (obs. 78), som faller ned från en elevator, är ett utmärkt exempel därpå. Jag framhåller ånyo, att de här omtalade observationerna alla gälla icke-berusade.

Såsom synes, är det åtminstone icke regel, att den, som faller ned från en större höjd, ser sitt lifs händelser passera revu för sig. Våra egna exempel tyda på, att förhållandet är det, att helt kort, efter det fallet har begynt, omtöcknas medvetandet, han far genom luften utan att ana det, och vaknar upp först någon tid, sedan han fallit till marken. Alldeles detsamma kan inträffa, när man faller ned från en obetydlig höjd, t. ex. en stol — man blir yr i hufvudet och svimmar. När man är afsvimmad, kan man ingenting känna, ej heller företaga handlingar, såsom t. ex. försöka taga af sina glasögon, och det kan icke vara tal om, att man kan uppfatta bilder,

hvarken verkliga aller overkliga. — Den brist på
öfverensstämmelse, som finnes mellan de olika be-
rättelserna, vill man ju gärna finna en förklaring för,
och såsom ett försök i den riktningen vill jag ånyo
vända uppmärksamheten till Heim's *eget fall.* Han
säger, att han strax, då han miste fotfäste, visste, att
han skulle falla mot en klippa, och att han väntade på
stöten — med andra ord, Heim har, liksom någor-
lunda lugna människor i allmänhet, hvilka råka illa
ut, vare sig genom ett fall (fr. en höjd, hustak, häst)
eller på annat sätt, t. ex. genom att hästar skena
med dem, resonnerat öfver sitt läge, och därvid hafva
olika tankar hastigt kommit för honom. Första tanken
är på att rädda sig (H. klamrar sig fast med händerna),
så kommer tanken att skydda sig mot någon af de
hotande farorna (H. tänker på sin luktflaska, sina
glasögon och sin alpstaf, som han ju behöfver för att
komma upp igen). Så tänker man, att det nog skall
sluta illa (H. tänker därpå, och vill ropa till sitt
sällskap för att lugna dem och få hjälp af dem).
Nu då man inser, att det är allvarligt, kommer jag'et
fram. (H. skulle om ett par dagar hålla sin *första*
universitetsföreläsning. »Att jag just nu skulle bli hin-
drad, då jag skulle börja på min lifsuppgift!») »Sedan
såg jag hela mitt förgångna lif afspegla sig» och
samtidigt en känsla af välbehag och lugn af att
sväfva i det blå, blandadt med vackra färger — tills
han hör sin kropp falla *) och förlorar medvetandet,
det vill med andra ord säga, att i samma ögonblick,
som tankarna bli orediga, och han känner välbehag
och ser färger, så har hjärnan begynt att omtöcknas,
han är nära att svimma, hvilket tillstånd af många

---

*) Att han *hör* sin kropp falla, men icke känner smärtor, öfver-
ensstämmer med att, han är afsvimmad; som vi längre fram skola se,
är hörseln det sinne, som sist förloras.

beskrifves såsom behagligt. Först i detta ögonblick är han på samma stadium, som våra arbetare strax i början af deras luftfärd. Men hvarför denna skillnad? Emedan Heim visste, att han föll, och iakttog, hvad han skulle stöta emot, medan för de arbetare, vi omnämnt, allt kommer plötsligt och öfverraskande, utan att de få tid till att anställa iakttagelser, i det de mycket hastigt förlora medvetandet.

Att denna förklaring sannolikt är riktig, bestyrkes äfven af följande. De, som hysa samma uppfattning som Heim om »lifs-panoramat» (se Whymper), ha också iakttagit, att de stött emot. Pariser-geologen, som också stött emot en klippkant, men strax blef medvetslös, anade icke, att han skulle stöta emot någonting. Jag har själf en observation (79) om en 20-årig murare, som faller ned från en ställning af 4 våningars höjd. Han observerar, att omkr. 20 fot nedom finns en ribba, som kanske kan rädda honom; han får fatt i den, men den går itu. Nu känner han faran ännu mera, under sitt vidare fall stöter han emot på flera ställen och gör kullerbyttor i luften — slutligen faller han, mycket vimmelkantig, men icke medvetslös, ned på en lös jordhög — hvarför icke medvetslös? Fallets höjd var 50 fot, för alpvandrare, som falla, är det betydligt längre (Heim flög med hufvudet nedåt 60 meter fritt genom luften, Whymper flere hundra fot), och hjärnan kan då icke undgå att genom cirkulationsförändringar påverkas, så att svimning inträder (naturligtvis olika vid olika tillfällen och efter fallets olika natur).

Huru mycket man under fallet hinner tänka och se framför sig, beror naturligtvis på mångahanda omständigheter. Fallhöjden eller fallets varaktighet, tills afsvimning inträder, måste ju spela en roll; säkert är också, att det beror af personens andliga ståndpunkt, af hans fantasis beskaffenhet och af hvilka intressen, som spela största rollen för honom, såsom vi med exempel skola belysa.

En mycket lugn finsk matros intogs på sjukhuset för följderna af ett svårt slag på vänstra benet. Han hade suttit som utkik i masten på en höjd af omkr. 14 fot, och af en sjö blifvit kastad i däck, så att han stött vänstra benet. På min fråga, hvad han tänkte på, då han föll, säger han, att han alls icke tänkte på något, och då jag frågar, om han icke trodde, att det var fara för, att han skulle slå ihjäl sig, svarar han leende »nej».

Heim anför en berättelse af en man, som vid 8 års ålder hade störtat ned från 22 meters höjd. Som vi se däraf i bilagan (se Heim), kände han alls ingen smärta eller plåga; den enda tanke, som sysselsatte honom, var, att han kanske skulle förlora den nya vackra pennknif, som fadern nyss gett honom. Han förlorade medvetandet, innan han nådde marken. Kan man tänka sig ett bättre exempel? Den 8-årige gossen har inga »lifshändelser» att se tillbaka på. Han anar knappt, hvad det är att dö, och känner icke faran. Det är blott en sak, som finnes i hans »panorama», och det är den nya vackra knifven. Naturligtvis finnas andra barn med mera andligt innehåll, som tänka på flera saker eller på döden (se t. ex. berättelsen i bilagan om direktör L:s minnen från 8 års ålder, då han höll på att drunkna), men detta försvagar ju icke riktigheten af den åsikten, att ett af de moment, som bestämma, huru mycket man tänker på, är just, hvad det är, som mest upptager personen i fråga. Pojken har dock upplefvat annat, som gjort intryck på honom, än att få pennknifven. Flera andra fall i bilagan bestyrka detta; af dessa finnas många i samband med drunkning, men saken är ju i grund och botten densamma.

Ännu ett fall vill jag här nämna, som å ena sidan belyser, att den, som störtar ned vid en alptur, kan så godt som genast mista sansen fullständigt, å andra sidan berör frågan om minnet af olyckshändelsen, som vi strax skola närmare sysselsätta oss med. En 32-årig intelligent schweitzare, med hvilken jag diskuterade Heims åsikter om, hvad man kände, när man föll, sade lifligt: »det är ej så; jag har själf störtat, ned en gång utan att ha en aning därom!» Han var då 24 år, och åkte tillsammans med sin bror och en vän i Alperna, sittande baklänges. Hästen föll i sken, och sedan de först sökt tygla den, läto de honom springa fritt. Vännen, som ser en bro på afstånd, säger upprörd: »vi äro förlorade». Min sagesman tänkte icke på möjligheten att dö; han sade till sig själf, i det han höll stadigt fast med händerna i vagnssätets handtag: håller du dig stadigt, så att du ej kastas ut ur vagnen utan faller tillsammans med den som en massa, så blir du icke skadad. Detta var hans sista tanke. Hvad han därnäst vet, är att han blef rakad i hufvudet af en läkare 5 timmar efter fallet; han hade ett stort sår i hufvudet, 3 refben knäckta och 20 små sår öfver hela kroppen. Den första fråga, som han gjorde, då han kom till medvetande, var, om han icke hade järnhandtagen i händerna, ett godt bevis för, att hans sista och enda tanke, då vagnen störtar ned från bron, är den: håll bara fast i handtagen. Att han tror sig ha dem i händerna, när han vaknar, beror på den verkan, som hans fasta grepp om dem har utöfvat på hjärnan. Detta intryck är så starkt, att det kan ge sig till känna 5 timmar efter fallet, så snart han återfår sans. Det är dominerande och har varit det äfven under fallet. Hans bror och vännen omkommo, den ene af brott på halskotorna, den andre af en hjärnskada.

Det måste, som vi tro, framgå, af hvad vi här afhandlat om skador, som icke ledt till döden, att man tryggt kan säga, att i regel den, som dör i följd af ett dylikt olycksfall, dör utan plågor. Ty hans medvetande blir vanligen hastigt omtöcknadt, så att han ej kan fatta, ja många känna till och med ett visst behag och tycka sig skåda sköna syner.

Ännu en fråga finnes, som har stor betydelse i många afseenden (t. ex. i rättsmedicinska fall), och som tillika sprider ljus öfver, hvad de, som dö på en senare tidpunkt efter olycksfallet, hafva att lida i psykiskt hänseende, nämligen frågan om de skadades minne af tilldragelsen. Detta måste vi något närmare omtala.

Redan flera gånger har framhållits, att de, som störta ned, icke ha minne af annat än början af fallet. Vi kunna hänvisa till de flesta relaterade observationerna och särskildt till den sista, utförligt skildrade. Det beror ju på, att de så snart förlora medvetandet. Man skulle tro, att början af tilldragelsen alltid stode klar för minnet, att t. ex. den, som blir öfverkörd af en spårvagn, måste minnas det ohyggliga vid själfva ögonblicket. Men så behöfver icke vara fallet, ty det är ingalunda sällsynt, att äfven minnet af hvad, som passerat rätt lång tid *före* ett olycksfall, kan gå förloradt. Äfven här måste man vara säker på, att ifrågavarande personer icke varit berusade.

Den 86-åriga damen (Obs. 64), som länge måste bli liggande under en spårvagn, innan hon kan hjälpas fram, och då i ett sådant tillstånd, att alla tro henne vara död, minnes förunderligt nog alls ingenting af hela tilldragelsen, fastän det framgår, att hennes själstillstånd var alldeles friskt. Kanske kan man dock i detta fall invända, att en gammal person, äfven om så är, öfver hufvud har mindre intensiv uppfattning och hastigt glömmer, i synnerhet det nyss upplefvade (jämför sid. 69). Fastän invändningen i detta fall icke har något för sig, är det dock bäst att anföra äfven några andra fall, som gälla yngre personer. Den ofvan omtalade Obs. 78 om den 16-årige C. är ett godt exempel på delvis förlust utaf minnet af hvad, som passerat före hans fall. Först har han icke minne af något under ett helt dygn, sedan återkommer det visserligen, men flera veckor efter olycksfallet, då han i öfrigt är frisk, kan han icke minnas, att han, kort innan han föll ned från rådhusets elevator i första våningen, varit uppe i fjärde våningens elevator.

Ett ännu mera talande exempel och högst säreget är den 34-årige beridaren (Obs. 80), som våldsamt stöter emot en pelare i samma ögonblick, som han med sin häst skall i full fart sätta öfver ett hinder. Den lifliga skildring, som jag kan gifva läsaren i bilagan, härrör från en intelligent läkare, som var tillstädes, och som godhetsfullt nedskrifvit berättelsen. Beridaren har klart för sig, att han stigit upp på en annan häst än sin egen, men att han redan ridit denna, satt i språng öfver ett hinder, stött emot pelaren, att han legat på ridhusets jord, rest sig och gått ett långt stycke till sin bostad, själf låst upp — och mycket mera — det har han ingen aning om. Nu, då $2^{1}/_{4}$ år gått sedan olycksfallet, tror han sig kunna minnas, att han gick öfver ridbanan och själf låste upp dörren till sin bostad.

Ett annat, i många afseenden intressant exempel är Obs. 81; det är fråga om en järnvägsolycka, en tågsammanstötning, den bekanta »Gentofte-katastrofen».

Den 32-årige mannen har, som läsaren kan se, intet minne af alla de fasor, som ögonvittnen till katastrofen fått upplefva. Vår sagesmans öfvertygelse är, att de, »som dogo på stället, alls icke haft en aning därom».

Som exempel på, att minnet af ett olycksfalls detaljer lång tid efteråt ej återkommit, kan jag nämna den *24-årige drängen* (Obs. 82); $\frac{1}{2}$ år förut har han blifvit klämd och fått ryggraden krossad. Han minnes ingenting af hela den förskräckliga tilldragelsen, detaljerna däraf känner han blott genom andras berättelser.

I bilagan skall läsaren finna ännu en likartad berättelse, särdeles intressant därför, att en läkare timme efter timme observerat minnets förhållande. Äfven här är det ett fall af hästen, skada å hufvudet, handlingar, som tyda på välde öfver kropp och själ o. s. v. Det går med honom som med den nämnde beridaren — allt, hvad han vet om olycksfallet, är genom andras berättelser. Se i bilagan: *Officer.*

Af den sålunda konstaterade förlusten af minnet ej blott för själfva olyckshändelsen utan äfven för långa tider därförut, kunna vi sluta till, att de, som icke dö medvetslösa omedelbart efter händelsen, utan vakna upp för att längre eller kortare tid därefter dö på annat sätt, dock ofta skonas från det plågsamma minnet af de ohyggliga enskildheterna vid ett sådant olycksfall.

Många af dem, som omkomma af olyckshändelse, torde således dö utan plågor, ty de känna hvarken smärtor eller dödens inträde. De, som först senare dö af olycksfallets följder, få också stundom en smärtfri död och kunna till och med förbli skonade från klarhet om de fasansfulla scener, som andra fått bevittna, och som röra dem själfva i så hög grad.

Om död genom förbränning.

Förbränning kan ju ske på många sätt. Det kan ta eld i kläderna, genom att man kommer för nära elden, genom explosioner af krut, lysgas, grufgaser och andra brännbara gasarter t. ex. i fabriker. Förbränning kan ske genom kokande vatten och vattenånga, genom beröring med fasta, upphettade föremål, t. ex. ugnar, eller med smältande ämnen, t. ex. flytande metaller, genom etsande ämnen, oftast då vätskor, såsom svafvelsyra, salpetersyra, kalilut, osläckt kalk m. m. Fastän förbränningen har olika kännetecken, allt efter dess orsak, verkar den dock på det hela taget på samma sätt. Människokroppen är icke i sig själf brännbar nog för att brinna med låga, det är blott fettet, som ett kort ögonblick kan göra det, liksom också håret. All öfrig väfnad blir svedd, intorkad och förkolnad. När man ser brännblåsor, hafva dessa uppträdt på grund af än hastigt, än långsammare inträdande reaktion, hvarvid blodvätska tränger ut ur hudens ytliga kärl.

Enhvar vet, att det gör mycket ondt att bränna sig på en tändsticka, ett hett lampglas o. d. Det är därför, att hudens ytligaste delar, hvari nerverna ha sina ändförgreningar, bli brända. Djupare gående förbränningar smärta icke. Man vet exempel på en ung man, som stod med ena benet i en ränna, genom hvilken det kom en ström af smält bly. Då han blef uppmärksammad därpå och skulle stiga undan, såg han till sin häpnad, att han saknade foten och nedersta delen af skenbenet. Man kunde häraf frestas till att tro, att de förbränningar, som hastigt förkolna en stor del af kroppen, och som måste göra intryck af att vara mycket plågsamma, dock icke orsaka en smärtsam död, medan däremot de utbredda ytliga brännskadorna, som också kunna leda till döden, förorsaka mycken smärta. Som vi skola se, plågas de, som äro brända till förkolning, dock ofta högst betydligt utaf andra orsaker.

Död af förbränning kan inträda på olika sätt. Man ser, att döden oftast inträder efter en ytlig förbränning, när denna sträcker sig öfver en tredjedel af kroppsytan, säkert, när hälften af kroppsytan är förbränd. Oftast är den på så sätt brände vid medvetande, så att han kan förklara, huru han skadat sig, blott när hufvudet också är brändt, ser man icke sällan, att medvetandet strax är omtöcknadt.

Den förbrände klagar öfver mycket svåra smärtor och kan icke ligga stilla, fastän han kanske själf har den känslan, att rörelserna öka smärtorna. Det dröjer ej länge, innan han sjunker samman, blir mer och mer omtöcknad och dör utan medvetande. Andra ligga stilla, men äro icke vid fullt medvetande, de känna dock plågor, frysa och törsta mycket; det dröjer ej länge, innan de bli alldeles medvetslösa, ytterligare kollabera och dö. Det, som plågar dem mest, innan de förlora medvetandet, är smärtorna i de förbrända delarna. Som sagdt är det de ytliga förbränningarna, som vålla dessa smärtor, hvilka läkaren dock lyckligtvis förmår att lindra.

Är förbränningen så utbredd, att döden måste inträda, och är den tillika djupgående, så att huden och underliggande väfnader äro förkolnade, så förefinnas inga smärtor i brännsåren. De sålunda brända plågas dock, och efter hvad jag sett, måste jag tro, att de lida mera än de, som äro ytligt brända. De stöna och klaga, skrika till emellanåt (naturligtvis i olika grad för olika naturer), därför att de icke kunna få någon ro. De kunna icke andas obehindradt,

känna ångest och beklämning och plågas af en osläck-
lig törst, men äfven om de få stora doser bedöfnings-
medel och tillfälle att dricka, så mycket de vilja, så
hjälper det icke.   Först när medvetandet omtöcknas
på grund af det sjuka blodets cirkulation i hjärnan,
börjar lindring att inställa sig.   De sjunka då mer
och mer ihop, förlora medvetandet fullständigt och
märka sålunda icke dödens inträde, eller också går
det plötsligt, de bli medvetslösa och dö hastigt.
Läsaren skall i vår Obs. 83 finna dessa förhållanden
belysta genom berättelsen om fyra män, som alla
samtidigt blifvit brända genom en ångpanneexplosion.
Deras brännskador, som voro mycket utbredda, voro
dels ytliga, dels djupa.

Hvad som är den egentliga dödsorsaken vid
sådana utbredda förbränningar, vet man icke be-
stämdt.   Man har uppställt många teorier därför.
Sannolikast synes vara, att blodet blir öfverupphettadt,
och blodkropparna förstörda.   Inträder döden mycket
snart, kan den bero på vanmakt genom hjärtförlam-
ning eller asfyxi, men dröjer det, innan döden in-
ställer sig, och ser man tecken på kollaps, så har man
anledning tro, att orsaken ligger i den starka inverkan
på nervsystemet, som i sin tur influerar på blod-
kärlens tillstånd och därigenom på blodomloppet.

Vid hvarje förbränning äro de olika delarna olika
starkt förbrända.   Läsaren torde inse, att dessa för-
hållanden måste ha inflytande på frågan om dödens
orsak, tidpunkten för dess inträde och mycket annat.
Som ett exempel härpå hänvisar jag till berättelsen
om den 5-årige gossen (Obs. 84); han är icke så
illa däran, att man tror, att han skall dö, utan synes
blott plågas af törsten, men sedermera blir han orolig,
förlorar medvetandet och dör helt stilla.   Han har på
det hela taget ej behöft lida synnerligen mycket.

Den, som icke genast omkommer af förbränningen, kan sedermera dö på olika sätt. Om brännsåren bli orena, och det uppstår inflammation eller kallbrand, kan det leda till septikämi och pyämi. (Sid. 128.) Trombos och emboli (sid. 94), njurinflammation, tarmsår, lunginflammation, hjärninflammation, utmattning på grund af långvarig varafsöndring och flera andra förhållanden kunna orsaka döden. Vi hänvisa i detta afseende läsaren till de olika kapitel, hvari dessa sjukdomar omtalas; om de äro en följd af förbränning, förändrar det ju icke något med afseende på det sätt, hvarpå de föranleda dödens inträde.

Vi ha hittills blott sysselsatt oss med döden som följd af själfva förbränningens verkan på kroppen. Mycket ofta spela ju andra förhållanden en stor roll, när det är fråga om eldsvådor, som förorsaka människors död.

Alla fly hastigt mot utgångarna, hvilka ju ofta äro trånga, och hvad värre är, ofta så inrättade, att dörrarna öppna sig inåt. I den trängsel, som nu uppstår, bli icke så få ihjälklämda eller nedtrampade. Andra slå ihjäl sig genom att hoppa ut ifrån fönster. — Men vi bortse härifrån och hålla oss till själfva eldens verkningar.

Elden kan ibland sprida sig med en otrolig hastighet, och detta särskildt då, genom att en dörr eller ett fönster öppnas, det friska luftdraget kommer till en sakta brinnande eld. Det är sådana »stumma explosioner», sådana blixtsnabba eldhaf, som göra teatereldsvådor så farliga och ohyggliga. Det är märkligt, så ofta teatrar brinna. Statistiken visar, att medellifslängden för en teater i Europa är $22^1/_2$ år, men blott 10 år för en teater i Amerika. Från 1757—1885 hafva 730 teatrar brunnit och 6,573 människor omkommit därvid. Ibland är det oerhörda mängder, som omkomma vid en sådan eldsvåda, i St. Petersburg 800, i Canton 1,670. Dylika olyckor gifva alltid numera anledning till undersökningar, hvarvid läkare i olika syften medverka, och man känner därför också en del om, huru de döda dukat under.

Kanske påminner läsaren sig branden af *Ringteatern i Wien* och *Opéra comique i Paris*. Vid dessa tillfällen hafva rättsläkarne Hofman och Bronardel gjort en del iakttagelser, som äro mycket intressanta, och som vi skola referera, för så vidt de beröra vårt ämne. Vi hålla oss till branden i Opéra comique. Det var fullt hus, och första akten af Mignon var nästan slut, då Taskin, som var på scenen, såg några gnistror falla ned vid sidan af sig. Han lugnar publiken med, att det ingenting har att betyda, men då han i detsamma ser upp mot scenens tak, där brännbara ämnen ju finnas i massa, hade den »stumma explosionen» redan försiggått. Ett eldhaf slog fram under ridån, och han hade nätt och jämnt tid att skynda bort. Huru· hastigt elden utbredde sig, framgår af, att orkestern blott spelade 4 takter från det ögonblick, man såg gnistorna, tills lågorna vältrade fram under ridån. Det är nu visadt, att ett kilo trä af det slag, som fanns i scenens tak, genom förbränning utvecklar 2,000 liter gas, men då temperaturen på brandstället kan stiga till 2,000° och mera, blir det af dessa 2,000 liter 10 à 20,000 liter. Dessa gaser kunna ju icke slippa ut upptill, utan strömma från scenen ut i salongen och ut genom de dörrar, hvarigenom åskådarna flykta. Faran beror således på, huru mycket gaser, som produceras, och hvilken sammansättning dessa hafva.

Efter branden i Opéra comique fann man 68 lik. Det var tydligt, att de omkomna dött på olika sätt.

I ett litet rum, där det var en buffet, fann man liken af 21 kvinnor och 6 män. De lågo huller om buller, liksom kastade om hvarandra, och voro svärtade af röken, men utan tecken på att vara brända, kläder och hår voro orörda, icke en spets var sönder, skorna voro blanka, blott handskarne voro liksom spruckna. Det var dessa sista omständigheter, som ledde till kunskap om, huru hög temperaturen hade varit. Man tog reda på, hvar de döda hade köpt sina skodon och handskar, och anställde en mängd försök, som visade, hvilken temperatur de kunde tåla. Det var tydligt, att dessa 27 människor hade varit utsatta för en temp. af 100—120° C. Deras blod visade de för kolsyreförgiftning karaktäristiska förändringarna. . Detta var således dödsorsaken, och man kan däraf inse, att de ej lidit mycket genom sin död, i synnerhet i betraktande af den våldsamma hastighet, hvarmed kväfningen försiggått. De ställningar, några af dem intogo, tyda också på, att de blifvit liksom öfver-raskade af döden. Ett helt annat och särdeles ohygg-ligt intryck får man af den bild, som de 7 personer företedde, hvilka funnos i dansösernas och koristernas loger. De voro liksom hoptorkade, intogo »fäktare-ställningar», som om de kämpade emot något, fast de icke hade sina lemmar i behåll. Ty på några voro båda benen liksom amputerade, andra saknade en del af en arm o. s. v. Då därtill kommer, att deras hufvuden voro betydligt förändrade till formen eller söndersprängda, bröstkorg och underlif upp-slitna m. m., så måste man tro, att de plågats mycket, så förfärligt förändrade som de voro. Och dock är det säkert, att äfven dessa blifvit öfverraskade af döden, hvilken föranledts af den enormt höga tempera-tur, för hvilken de blifvit utsatta, fastän det skulle föra oss för långt, att framdraga bevisen därför

Äfven här fann man tecken på, att kolsyran dödat dem, men att tillika blodet i lungornas finaste förgreningar kommit i kokning. Därtill behöfves högre temperatur än den på 100 à 120°, som härskade i rummet vid buffeten.

För att gifva läsaren en föreställning om, hvilken hög värme som kan uppstå under en sådan katastrof, vilja vi meddela följande. I det ögonblick, då elden utbröt i scenens öfversta parti, härskade där en temperatur på 2,000°. En timme efter eldens uppkomst, då på grund af bristande syretillförsel det var rök i stället för lågor, iakttogos i den annars mörka salongen blå eldkulor. Dessa bestodo af brinnande koloxid, och man vet således, att temperaturen måste ha varit minst 750°. Man fann smälta penningar, och man vet ju, att silfver smälter först vid 1,000°; man fann delvis nedsmälta metallföremål, och vid försök med resterna visade det sig, att de smälte först vid 1,250°. Då som bekant en temperatur af 80° omintetgör lifvet, och då man vet, med hvilken våldsam hastighet dessa gaser utvecklas och antändas, och att det sålunda mycket hastigt kommit till de omtalade, enormt höga temperaturer, som dödat de nämnde 7 personerna — så har man anledning tro, att döden under sådana förhållanden inträder så hastigt, att dess offer icke hinna plågas däraf.

En helt annan sak är, att paniken, förskräckelsen vid tanken på, hvad som förestår, kampen för att undkomma och mycket annat kan väcka många pinsamma känslor. Egendomligt nog ha alla de, som Brouardel talat med, efter att de undkommit från branden, förlorat minnet af själfva katastrofen, liksom vi förut talat om minnesförlust vid åtskilliga skador. Ett intressant exempel därpå är följande. Ett fruntimmer, som var på 3:dje raden med sin man och sin dotter, rusar ut jämte dem och ned för trappan. Nedkommen på gatan, ser hon icke dottern, lämnar då mannen och går in i den brinnande teatern för att söka henne. För öfrigt vet man ingenting annat om dessa tre personer, än att mannen fann hustrun och dottern medvetslösa på ett apotek i närheten. Båda voro brända på ett högst besynnerligt sätt, fotsulor och flathänder voro starkt förbrända, modern hade dessutom en djup brännskada där, hvarest ett guldarmband hade suttit, men dottern, som också bar armband, var icke förbränd på samma sätt, hår och kläder voro orörda på dem båda. Denna dam har många gånger blifvit utfrågad, men fastän hon föröfrigt hade alldeles reda på sig, har hon icke kunnat ge andra upplysningar än dessa.

Vid explosioner och vulkaniska utbrott spela likartade förhållanden, som dem vi här skildrat vid stora eldsvådor, ofta en viss roll. Vi återkomma därtill i motsvarande kapitel.

Att solstrålarna kunna åstadkomma förbränning, är ju allmänt kändt. När solvärmen orsakar död, är det dock icke genom förbränning utan genom inverkan på hjärnan och ryggmärgens öfversta del. Vi ha omtalat *solstyng* och *värmeslag* närmare sid. 81 o. f.

Själfförbränning är alltför mycket omtalad, för att vi här skulle kunna underlåta att beröra detta ämne. Länge har man trott, att en människa kunde förbrinna inifrån, »af sig själf», och äfven mycket ansedde lärde hafva trott därpå. De flesta berättelser om själfförbränning röra drinkare, mestadels gamla, feta kvinnor. De ha kommit hem en vinterafton, som vanligt berusade; man har hört litet buller, och sedan fått veta, att de väl kommit i beröring med elden, men blott för ett ögonblick, och att de sett blåa lågor. Detta gäller om fall af begränsad själf-förbränning. Om dem, som anträffats alldeles upp-brända, så att till och med benen funnits pulveri-serade, lyda berättelserna ungefär lika: voro de icke alldeles förtärda af elden, då man kom tillstädes, så såg man blåa lågor, rummet var oftast liksom all-deles svärtadt, och man fann till sin förvåning, att saker sådana som papper, halmmadrasser, kläder m. m. kunde finnas i deras närhet, alldeles oberörda af elden.

Först i midten af 19:de århundradet började man opponera sig mot tron på möjligheten af själf-förbränning. Dupuytren, en mycket berömd fransk kirurg, berättar därom, att en uppseendeväckande process med anledning af, att en grefvinna v. Görlitz anträffats död, halft förtärd af elden (1847), gaf an-ledning till, att hela frågan underkastades en mera strängt vetenskaplig undersökning — med det resultat, att själfförbränning konstaterades vara en omöjlighet. Hvad, som ligger till grund för dylika dramatiska berättelser, är i korthet, att en berusad person blir utsatt för inverkan af kolos (koloxid). Som vi skola se, förlorar han däraf hastigt förmågan att röra sig, och medvetandet är ju dessutom omtöcknadt, innan koloset åstadkommer en sådan verkan. Från kolen i eldstaden, från ett ljus eller på annat sätt tar det eld uti personen i fråga. Människokroppen kan icke brinna, därtill innehåller den för mycket vatten; blott fettet kan brinna, och man vet ju, att vid likbränning behöfves bränsle, för att liket skall kunna förvandlas till aska. För att förklara den långsamma förbrän-ningen (om den alls har varit långsam, hvilket ju ingen riktigt vet) och det förhållandet, att man kan finna mycket brännbara ämnen, helt och hållet oskadda af elden, i likets närhet, måste man tillgripa det antagandet, att det rikliga fettet är förutsättningen för, att förbränningen kan försiggå. Ty den eld, som uppstår vid klädernas förbränning, är icke i stånd att förtära kroppen, alkoholen kan icke bidraga därtill, ty den spirituosa, som förtäres, omvandlas till ämnen, som icke äro brännbara. Man har dessutom sprutat in alkohol i ett friskt lik och sett, att icke en gång detta kunde brinna. På det hela måste man instämma med Ogston, hvilken själf år 1869 undersökt ett fall af »själfförbränning» och af den anledningen samlat och kritiserat 57 fall ur litteraturen, i det resultat, som han kommit till, nämligen att själfförbränning är en omöjlighet, men att man stundom ser fall, där kroppen visar en större brännbarhet än vanligt. Det är, såsom framhållits af Dupuytren och andra oberoende af honom, t. ex. Beveridge, som tog del i den diskussion, som följde på Ogstons föredrag, den omständigheten, att ifrågavarande personer äro mycket feta, som möjliggör förbränningen. Vi behöfva icke tillägga, att de, som dö på så vis, icke märka döden. Deras sinnen äro omtöcknade af alkoholen, och de bli snart alldeles bedöfvade af koloset.

För att förbränna en lefvande människa, måste hon omhvärfvas med lågor, som underhållas af bränsle, kol eller annat. Bland alla de gräsligheter, hvarpå forna tider varit så rika, när det gällde att utfinna plågsamma straff, står *döden på bålet* som en af de värsta. I vårt kapitel om fruktan för döden ha vi omtalat, med hvilken ståndaktighet, gudsfruktan och mod många af kyrkans män funnit sig i det öde, som kom dem till del. Vi tro, att flere af desse män funnit en lättare död, än man på förhand skulle tro, ty röken från den antända veden, hvaraf bålet består, har betagit dem deras förmåga att känna, innan ännu lågorna nått dem. Det finnes dock undantag därifrån. Biskop Crammer låter sin hand förbrännas (liksom Mucius Scævola), innan hans kropp utsättes för bålet. Han synes hafva vara vid medvetande, då lågorna slogo upp i hans ansikte. Jungfrun af Orléans åkallade ännu sina helgon, då hon stod omgifven af lågorna, och den stackars skolmästaren John Lambert måste plågas mycket, då han brändes på en långsamt förtärande eld, som först förbrände hans ben.· Att plågorna måste vara ohyggliga under sådana förhållanden, är ju självklart. Det är blott entusiasmen genom tanken att dö för en god sak eller andra motiv, som kunna hindra dem, som brännas, att icke gifva sin klagan tillkänna. Äfven Thomas Haukes, som, då han är döden nära, räcker upp sin arm för att därmed gifva sina vänner tillkänna, att smärtan vid döden på bålet icke är större, än att den kan bäras, har säkert fått lida mycket. *)

Om död genom explosioner.

Till de väldiga explosioner, som kunna åtfölja vulkaniska utbrott, finner man i smått ett motstycke i de olikartade explosioner, som då och då inträffa i det dagliga lifvet, och hvilka som bekant också kunna orsaka stora ödeläggelser. Vi vilja i korthet omtala de vanligast förekommande.

Lysgasen kan som bekant förorsaka explosion, när den blandas med vanlig luft och därpå antändes.

---

*) Andra exempel på män, som lidit döden på bålet, finnas i bilagan omtalade under: Askow, Hatney, Hooper, Latimer, Taylor, Ridley, Savonarola och tillsammans med honom Fra Domenico och Fra Salvestro.

Kranen har ej varit ordentligt stängd, eller också finnes det en spricka i gasröret. Om man kommer in i rummet med tändt ljus, eller, när man märker gaslukten och söker det otäta stället, för ett sådant längs gasröret, kan man förorsaka explosion. I fria luften blifva explosionens verkningar i allmänhet mindre än i ett tillstängdt rum; icke sällan följa flera explosioner tätt på hvarandra. Vid sådana tillfällen kan döden ha många olika anledningar: det kan bli frågan om förbränning, skador af nedrasande murar o. d. eller kväfning af de utvecklade gaserna. *Acetylen* är ett på senare tider rätt användt belysningsmedel. Mindre giftig än lysgasen är den i stället mera explosiv; dess explosioner döda på samma sätt som lysgasens.

I *latringropar* utvecklas, som vi längre fram skola se, giftiga, dödande gaser, i synnerhet vätesvafla, men äfven explosiva kolväten. Man känner exempel på, att den, som kastat en brinnande tändsticka eller en tänd cigarr ned i klosetten, blifvit slungad ut genom kabinettets fönster i ett allt annat än snyggt tillstånd. Man har också sett, att dylika explosioner gett anledning till, att giftiga gaser spridt sig genom ett helt hus, och att personer blifvit funna döda i sina sängar, kväfda däraf.

Äfven i *brunnar* utvecklas kolväten, som kunna explodera och tillika, som vi skola se, äro giftiga. Äfven här är det oftast genom oförsiktigt närmande med eld, som olyckan sker.

Fotogen, ether, alkohol m. m. ge icke sällan upphof till förfärligt ödeläggande explosioner, oftast flera i följd, hvaraf den andra i ordningen plägar vara den värsta. Mest är det ju förbränningar, som leda till döden, men äfven följderna af lokalens sprängning kunna genom svåra skador föranleda hastig död.

Ofta inträffa dessa explosioner under egendomliga omständigheter, som måste ha varit observerade en gång för att sedermera kunna undgås. Jag har således sett ett fall, då några sjuksköterskor, som många gånger förr preparerat ett förbandsmaterial, hvartill användes ether (jodoformgas), utan att ha varit utsatta för fara, då de väl visste, att man aldrig finge ha tändt ljus i närheten af ethern, en vinterdag höllo på därmed som vanligt. Plötsligt sker en explosion, så våldsam, att hela det rätt stora rummet står som ett ljushaf. Det räcker blott ett ögonblick, men båda äro rätt betydligt brända (dock lyckligtvis utan svåra följder). Man kunde sedermera se spår utaf explosionen i det 16 fot höga rummets tak. Det var de vid skakningen af förbandsgasen frigjorda etherångorna, som hade spridt sig i rummet, och elden i kakelugnen, hvars luckor dock voro stängda, hade antändt ångorna.

Medan de flesta olyckor, som förorsakas af hittills omtalade ämnen, bero på, att gaser, som blandas med luften, komma i beröring med eld och därigenom explodera, så att de blifva brinnande, så finnes det äfven ett annat slags explosion af gaser, som sålunda kunna bli särdeles farliga, fastän de icke äro brännbara. *Det är när gaser sammanpressas under högt tryck.* I mineralvattenfabriker komprimeras *kolsyra* i metallbehållare; äfven brukar man ofta komprimera *luft* m. m. Af det enorma trycket kunna de solida järnbehållarne sprängas, och den utströmmande gasen kan anställa våldsamma förstörelser genom att spränga i sönder allting. Stundom ser man sår, som likna brännskador, fastän inga lågor funnits. Det är här fråga om sår genom förfrysning, ty när man öppnar kranen till en behållare med komprimerad luft, så ser man, att »rimfrost» bildas under inverkan af luftens fuktighet.

Ångmaskiner, som springa sönder, ge som bekant upphof till förfärliga förstöringar. Vi ha på sid. 272 omtalat, huru förbränningar därvid kunna döda människor. Det är den skållheta vattenångan, som är verksam, och det ej blott genom att förorsaka yttre brännskador utan också genom att vid andningen tränga ned i strupen, luftröret och lungorna, och ofta är just detta dödsorsaken. Det kan hända, att kläderna alls icke äro brända, hvilket däremot alltid är fallet, när det t. ex. tar eld i petroleumångor; dessa bilda ett eldhaf, som omhvärfver dem, som äro i närheten. Dessutom ge ångmaskinsexplosioner ofta anledning till, att stora maskindelar kunna slungas långt bort och döda dem, som träffas, liksom också sprängningen af lokalen kan orsaka död på flera sätt.

Till och med sådana apparater, som tjäna till uppvärmning inomhus medelst varmt vatten eller varm vattenånga, ge stundom anledning till dödande explosioner. Icke så länge apparaten är i gång, men när elden, som uppvärmer vattnet, släckes på aftonen, blir innehållet i rören afkyldt, i synnerhet i husets öfversta våningar, så att det till och med kan frysa till is, och när sedan elden tändes i källaren nästa morgon, utvidgar vattnet sig, och då det icke kan slippa ut, spränger det rören.

Grufarbetare äro utsatta för många faror. Grufgasen, som hvarken har lukt eller smak och just därför är så mycket farligare, är icke allenast giftig att inandas, utan kan också explodera. Den utvecklas vanligen långsamt i grufvorna. Förr var det brukligt, att innan arbetarne gingo ned i grufvan, så gick en man rundt i alla gångarne med tänd fackla, hvarvid

den gas, som fanns utvecklad längs väggarna, blef
förbränd; men det kan vara farligt, ty stundom ut-
vecklas ganska hastigt stora gasmängder, som kunna
explodera, om man blott stryker eld på en tänd-
sticka. Den af Davy konstruerade säkerhetslampan
(1815) var därför en uppfinning af allra största värde.
Man kan förstå, hvilken ohygglig situation en gruf-
explosion medför. Liksom etherångan så brinner
luften i grufvan som ett eldhaf, väggarna sprängas
sönder, hvarvid de lossnade styckena krossa och
såra, och de, som icke omkomma på så sätt, utan
bli kvar därnere, se sig afspärrade från att komma
ut. I de flesta fall få desse olycklige dock en
rätt mild död genom koloxidförgiftning; icke sällan
händer det också, att genom sprängningen vatten-
reservoirerna förstöras, så att vatten strömmar in
— de finna då döden genom drunkning.

Vid sådana explosioner i kolgrufvor innehåller
luften en utomordentligt stor mängd fint fördeladt
koldamm. Detta sätter sig öfverallt, också på de män-
niskor, som äro i grufvan. Af utseendet på de öfver-
lefvandes brännskador tror man sig kunna sluta till,
att dessa bero på antändning däraf. Sådant fint
koldamm kan för öfrigt själf bilda en explosiv bland-
ning. Man har sett, att antändning af en ringa
mängd grufgas, som icke i och för sig skulle ha
förorsakat explosion, föranledt antändning af koldamm-
blandningen, som då har exploderat och anställt
ödeläggelse. Undersökning af liken, föröfrigt mest
af hästar, har visat, att elden trängt ända ned i de
finaste luftrörsgrenarna i lungorna. Grufarbetarne
bruka därom säga: »min kamrat dog af, att han
slukade eld». Detta är icke fullt riktigt; troligare
är, att den luft, som hans lungor innehöll, blef an-

tänd på samma gång, som luften i grufvan. En sådan död är naturligtvis mycket hastig.

Liksom koldamm kan ge anledning till explosion, kan också fallet vara med *mjöldamm;* särskildt i Amerika har man sett stora sådana explosioner i kvarnar. Orsaken synes vara, att dammpartiklar antändas genom ett ljus eller på annat sätt, och att då en explosion inträder, genom att det utvecklas en utomordentligt hög värme eller på annat sätt.

De explosiva ämnen, som användas till diverse ändamål, just för att de hafva denna explosiva kraft, anstifta ju stundom obotlig skada. *Krutet* har ju genom att spränga bössan eller kanonen, explodera hos fyrverkaren, eller antändas i magasinet, där det förvaras, ofta föranledt många människors död.

Knallkvicksilfver, klorsyrad kali, pikrinsyra, som ingår i sprängämnet *melinit,* och *dynamit,* som är en *blandning af nitroglycerin och infusoriejord,* äro väl de mest kända af öfriga sprängämnen. Knallkvicksilfver är det farligaste och det, som exploderar starkast. Liksom vid krutets förbränning utvidga sig de nybildade gaserna så enormt och så plötsligt, att det rum, hvari explosionen försiggår, spränges i stycken. När en patronfabrik springer i luften, blir det nästan alltid flera explosioner; den första, mindre starka, beror på explosion af det material, hvarmed det arbetas, och kostar vanligen deras lif, som äro sysselsatta därmed, den nästa, större explosionen beror på magasinets antändning. I Paris inträffade en explosion hos en man, som hade ett lager af leksaksgevär med tillhörande patroner. Denna till-tilldragelse blef noga studerad (1878), och det konstaterades, att temperaturen plötsligt stigit till 2000° C. När man vet, att en helt ringa mängd knallkvick-silfver vid explosion utvecklar en kolossal mängd gas, så kan man göra sig ett begrepp om, huru väldiga verkningar en sådan explosion måste föranleda. Man finner också liken alldeles söndertrasade i små stycken. Förbränningar och skador, vållade utaf de sammanstörtande murarna, ge ju också därvid anledning till död.

Knallkvicksilfret användes äfven till fabrikation af bomber, helvetesmaskiner och andra dylika, men mera oskyldigt utseende föremål (i form af böcker, bref, cigarrer), som användas i brottsligt syfte. I öfrigt visa de anarkistiska tidningarna, att man väl känner faran vid denna sorts fabrikation. Första gången, som sådana bomber med knallkvicksilfver användes, var år 1859, då Orsini gjorde attentat mot Napoleon III. Tardieu har utförligt berättat därom. Kejsarens vagn träffades af 76 projektiler, 2 af hästarne fingo omkr. 40 sår, 24 hästar i eskorten fingo 125 sår, och på de 156 människor, som sårades, fann man tillsammans 511 sår, och af dem dogo 9. De bomber, som användes, voro helt få och ej mer än äggstora. Dessutom voro de illa fabricerade; en anarkisttidning kritiserade dem och visade, att andra ämnen vore att föredraga. Med Röntgen-strålarnas tillhjälp har man på senare tid flera gånger påvisat, att saker af oskyldigt utseende innehållit dylika farliga sprängämnen.

Som bekant användes *dynamit* mycket i industri, vid bergsprängning m. m. — och af anarkister till attentater. Ravachol blef igenkänd af en uppassare på det kafé, där han åt, och arresterad; hans kamrater hämnades med en bomb, som anställde förfärlig ödeläggelse och dödade flera personer i kaféet, endast uppassaren blef oskadd. Hos Brouardel kan man läsa en framställning af detta och andra mera bekanta attentat. De äro tillika illustrerade, så att man kan göra sig en föreställning om deras verkningar, hvilka ofta äro högst egendomliga både med afseende på de sår, som åstadkommas, och den färgförändring, offren visa m. m., hvarför man af olika omständigheter ibland kan draga den slutsatsen, att det är fråga om dynamitattentat. Man kan få se liken efter personer, som träffats, fullkomligt sönderstyckade; så var fallet med Pauwell, som år 1899 ville spränga Madelaine-kyrkan i Paris i luften. Kyrkan blef stående, men han själf fick bröst och buk fullständigt söndertrasade. Stundom anträffas delar af lik kastade långt bort från stället, där explosionen försiggått. Genom sprängning af en bomb, som anträffats och förts till polisstationen, blef vid ett tillfälle den ene af de dödade förvandlad till en enda oigennkänlig köttmassa — kort sagdt, man har svårt att föreställa sig, hvilka förfärliga verkningar dessa sprängämnen kunna orsaka. Liksom de andra explosioner, som vi omtalat, kosta de ofta många människor lifvet.

Fråga vi med det ofvan sagda i minnet, om offren för dessa katastrofer lida mycket, så blir svaret, att de, som dödas strax vid explosionens början, icke kunna plågas. Det oväntade, den omständigheten, att döden så att säga öfverraskar dem, i förening med det ögonblickliga sätt, hvarpå de mista lifvet, är en borgen för, att de icke plågas genom denna död. Detta gäller både för dem, som dödas af den höga temperaturen vid det starka lufttrycket, och dem, som krossas under det sprängda husets ruiner. Annorlunda med dem, som icke dödas strax: de få lida mycket, innan döden inträder. Men flertalet af dem får dock, som vi sett i föregående kapitel, en stilla och smärtfri död, utan att känna dess inträde.

Om död af åskslag.

Det är icke så få människor, som omkomma genom att träffas af blixten. I Frankrike dödas i genomsnitt öfver 100 personer om året däraf, hos oss händer det jemförelsevis sällan (se i bilagan: *Statistik.*)

På tal om åskslag, berättas ju ofta högst märkvärdiga saker. Man vore frestad att kalla det synnerligen nyckfullt, ty än far det genom rummet och tar blott knappen ur en rock eller sliter skosulan af foten, än dödas den, som det träffar, på ett ögonblick, »blixtsnabbt». Man har berättelser om, att när en rad af människor eller djur träffas, så äro den första och sista i raden mest utsatta för fara. Sålunda hände det i Schweiz år 1808, att åskan slog ned i ett rum, där 5 barn sutto på en bänk bredvid hvarandra och läste, hvarvid den första och den sista i raden dödades, medan de 3 mellersta blott slogo sig litet, genom att de föllo omkull. Dr. Jack kom (1857) 4 timmar efter, sedan åskan slagit ned i en församling på 300 personer; 6 af dem voro dödade, omkring 100 sårade, de andra hade nästan alla blifvit kullkastade och visade högst olikartade skador. Dr. Fridet berättar om en diligens, som träffades af blixten; 5 hästar dödades, kusken fick ett brännsår i pannan och låg afsvimmad i tre kvarts timme, men de resande, som sutto inuti diligensen, hade alls ingenting känt. Denna och andra pålitliga berättelser anses som stöd för riktigheten af, hvad redan Plinius *) säger, att djur äro mera utsatta för

---

*) Unum animal, hominem, non semper extinguit, cetera illico (I. S. 100).

att dödas af blixten än människor. Vi äro mera
böjda för att tro, att det härvidlag också är fråga
om blixtens »nycker».

Blixten kan, utan att träffa direkt, dock inverka
på människan. En ung man blef på så vis kastad ut
ur en kyrka öfver hufvudena på de omgifvande; vid
ett mycket omtaladt tillfälle, då åskan slog ned på
Rhenbron vid Strassburg (år 1869) och träffade flera
personer, föll en man, som stod några steg framom
dessa, i detsamma omkull, men reste sig strax igen
utan att befinna sig illa, och en annan ung man, som
var 450 fot från stället, föll omkull jämte sin hund
samt kände sig illamående någon tid därefter — och
så vidare.

Redan af dessa korta anmärkningar är det klart,
att de människor, som dödas af blixten, kunna finna
döden på olika sätt. Låt oss då också strax betona,
att det jämförelsevis sällan händer, att de, som icke
dödas strax, sedermera dö däraf.

Blixtens inverkan på människan sker genom
elektricitetens kraft, och i själfva verket är den ju
en mycket stor elektrisk gnista. Genom experiment
har man därför kunnat studera dess verkningar, och
af dessa synes framgå, att det särskildt är rygg-
märgens öfversta parti, där »lifsknuten» har sitt säte,
som måste vara utgångspunkten för de symtom, som
man iakttar beträffande andning och blodomlopp.
Men blixten frambringar ju tillika mera lokala verk-
ningar, hvaraf särskildt brännsåren med sina egen-
domliga teckningar, ss. träd, blommor, bokstäfver,
ha väckt stor uppmärksamhet. Man talar t. o. m.
om foto-elektriska bilder, och som ett godt exempel
på sådana anföres en iakttagelse af Franklin (1786):
en man, som såg blixten slå ned i ett träd, fick bilden
af detta träd inbränd i huden på sitt bröst. Dessa

brännsår kunna vara så svåra, att de sedermera medföra döden, liksom vi funnit beträffande andra brännsår. Detta är dock sällsynt, liksom det också sällan händer, att döden är en följd af, att blixten bortsliter delar af kroppen. Vi vilja dock icke uppehålla oss vid dessa mera lokala skador, utan i korthet beskrifva symtomen hos dem, som träffas af blixten och öfverlefva det. Här liksom öfverallt, där det gäller att bilda sig en mening om, huruvida de, som dött plötsligt, plågats mycket däraf, är ju studiet af de öfverlefvande och deras berättelser en ovärderlig hjälp.

Det första, som sker, när en person träffas af blixten, är, att han förlorar medvetandet och faller omkull. Han faller utan att ha märkt, att det är blixten, som träffat honom, utan att ha hört den åskknall, som följer. Rätt ofta förlorar han minnet af händelsen, ja till och med af hvad, som föregått densamma — alldeles som vi förut lärt känna vid olycksfall och andra tillfällen, där hjärnan är lidande. Att dessa personer alltså icke plågas, om de dö utaf de första verkningarna af åskslaget, är själfklart. Särskildt är det de, som träffas i kroppens öfre delar, hvilka så hastigt förlora medvetandet, men det är ju också dessa, som äro mest utsatta för att dö. Träffas en människa på benet eller länden, så kan det också visa sig tecken på, att hjärnan lider. Så var t. ex. förhållandet med en person, som råkade ut för det ofvan omtalade åskslaget på Rhenbron 1869. Han föll, kom hastigt till sans igen och såg, att han låg vid sidan af sina kamrater, som han kort förut talat med. Han visste icke, att blixten träffat honom, hade icke hört åskan, kände sig beklämd, hade hufvudvärk och öronsusning samt några brännsår och kontusioner. Följande natt kunde han icke sofva,

den därpå följande plågades han af obehagliga dröm-
mar — men sedan blef han frisk. Man ser sålunda,
att denne man, som dock var så nära att dö, icke hade
några plågor. Det är ingalunda sällsynt, att de,
som öfverlefva katastrofen, kunna ligga som sken-
döda utan medvetande i flera timmar, ja i dagar;
dö de under denna period, så är det ju också utan
att känna det.

De, som öfverlefva åskslagets verkningar och få
klarhet om, hvad de varit utsatta för, skola ofta bli
ett byte för sinnesrörelser af rätt obehaglig natur.
Nervsystemet i sin helhet är påverkädt, och de lida
af sömnlöshet; när de sedermera kunna sofva, störes
sömnen af drömmar, som röra sig om åskslag. De
få hufvudvärk, öronsusning m. m. — de kunna få
hallucinationer och sinnessjukdomar. Om de dö, så
är det efter att ha genomgått många lidanden, som
bero på blixtens verkningar. Men de äro ju i själfva
verket likställda med så många andra sjuka, som
icke påverkats af blixten, och döden, som kan blifva
en följd af olika omständigheter, är densamma, som
vi känna från våra berättelser om död genom sjuk-
dom. Oftast är det under vanmakt eller asfyxi, som
slutet i så fall inträder, och i intetdera fallet är det,
som vi ju sett, någon plågsam död.

Med det sagda i minnet kan läsaren väl tänka
sig, att den, som hastigt dör, träffad af blixten,
omöjligt kan lida några plågor. Han märker icke,
att det är blixten, som träffar honom, han står
kanske och beundrar den storslagna anblicken —
och i samma ögonblick är han död.

Att döden verkligen kan inträda ögonblickligt i
ordets egentliga bemärkelse, kan man finna däraf,
att man stundom ser de döda stelnade i ställningar,
som visa, hvad de företagit sig i det ögonblick, som

de träffats af blixten. Läsaren skall närmare lära känna detta besynnerliga fenomen i vårt kapitel om krig, men äfven hvad blixten beträffar, har man rätt många sådana berättelser: t. ex. om en präst, som kom ridande hem, och tydligen var död, fastän han satt upprätt på hästen, om en kvinna, som träffas af blixten, just som hon plockar en blomma, och hvars lik man finner i upprätt ställning, litet framåtböjdt, med en blomma i handen. I lägret vid Châlons, där ett åskslag anställde stor skada (1819), anträffades en kapten död i sitt tält; med högra handen höll han i en ljusstake, som han tryckte mot bröstet; ljusstaken var af metall, men oskadd. Man har också sett djur intaga sådana egendomliga ställningar: en get, som anträffades död, stod på bakbenen med en grön gren i munnen. — Äfven om det är sällan, som man finner sådana bevis på, att döden har inträdt ögonblickligt, så kan läsaren dock vara öfvertygad om, att den, som dödas af blixten, dör hastigt utan att fatta, hvad som försiggår.

Undersökas liken, finner man också bekräftelse härpå. Om icke vanmakt måste anses som dödsorsak, hvilket är sällsynt, så äro organen och däribland också hjärnan öfverfyllda med blod. Häruti få vi åter ett bevis för, att den döende icke har kunnat känna de skador, som blixten stundom orsakar i hans kropp, t. ex. bristningar eller sår i inre organ, lika så litet som han har kunnat känna de brännsår, som hans yttre hud bär märke efter. Återigen se vi här, att den, som är vittne till den ohyggliga synen, att se en person falla död omkull, träffad af blixten, kan vållas mera lidanden än den, som själf drabbas af olyckan.

Om död genom förgiftning med gaser.

Vi ha upprepade gånger omtalat asfyxien, kväfningsdöden. Vi ha sett, att för att andningen skall kunna vidmakthålla lifvet, måste frisk luft få tillträde till luftrörets finaste förgreningar, som sammanhänga med lungornas luftblåsor (alveoler), och här måste de röda blodkropparna komma i beröring med luftens syre. Det är klart, att om dessa blodkroppar icke äro friska, så kan blodets syrsättning ej försiggå normalt — och däraf kan uppstå asfyxi. Vid ett gifvet fall af asfyxi kan det vara mycket svårt att säga, huruvida det är den orena andningsluften eller blodkropparnas förändring, som orsakar döden. Om man t. ex. inandas kolos, så känner man ju, att det blir svårt att andas, när luften blifvit starkt förorenad därmed, och man får en förnimmelse af, att man måste ha frisk luft för att icke kväfvas. Men inandningen af kolos verkar just på blodkropparna så, att de ej som vanligt kunna upptaga syre — som vi se, stå vi här inför en svårlöst fråga.

Innan vi närmare ingå på vårt ämne, vilja vi påminna läsaren om ett hithörande, svårförklarligt förhållande. Det är, att man kan vänja sig vid att inandas en förskämd luft, som strax skulle verka dödande på den, som hastigt utsättes därför. På sid. 99 ha vi omtalat det berömda experimentet med två fåglar i en glasklocka; en analogi därtill känner läsaren kanske genom berättelser om arbetare i brunnar, grufvor m. m. Den, som är nere i brunnen och varit där länge, ger signal, att han vill upp, därför att han har svårt att andas, eller också se kamraterna, att han är dålig. Om en af dem då stiger ned för att hjälpa honom, kan han blifva som

förlamad af den dåliga luften, medan den förste blott
är lätt angripen, ja det kan till och med hända,
att hjälparen dör, under det att den kommer sig,
som längst varit ner i brunnen.

Bland giftiga gaser, som kunna vålla döden, är
koloset (koloxiden) en af de farligaste. Döden kan
orsakas dels af oförsiktighet, dels afsiktligt, och be-
ror på, att blodkropparna genom denna gas förlora
sin förmåga att upptaga syre, och att blodet således
ej längre kan verka lifgifvande. Koloxid är en gas,
som alltid bildas, då kol förbrännes. Alla sorters
kol, men också ett flertal andra brännbara ämnen
kunna alstra denna gas. Likgiltigt är också, om
det är en vanlig kakelugn eller kamin, fast eller
transportabel, hvari kolet förbrännes. Koloset kan
också tränga in från ett annat rum eller genom en
skorsten, och äro dessa fall synnerligen farliga, ty
gasen har hvarken lukt, smak eller färg. När en
kakelugn ryker in, är den däremot blandad med
andra, ofta starkt luktande gaser.

När kol förbrinner, är det ju alltid en del däraf,
som ej strax fullständigt förbrännes; vid denna ofull-
ständiga förbränning är det, som kolos utvecklas
och brinner med blå, fladdrande lågor på ytan af
kolen. När dessa däremot brinna ordentligt, så
bildas blott obetydligt kolos, och då ugnen är varm,
bortföras ju alla förbränningsprodukterna. Men äro
kolen nästan förbrända, och askan lägger sig på
och emellan de få rester däraf, som ännu brinna,
och därmed gör deras förbränning ofullständig, så
utvecklas åter mera koloxid än kolsyra, och om då
luftdraget i ugnen hindras, om spjället skjutes, så
kommer koloset ut i rummet.

Det sätt, hvarpå koloxiden orsakar död, är oftast
det, att en kakelugn osar; antingen af oförsiktighet

eller emedan man vill »hålla på värmen» genom att skjuta spjället, kommer koloset ut i rummet och märkes kanske först, när det är för sent. Ibland sker olyckan genom värmebehållare med träkol. Eller händer det en stackars vagabond, som lagt sig i värmen på spiseln och intet ondt anande fallit i sömn, att han råkar inandas det kolos, som kan tränga ut genom en spricka däri, och som nu förvandlar hans sömn till en dödssömn. Kolosförgiftningen kan också uppkomma plötsligt. Man vet till exempel, att en student, som ville öfvertyga sig om, att koloset ingenting smakar, och därför ställde sig vid en ballong, hvarifrån gasen utströmmade, efter 3—4 inandningar fick krampryckningar och blef så dålig, att det var med möda, man lyckades återupplifva honom. Sådana svåra, plötsliga förgiftningar höra dock till undantagen, ty i regel går det mycket långsamt.

Låt oss nu se, hvilka symtom, som uppträda hos den, som befinner sig i ett litet rum, hvari koloset efterhand mer och mer intränger. Det första, han känner, är en svår hufvudvärk och ett starkt tryck öfver tinningarna. Han blir yr i hufvudet, ser otydligt, hör egendomliga ljud och kan få hallucinationer, därpå blir han mer och mer sömnig, men är dock ännu icke värre medtagen, än att han, om han vet, hvad det är fråga om, och känner faran, har krafter till att rädda sig. Men underlåter han detta, så dröjer det icke länge, innan han blir ur stånd att företaga sig något. Om han ligger i sängen, kan han väl ännu röra sig däri, men vid försök att stå upp kan han icke stödja på benen, utan faller omkull på golfvet. Ännu är medvetandet icke förloradt, han vet, i hvilken fara han sväfvar, han vill rädda sig med att fly — men kan det icke. Det finns egendomliga exempel på ett sådant förlopp.

I vår bilaga finnes citerad en berättelse (obs. 91), skrifven af den, som upplefvat det; den visar, att koloset kan tränga in i ett rum, där hvarken kol eller annat brännes, och är tillika ett godt exempel på ett för öfrigt icke synnerligen svårt fall af kolosförgiftning. Till all lycka vet denne person, då han vaknar och känner sig illamående, att det kan vara fråga om kolosförgiftning, och känner faran däraf. Med ansträngning lyckas han komma upp ur sängen, och fastän det fönster, som han vill öppna, blott är 7 à 8 fot därifrån, faller han dock flera gånger omkull på vägen.

I vår obs. 92 se vi ett annat förlopp. Det är en 29-årig hushållerska, som har velat hvila sig litet efter dagens ansträngningar, lagt på rikligt i kakelugnen och skjutit spjället delvis för att »hålla på värmen», något som hon och hennes syster ständigt bruka göra, eftersom »det icke kan bli os utaf kokes». Så lägger hon sig att läsa, efter att ha låst dörren. Nästa morgon hittas hon liggande medvetslös på golfvet i blotta linnet — och det var tur, att det alls upptäcktes. På sjukhuset blef hon emellertid behandlad med godt resultat.

Mycket belysande är det förgiftningsfall, som Brouardel berättar om en professor i Paris. Denne arbetade en afton i sitt rum, som uppvärmdes med en af de bekanta små, flyttbara kaminerna; då det blef för varmt, flyttade han in den i rummet bredvid och stängde dörren. Det dröjde ej länge, innan koloset trängde genom dörrspringorna från det kalla rummet in i det varma. Då han börjar känna yrsel och värk i hufvudet, tänker han, att orsaken kunde ligga i något os, reser sig upp ur länsstolen, men kan blott med största möda komma till fönstret. Han försöker öppna det, fast förgäfves, men har dock sinnesnärvaro nog att slå sönder en ruta med en bok, som han har i handen. Af bullret kommer hans tjänare in och finner honom liggande på golfvet — han kom sig dock snart igen.

Brouardel såg vid Opera comique's brand 27 människor döda i ett litet rum, där en buffet med förfriskningar fanns. Hvarken deras kläder eller kroppar voro brända, och ingen hade kunnat göra ett försök att undkomma; de hade dödt af kolosförgiftning. Vi ha redan omtalat detta fall närmare i kapitlet om förbränning.

Utom den för kolosets verkan karaktäristiska mattheten, inställa sig så godt som alltid uppkastningar. Sedan detta tillstånd räckt någon tid, förlorar den angripne medvetandet och ligger nu i »coma». Också detta kan dra ut olika länge, innan det slutar med döden. Man känner fall, där den sjuke varit medvetslös i 2 à 3 dagar och dock kommit till lif igen.

Egendomliga och svårförklarliga förhållanden finner man mången gång. I Odense såg Trautner t. ex. en familj, där mannen anträffades död, hustrun mycket medtagen men ännu vid lif, medan ett litet 2-års barn, som låg vid sidan af den döde mannens hufvud ofvanpå sängen fullt påkläddt, sof helt lugnt, då man kom in i rummet, vaknade strax efteråt och var alldeles friskt. Det är också besynnerligt, att de två hundar, som voro i samma rum som Zola och hans hustru, alls icke blefvo förgiftade.

Är nu detta dödssätt smärtsamt? Om man skall tro Déal, en arbetare, som beslutit att taga lifvet af sig med kolos, och som ville »gagna vetenskapen» genom att berätta, hvad han erfor, måste det vara en mycket plågsam död. Déals berättelse har länge användts efter hans önskan, men läsaren skall genom att studera den i bilagan lätt inse, att den icke förtjänar detta. Hans anteckningar börja kl. 10, 15. Han skrifver kl. 10,40, att hans ljus är släckt, men att lampan ännu brinner, kl. 10,50, att han känner symtom af sinnesförvirring och kl. 10,60: »jag kan knappt skrifva mera — min syn blir otydlig — lampan slocknar — jag trodde icke, att man skulle behöfva lida så mycket för att dö.» Kl. 10,62 (lampan har ju slocknat, men han kan ändå se på sin klocka, att den visar 10,62!) står det några oläsliga tecken. Det är ju troligt nog, att han plågats, ty det är intet tvifvel om, att de, som själfva taga sig afdaga, ha svåra lidanden. Så har säkert också varit fallet med den unge arbetaren, obs. 93; men lika litet som den nyss omtalade hushållerskan, kan han ge oss besked, ty minnet af det passerade har gått förloradt. Bättre kunna vi lita på de meddelanden, som en läkare, Dr. Motet, har gjort i en vetenskaplig tidskrift. Vi anföra blott enstaka punkter ur den långa och mycket noggrant utarbetade afhandlingen. Dr. Motet åkte för sin praktik den 31 dec. 1893 i en vagn, uppvärmd medelst en i Paris väl känd apparat, som består af en behållare af galvaniseradt järn, hvari en kol-brikett långsamt förbrinner. Åkningen räckte $\frac{1}{2}$ timme, han läste en tidning och öppnade en gång fönstret helt kort. Han var alldeles frisk, då han kom till sin patient och under besöket där, som räckte nära en timme. Han steg in i vagnen, som varit stängd, medan den väntade på honom, och åkte hem. Sysselsatt, som han var af tanken på den sjuka, som han besökt, föll det honom icke in att ägna en tanke åt värmeapparaten. Den hade emellertid fyllt vagnen med den giftiga gasen, så mycket farligare, som den icke utbreder någon dålig lukt eller har någon särskild smak. Då han hade åkt en stund, efter hvad han tror, omkring 3 minuter, kände han

plötsligt och på ett ovanligt våldsamt sätt liksom två
slag mot sina öron, hvarpå följde ett skarpt klingande
ljud, och hans hufvud blef liksom kastadt emot vagns-
sidan. Det hela kom som en blixt, men han måste
dock varit medveten om, hvad det gällde, ty instink-
tivt drog han ned rutan och förde hufvudet mot
öppningen. Detta är det sista, som han med be-
stämdhet kan minnas. Han åkte vidare, men huru
vet han ingenting om; först då vagnen stannade
vid det hus, dit han skulle, återfick han medvetan-
det. Han mådde nu mycket illa, var betydligt yr i
hufvudet och hade kväljningar. Han kunde öppna
dörren, men det var honom omöjligt att stiga ut ur
vagnen. Då han fann, att han kunde använda sina
armar, grep han kraftigt med ena handen i vagns-
lampan, med den andra i dörrkarmen och kunde på
så vis stå. Kusken, som märkte, att det var något
på färde, hoppade ned från bocken, och då han
såg, huru blek Motet var, sade han till denne, att han
såg mycket sjuk ut, och att han ville köra honom
till ett apotek, men Motet bad honom säga till i
huset, där man väntade honom, att han hade åkt
hem. Medan kusken uträttade detta, stod Motet
upprätt, men blott en minut eller två. Han måste
därpå hastigt gå in i vagnen, där han kastade sig
på sätet. Det sjöng och susade för öronen, och allt,
som han såg på, snurrade rundt för hans ögon.
Han behöll dock medvetandet, sade till, att värme-
apparaten skulle tagas ut ur vagnen, och att kusken
skulle köra honom hem. Under åkturen, som räckte
nära ½ timme, var han alltjämt yr, kväljningarna till-
togo och uppkastning inställde sig, ansiktet badade i
kallsvett, och han trodde, att han skulle svimma. Den
friska luften, som strömmade in genom de öppnade

rutorna, gjorde honom godt, och hemkommen kunde han stiga ut ur vagnen, men icke gå stadigt.

Hvad han sedan erfor, är särdeles klart och utförligt skildradt. Mest var det yrsel och svårighet för att gå, som plågade honom. Ännu 6 veckor efter förgiftningen var han icke fullt säker i benen, men dessa och andra följder af kolos-inandning, som man känner från olika fall, förbigå vi här, ty de leda ej till döden. Blir denna en följd af förgiftningen, så inträder den som sagdt längre eller kortare tid, efter att medvetandet är slocknadt; man märker således intet af själfva dödens inträde. Zola har alltså ej heller kunnat känna sin död. På sin hustrus begäran vacklade han upp ur sängen för att öppna ett fönster, men kunde det icke, utan föll omkull med fötterna på sängkanten. Så yr var han, att han icke kunde hjälpa sig själf ur denna obekväma ställning. I samma ögonblick, som han föll, förlorade hans hustru medvetandet. Som vi skola se af berättelsen i bilagan, återkom hon dock till sans, men förmådde icke förklara, huru det hela hade gått till. Vi vilja dock återigen påminna om, att en af kolosförgiftningens följder icke sällan är, att minnet kan gå förloradt — alldeles som vi sett, att det kan vara fallet vid olika skador, vid fall m. m. (se sid. 267).

Fråga vi återigen, om detta dödssätt är pinsamt, så måste svaret bli: ja, för den, som har medvetande om, i hvilket läge han befinner sig, är det säkert mycket pinsamt. Icke på grund af hufvudvärken, yrseln och de andra symtomen, utan därför, att han vet, att han måste dö, om han icke kan undkomma, men icke ser någon utsikt därtill. Det är blott en ringa lindring för honom, att han förlorar medvetandet, innan han dör, ty han har verkligen kämpat en själens dödskamp dessförinnan. Annorlunda med

dem, som lägga sig att sofva som vanligt och då
blifva offer för den tilltagande förgiftningen af luften
i sofrummet. Vid sådana tillfällen sofva både vuxna
och barn, sofva och sofva, tills de äro döda. Blott
i de fall, att utom koloset äfven några illaluktande
gaser alstras, händer det, att den sofvande vaknar
och märker, att det är rök i rummet. Men det är då
oftast för sent, koloset har redan gjort sin verkan.

Lysgas ger på olika sätt anledning till dödande
förgiftning. Det är den i gasen befintliga koloxiden,
som dödar, och man väntar sig därför på förhand,
att symtomen skola vara de samma som vid död af
kolos. De förhållanden, hvarunder lysgasen verkar,
äro dock andra, än som gälla för koloset, och där-
för vilja vi i korthet omtala döden genom lysgas
för sig.

Vi påminna om, att de små gaskaminer, som
användes till uppvärmning af rum och i badrum,
kunna föranleda kolosförgiftning. I vår obs. 94
skall läsaren finna ett pålitligt meddelande om ett
sådant fall, och det liknar, som vi se, nästan alldeles
de ofvan beskrifna fallen af kolosförgiftning. Det
är för öfrigt blott några få hithörande förhållanden,
som vi vilja beröra.

När lysgasen, som ju består af flera olika gaser,
strömmar ut i ett rum, därför att gaskranen står
öppen, sprider den mycket snart en dålig lukt, som
varnar de innevarande. Också är det i regel blott i
rum, där inga människor vistas, som den utström-
mande gasmängden hinner bli riklig. Tillsammans
med rummets luft bildar den en explosiv blandning,
så att om någon med tändt ljus går in i ett sådant
rum, kan det föranleda explosion, hvarvid denna och
dess följder, såsom vi redan omtalat i kapitlet om
explosioner, kan orsaka döden.

Gasen kan också komma in i rum, utan att det behöfver vara genom öppen kran eller genom sprickor i gasrören, den kan intränga i hus, där alls ingen gasledning finnes, och döda de där boende. Det är då genom marken och murarna, som den kommer. Alla gasrör, som ligga under jorden, genomsläppa något af den gas, de innehålla, äfven om det icke finnes egentliga sprickor i dem. Då gasbelysningen allmänt infördes, visade det sig ju, att träden gingo ut, och man har på olika sätt måst skydda de nyplanterade trädens lif. Ur jorden tränger gasen vanligen upp till ytan och blandar sig med luften — hvarvid ingen skada sker. Men blir det en större remna på en gasledning under jorden, och är det på vintern, då marken är frusen, så kan gasen icke sprida sig ut i luften, utan breder då ut sig under jorden, kan nå fram till grunden af ett hus, intränga i denna och sedan in i rummen. Detta är så mycket farligare, därför att den förlorat sin lukt utaf att ha passerat genom marken. Läsaren kan nu förstå, hurusom man har kunnat finna människor döda af gasinandning i rum, där ingen gasledning fanns. Det är koloxiden, som dödat dem, icke gasen själf, ty man har träffat personer döda med brinnande ljus invid sig och alltså utan tecken på explosion. Nästan alltid har man kunnat påvisa den väg, hvarpå gasen trängt in i rummet.

Det sätt, hvarpå döden i sådana fall inträder, är ju som sagdt något annorlunda, än som det beskrifvits för döden af kolos, ty det är här, såsom ju lätt inses, frågan om en långsamt tilltagande förgiftning. Visserligen finnas enahanda symtom, yrsel, hufvudvärk, öronsusning, matthet och svårighet att röra sig m. m., men det är ingen, som tänker på lysgasen som orsak. Läkaren tror kanske, att det är tyfoidfeber, och då flera personer i samma hus sjukna, så gäller det för att vara en husepidemi däraf. Om ingen upptäcker sammanhanget, om de sjuka icke flyttas hemifrån, så slutar det med, att mattheten tilltar, så att de icke kunna lämna sängen, att de bli allt mera dåsiga och till sist förlora medvetandet för att icke mera vakna — såsom man ser, en jämförelsevis skonsam död. Ett väl belysande exempel meddelas om en engelsk präst, som bebodde ett af lysgas infekteradt hus, och som mådde mycket illa, när han var hemma, men alltid kände sig bra, när han gick ut. Han lät af sin bror, som blef förskräckt öfver hans dåliga utseende, öfvertala sig att flytta till denne, men på vägen kände han sig åter så frisk, att han beslöt att fara hem igen. Knappt inkommen i sitt rum, blef han åter mycket illamående. Han begaf sig då till sin broder, och det var tur, ty nästa natt dog utaf förgiftningen hans tjänare, som stannat hemma i huset, och som hade företett samma sjukdomsbild.

Det finns äfven andra gaser, som kunna orsaka död, men det skulle föra oss för långt att närmare omtala dessa rätt sällsynta fall. Vi nöja oss med att nämna, att olika gaser äro mer och mindre giftiga. *Vätesvafla* t. ex., som utvecklas i *kloaker* och latrinupplag och stundom orsakar däri sysselsatte arbetares död, är högst giftig och kan döda på ett ögonblick, liksom om blixten hade träffat dem. Andra gaser återigen är mindre giftiga och leda till döden genom en mera smygande sjukdomsprocess, som oftast slutar med förlust af medvetandet.

Vi ha ofvan i korthet nämnt, att arbetare, som gräfva brunnar, kunna bli sjuka och dö af att inandas den luft, som finnes i dessa. Det är *kolsyra*, som de inandas. Läsaren känner säkert till, huru

svårt det är att andas, då luften innehåller för mycket
kolsyra. I ett illa ventileradt rum, där många män-
niskor uppehålla sig, och många ljus eller gaslågor
brinna, märker man snart, att luften blir tung, man
kommer i svettning och får svårt att andas. Detta
beror på, att alla de människor, som där finnas, ut-
andas kolsyra. Tillika utvecklas kolsyra genom be-
lysningsmedlens förbränning, hvarjämte luften i rum-
met kommer att innehålla en stor mängd vatten-
ånga. Den kolsyra, som hvarje människa producerar
vid utandningen, och som således går ut i den om-
gifvande luften, måste hon nu inandas igen. Då
man behöfver andas in syre för att kunna lefva, så
är det klart, att man småningom kväfves, då man
icke inandas syre, utan kolsyra. Ty den inandade
kolsyran tränger ned i luftrörens finaste förgreningar
(alveolerna) och blandas här med den kolsyra, som
man själf alstrat och skulle andas ut igen. Man
blir sålunda kväfd af den kolsyra, som man själf
producerat.

Att döden verkligen kan orsakas af människors
sammanpackande i rum utan ventilation, är säkert.
I ett af Macauley's berömda *Essays*, det om lord
Clive, finnes en gripande skildring däraf. Den knappt
22-årige Surajah Dowlah, vicekonung i *Bengalen*,
ett af de värsta exemplar, säger Macauley, af de
österländska despoterna, hvilka på det hela taget
karaktäriseras som de uslaste mänskliga varelser, hade
vunnit seger öfver engelsmännen. Fastän förbittrad
öfver att icke ha funnit så mycket skatter, som han
väntade, lofvar han dock att skona fångarnas lif.
De vakter, till hvilkas godtycke dessa äro öfverläm-
nade, besluta att förvara dem öfver natten i garnisons-
arresten, i ett rum kändt under namnet »den svarta
hålan». Detta var blott 20 fot i fyrkant med små

och delvis tilltäppta lufthål. Det var midsommar och hettan outhärdlig. 146 fångar fingo nu order att gå in i cellen. De trodde först, att det var skämt af soldaterna, ty de hade ju fått nabobens löfte, att deras lif skulle skonas, men snart insågo de, att det var allvar. Nu bönföllo de om nåd, men vaktarne hotade att hugga ned hvar och en, som dröjde. De drefvos in i cellen med dragna sablar, och dörren stängdes efter dem. Hvad de där måst lida, kan ju icke beskrifvas. De tiggde om nåd, de sökte att spränga dörren, vansinniga af förtviflan trampade de ned hvarandra och slogos om rum på de ställen, där lufthålen funnos, och om de droppar vatten, som mördarne hånande räckte dem, medan de höllo upp ljus för järngallren och skrattade vid åsynen af deras strid och kval. De olycklige rasade, bönföllo, hädade Gud, bådo soldaterna att skjuta in ibland dem — tills efterhand larmet dog bort, dagen bröt in, och tillåtelse kom från naboben, som man icke hade vågat störa i hans sömn, att dörrarne finge öppnas. Soldaterna måste stapla upp liken för att bana väg för dem, som ännu voro vid lif. Det var blott 23 af de 146!

Kolsyra bildas, när kol fullständigt förbrinner, ty som läsaren vet, produceras ingen koloxid i kakelugnen, när kolen brinna hastigt med klar låga. Den kolsyra, som hvarje människa utandas, bildas också genom förbränning af kol, en förbränning, som alltså försiggår i den lefvande organismen, men vid lägre temperatur. Kolsyra bildas också vid jäsning af vin och öl. I *jorden* bildas mycket kolsyra, i synnerhet där växtämnen äro stadda i förruttnelse, hvilken kan upptagas af vattnet och visa sig som kolsyrehaltiga källor, men den kan också i gasform tränga ut i underjordiska hålor, i grottor (den berömda »hundgrottan»

vid Neapel) eller t. ex. framkomma, när man gräfver
brunnar eller grafvar på kyrkogårdar. När vi tillägga,
att kolsyran är tyngre än luft och således samlar sig
på botten af de behållare eller hålor, hvari den finnes,
så kan man förstå, att arbetare, som gräfva brunnar
eller grafvar, äro mest utsatta för denna förgiftning,
bryggeriarbetare mera sällan.

Man känner fall af död under sådana omständig-
heter; döden kan, som redan nämndt, plötsligt träffa
den, som stiger ned i en brunn eller en djup graf,
liksom kolos och vätesvafla kunna döda hastigt. Det
händer dock sällan, ty de, som äro sysselsatta med
sådana arbeten, veta väl, att man lätt kan öfvertyga
sig om, huruvida fara finnes, innan man går ned i
brunnen, och att man då lätt kan pumpa upp kol-
syran. Långt farligare är det för dem, som arbeta
i kolgrufvor, när det bildas »grufgas». Denna utgöres
af en blandning af sumpgas och luft, som genom
eld kan bringas att explodera, hvarvid kolsyra bildas.
De arbetare, som icke dödas af grufvans nedrasande
väggar eller af förbränning, dö af kväfning, ty de
kunna icke andas i den kolsyremättade luften, lika
litet som de, hvilka äro sammanpackade i små
rum utan fritt lufttillträde. För några går det ju
hastigt, men andra måste plågas längre, innan deras
hjärna, som icke mera får frisk blod till näring,
reagerar så, att medvetandet först omtöcknas och
sist alldeles upphäfves, hvarigenom de icke märka,
hurusom döden med hastiga steg närmar sig. Att
många, som under sådana omständigheter synas döda,
dock icke äro det, utan kunna återkallas till lif, ha
vi redan omtalat. Vi påminna också om förhållandet
med fåglarna under gasklockan. Det är genom sådana
försök, som vi lära oss förstå de förhållanden, hvari

människor stundom befinna sig, och huru vi skola bringa hjälp.

Ännu ett par ord om några giftiga gaser, som användas för medicinskt bruk. Vi syfta på *kloroform* och *ether*, vätskor som hastigt ·afdunsta i beröring med luften, och som ha den egenskapen att inandade verka bedöfvande, samt *lustgas*, som också har samma förmåga — fastän blott för kortare tid. Att läkaren i många fall icke kan undvara dessa medel, är allmänt kändt, men att det naturligtvis måste vara förenadt med stor fara att använda medel, som så hastigt kunna upphäfva medvetandet, så att man icke längre känner de ingrepp, som annars skulle vålla svåra smärtor, är ju själfklart. Det är icke heller så alldeles sällan, som döden blir följd af deras användning, äfven om de nyttjas på samma korrekta sätt, som man så många gånger funnit vara ofarligt. Redan detta tyder på, att faran delvis beror på det tillstånd, hvari patienten psykiskt och kroppsligt befinner sig. Man kan förstå, hvilket pinsamt intryck ett sådant dödsfall måste göra på läkarne, som använda medlet i afsikt att lindra psykisk och fysisk smärta. En tröst är det dock, att den sjuke har dött utan att känna det, ty dess första verkan är, att han förlorar medvetandet och somnar in. Han har dött i hoppet om, att han nu ändtligen, utan att känna smärta, skall befrias från den sjukdom, som har vållat honom så mycket plågor och bekymmer. I själfva verket är det också utan smärta, som hans sömn öfvergår i döden. Denna kan i sådana fall inträda på två olika sätt: antingen genom svimning (se sid. 56), eller genom asfyxi (kväfning), som vi omtalat sid. 96. Läsaren vet, att i båda fallen är döden, äfven om den har andra orsaker än inandning af bedöfningsmedel, en mild död, trots det att asfyxien ofta för

omgifningen visar sig med symtom, som göra in-
tryck af, att den döende plågas mycket. Gentemot
döden genom bedöfningsmedel, ha de efterlefvande
samma tröst som läkarne, att den döde gått bort i
hoppet om att blifva botad.

Om död genom förgiftning med olika ämnen.

När man nämner ordet gift, äro alla på det klara
med, hvad man menar, och dock är det knappast
möjligt att definiera, hvad gift är. Man vore frestad
att säga, att allt är gift, och intet är gift. Allt är
gift, ty det ges knappast något näringsmedel, som
icke under vissa omständigheter kan vara giftigt,
äfven om det icke synes fördärfvadt. Om så är fallet
på ett eller annat sätt, ser man ofta förgiftning fram-
kallas. Till och med ett vatten, som icke smakar
illa, kan vara giftigt. Jag har t. ex. sett ett fall, då
en tjänstflicka, som blifvit varm under sysslande
med en graf på kyrkogården, drack vatten, som hon
pumpade upp vid vattenposten i närheten. Lyckligtvis
gick det icke till död, men fallet var dock så allvarligt,
att jag begagnade tillfället att föreslå myndigheterna
uppsättande af varningsanslag vid kyrkogårdsvatten-
posterna. Man kan också säga, att ingenting är gift,
ty äfven de allra giftigaste ämnen kunna fördragas
utan skada, om man blott tager ytterst liten eller
tillräckligt utspädd mängd däraf. Så godt som alla
de medel, hvilka läkaren använder till sjukdomars
botande, kunna verka giftigt, om man använder för
mycket af dem, eller om dosen icke afpassas efter
den sjukes tillstånd.

Man känner alltså en hel mängd gifter. De finnas i både djur-, växt- och mineralriket, de kunna vara organiska eller oorganiska, de kunna framställas med konst på många sätt, de kunna inverka på det ställe, där de anbringas, och därifrån utöfva sin dödande verkan, t. ex. etsande syror, eller också ha de ingen lokal verkan, utan inverka på aflägset liggande organ, t. ex. opium på hjärnan. Denna fjärrverkan är ju i grund och botten också en lokal verkan, framkallad af, att giftet från det ställe, där det införts, upptages i blodet och med detta föres rundt i kroppen till de olika organen. En sorts gift verkar företrädesvis på vissa organ, andra gifter hufvudsakligen på andra organ eller väfnader, t. ex. blodet, och däraf betingas således olika dödssätt. Genom synnerligen vackra försök är det bevisadt, att det i synnerhet är genom blodet, som gifterna föras omkring i kroppen, och man känner också den olika hastighet, hvarmed detta försiggår.

När man hör ordet förgiftning, tänker man i allmänhet strax på, att någon försökt taga sig själf af daga genom att förtära ett eller annat, som man vet är giftigt, och detta är ju också icke så sällan fallet. Men gift användes också ofta i brottsligt syfte, och dessutom kan man bli förgiftad genom att äta något, som man tror vara ofarligt, men som dock är mycket giftigt, t. ex. svamp, eller som för att hålla sig blifvit särskildt prepareradt och därigenom förgiftadt, som fallet kan vara med kött, eller sker det genom förväxling, t. ex. af öl med på likadana buteljer förvarade giftiga vätskor. Äfven kan man i sin dagliga verksamhet vara sysselsatt med arbeten, som kunna medföra förgiftning (kvicksilfver, fosfor) — kort sagdt, det finns många sätt, hvarpå förgiftning kan komma till stånd, och när därtill kommer, att som sagdt mängden af giftiga ämnen är stor, kan läsaren inse, att vi stå inför ett vidlyftigt ämne, då vi vilja omtala döden af förgiftning. Vi måste därför inskränka oss till mera allmänna anmärkningar, i synnerhet som så många omständigheter, t. ex. giftets kvantitet, den förgiftades ålder, individuella mottaglighet, vana vid giftet m. m. modifiera dess verkan. Läsaren behöfver blott betänka, huru olika alkohol kan verka, för att inse, hvad vi mena.

Förgiftningar voro kända redan i forntiden. Dioscorides, en grekisk läkare, som antagligen lefde i 2:dra århundradet, har skrifvit ett stort arbete om läkemedlen, hvilket innehåller en utförlig framställning af de då kända gifterna. Vi nämna några af dessa, för så vidt som de kunna påräkna ett mera allmänt intresse och sprida något ljus öfver förgiftningsdöden. Vi finna således, att *oxblod* användes som gift; troligtvis var det i förruttnadt tillstånd, och dess giftverkan var då densamma, som vi nu för tiden finna af skämdt kött och andra fördärfvade födoämnen. Men egendomligt nog talar Dioscorides uttryckligen om färsk oxblod. Themistokles skall hafva förgiftat sig därmed. D. nämner vidare *auripigment, sandarac* och *honung från Heraclea* i Pons. En berättelse om den sistnämnda finnes hos Xenofon, som säger, att alla de af hans soldater, som åto *honungskakor*, då de voro i närheten af *Trapezunt*, blefvo häftigt sjuka. De fingo kräkningar och diarré och kunde hvarken stå eller gå; de, som blott smakat på kakorna, liknade berusade, men de, som ätit mera, blefvo vilda och föllo omkull som döda, samt förblefvo i detta tillstånd jämnt ett dygn, i det de återvunno sina sinnens bruk på samma klockslag, som de mistat det. Dock dröjde det 3—4 dygn, innan de, fastän ännu utmattade, kunde betraktas som fria från all fara. Dioscorides beskrifver också *cantharidin* (spansk fluga), *salamandra, akonitin* och *colchicum*, hvilket sista skall hafva varit det medel, som användes af Medea, dotter till konungen af Colchis, till att bereda giftiga drycker, och hvarmed hon dödade sina barn, då hon förskjöts af Jasom, som hon hjälpt att vinna det gyllene skinnet. De giftiga verkningarna af *opium* beskrifvas mycket väl i 2:dra århundradet f. Kr. af Nicander, en grekisk läkare och skald, som var mycket ansedd för sina kunskaper i läran om förgiftningar (toxicologien). *Odört*, hvars giftverkan beskrifves af Plato i hans skildring af Sokrates' död, en beskrifning, så pålitlig, att den ännu användes i moderna lärböcker (t. ex. hos Binz), *arsenik* och *kvicksilfver* omtalas också af Dioscorides såsom kända gifter. *Svampförgiftning* känner han också till — som vi se, hade de gamle grekerna reda på många gifter. I Rom voro förgiftningar rätt vanliga i forntiden. Livius berättar i sin romerska historia, att det år 423 blef stor panik i Rom. En hel mängd människor dogo, alla med samma symtom, och man trodde, att det var pest, men komplotten förråddes af en tjänstflicka. Det var 20 romerska damer, som gjorde sig af med dem, som de af olika orsaker ville till lifs, genom att gifva dem ett »läkemedel». Detta tvingades de nu själfva att dricka och dogo alla, hvarjämte 170 personer sedermera blefvo straffade såsom medbrottsliga (se bilagan: förgiftning i Rom 423). Detta skall vara det första exemplet på förgiftningar i Rom, men det blef icke det sista. Sulla måste utgifva en lag med anledning af förgiftningar i brottslig afsikt, hvari nämnas olika slags gifter. Det fanns till och med officiellt kända giftblanderskor; Locusta beredde det gift, hvarmed Nero röjde Britannicus ur vägen. Suetonius berättar därom, att Britannicus de första gångerna blott blef illamående, och att Nero tvang Locusta att tillreda ett starkare gift. Han försökte det på en killing, men då det dröjde 5 timmar, innan den dog, måste hon göra ett ännu starkare. »Slutligen kastade han det för en gris, och då den strax dog, befallde han, att det skulle sättas in på bordet åt Britannicus, som åt tillsammans med honom. Då nu denne föll omkull, så snart han smakat däraf, föregaf han för gästerna, att det blott var hans vanliga fallandesjuka. Men dagen därpå lät man i största hast begrafva honom i ösregn utan ceremonier.» Locusta hade lärungar, som sedan fingo kejserlig anställning. För öfrigt vet man föga om, hvilka gifter som nyttjades; arsenik tycks dock varit väl bekant.

I medeltiden blef det åter brukligt att använda gift i brottsligt syfte. Maimonides, en judisk filosof (död 1204), varnade för att äta och dricka sådant, som smakade eller luktade egendomligt, eller som icke var tillagadt af personer, som man kände som pålitliga. Man visste också många medel, som ansågos för goda motgifter, *theriac* t. ex. var ett af de mest kända. Huru väl bekant det var, att arsenik var ett starkt verkande gift, framgår af följande, som vi citera efter Chapnis. *Konungen af Navarra*, Carl den elake, sände 1384 minestralen Woudretton till franska hofvet med befallning att förgifta konung Carl VI, hans broder hertigen af Vallois, och hertigarne af Berry, Bourgogne och Bourbon, hans farbröder. Trubaduren var väl instruerad; han skulle köpa arsenik (»arsenic sublima») i alla större städer, som han passerade på resan, laga det till pulver, och när han kom till konungens slott, så skulle han laga, att han i köket, eller hvar han eljest kunde komma åt, kunde blanda det i soppan, kötträtterna eller vinet. Woudretton blef emellertid gripen och söndersliten af hästar.

I 15:de och 16:de århundradena var Italien skådeplats för talrika förgiftningar. *Påfven* Alexander VI skall ha dött af förgiftadt vin; hans tjänare tog fel och serverade det åt påfven, som själf hade bestämt detta gift för kardinal Corneto. Han lär hafva förgiftat flere af sina kardinaler, och äfven två af hans barn, Cæsar och Lucretia Borgia, omtalas som giftblandare. Man uppfann sinnrika sätt att göra sig af med sina fiender, genom att t. ex. förgifta den ena hälften af den fisk, som serverades vid måltiden, eller att som furst Savelli bedja den besökande taga ett papper i ett skåp, hvarvid han, då nyckeln var svår att öppna med, fick af denna en liten rispa i handen. Såret blef i det samma förgiftat, och inom 24 timmar var Savelli befriad från sin fiende. — På 1600-talet talade man i Italien mycket om *Aqua Toffana* (ännu kändt under namnet *Acquetta di Napoli*). Detta »vatten», som innehöll arsenik, var uppfunnet i midten af 1600-talet af en italienska, Toffana, som från Palermo begett sig till Neapel, där ett sällskap bildades, som spred allmän skräck. Då en mängd kvinnor och män plötsligt dogo, leddes misstankarna på några unga änkor, som lefde tillsammans med en gammal kvinna, Spara, hvilken hade rykte om sig att kunna spå, och som riktigt hade förutsagt dagen för flera personers död. En kvinna, som föregaf, att hon ville bli af med sin man, fick därigenom bandet upptäckt; Spara och fyra andra giftblanderskor blefvo afrättade. Spara hade sina kunskaper från Toffana, som hon lärt känna i Palermo, där giftet såldes i små glasflaskor med etiketten *»Manna di St. Nicolas di Bari»* och prydda med detta helgons bild. Toffana, som dragit sig tillbaka

i ett kloster, blef nu åtalad och tillstod, att hon för-
giftat öfver 600 personer. Man tror, att Pius III och
Klemens XIV voro däribland, men, som vi förut
nämnt, är det mycket tvifvelaktigt, om desse verk-
ligen blifvit förgiftade.

Ett annat, mycket berömdt gift, som också inne-
höll arsenik, var *acquetta di Perusia*. Sublimat bör-
jade nu också användas. Det är dessa två gifter,
arsenik och sublimat, som spela hufvudrollen i Frank-
rike på Ludvig XIV:s tid. Allt, hvad man kunde
komma i beröring med, troddes kunna vara förgiftadt:
handskar, bref, parfymer m. m. Henri Martin be-
rättar, att då *drottningen af Navarra*, Jeanne d'Albret,
emot sin vilja kommit till Paris i Maj månad med
anledning af hennes sons bröllop, blef hon sjuk
den 4:de Juni och afled den 9:de. Hon dog med
lugn och gudsfruktan efter att hafva dikterat ett
testamente, som de protestantiske historieskrifvarne
citera med vördnad. Men den sorg, som hennes
död väckte hos hugenotterna, blef snart blandad
med mörka aningar. Det sades, att drottningen hade
förgiftat henne genom att låta henne köpa handskar
och andra saker, som voro förgiftade. Detta är dock
mycket tvifvelaktigt, ty Martin har hos en annan
historiker, Palma-Cayet, funnit en berättelse, enligt
hvilken drottningen af Navarra blef obducerad, och
därvid en böld i lungan (»apostumes aux poumons»)
befanns vara orsak till hennes död. Då läsaren vet,
att varbildning omkring eller inuti lungan kan hastigt
leda till döden, så inses lätt, huru förväxling med
förgiftning kan uppstå.

Det är på det hela taget icke sällsynt, att kända
personer, som dödt mer eller mindre plötsligt, an-
tagits hafva blifvit förgiftade, fastän de i verkligheten
dödt af sjukdom. Så var t. ex. fallet med Carl IX

af Frankrike, som dog i sitt 23:e år, och troddes vara förgiftad. Trots rysliga plågor ville La Môle och Coconas icke bekänna, men blefvo dock dömda och afrättade (1574). Carl IX dog emellertid af lungsot, såsom tydligt framgår vid studium af de aktstycken, som Gilles de la Tourette och Brouardel hafva offentliggjort. Det berättas också, att Carl IX skulle blifvit förgiftad genom att bläddra i en bok, hvars blad voro något sammanklistrade med en giftig substans, men de Bellarel är säker på, att han dog af lungsot. Ett annat fall, som väckte mycket uppseende, därför att det sades, att det var gift, som vållat döden, gällde *Madame*, Henriette af England. Hon hade varit länge sjuk, men den 29 Juni 1680 blef hon plötsligt mycket sämre efter att ha druckit ett glas cichoria-vatten, ett på den tiden mycket användt medel. Littré har emellertid i en mycket intressant afhandling visat, att hon led af ett magsår, som brast och därmed gaf anledning till en akut bukhinneinflammation. Läsaren finner döden af denna sjukdom skildrad å sid. 132.

På Ludvig XIV:des tid passerade högst märkliga »gift-dramer»; vi rekommendera dem, som det intresserar, att läsa en bok därom, utgifven af F. Funck-Brentano. Marie Madelaine d'Aubray, markisinna af Brinvilliers, pröfvade först sitt gift på patienterna på ett sjukhus, och då det var tydligt, att läkarne ej upptäckte orsaken till deras död, beslöt hon sig för att förgifta sin fader — för att få hans förmögenhet. Detta skedde år 1666; 3 år senare tog hon lifvet af sina bröder med gift. Ett senare försök ledde till upptäckt, och hon blef halshuggen 1676 efter att ha genomgått åtskillig tortyr. Det var arsenik, som hon använde. År 1679 började en undersökning, som slutade först 1682 med det resultat, att af 218 häktade 37 blefvo dömda till döden för att genom gift ha vållat andras död. Det var ju också på alkemisternas och spåkvinnornas tid; den omtalade boken meddelar högst ohyggliga berättelser om, hvad som försiggick hos La Voisin vid den »svarta messan». För att förstå, att sådana sällskap kunde existera, måste man erinra sig den då rådande okunnigheten och lättrogenheten samt samhällsandans omoraliska beskaffenhet.

Sedan dess ha inga processer förekommit med anledning af »förgiftningsepidemier». Väl har det funnits enstaka individer, som begått många giftmord, men band af detta slags förbrytare äro knappast kända. Hos Chapuis kan läsaren finna åtskilliga »celebra» förgiftningar omtalade.

De medel, som under tidernas lopp mest användts i brottsligt syfte, äro särskildt arsenik, åtskilliga kopparföreningar, fosfor, etsande syror, stryknin, opiumpreparat och blåsyra. De, som tagit sig själfva af daga, hafva valt samma eller en del andra medel. Modet gör sig härvidlag gällande; en tid var det här i landet polervatten, sedermera karbolsyra, som allmänt användes. Den mer eller mindre lätta tillgången till giftet spelar naturligtvis också en roll.

Huru verkar giftet? Vi ha ofvan i korthet berört, att giftet kan komma in i människan på olika vägar. Den, som dricker en etsande syra, får strax brännsår i mun och hals, och redan detta kan orsaka en hastig död, t. ex. genom att det leder till svullnad i väfnaden vid ingången till strupen, så att kväfning följer (ödema glottidis jämf. sid. 92). Eller ock kan syran under svåra plågor genometsa magsäckens vägg och leda till en hastigt dödande bukhinneinflammation (se sid. 131). Oftast äro de dödande gifterna dock icke på detta sätt etsande, en del verka

tvärt om alls icke lokalt på det ställe, där de in-
komma i kroppen. Opium verkar genom blodet på
hjärnan och kan på så vis leda till död, på samma
sätt som morfin, hvilket som bekant ofta gifves i
insprutning. Det upptages då genom lymfkärlen
och kommer således mera indirekt genom blodet till
hjärnan. Att också lungorna kunna vara den väg,
hvarpå gift upptages i organismen, ha vi lärt känna
vid tal om kolosförgiftningen (se sid. 294). Giftet
kan också tränga direkt in i blodet, såsom vid de
tillfällen, då det uppstår infektion i sår, och då däraf
följande septikämi eller pyämi blir orsak till döden
(se sid. 128). Som ett annat exempel därpå kunna
vi nämna, att bett af giftiga ormar, som ju årligen
kräfva många offer, särskildt i Indien, verka därigenom,
att ormgiftet genast upptages i blodet och cirkulerar
med detta. Människan kan också själf vid mat-
smältningen producera gift, som då äfvenledes upp-
tages i blodet.

Det finns således många vägar, hvarpå giftet
kan tränga in i kroppen; det ges också många sätt,
hvarpå det kan orsaka döden. Vi hafva i korthet
omtalat, att de särskilda gifterna verka företrädesvis
på särskilda organ. Se vi litet närmare på dessa
förhållanden, så finna vi, att man med rätta kan
kalla en sorts gift för hjärtgift, ett annat för hjärngift
o. s. v. Så kan till exempel digitalis, ett mycket
användt och med rätta värderadt läkemedel vid hjärt-
sjukdomar, under vissa förhållanden åstadkomma
död genom hjärtförlamning och är således ett hjärt-
gift, som orsakar »död från hjärtat». Opium (morfin)
ger som bekant sömn, framkallar således ett medvets-
löst tillstånd. Under vissa förhållanden kan opium
verka så, att medvetslösheten tilltager, och personen
icke kan väckas, utan förblir sanslös och dör i »coma»

— opium är sålunda ett hjärngift, som orsakar »död från hjärnan». Andra gifter, t. ex. stryknin, verka mest på ryggmärgen och framkalla symtom, fullständigt påminnande om dem, som vi sid. 88 lärt känna som karakteristiska för »stelkramp». Vid strykninförgiftning kan döden orsakas af kramp i andningsmusklerna, och döden inträder i så fall med asfyxi (se sid. 96), såsom »död från lungorna», men kan för öfrigt också komma på annat sätt. En del andra gifter verka mest på njurarna (t. ex. spansk fluga och terpentin); de kunna leda till död under samma symtom, som vi känna från beskrifningen på urämi (se sid. 119), och det är alltså fråga om en »död från njurarna». Slutligen finns det en stor mängd gifter, hvilkas hufvudsakliga verkan träffar blodet, antingen, som redan nämndt, genom att direkt upptagas i blodet (infektion af sår), eller mera indirekt, när t. ex. giftet först orsakar förändringar i magens och tarmarnas slemhinna och därifrån öfverföres i blodet för att cirkulera med detta, eller när t. ex. giftet upptages af lungorna, såsom vid inandning af giftiga gaser. Som exempel härpå känner läsaren kolosets verkan på blodkropparna (se sid. 294) — i sådana fall kan man ju med rätta tala om en »död från blodet».

Läsaren ser sålunda, att det gäller för olika slags gifter liksom för olika slags sjukdomar, att de kunna leda till död på mångahanda vis, från hjärtat, hjärnan, lungorna, njurarna och blodet. Likheten går ännu längre. Liksom vi i kapitlen om död från hjärtat, hjärnan o. s. v. ha sett, att döden icke endast framkallas af sjukdomar uti ifrågavarande organ själfva, utan att man ofta måste söka den egentliga orsaken till död från hjärtat, hjärnan o. s. v. i aflägset därifrån liggande organs eller väfnaders sjukdomar, så gäller det också för de olika gifterna. Ett »hjärtgift» eller »hjärngift» framkallar i allmänhet död genom de förändringar, som det orsakar i hjärta eller hjärna, men kan också leda till död genom att verka på organ eller väfnader, som ligga aflägset därifrån. Detta sammanhänger med, att så många gifter åstadkomma retning på matsmältningsorganen (äfven om man icke kan påvisa, att deras slemhinna är etsad), och att därigenom giftets upptagande i blodet och cirkulation med detta underlättas. För att man skall undgå förgiftning, måste giftet åter utsöndras från kroppen. Dess cirkulation med blodet underlättar detta — men om de organ, hvarigenom utsöndringen skall försiggå, äro sjuka, eller om giftet har den biverkan att framkalla särskilda sjukdomar i dessa organ, så kan det hända, att ett gift, som annars skulle framkalla död t. ex. från hjärtat, nu leder till död från ett annat organ, t. ex. njurarna. Af de olika organ och väfnader, hvilkas verkan är att göra organismen af med giftet, spela njurarna obetingadt hufvudrollen. Vi ha redan antydt, att de giftiga ämnena ofta verka på själfva njuren, men den sjuka njuren förmår icke utsöndra giftet så bra som den friska, och därtill kommer, att det finns många människor, som man tror vara friska, men som i själfva verket länge gått med en dold njursjukdom. Om nu dessa bli förgiftade, så kan man förstå, att de äro utsatta för större faror än de, som ha friska njurar — kort sagdt, äro njurarna sjuka, så kan det bli liktydigt med, att giftet icke kan utsöndras, och en liten giftmängd, som icke skulle döda en frisk människa, kan då bli tillräcklig att framkalla döden.

Vid en återblick på vår framställning inse vi lätt, att död genom förgiftning kan inträda på samma sätt som genom sjukdom, antingen hastigt, som med ett slag, eller långsammare. Den kan orsakas af, att ett för lifvets bestånd viktigt organ upphör att fungera, eller af en långsamt tilltagande förändring i samtliga organs funktioner — en tilltagande svaghet.

Vi vilja nu i största korthet omtala några detaljer beträffande förgiftningarna, i syftemål att visa, att dödssättet är det samma, som vi beskrifvit för olika sjukdomar.

Som bekant är det icke ovanligt, att allmänheten tror, att en person dött af förgiftning, när det plötsligt uppträdt allvarliga sjukdomssymtom, som hastigt medfört döden, och var den döde förut frisk, så är misstanken på förgiftning ännu starkare.

I vår skildring af död genom sjukdom ha på många ställen anförts exempel på en hastig, oväntad död. Vi erinra blott om, att bristning af inre organ kan medföra symtom, som kunna tydas som förgiftning. Så ha vi ju i detta kapitel sett beträffande »madame», då hennes magsår brast. Vi påminna om, att hjärtat och de stora kärlen kunna brista, och det samma gäller för gallblåsan och andra organ. Vid den så mycket omtalade blindtarmsinflammationen kan bukhinneinflammation uppträda så hastigt och våldsamt, att man kan tänka på en förgiftning, när omständigheterna tala för en sådan möjlighet. Vid vissa infekterade sår, vid bristning af invärtes bölder kan blodet bli så hastigt infekteradt, att »blodförgiftningen», septikämien eller pyämien, på mycket kort tid leder till död under symtom, som likna förgiftning — och det är icke så underligt, ty i många af dessa fall är det verkligen fråga om en förgiftning. Läsaren finner sid. 127 omtaladt, att bakteriernas produkter, toxiner, ptomainer m. m., kunna cirkulera med blodet, förgifta organismen och sålunda föranleda död. Vid urämien (sid. 117) i samband med njursjukdomar, vid sockersjukan (diabetes med dess coma, se sid. 153), vid det sjukdomstillstånd i anslutning till svåra lefversjukdomar, som karaktäriseras af, att gallans beståndsdelar öfvergå i blodet (cholämi), står man ju också inför fall af förgiftning. Det är mer eller mindre kända kemiska ämnen, alstrade i det sjuka organet, som upptagas i blodomloppet och förorsaka förgiftningen.

Dessa frågor ha på senare tid varit föremål för ifrigt studium och debatt. Man talar mycket om *autointoxikationer*, d. v. s. själfförgiftningar, hvilka kunna uppstå på olika sätt. Under födoämnenas bearbetning i matsmältningsorganen och vid alla de andra processer, som försiggå i organismen genom »ämnesomsättningen», alstras en del giftiga ämnen, som sedermera utsöndras, i synnerhet genom njurarna med urinen. När det under vissa förhållanden produceras en mycket stor mängd sådana giftiga ämnen, eller när njurarna icke förmå att befria organismen från desamma, så hopas giftet i kroppen och framkallar ett tillstånd, som kan orsaka döden. Denna beror då på »själfförgiftning». Då den friska människan, som Bouchard säger, är ett »laboratorium för gifter», hvilkas viktigaste källa får sökas i tarmkanalen, så kan man förstå, att om matsmältningen kommer i olag, så är det strax fara å färde, och finnes det, hvad man kallar sjukdomar, så måste ju dessa, i synnerhet om de beröra tarmkanalen, gifva ökad möjlighet till bildande och alltså äfven till uppsugande af giftiga produkter, hvartill kommer att sjukdomarna kunna hindra giftets utsöndring, och därigenom göra faran ännu större.

Fastän det arbetats och alltjämt arbetas så mycket på dessa områden, så vet man dock ännu icke säkert, hvad det är fråga om. Att bakterier spela en roll,

synes vara säkert, men om det behöfves flera slag
af bakterier, som inverka på hvarandra, för att de
giftiga produkterna, toxiner, ptomainer m. m., skola
kunna bildas, och om det är dessa, som verka, eller
om det behöfves antitoxiner därjämte o. s. v. — det
vet man icke. Liksom man med ett visst berättigande
har velat påstå, att det knappast existerar någonting
utom människan, som icke kan kallas gift, så kunna
vi vara frestade att med Bignami säga, att hvarje
förgiftning är en »själfförgiftning». Döden af för-
giftning i detta ords vanliga mening beror då på,
att kroppens naturliga skyddsmedel äro förstörda.

I förbigående har redan talats litet om de sym-
tom, som framkallas af förgiftning med olika ämnen.
För att komplettera denna framställning vilja vi om-
tala några förgiftningar, som kunna ha ett allmän-
giltigare intresse, nämligen genom födoämnen och
alkohol samt med det kända läkemedlet opium.

Födoämnena kunna vara giftiga. Det är här icke
fråga om förfalskning med tillsats af giftiga ämnen
(t. ex. af mjöl, bröd, socker, vin, the och öl med
diverse metallsalter, eller kött och fisk genom be-
handling med antiseptiska ämnen, ss. salicylsyra
eller borsyra), ty i sådana fall kan man ju tala om
förgiftningar i detta ords allmänna betydelse. Hvad
vi åsyfta, är de »själfförgiftningar», som uppstå efter
förtärande af födoämnen, som icke afsiktligt äro för-
ändrade. Många af läsarne äro uppfostrade i den
tron, att det är farligt att koka mat i kopparkärl.
Det är, egendomligt nog, Jean Jacques Rousseau
(säger Brouardel), som på slutet af 1700-talet kom
upp med denna teori. Helt visst kan man få se
kopparsaltförgiftningar efter förtärande af mat, som
tillagats i dåligt förtenta kopparkärl, men sådana
fall äro sällsynta och lindriga. Däri kan icke orsaken

ligga till de allvarliga förgiftningar, som man stundom ser, och som kunna uppträda i massa. Dessa torde bero på förtärande af kött från sjuka djur, hvilket det oaktadt kan se alldeles friskt ut. De symtom, som häraf framkallas, kunna alldeles likna dem vid tyfoidfeber (se sid. 142). I Schweiz var det år 1879 icke mindre än 600 personer, som angrepos på detta sätt, hvaraf 6 dogo. Man har också sett sjukdomen yttra sig mera akut, med kräkningar, diarré och nervsymtom, ss. kramp och delirier, hvarjämte njurarna varit starkt angripna. Sådana fall äro beroende på, att bakterierna i det sjuka köttet icke blifvit förstörda vid dess tillagning, utan att de, efter att ha kommit öfver i människokroppen, fortsatt sin verksamhet därstädes.

Köttet af djur, som voro alldeles friska, då de slaktades, kan också orsaka förgiftning, beroende på, att om man icke aflägsnat inälfvorna strax efter slakten, dessa öfvergått i förruttnelse, och bakterier vandrat öfver i de delar af köttet, som ligga tätt intill inälfvorna. När nu detta kött användes till korf eller prepareras på annat sätt, så kan det föranleda förgiftning. Dr. Hansen har år 1902 skrifvit om sådana sjukdomsfall. 10 personer blefvo sjuka efter att ha ätit kalfsylta, några med häftiga uppkastningar och diarré, smärtor i magen och lemmarne samt feber, andra med värk i kroppen och sådan matthet, att de icke kunde lyfta hufvudet från underlaget eller släpa sig fram; de kommo sig dock alla. De, som ätit kött af samma kalf, men från andra delar, som icke varit i beröring med inälfvorna, blefvo icke sjuka. Hansen har också en gång sett en massförgiftning genom skinka, äfven den beroende på felaktig preparation efter slakten.

Jägare känna till den allmänna tron, att köttet

af djur, som dödas, sedan de blifvit nästan jagade till döds, kan vara giftigt. Detta förefaller sannolikt, dock blir det väl knappast någonsin dödligt förlöpande förgiftningar. Vi nämna detta blott för att ytterligare öfvertyga läsaren om, att förgiftningar kunna framkallas af kött o. a., som ser alldeles friskt ut.

Mest omtalade af detta slags fall äro de s. k. »korfförgiftningarna». Brouardel berättar efter van Ermengen följande. År 1895 lämnade polisen ett parti korf, som antogs vara skämd, till sundhetsinspektören, en ansedd veterinär. Han fann, att utseendet och lukten var bra, samt förklarade dem friska. Men då han, för att öfvertyga sig om riktigheten af sin utsago, åt ett par skifvor, fick han häftiga uppkastningar, diarré och njurinflammation samt dog efter 5 dagar. Brouardel har tillsammans med Pouchet år 1888 undersökt följande fall, som visar, huru invecklade förhållandena kunna vara. I Lille sjuknade 70 personer med symtom, som liknade kolera (se sid. 144), och 7 eller 8 af dem dogo; de hade alla ätit korf, köpt från en och samma slaktare och gjord af samma svin. Det visade sig emellertid, att en annan slaktare köpt hälften af svinet, men att ingen af dem, som handlat hos honom, hade sjuknat. Man kunde alltså icke tro, att det var därför, att svinet varit sjukt, som de 70 personerna sjuknat, och i slakteriet var allt i sin ordning. Svinet hade blifvit slaktadt på fredagen, det fläsk, som sålts på lördag och söndag, hade icke orsakat förgiftning, men de, som köpt och ätit korf på måndag och tisdag, blefvo alla sjuka, och 4 af dem dogo. Polisen förbjöd försäljning däraf på onsdagen. Slaktaren lät emellertid sin personal äta upp återstoden denna och följande dag, utan att någon tog skada däraf. Liknande egendomliga fall känner man från andra håll, utan att de blifvit förklarade; det ser ut, som om giftiga ämnen skulle kunna bildas och åter försvinna.

När kött med alldeles friskt utseende, som icke smakar eller luktar illa, kan förorsaka sådana sjukdomstillstånd, så kan läsaren förstå, att de varor, som äro förskämda, kunna vålla ännu mera fara — dock är det ju lyckligtvis på det hela sällsynt, att sådant händer. I alla stora städer finnes ju god kontroll i dessa afseenden.

I Frankrike har man en gång iakttagit, att konserver, som användes till utspisning af soldater, förorsakade starka förgiftningar, karaktäriserade af kräkningar och diarré, ledsmärtor, kramp, andtäppa och försvagad hjärtverksamhet, stegrande sig till kollaps; samtidigt fanns det hög feber — kort sagdt ett tillstånd, som påminner om anfall af akuta, smittosamma sjukdomar. En kommission, som studerat den mycket viktiga frågan, har visat, att felet låg uti tillredningen.

Som läsaren kan se, likna dessa förgiftningars symtom alldeles dem, som man ser vid smittosamma sjukdomar, och döden inträder äfven på samma sätt som vid dessa, utan att dess annalkande kännes af den döende.

Af de dryckesvaror, som människan förtär, är *alkohol* som bekant ett starkt gift, och det antingen det förtäres som vin, öl eller brännvin. Den verkar på nervsystemet, särskildt på hjärnan. Äfven vid ett lätt rus ger denna verkan sig ju tillkänna på ett i ögonen fallande sätt; den berusade vet icke, hvad han säger, och märker icke de skador, som tillfogas honom. Efter excitationsstadiet kommer depressionen, talet blir lallande, han vacklar eller raglar och faller i sömn. När han åter vaknar, har han intet minne af det, som passerat, äfven om det är fråga om mycket allvarliga saker. I vår Obs. 85 har den

30-årige arbetaren icke en aning om, att han försökt taga sig själf af daga. Och den 20-årige sjömannen, som fallit på hufvudet ut genom ett fönster, vet blott, att han gått upp på sitt rum — och att man breder täcke öfver honom, då han kommit i säng på sjukhuset (Obs. 86). Den 42-årige skräddaren (Obs. 87) påminner sig efter hand, att han gått utmed en barrière, men att han fallit i vattnet och fått ett stort hål i hufvudet, har han fortfarande ingen aning om. — Vid rusets högre stadier, som kunna inträda långsamt eller plötsligt, kan den berusade sjunka samman, som träffad af slag (se sid. 76). Medvetandet är då fullständigt borta, och äfven en stark yttre åverkan, t. ex. af eld, förnimmes icke mera. Han ligger där med rödt ansikte, långsam och starkt hörbar (stertorös) andning, pulsen är mycket svag, och pupillerna oftast utvidgade. Stundom inträder kramp, som efterföljes af fullständig slapphet, liksom förlamning. Det kan hända, att han åter vaknar efter en lång sömn, men det medvetslösa tillståndet kan också sluta med döden, hvarvid den »dödfulle» stundom dör efter få minuter, i andra fall först efter flera timmar. Det kan också hända, att han synes komma sig igen, men därpå plötsligt sjunker samman och dör, i vanmakt eller af apoplexi; eller också får han lung- eller hjärninflammation och dör hastigt däraf. — Under alla dessa förhållanden märker den döende icke den annalkande döden; han är i alldeles samma läge som den, hvilkens död kommer från hjärnan.

Den, som under lång tid förtär för mycket spirituosa i förhållande till, hvad hans konstitution kan tåla, blir ju efterhand alldeles fördärfvad. Så godt som inga af hans organ eller väfnader bli skonade från obotliga förändringar, han lider som bekant af kräkningar och andra digestionsrubbningar, så att han hvarken kan äta eller smälta maten, hans lefver blir säte för karaktäristiska förändringar, som rubba dess funktion (fettlefver och skrumplefver), hjärta och ådror bli angripna, och han blir mottaglig för åtskilliga lungsjukdomar, särskildt lunginflammation. Nervsystemet blir angripet, och han blir darrande, men hvad som särskildt gör hans tillstånd dåligt, är förändringarna i hjärnan, hvilka åter till en stor del bero på sjukdomar i hjärtat och ådrorna. Många drinkare dö af slaganfall, eller ock få de hjärnuppmjukning och hjärnhinneinflammation; däraf bero till en del deras krampanfall och förlamningar, deras hallucinationer och anfall af olika sinnessjukdomar — en stor mängd sinnessjuka och själfmördare äro eller ha varit alkoholister.

En för drinkaren egendomlig sjukdom i nervsystemet är *delirium tremens*, som af och till kan uppträda och väsentligen karaktäriseras af stark oro, sömnlöshet och hallucinationer. Oftast tycker han sig se djur, men äfven de andra sinnena kunna vara abnormt påverkade. I detta tillstånd är han ofta ganska belåten, och äfven om han lider af något, som för en annan människa är mycket smärtsamt, t. ex. arm- eller benbrott, så säger han, att han mår »utmärkt», och kan gå omkring på sitt brutna ben utan att känna smärtor. Hallucinationerna störa honom dock ofta mycket (se t. ex. den i Obs. 88 omtalade hattmakaren). Detta delirium räcker vanligen några dagar, och kan då sluta med, att han faller i sömn. Han sofver länge och vaknar blott för att äta — tills han efter några dagar är alldeles frisk igen. Mycket ofta får dock deliranten lunginflammation och dör däraf utan att känna något.

Ett annat mera akut sjukdomstillstånd, för hvilket

drinkaren är utsatt, är krampanfall, beroende på en kronisk njurinflammation, som är en oundviklig följd af omåttlighet med spirituosa. Sådana drinkare störta plötsligt omkull med kramp och föras till sjukhus, men om de öfverlefva anfallet eller upprepade sådana, ha de intet minne af hvad, som har händt; mycket ofta dö de och då vanligen under bilden af urämi eller asfyxi. — Alla dessa på alkoholförgiftning beroende förhållanden likna, som läsaren ser, förut omtalade sjukdomar. De icke blott likna, de äro sjukdomar, och när döden förorsakas af alkoholförgiftning, så inträder den alldeles på samma sätt, som vi lärt känna på tal om död genom sjukdom.

Vi ha sagt, att så godt som alla medel, som läkaren använder vid sjukdomars behandling, äro gifter. Detta gäller alldeles särskildt för ett af de bästa läkemedel, som man känner, det smärtstillande och sömngifvande opium. Detta innehåller en del andra ämnen, som mer eller mindre hafva samma egenskaper, och af hvilka morfinet är mest bekant. På det hela taget kan man dock säga, att dessa ämnen verka på samma sätt som opium. Hvad som är sagdt om gifter i allmänhet med hänsyn till den olika mottagligheten därför och dess beroende af ålder, kroppstillstånd m. m., gäller särskildt för opium; det är otroligt, hvilka stora doser däraf, som organismen efter hand kan vänjas vid att tåla. Stundom gifva stora doser, som förut många gånger fördragits, dock anledning till akut uppträdande förgiftningsfall, och beror detta då på, att giftet hastigare än vanligt upptages i blodet. Sådana akuta förgiftningar med opium (och morfin) visa sig på olika sätt allt efter kvantiteten; är denna icke vidare stor, så blir det blott en förstärkning af de symtom, som framkallas af den lilla dos, som brukar gifvas till patientens gagn; sömnen blir djupare, så att han icke kan väckas, och räcker oroande länge, andningen blir långsam, kanske snarkande — men slutligen vaknar han igen och har nu en del obehag, liknande dem efter ett starkt rus, särskildt är hufvudvärken mycket svår. Starkare förgiftning karaktäriseras af yrsel och tyngd i hufvudet; den sjuke känner sig slapp och matt, blir allt mera sömnig, förlorar så medvetandet, och ligger till sist reaktionslös med snarkande andning, som blir allt långsammare. Efter hand kan man hvarken höra eller se, att han andas; att lif finnes kvar, vet man blott af, att man ännu hör hjärtat slå, men det dröjer icke länge, innan dess slag stanna, och han dör helt stilla. Stundom får man se fall, då den förgiftade synes vara döende, men där tjänlig behandling dock bringar honom till lif igen, hvarvid döden emellertid kan inträda sedermera, t. ex. af lungödem (se sid. 106). Den, som tagit en mycket stor dos opium, kan sjunka samman och dö efter få minuters förlopp, med samma symtombild som vid en hastig död af apoplexi (se sid. 76).

Som läsaren ser, är dödssättet vid opium- och morfinförgiftning alldeles detsamma, som vi sett vid sjukdomar, hvilka betinga död »från hjärnan». Vi hänvisa till våra Obs. 89 och 90.

Helt annorlunda är bilden af kronisk opiumförgiftning. Det är ju särskildt i Kina, som opiirökning är mycket omtyckt, men den förekommer äfven i Europa, fastän här det öfverdrifna bruket af morfin ju är långt mera utbredt. Ingenting kan jämföras med den sorgliga framtid, som förestår den, hvilken är förfallen till bruket af opium eller morfin. Till en början går allt bra, han känner sig glad och lätt till sinnes, och njuter af sköna fantasier, så snart han fått sin morfin. Det dröjer dock icke

länge, förrän det behöfves litet mera för att fram-
kalla denna angenäma verkan, men nu efterföljes
den af hufvudvärk och trötthet, som emellertid hjälpes
med en ny dosis. Han börjar nu att besinna, om
det kanske icke är väl ofta, som han tar morfin,
men »det är ju ingen, som kan märka det», och dess-
utom — »jag måste ju göra det, annars kan jag icke
uträtta mitt arbete». Nu kommer den period, då trött-
heten och illamåendet starkare framträda som efter-
verkningar. Därtill komma hufvudvärk samt kanske
kväljningar och kräkningar, och då han en gång i ett
mera klart ögonblick öfvertänker sitt läge och tycker
sig se dålig ut, när han ser sig i spegeln, så fattar han
sitt beslut: jag måste sluta upp! Om han blott ett
dygn verkligen håller fast vid detta, så känner
han, huru mycket han måste lida, och tänker med
bäfvan på, huru det skulle bli under en lång tid.
Men man kan ju hålla humöret uppe på annat sätt,
det finns ju absinth, cognac och många andra goda
saker! Det därigenom återvunna goda humöret låter
honom se situationen ljusare, och innan han vet ordet
af, har han åter tagit till morfinet. Nu går det hastigt
utföre med ökade morfindoser många gånger om
dagen och ökade mängder spirituosa. Hela karaktären
förändras, han kan ingenting sköta, och det slutar
med, att den unge, förr så friske mannen blir lik en
aftärd, vissnad, böjd gubbe, som knappt kan släpa sig
fram, som darrar i alla lemmar, hvarken kan äta eller
sofva, och i andligt afseende mest liknar en idiot.
Om han icke — i ett af sina ljusare ögonblick —
tar sig själf afdaga, så dör han af utmattning, eller
också gör en eller annan akut sjukdom ett slut på
hans sorgliga tillvaro.

Men nog nu om förgiftningar; huru döden för-
håller sig vid dessa, torde läsaren inse.

Om kväfningsdöden.

Inledande anmärkningar.

På tal om död af sjukdom ha vi upprepade gånger nämnt kväfningsdöden eller, som vi föredraga att kalla den, död genom asfyxi. Särskildt på sid. 98 ha vi visat, att detta dödssätt, som på grund af sitt namn måste antagas vara synnerligen pinsamt, icke alltid är det. Det gifves emellertid andra former för död af asfyxi än genom sjukdom; man kan således kväfvas »mekaniskt», genom hängning, strypning, drunkning eller genom att få luftvägarna fyllda med vätskor eller annat, som hindrar luftens fria tillträde till lungorna. En helt annan form för kväfningsdöd är den, då man inandas gaser eller ångor, som hindra andningen och blodets syrsättning.

Det ligger i sakens natur, att hufvuduppgiften för denna vår framställning, människans känslor och förnimmelser i och genom döden, svårligen kan tillfyllest belysas i fråga om det här nämnda sättet för kväfningsdöd. I regel inträder ju döden hastigt, och det är blott få, som återkomma till lif, efter att ha varit nära att dö på detta sätt, och deras berättelser om sina lidanden äro ofta högst opålitliga.

Man har anställt en del försök på djur för att få upplysning om dödssättet och om de förändringar, som organen och väfnaderna förete efter döden. Läsaren måste inse, att sådana djurförsök äro absolut nödvändiga för att få riktig klarhet i de många spörsmål, som ställas till läkaren, när t. ex. domarne i rättssaker förelägga honom frågor, af hvilkas besvarande det beror, om den, som är anklagad för en förbrytelse, skall bli fälld eller ej. De viktiga kunskaper, som man hämtat från dessa djurförsök upplysa oss helt visst om en hel del hithörande förhållanden, men lämna naturligtvis också mycket öfrigt att önska. — Hvad vi här kunna meddela, blir därför ej mycket, men jag tror dock, att kapitlet om drunkningsdöden skall intressera läsaren. Det är jämförelsevis många, som varit nära att drunkna, och därvid blifvit »skendöda», men som ånyo kommit till lif och kunnat berätta, hvad de upplefvat, och till drunkningsdöden anknyta sig populära föreställningar, som det kan ha sitt intresse att analysera.

För att andningen skall försiggå normalt, är det ett villkor, att den inandade luften innehåller tillräcklig mängd af de för andningen nödvändiga gaserna, samt att blodkropparna äro friska och komma in i de finaste ådrorna, hvilka omspinna lungornas luftblåsor. Slutligen är det nödvändigt, att luften har fri passage genom strupen och luftröret jämte dess förgreningar, så att den kan tränga ända ned till lungornas luftblåsor.

Inledningsvis vilja vi blott omtala de fall, där denna sista fordran icke är uppfylld, där alltså ett mekaniskt hinder finnes för luftens passage. Döden kan därvid inträda på flera olika sätt.

Om luften icke kan tränga ned i lungorna, så kan syret icke komma i beröring med blodkropparna, och den af organismen producerade kolsyran kan icke längre drifvas ut i den omgifvande luften. Under dessa förhållanden är det omöjligt att lefva. Det första en person känner, som t. ex. får en tättslutande, ogenomtränglig mask för ansiktet, är en pinsam känsla af att icke kunna få luft; han söker att draga andan djupt, han arbetar våldsamt med alla de medel, som stå i andningens tjänst, tills han förlorar krafterna och plötsligt slutar att andas. Denna form af kväfning åtföljes af förskräckliga krampryckningar i ansikte, armar och ben. Hjärtat slår i början hastigt, därpå långsammare, sedan ånyo hastigare, innan det alldeles stannar. Det slår ännu, sedan andningen upphört (»cor ultimum moriens»). Det dröjer 8 à 10 minuter, innan döden inträder, när alla de vägar, på hvilka luften kan tränga in i luftvägarna, äro noggrant tilltäppta. Döden kommer icke ögonblickligt eller hastigt; en drunknad t. ex., som anträffas liggande, med ansiktet nedåt, emot sanden på botten, har sandkorn i luftvägarna, hvilket tyder på kraftiga andetag före dödens inträde.

Vi skola längre fram se, huruvida det finns anledning tro, att den, som dör på detta skräckinjagande sätt, plågas mycket.

Den här beskrifna formen af kväfningsdöd lider t. ex. den, som hänges, när halsens sammansnörning blir så stark, att allt tillträde af luft till luftröret upphäfves. Men det rep, hvarmed hängningen sker, kan också vara så anbragt, att luften delvis kan passera, medan det däremot trycker på halsens ådror, så att icke tillräckligt med blod kommer upp till hjärnan, och i sådana fall inträder döden genom vanmakt (hjärnanämi, syncope, se sid. 56). Slutligen kan döden i några, mycket sällsynta fall inträda mycket hastigt på ett sätt, hvars väsen är något omtvistadt (Brown-Séquard's »inhibition»). En jämförelsevis obetydlig åverkan, t. ex. ett lätt slag på strupen, kan genom en oförklarad inverkan på vissa nerver betinga, att både hjärtat och andningen stanna i sin verksamhet. Den berömde franske rättsläkaren Tardieu berättar därom följande fall. En gosse, som blifvit skickad att köpa tobak hos en gammal kvinna,

ser med förundran, att hennes framspringande
strupe går upp och ned för hvar gång hon sväljer,
och får då plötsligt den idén att fånga strupen, som
man fångar en fjäril. Han rusar emot henne och
ger henne ett slag på strupen, hvarvid den gamla
kvinnan störtar död omkull. Denna form af plötslig
död kan också inträda på annat sätt, och man känner
ett sådant fall, som på sin tid väckte stort uppseende.
En dansk läkare berömde sig af att kunna kurera
astmatiska anfall genom att bränna ett visst ställe i
svalget med ammoniak. Madame Adelaide, Ludvig
Philip's syster, ville pröfva detta, men en af hennes
hofdamer, som likaledes var astmatisk, blef först
behandlad; i samma ögonblick, som läkaren berörde
svalget med sitt medel, dog hon plötsligt. Det är
dock mycket tvifvelaktigt, om detta dödssätt bör
medräknas till det här omtalade mekaniska hindret
för andningen. Det skulle då vara under förutsättning,
att genom nervöst inflytande en muskelsammandrag-
ning åstadkommes, som hindrade luftens passage
genom strupen.

Om hängning.

Många af dem, som vilja taga lifvet af sig,
välja därvid som bekant att hänga sig, och så
har det alltid varit. Äfven i forntiden, då andra
dödssätt, såsom vi sett å sid. 22, voro de vanliga,
förekom äfven hängning. Hos Plutarch läser man
i hans »moraliska skrifter» en skildring af dessa,
äfven från andra håll kända, märkeliga själfmords-
epidemier. De unga flickorna i Miletus grepos af

en oöfvervinnelig lust att dö och särskildt att hänga sig, och det var flera, som verkligen gjorde det i hemlighet. Först då det kungjordes, att om någon hängde sig, skulle hennes lik bäras naket tvärs öfver det stora torget, fick man bukt på galenskapen. Äfven från franska kejsardömets tid känner man en sådan besynnerlig epidemi. Alla de invalider, som skulle hålla vakt i en viss bestämd skyllerkur i Invalid-hotellet i Paris, hängde sig där. Kommendanten sammankallade då de gamle på en af gårdarna, och sedan han hållit ett kraftigt tal till dem, blef den fatala skyllerkuren bränd med stor ceremoni. Detta hjälpte, inviderna hängde sig icke mera.

Det gäller ju för dessa själfmord som för andra, att de oftast äro tecken på ett sjukligt sinnestillstånd. Det är icke så alldeles sällsynt, att äfven barn hänga sig, och ännu mera förvånad blir man, när man får anledningen klar för sig. Hoffman nämner t. ex. ett fall, då en liten tysk flicka tog lifvet af sig, därför att en major, som var vän till hennes far, hade fått afsked. Brouardel, som känner rätt många fall af dylika själfmord hos barn, har genom sina undersökningar kommit till det resultatet, att sådana barn mycket ofta härstamma från sinnessjuka för-äldrar, och att äfven deras syskon ofta taga sig af-daga på olika sätt. Sinnessjukdom måste också betraktas som orsaken till de ganska talrika, sorgliga fall, då gamla personer besluta sig att sålunda förkorta sitt lif. Vi ha i kapitlet om åldringar fler-städes omtalat, att deras hjärna på många sätt kan visa tecken på degeneration.

Som bekant nyttjas hängning också för verk-ställande af dödsdomar, särskildt i England. I sådana fall, då hängningen sker på i lagen stadgadt sätt och utöfvas af en bödel, som har öfning, så inträder döden hastigt. Den, som själf vill taga lifvet af sig och icke känner det lämpligaste sättet att anbringa snaran, dör däremot ofta långsamt, ja det händer ju som bekant, att äfven de, som hängt ganska länge, kunna komma till lif igen. Det är dock icke genom sådana återupplifvade, vare sig själfmördare eller personer, som tillfälligtvis råkat i situationer, hvarigenom hängning förorsakats, som man har kunskap om, hvad de därunder erfarit, ty de ha i regel förlorat minnet däraf. Hvad man vet, har man från dem, som gjort försök på sig själfva, och — från några engelska akrobater.

Enligt en tysk läkare, Fleichmann, kan man skilja på tre perioder. Först känner den hängde en stark hetta i hufvudet, det sjunger och susar för öronen, och det är, som om blixtar sprakade för hans ögon; därpå får han en känsla af, att hans ben äro enormt tunga, och räcker denna period omkring en minut — en mycket lång och pinsam tid för den hängde, som ej annat kan göra än iakttaga sig själf. Fleichmann var på det klara med, att om han icke lät lösgöra sig, när han märkte, att benen blefvo tunga, så kunde det lätt bli försent, ty kort därefter förlorar den hängde medvetandet. F. kände denna tyngd vid sitt första försök, då han befriades efter två minuter; det andra försöket lät han blott räcka en half minut. Det finnes flera exempel, som visa, huru försiktig man måste vara med sådana experiment. För rättsläkaren är det en känd sak, att död genom hängning kan inträda under sådana förhållanden, då man skulle tro, att det för den hängde borde ha varit den lättaste sak i världen att befria sig, som t. ex. när ett barn under lek snafvar på en lina och kommer att hänga med halsen däröfver. Det kan anträffas dödt i en ställning, som mycket lätt skulle ha kunnat förändrats, om icke döden kommit så plötsligt. Många gånger, då man anträffat hängda personer, har det framkastats tvifvel, om de verkligen hängt sig själfva, emedan man haft svårt att förstå, att det varit möjligt, när man sett, huru de i så fall måste ha burit sig åt. Ett sådant fall och bland de mest kända gäller *prinsen af Condé*, som år 1830 hängde sig på sitt slott Saint Leu. Äfven Bacon's berättelse har (enligt Tourdes) väckt stort uppseende. En af hans vänner, som ville veta, om de dödsdömda, som hängdes, hade mycket att lida, hängde sig själf med ett rep om halsen, efter att förut ha ställt en stol så, att han lätt kunde få fotfäste på den, när han tillfredsställt sin nyfikenhet. Den oförsiktige experimentatorn förlorade emellertid medvetandet och var ur stånd att hjälpa sig själf. Lyckligtvis kom en af hans vänner af en tillfällighet tillstädes och räddade honom i tid. Han hade sett liksom en låga för sina ögon, och därpå blef det mörkt. Den engelske läkaren Taylor berättar (enligt Tardieu) om en amerikanare vid namn Scott, som år 1840 uppträdde offentligt, hvarvid han hängde sig och själf befriade sig. Vid en sådan föreställning åstadkom en tillfällig omständighet, att han icke kunde afbryta »försöket». Åskådarne trodde, att han gjorde föreställningen så lång för att roa dem så mycket mera — och han hängde så i 13 minuter. Han blef nu nedskuren och förd till sjukhuset, men det förgick 33 minuter, innan han fick hjälp, och då var det för sent. En dr Chowne har talat med en akrobat vid namn Hornshaw, som också gaf föreställningar i hängning; han hade tre gånger blifvit återupplifvad och kunde berätta om, hvad han erfarit. Han hade haft en känsla, som om han förlorade medvetandet och icke kunde andas, och liksom om en tung vikt hängde vid benen; han kunde hvarken använda armar eller ben för att befria sig och hade förlorat förmågan att tänka. Äfven denne man blef till sist ett offer för sitt farliga yrke. Det finnes flera sådana berättelser, t. ex. hos Tourdes, men de anförda äro tillräckliga för att ge ett begrepp om, hvilka känslor den första perioden af hängningen medför.

Den andra perioden utmärkes af synnerligen våldsamma krampryckningar, börjande i ansiktet. Dessa grimaser äro så förfärliga att åse, att det skall vara en af orsakerna till, att de dödsdömda få en kåpa öfver hufvudet för att åskådarne må besparas den ohyggliga synen däraf. I vår berättelse i bilagan om makarna Mannings afrättning genom hängning är det också tal om detta öfverhöljande af ansiktet; förr i världen tyckes det icke ha varit brukligt, att döma af våra referat om de skotska martyrerna, hvilka, som vi se, talade fritt till den församlade menigheten omedelbart före exekutionen. Strax efter det krampen börjat i ansiktets muskler, öfvergår den äfven i armarna och benen, äfven här mycket våldsam — att denna period, hvarunder den hängde är medvetslös, är ohygglig att åse, framgår bland annat däraf, att det alltid är många åskådare vid offentliga afrättningar, som svimma. Man är skyldig Dickens tacksamhet, för att han bidragit till, att afrättningarna i England ej längre äro offentliga skådespel. Efter att ha närvarit vid de omtalade makarna Mannings hängning skref han till en af Londontidningarna ett bref, hvari han gaf luft åt sina känslor, upprörd, som han var, öfver den råhet, som han bevittnat hos åskådarne. Han var öfvertygad om, att sådana »skådespel» icke hade den afsedda verkan, utan i stället en fördärflig sådan på den offentliga moralen.

Den tredje perioden i hängningen är skendödens; ännu finnes en möjlighet för, att lifvet med tjänliga medel kan återkallas, men den är blott ringa, och skendöden öfvergår hastigt i verklig död.

Det finnes mycket säregna berättelser om skendöd genom hängning, men vi förbigå dem, efter som frågan om skendöd ej alls skall behandlas denna bok. Det finnes också många andra förhållanden i samband med hängning, som vi med afsikt ej närmare ingå på. Vi vilja blott i korthet omtala, att man alls icke kan uppställa någon regel för, huru länge det dröjer, innan döden inträder vid hängning, därför att sättet, hvarpå denna försiggår, är så utomordentligt olika, såsom ju för öfrigt framgår, af hvad vi ofvan sagt om själfva dödsorsaken. Äfven den, som blifvit återkallad till lif efter hängning, kan ha förlorat ej blott minnet af, hvad han känt vid själfva tillfället, utan äfven af den föregående tidsperioden, alldeles som vi sett fallet vara efter vissa olycksfall (se sid. 267).

Såsom af det sagda framgår, förlorar den, som hänger sig eller blir hängd, hastigt medvetandet, och när man med uppmärksamhet läser deras skildringar, som kunnat berätta något om sina förnimmelser, så måste man tro, att detta dödssätt ej är plågsamt. Så är kanske också en allmänt utbredd tro bland dem, som besluta att ta lifvet af sig genom att hänga sig, ty äfven om de flesta af dem, som sagdt, ej kunna anses för normala, ha de dock besinning nog att tänka på, hvilket dödssätt de föredraga, och välja då det, som de tro vara minst pinsamt. Men deras beräkning är säkert felaktig, ty de taga icke i betraktande, att det är en sak att dö af hängning, när denna inträffar genom tillfälligt sammanstötande omständigheter, utan att personen i fråga

förut anat, att hans död på detta sätt var så nära
förestående, men att det är en helt annan sak att dö
af hängning, när man själf skall verkställa den. Vi
afse icke blott de många pinsamma tankar, som ha
gett anledning till det olyckliga beslutet, ej heller
alla de öfverläggningar, som föregått, för att försöket
ej måtte misslyckas, och annat dylikt, utan vi syfta
äfven på, att den, som själf vill taga sig af daga
genom hängning, säkert känner smärta i samma
ögonblick, som han lägger snaran om halsen. De
förnimmelser, som han erfar i hufvudet, och de blixtar,
som han ser för sina ögon, plåga honom säkert
mycket, och kommer därtill, att han vet, att det för
många af hans olyckskamrater icke lyckats att själfva
förkorta sitt lif, så känner han säkert ängslan vid
tanken, att kanske icke heller hans försök skall lyckas,
en ängslan långt pinsammare än de kroppsliga smär-
torna. Ty här, som öfverallt, är fruktan för döden
beroende af samvetets tillstånd; han vet, att han
står i begrepp att göra något, som allmänt anses
oriktigt och förkastligt, och kan därför icke emotse
döden med lugn och tillit. Sammalunda med den,
som är dömd att hängas; det är hans själstillstånd,
hans samvete, som är bestämmande för hans kropps-
tillstånd i dödsögonblicket, såsom vi se af våra
exempel i bilagan. Förbrytarna Manning, man och
hustru, som skola hängas, för att de begått mord,
darra af rädsla för hvad som förestår. Hinson, som
imponerar på alla, som se honom, genom sitt mod
och sin öfverlägsenhet, och som ropar, då han bestiger
schavotten: »nu till den stora hemligheten», mister
sin tillkämpade fattning, då den hvita kåpan drages
öfver hans hufvud.

Läs å andra sidan berättelserna om dem, som
dödt martyrdöden: prästen Cargill, som känner

mindre rädsla, när han bestiger schavotten, än han känt hvarje gång, som han gått upp i predikstolen, Jakob Guthrie, som i det ögonblick, då han störtas från stegen, rifver bort näsduken, hvarmed hans ögon äro förbundna, och högt ropar, att Skottlands kyrka dock skall vinna nytt lif; det samma säger Govan, som hänges jämte Guthrie i samma 'galge. Och hvem kan utan förundran läsa om ärkebiskop Johnston af Warriston? Det inflytande, som medvetandet att dö för en god sak, kan hafva, kan väl knappt få en bättre belysning; han är gammal och svag, äfven till själskrafterna, när han blir dömd att hängas, men då han på schavotten läser sitt dödstal, förvånar han alla genom sin klara stämma, och hans böner präglas af hänförelse, frihet och kraft. Också hans ord, då han bestiger schavotten, och då snaran lägges om hans hals, tyda på stort sinneslugn, och när han störtas ned från stegen, lyfter han sina sammanknäppta händer mot himmelen. Det är värdt att läsa om desse män, och vi påminna dessutom än en gång om Savonarola.

För desse män har hängningsdöden säkert varit en mild död. Den, som själf bestämt sig för att göra slut på sitt lif genom hängning, går säkert en pinsam död till mötes. För den, som är dömd att mista lifvet genom hängning, måste detta dödssätt synas förskräckligt — och är det också.

Om strypning.

Medan döden vid hängning beror på, att kroppstyngden är den kraft, hvarmed ett om halsen lagdt rep hindrar luftens fria passage genom luftvägarna, så är detta hinder vid strypningen betingadt af, att ett rep med kraft snöres till om halsen, eller också är det med händernas tillhjälp som strypningen företages. Ser man en hängd, så är den första tanken den, att det är frågan om ett själfmord, men så är ingalunda fallet, när man står inför någon, som är död genom strypning. Man tänker då genast på, att en förbrytelse föreligger, såvidt ej strypningen är utförd som exekution i följd af en dom.

Detta sätt för verkställande af dödsstraff har varit kändt från urminnes tider. I gamla testamentet läser man, att Josua ej blott lät stena och hänga sina fiender, utan också lät sitt folk trampa på deras hals, en ohygglig form för strypning och tillika kväfning, som fem kvinnor måste utstå, innan de blefvo hängda. Plutarch berättar, att den unge konung Agis fördes till det rum i fängelset, där de dödsdömda brukade strypas, och att han själf sträckte fram sin hals, så att de kunde lägga repet om den; hans moder, som måste dela hans olycksöde, visade samma mod (se Agis i bilagan). Sallustius berättar i »det calalinariska kriget» (Kap. 55), att Catilinas medbrottslingar fingo lida döden på så vis, och detta var en särskild nåd, som visades dem, därför att de voro patricier. Lentulus fördes ned i en håla i fängelset, kallad »Tullianum», som sträckte sig 12 fot ned i jorden, öfverallt omsluten af murar, mörk, fylld af orenlighet och vedervärdigt stinkande, och blef där strypt af de därtill beordrade skarprättarne. Den romerske kejsaren Commodus, som undgår förgiftning med den dryck, som hans älskarinna Marcia gifvit honom, troligtvis därför att han druckit så omåttligt, måste låta sitt unga lif för atleten Narcissus' hand, hvilken kväfde honom.

Från Frankrike känner man (enligt Tourdes) gamla

berättelser, som visa, att strypning äfven där användes till verkställande af dödsstraff, dock mera såsom ett uttryck för hämnd. Childerich, en fransk konung under 5:te århundradet, lät strypa Galswinth för att äkta hans hustru och Le Hutin, som misstänkte sin hustru, Margareta af Bourgogne, för otrohet, lät strypa henne i fängelset med hennes eget hår, enligt hvad det berättas.

På *Inkvisitionens tid* tillfrågades de dödsdömde, »i hvilken religion de vill dö; om de dogo som kristna blefvo de först strypta, om de fortfarande höllo på sina villfarelser, hvilket sällan var fallet, blefvo de lefvande brända». Men äfven i nyare tider användes strypningen som exekutionsmetod i åtskilliga länder; det är ju allmändt kändt, att mandarinen i Kina, som fallit i onåd, får sig tillsändt ett silkessnöre, under det att mannen af folket blir halshuggen, och i Spanien nyttjas »garottering» ännu.

Medan det sätt, hvarpå döden inträder vid strypning med snöre, i mycket liknar förhållandet vid hängning, så kan man förstå, att då döden framkallas af, att händer gripa om halsen och kväfva sitt offer, så måste den kunna inträda på olika sätt. Här är det ju i regel fråga om en strid, förbrytarens händer gripa icke hela tiden på samma ställe, än är det luftröret, som sammanpressas, än strupen, som skjutes uppåt och bakåt, och därvid afspärrar lufttillträdet. Ibland är det halsådrorna, som sammantryckas, så att blodet icke kommer till hjärnan, och svimning kan bli bidragande dödsorsak. I andra fall återigen bli halsnerverna klämda, hvarigenom hjärtats verksamhet kan påverkas — men antingen nu döden framkallas på det ena eller det andra sättet, så kan man svårligen tänka sig en mera ohygglig belägenhet än den, hvari en på så vis öfverfallen person befinner sig. Medan döden genom strypning stundom inträder hastigt, kan den i andra fall vara långsam och därigenom ännu pinsammare. Länge har man betviflat, att själfmord kunde utföras genom strypning, men man känner säkert konstaterade fall däraf, säger Brouardel. Det väckte på sin tid stort uppseende, då general Pichegru tog lifvet af sig på detta sätt; han var fängslad (1805), beskylld för landsförräderi, och en morgon fann man honom död. Han hade med tillhjälp af en käpp, som var instucken i hans svarta sidenhalsduk, snört till denna så, att han blifvit kväfd. Det rådde stor oenighet mellan läkarne, om det var möjligt att på så vis begå själfmord, men en mycket ansedd rättsläkare, Chaussier, bevisade, att så kunde ske, och senare tiders erfarenhet har visat, att Chaussier hade rätt.

Att strypning kan ske tillfälligtvis är säkert nog; det finnes mycket sorgliga exempel på, att barn, som lekt med ett snöre, i hvars ena ända en tyngd, t. ex. en sandpåse, varit anbragt, ha fått det slingradt om halsen; så att tyngden kommit till att ligga på ryggen, och de ha då blifvit kväfda. Den kraft, hvarmed snöret slingras om halsen, åstadkommer troligtvis, att det dödssätt, som vi omtalat å sid. 333 (död genom »inhibition»), icke är sällsynt i sådana fall. Det är då åtminstone en tröst för de efterlefvande att veta, att döden inträdt så hastigt, att det lekande barnet icke haft tid att fatta sin belägenhet.

Egendomligt nog känner man åtskilliga fall af simulerad strypning, hvarvid det dock alltid lyckats rättsläkarne att afslöja bedrägeriet. Det ligger utom vår uppgift att närmare ingå på dessa frågor, liksom vi med afsikt förbigå många andra, som nog kunde belysa spörsmålet om människans tillstånd vid detta dödssätt.

Om kväfning i egentlig mening.

Ett dödssätt, som beror på kväfning, vilja vi helt kort omnämna, eftersom det kan händelsevis förekomma i det dagliga lifvet. Exempelvis nämna vi, att ett barn, som under lek med en pärla kastar upp den i luften och tager den med munnen, kan få ned den i strupen eller luftröret, och den kan då kväfva barnet genom att täppa för lufttillträdet, eller kan barnet råka att svälja en pärla eller en slant, som är för stor att kunna gå ned genom matstrupen, utan blir sittande bakom luftröret och orsakar kväfning. Det kan också vara flytande saker, som komma i orätt strupe, och man har sett kaffe och té orsaka döden på så vis, oftast dock hos sjuka, hvilkas förmåga att hosta upp är försvagad. Det förekommer äfven fall, då en blodkräkning eller blodspottning, t. ex. vid lungsot, kan vara så ymnig, att blodet kommer ned i strupen och luftröret samt hindrar lufttillträdet. Man har anledning tro, att berusade icke så alldeles sällan hastigt omkomma på detta sätt. De fleste läkare känna följande historia, som Laënnec berättar. Den berömde franske läkaren Corvisart gjorde en afton ett oväntadt besök på sjukhuset och anträffade portvakten berusad; denne blir obehagligt öfverraskad af besöket, får kväljningar, gör en kraftansträngning för att icke kräkas och störtar omkull död. Vid obduktionen fann man luftvägarna (äfven strupen) fyllda med halfsmälta födoämnen. Å andra sidan finnes det sorgliga berättelser om gamla och fattiga personer, som i glädjen öfver ett godt mål mat sluka stora köttstycken, som kväfva dem genom att bli sittande i matstrupen eller täppa för ingången till luftstrupen.

Många andra exempel kunde ju anföras, men läsaren kan själf lätteligen tänka sig sådana, liksom vi också anse det öfverflödigt att omtala, på hvilket sätt kväfning kan utföras i brottsligt syfte, särskildt på nyfödda.

Det sätt, hvarpå döden inträder i fall sådana som dessa, torde af det föregående vara klart för läsaren. Den kan vara mer eller mindre hastig, och i sammanhang därmed mer eller mindre plågsam. Det finnes blott den ljuspunkten, att den, som dör på så vis, ju icke i förväg anat, att hans död var nära förestående. Kväfningsanfallen äro ju säkert mycket plågsamma, men han har ju hoppet att bli kvitt dem; blir asfyxien starkare, så att omgifningen icke längre kan hysa samma hopp, så är den döendes medvetande allaredan omtöcknadt, och dödens inträdande blir han ej medveten om.

Det finnes ytterligare några former af kväfning, som förtjäna att omtalas. Det heter rätt ofta, att ett barn är »ihjäl-legadt», att det blifvit kväfdt, genom att modern eller amman på ett eller annat sätt har klämt det, medan båda sofvo. Så kan naturligtvis vara fallet, men ofta har man förbisett, att det lilla barnet varit sjukt och i själfva verket dött därför. Det kan vara en kapillär bronkit med ansamling af slem i luftrörets finaste förgreningar (se sid. 111), och det är ingalunda sällsynt, att sådana barn aldrig ha hostat, utan dö i det första af de kväfningsanfall, som sjukdomen förorsakar. Man kan lätt fatta, hurusom en sådan död kan uppfattas såsom varande orsakad på helt annat vis.

När stora människomassor äro samlade för att njuta af ett eller annat skådespel, fyrverkeri, festprocessioner o. d., så uppstår icke sällan stor trängsel. Den, som betraktar en sådan människomassa från ett högre beläget ställe, skall se alla dessa hufvuden tätt intill hvarandra, som om de bildade en yta (icke olik en gammaldags s. k. trasmatta); plötsligt ser man, att denna yta börjar komma i rörelse på ett eller flera ställen, det går liksom vågor fram och tillbaka. Kanske får man se, att det blir som ett hål i mattan på ett enstaka ställe, men det är snart fylldt igen — det är en eller flera personer, som blifvit nedtrampade. För ett ögonblick har massan, trots den förfärliga trängseln, kunnat vika litet åt sidan, men det räcker blott helt kort, så drifver vågen den tillhopa igen, och den olycklige, som ligger på marken, blir krossad, ihjältrampad eller kväfd. Den uppmärksamme åskådaren kan se, att under de böljande rörelserna stundom ett enstaka hufvud höjer sig öfver de andra. Det är då någon, som mistat fotfäste på marken, som lyftes upp i vädret och samtidigt blir ur stånd att sätta sig till motvärn mot den omgifvande mängden. Dessa personer bli klämda och få bröstet så sammanpressadt, att de ej kunna draga andan, hvarvid de kväfvas till döds. Eller också är det buken, som blir klämd, hvilket också kan medföra döden, och det ganska hastigt; man vet ju, att en stöt i maggropen till och med kan orsaka en ögonblicklig död (se sid. 55).

Alldeles på samma sätt kan det gå, när en större mängd människor på en gång söker att komma ut genom en smal dörr eller port, som ju ofta är fallet, i synnerhet vid hastigt uppstående eldsvådor. Det är icke blott brännskadorna och de gaser, som bildas, hvilka döda vid de stora teatereldsvådorna, utan många trampas ihjäl eller klämmas till döds, och hafva de, som på så vis blifva kväfda, förut fått armar eller ben brutna, så behöfves ingen liflig fantasi för att föreställa sig deras ohyggliga belägenhet.

Sådana katastrofer äro ju ingalunda sällsynta. Läsaren påminner sig kanske, hurusom vid kejsar Nikolaus II:s kröning i Moskva en stor mängd människor (omkr. 3000) omkommo i den trängsel, som uppstod vid utdelningen af minnesbägare och mat, och att ett ännu större antal blefvo sårade. I Stockholm omkommo åtskilliga i folkträngseln, då de skulle lämna platsen framför Grand Hôtel, från hvars balkong Kristina Nilsson sjungit för mängden. Läsaren kanske också påminner sig det uppseende, som Ringteaterns i Wien brand väckte, och att de dörrar, som folk skulle ut igenom, öppnade sig inåt, så att många omkommo på det sätt, vi här omtalat. Om man drar sig till minnes, huru många teatrar och andra lokaler, där många människor äro samlade, som brinna upp, och huru ofta man läser om olycksfall vid stora folksamlingar, så får man klart för sig, att denna form af kväfningsdöd, genom att klämmas till döds, ingalunda är sällsynt. Man vet icke bestämdt, på hvad sätt döden inträder, eller hvarpå den beror; hvad som i synnerhet väckt förundran är, att de omkomnes ansiktsfärg är så blek.

* * *

Om drunkning.

Drunkning är det dödssätt, som består i, att man kväfves af en vätska, som tränger ned i lungorna. Oftast är det ju vatten, som det är fråga om, men det kan vara alla slags vätskor, och det händer sålunda i sällsynta fall, att arbetare drunkna genom att falla uti kar i färgerier, bryggerier m. m.; det är ju en känd sak, att hertigen af Clarence föredrog att drunkna uti malvoisirvin.

Dränkning användes i forntiden som straff. Cicero nämner det i talet för Roscius som straffet för fadermördare: »då man frågade Solon, hvarför han icke hade utsatt något straff för den, som dödade sin fader, svarade han, att han icke trott, att någon skulle kunna göra det... Huru mycket visare handlade icke våra förfäder! Då de nämligen insågo, att intet var så heligt, att icke fräckheten någon gång kunde kränka det, uttänkte de ett särskildt straff för fadermördare... de bestämde, att desse skulle sys in i en säck och på så vis kastas i floden. ... Synas de icke fullständigt ha utplånat ur tillvaron den människa, som de plötsligt beröfvade himmel, sol, vatten och land, för att han, som hade dödat den, som han hade att tacka för lifvet, skulle sakna allt det, hvaraf allt synes vara kommet?» De 12 taflornas lag säger, att den skyldige hvarken skall straffas med svärdet eller med bålet eller på något annat vanligt sätt, utan han skall sys in i en säck tillsammans med en hund, en tupp, en ödla och en apa och kastas i hafvet eller i närmaste flod, så att han till och med före döden beröfvas alla elementen; hans ögon skulle icke få se himmelen och jorden icke gömma hans lik. *Burgunderna* och *Muhammedanerna* straffade en otrogen hustru med dränkning, och i England var det förr i världen det vanliga straffet för tjufvar. I medeltiden var det ju ett allmänt bruk, att en anklagad måste bevisa sin oskuld genom åtskilliga prof. Däribland förekom äfven, att den anklagades högra arm och vänstra ben sammanbundos, hvarpå han kastades i vattnet; flöt han nu, så var han oskyldig. Egendomligt nog har dränkning också användts som läkemetod mot vissa sjukdomar, ss. mani och hundgalenskap, samt för att utdrifva »onda andar». Till och med så berömde läkare i en nyare tid som Tulpius och Boerhave påstå sig hafva sett goda resultat af denna farliga kur; Dekkers ger en dramatisk skildring af, hurusom en man mot sin vilja kastades ut i hafvet 4 gånger.

Det är ju numera vanligen olyckshändelser eller själfmord, som det är frågan om vid drunkning, och de flesta människor gripas af en hemsk känsla, när detta dödssätt kommer på tal. Det är ju ej så underligt, ty det är bilder af skeppsbrott, brinnande fartyg, olyckshändelser vid badning, lustsegling och liknande, som då upprullas för fantasien, och äfven tanken på dens lidanden, som vill taga lifvet af sig genom att dränka sig, verkar skräckinjagande.

Det finnes ju, tack vare alla de sällskap, som äro bildade öfver hela jorden för återupplifvande af skendöda, icke så få »drunknade», som åter kommit till lif. Till de sväfvande uppgifter, som härstamma från dem, anknyta sig diverse mer eller mindre mystiska berättelser, som sedermera blifvit en snart sagdt allmän folktro. Rör sig samtalet om drunkning, så är litet hvar genast färdig att säga, att den, som drunknar, har så vackra syner och känner sig så väl till mods, liksom de flesta också tro sig veta, att han tre gånger kommer upp till vattenytan, innan han säkert är död. Det är med dessa berättelser, som med så många andra, att det icke ligger något faktiskt till grund för dem; de bli trodda, därför att människor gärna tro det, som är äfventyrligt eller obegripligt. Ju mera färgrik den bild är, som upprullas för fantasien, desto lättare blir den trodd. Den källa, hvarifrån dessa berättelser komma, är ju allt annat än pålitlig, ty de, som drunknat och återkallats till lif, ha ju ofta likasom de hängde förlorat minnet af det skedda. Äfven om de kunna ge klart besked om sina intryck, så är det ofta mindre intelligenta personer, och hvarje läkare vet, huru svårt det är att äfven af förståndigt folk få pålitliga uppgifter om enskildheterna vid en olyckshändelse, t. ex. en öfverkörning eller ett fall. Så mycket mindre kan man ju vänta sig att få väl reda på saken utaf den, som vet, att han är i dödsfara, och som har annat att tänka på i sin kamp för lifvet än att iakttaga, hvad han själf tänker, känner eller ser. Vi återkomma till denna fråga på tal om de fall, som vi samlat. Först vilja vi närmare belysa dödssättet vid drunkning.

Huruvida den, som faller i sjön, kan simma eller ej, har ju stor betydelse. Den, som icke kan simma och ej heller ser någon utsikt till räddning i form af något, som han kan klänga sig fast vid, skall väl, för så vidt ej bestörtningen öfver att falla i alldeles betager honom bruket af hans sinnen, instinktivt hålla andan, det vill säga sluta munnen, för att ej vattnet skall tränga in i den, och då han känner sig vara under vatten, skall han också instinktivt arbeta med armar och ben för att komma upp och få luft. Men man kan ju icke hålla andan länge, utan att blodet därigenom blir förändradt; det får intet syre, utan blir mer och mer kolsyrehaltigt. Detta »asfyktiska» blod kommer äfven till nervcentra och verkar i hjärnan, såsom vi sett på sid. 97, så att medvetandet omtöcknas, och i förlängda märgen retande på »lifsknuten» (se sid. 51), som ju är centrum för andningsrörelserna. Följden blir, att dessa åter börja, den drunknande drar andan — och nu strömmar vattnet in genom näsan och munnen, strupen och luftröret, ned i lungorna och blandas med den luft, som finnes där. Denna blandning visar sig som hvitt skum, hvilket kommer upp till vattenytan. För hvarje ny inandning, som ju blott bringar vatten, men icke luft (syre) till lungorna, hvilka ej heller kunna bli af med sin kolsyra, så förlora dessa allt mera af den smula luft, som finnes kvar i dem. Det dröjer blott ett ögonblick, så äro lungorna alldeles fyllda med vatten — kväfningen (asfyxien) är inträdd.

Vi förbigå åtskilliga enskildheter, som nog för öfrigt spela en viss roll med afseende på frågan om, hvilka ansträngningar den drunknade gör för att icke få in vatten i munnen; dock vilja vi i korthet nämna, att man har anledning tro, att genom den af vattnet utöfvade retningen på hudens och särskildt näsans nerver döden kan inträda mycket hastigt, genom vanmakt (den ofvan omtalade inhibitionen, se sid. 333), utan att den drunknade hinner göra några andningsrörelser under vattnet. Man måste antaga, att så är, eftersom man stundom saknar det annars för drunkningsdöden så karaktäristiska tecknet, skummet i luftvägarna. För dem, som dö på detta sätt, går det ännu hastigare än för de ofvan omtalade.

Den som, när han faller i vattnet, blir så bestört, att han strax (ofrivilligt) drar andan en eller par gånger, får naturligtvis genast vatten ned i lungorna, mera i samma mån andningsrörelsen varit djup (och gäller detta både dem, som kunna simma, och dem, som ej kunna det); men det är dock först genom de andningsrörelser, som ofrivilligt inställa sig, sedan han hållit andan en stund, som vatten i stor mängd och med kraft strömmar ned uti lungorna. På ett par sekunder fyllas de däraf, och alla de andningsrörelser, som sedermera utföras, äro så godt som utan inflytande på vattnets inträngande i lungorna.

Af dessa förhållanden, som man lärt känna genom experiment (se Brouardel), kan man draga den slutsatsen, att drunkningen, så som vi här skildrat den, försiggår mycket hastigt. Det är ju egentligen blott fråga om, huru länge den drunknande kan hålla andan, ty ett par sekunder efter det han blifvit tvungen att draga andan under vatten, äro hans lungor fyllda därmed och han själf kväfd. Det är också en känd sak, att den, som varit så länge under vatten, att han slutat att kämpa emot, nästan aldrig kan kallas till lif igen. Om han blir uppdragen, sedan han ofrivilligt dragit andan under vatten, fortsätter han visserligen att andas ett par gånger men dör sedan. Detta är åtminstone regel, och det äfven om han får lämplig hjälp med konstgjord andning; det gagnar intet, att man kan konstatera, att hans hjärta ännu slår. Han är död, fastän »cor ultimum moriens».

Helt annorlunda är förhållandet, när den, som håller på att drunkna, kan försöka att rädda sig, såsom fallet är med den simkunnige; han dör icke så hastigt.

Vid den långsamma drunkningsdöden, då den drunknande sålunda icke strax sjunker till botten, är det icke möjligt att lämna en beskrifning, som är giltig för alla, eller ens för många fall. Det beror ju på, huru länge han kan hålla ut att simma, om han förstår att hvila i vattnet med hufvudet öfver, om det, som ju vid många skeppsbrott är fallet, finnes en planka eller något annat, som han kan klamra sig fast vid, men som dock ej kan hjälpa honom att länge hålla sig ofvan vatten, o. s. v. Äfven härvidlag kommer det an på, huru mycket vatten han får ned i lungorna, ty däraf beror det ju,

huru stor »andningsyta» han har kvar. Sådana
människor, som kämpa för att få luft, men stundom
måste uppgifva kampen, kan man få se sjunka under,
åter komma upp till ytan och andas, sjunka ned
igen och åter komma upp — för att till sist för
alltid försvinna under vatten. Det är alltså dessa,
som ha mest utsikt för att kunna återkallas till lif.
På det hela taget försiggår den långsamma drunk-
ningsdöden på samma sätt som den hastiga. Äfven
här börjar det ofta med bestörtningen öfver att
falla i vattnet, eller om det vid ett skeppsbrott är
fråga om att rädda sig genom att kasta sig i,
öfverraskningen af, att vattnet är så kallt, och häri-
genom framtvingas ett par andetag, hvarvid en större
eller mindre mängd vatten kommer ned i lungorna.
Nästa period är det, som varierar så mycket allt
efter omständigheterna; att den drunknande kommer
tre gånger upp till ytan, är således ingen regel, det
kan vara en gång eller flera, innan han för alltid
försvinner. Har han måst uppge kampen och draga
andan under vatten, så går det med honom alldeles
som med den hastigt drunknande; vattnet fyller hans
lungor med ens, och han kväfves.

Hvad man vet om förhållandena, sedan lungorna
blifvit fyllda med vatten genom de första ofrivilliga
inandningarna under vatten, det har man ifrån för-
sök på djur.

Enligt Brouardel vilja vi beskrifva de olika
stadierna af den hastiga drunkningsdöden, så som
de visa sig, när man iakttar en hund, som drunknar.
I samma ögonblick, som djuret kommer under vatten,
drar det vanligen andan djupt en eller två gånger.
Det är synbarligen så öfverraskadt af situationen,
att det icke straxt gör några synnerligen starka rö-
relser, men efter några få sekunder är hunden på

det klara med, att han måste kämpa för sitt lif.
Med sluten mun och utan att göra något försök att
andas, söker han komma upp till ytan. Denna kamp
räcker i allmänhet omkr. 1 minut, så drager han åter
andan djupt, hvitt skum kommer upp till vattenytan,
och nästan i samma ögonblick slutar han upp att
röra sig. Hunden ligger nu stilla med mun och
ögon öppna, och man ser, att han gör rörelser, som
om han svalde vattnet; denna tredje period räcker
också omkring en minut. Nu slutar den åter upp
att andas, bröstkorgen utvidgas icke mera, och från
detta ögonblick har den förlorat känseln; pupillerna
äro starkt utvidgade. Äfven denna period räcker
omkring 1 minut; sedan visa sig 3—4 andnings-
rörelser under loppet af $\frac{1}{2}$ minut jämte små kramp-
aktiga ryckningar i läpparne och käkarne — och
därmed är det slut på alla yttre lifstecken.

Som man ser, räcker hela det ohyggliga skåde-
spelet omkring $3\frac{1}{2}$ minut; men försöken visa tyd-
ligt, att hunden blott i omkring $1\frac{1}{2}$ minut har upp-
fattning af sina lidanden, och att han i alla hän-
delser fullständigt har förlorat känseln, när litet mer
än 2 minuter förgått, sedan han kommit under vatten.
Häraf kan man sluta sig till, att det går likadant
med en människa, som drunknar hastigt — från
det ögonblick, som hon blifvit tvungen att draga
andan under vatten, är den plågsamma kampen för
lifvet slut, hon känner ingenting mera. Döden, som
dock ännu icke har inträdt, kan hon icke märka
såsom sådan. Frågan om, huru länge människan
kan hålla andan under vatten, blir således det af-
görande för, huru länge hennes plågor vara. Man
får då påminna sig, att många olika omständigheter
härvidlag kunna inverka. Den, som har öfvat sig,
t. ex. en dykare, kan ju hålla andan mycket längre

än den oöfvade, och äfven bland dykare är det stor skillnad på deras förmåga i detta afseende. Tillförlitliga berättelser om, huru länge de kunna hålla sig under vatten, har man blott få, och när man läser uppgifter om 8—10 minuter, så kan man vara säker på, att det icke är sant. Enligt Tourdes har Fodéré iakttagit mussellfiskare, som kunde vara omkring 1 minut under vatten, Marshall säger, att pärlfiskarne på Ceylon blott kunna vara 50 sekunder under vatten, och Lefèbvre (de Rochefort), som observerade svampdykare, såg dem aldrig vara borta fullt 2 minuter; i genomsnitt kunde en öfvad dykare hålla andan under vatten i 76 sekunder, det var aldrig någon af dem, som blef borta så länge som 3 minuter, och vid uppkomsten voro de mycket medtagna. Olikheten i dessa uppgifter, som alla äro fullt pålitliga, beror på, att dykningen skett under olika förhållanden; på större djup är trycket desto större, och dessutom inverkar ju också vattnets temperatur. Tourdes har själf observerat en »vattendrottning»; denna var ju blott utsatt för obetydligt tryck och utförde ju icke såsom de fiskande dykarne ett arbete, som tar på krafterna och förbrukar syreförrådet; kanske hade hon också i förväg tagit medicin för att göra andningen och hjärtats slag långsammare eller på annat sätt förberedt sig — och ändock var hon i regel icke mer än 45 sekunder under vatten. En minut är en ovanligt lång tid för detta slags akrobater, och 1 minut 15 sekunder är ett sällsynt undantag. Askådarne torde kanske säga, att det dröjer 5 eller 10 minuter, men det är ju en känd sak, huru lätt man tager miste på tiden; Tourdes hade däremot klockan i handen. Dr Layet har sett en fiskmänniska, som kunde hålla sig under vatten i 2 minuter, en gång till och med

i $2^1/_2$ minut; det var en amerikansk fiskare, som
uppträdde i Frankrike. Boutheillier, direktör för en
skola i Charente, hvars berättelse om drunkning vi
i bilagan anföra, vet genom sin rika erfarenhet, att
han icke kan vara mer än högst 1 minut och 15—
20 sekunder under vatten utan att andas.

Man måste sålunda antaga, att för den, som är
alldeles under vatten utan att komma upp till ytan
och få frisk luft, dröjer det $1^1/_2$ à 2 minuter, till
dess han förlorar medvetandet; döden inträder, när
han har varit $4^1/_2$ à 6 minuter i vattnet. Det finnes
sådana, som dö så att säga ögonblickligt under
vanmakt (inhibition); de hafva icke fått ned vatten i
lungorna, och det finnes möjlighet att återkalla dem
till lif, äfven om de varit länge, 10, 15 ända till
20 minuter, under vatten. Andra äro och förbli
döda, äfven om de bli uppdragna snart sagdt ögon-
blickligt, efter sedan de kastat sig i; dessa hafva
genom att draga djupa andetag fått sina lungor
fyllda med vatten. I regel dör en människa, när
hon varit under vatten i 4—5 minuter, säger Taylor,
och Tourdes instämmer med honom däruti. Dr
Wolley, som har en mycket stor erfarenhet genom
sin ställning som läkare vid sällskapet för räddande
af drunknade i London, säger: »Man har intet
hopp att kunna rädda en drunknad, om han varit
under vatten i mer än 3 minuter och några sekunder.»

Det gifves naturligtvis ingen regel för, huru
länge det dröjer, innan den långsamt drunknande
dör; de återupplifvades berättelser om den saken äro
tydligen icke användbara.

Ytterligare vilja vi anmärka, att det ju godt kan
hända, att den, som faller i vattnet, skadar sig genom
att stöta emot föremål, ankare eller annat; i så fall
kan det ju hända, att döden inträder t. ex. genom

brott å hufvudets ben med läsion af hjärnan, och personen i fråga undgår då drunkningsdödens kval, ty han förlorar ju straxt medvetandet.

Att den, som dränker sig, får lida långt mera än den, som drunknar på grund af sammanstötande yttre omständigheter, behöfva vi väl knappt säga; härvid gälla ju samma uttalanden, som vi haft vid hängningsdöden.

När man vet, hvad vi här anfört om drunkningsdöden, har man ju svårt att förstå, att det skall vara så behagligt att dö på detta sätt, hvilket emellertid, som sagdt, är en allmän tro. Den ene berättar, att man ser härliga trädgårdar med sköna blommor i alla slags färger, en annan, att man hör ljuflig musik, en tredje, att man har en obeskriflig känsla af välbehag och ro o. s. v.; några påstå också, att de se sitt lifs tidigare händelser draga förbi som i ett panorama eller kaleidoskop. Det förefaller mig värdt att närmare undersöka, hvad som ligger till grund för dessa berättelser; vi ha ju redan förut, på tal om dem, som störtat ned från betydliga höjder, sökt att belysa liknande berättelsers värde (se sid. 260 o. följ.). Vi få härigenom tillika tillfälle att närmare sysselsätta oss med de exempel på drunkningsdöd, som vi samlat, och som finnas utförligt meddelade i bilagan.

I en fransk tidskrift, Revue philosophique, har V. Egger år 1896 skrifvit en artikel med titel: »de döendes jag». Han hänvisar i denna artikel till en tidigare afhandling, »om drömmar», i hvilken han skrifvit om de drunknande, som i ett ögonblick se hela sitt föregående lif passera revy för sin tanke. Vi böra då strax anmärka, att grunden till denna Egger's artikel är en berättelse, citerad efter Taine, som i sin tur lånat den från Quiney, hvilken med-

delat den efter muntliga uppgifter. Det skulle väl
vara högst märkvärdigt, om denna berättelse vore
pålitlig. I sin afhandling, som Egger nu skrif-
ver om den döendes »jag», kommer han tillbaka
till frågan om lifshändelsernas revy för den dö-
ende. Anledningen till, att han tar upp saken, synes
vara Heine's berättelse om sitt fall i Alperna, som
vi på sid. 257 utförligt meddelat, och som han
i allt väsentligt godkänner. Egger använder äfven
en berättelse af Féré; denne skrifver också, att det
hos den döende kan finnas en »exaltation af minnet»,
som visar sig genom, att »han ser hela sitt lifs
taflor upprullas för sig.. Som ett bevis anför han
följande efter Macario: »jag känner detta fenomen af
egen erfarenhet; en dag, när jag badade i Seine,
tänkte jag dränka mig, och i detta högtidliga ögon-
blick visade sig alla mitt lifs handlingar som genom
ett trollslag för min förvirrade inre syn». Man måste
verkligen förvåna sig öfver, att en så ansedd för-
fattare som Féré, hvilken utarbetat ett stort veten-
skapligt arbete om sinnesrörelserna, vill citera en
sådan berättelse och till på köpet använda den på
så sätt.

Egger anför i samma artikel följande berättelse,
som han har ifrån en af sina »kolleger i den högre
undervisningen»: Vid 8 års ålder satt denne en gång
och fiskade vid flodstranden; vattnets rörelser blän-
dade honom, han somnade in, föll i vattnet och
fördes bort af strömmen. Väckt af det kalla badet
öppnar han ögonen, men vet ej, hvar han är, och
låter sig föras vidare; då han ser stranden, säger
han: »så vackra små hvita stenar, man skulle tro,
att det vore silfverslantar». Men nu slå vattenväx-
terna honom i ansiktet, han blir rädd, får vatten i
munnen, då han vill skrika, och förlorar medvetandet.

En fyra års gosse, som var på stranden, hade redan ropat: »Henry badar!» Man kom till och fiskade med lätthet upp honom. Denna berättelse bevisar ju tydligen ej annat, än att gossen, som fallit i under sömnen, är förvirrad, när han vaknar upp, och blir rädd, när han märker, att det är farligt. Dessutom visar ju fallet, att han hastigt förlorar medvetandet, sedan han fått vatten i sig.

Egger's afhandling väckte uppseende, och i samma band af tidskriften finnas flera artiklar om denna fråga, härledande sig från personer, som själfva varit nära att drunkna. Moulin råkade ut därför vid 16$\frac{1}{2}$ års ålder, och han ansvarar för, att hans skildring är korrekt. På en fisketur i Loire vågar han sig för långt ut, känner att han sjunker, och tror sig förlorad. Floden förefaller honom som ett väldigt haf, med en mörk hotande ström och förfärande långt borta. Han kämpar för att rädda sig, vill ropa på hjälp, men får för hvarje gång vatten i munnen. Han kommer nu under vatten, men känner intet obehag däraf; det är blott en sak, som pinar honom, och det är tanken på, att ej få se sina föräldrar mera. Han är säker på, att han icke tänkt på sitt lifs tidigare händelser; han hade den hallucinationen, att hans farbror simmade vid hans sida och ropade till honom, men denne satt på stranden och hade ingen aning om hans farliga belägenhet. Mera kan han icke med visshet berätta; han hörde ett brusande, och det blef allt mera mörkt. Då han återfick medvetandet, låg han i den varma sanden på flodstranden. Det är mycket intressant att läsa berättelsen i bilagan; han har ingen aning om, huru han blifvit räddad, att han kraftigt gripit tag i armen på sin kamrat o. s. v.; äfven skildringen af hans tillstånd efteråt är läsvärd.

Men kan ju i själfva verket icke önska sig en mera nykter framställning till belysning af den omtvistade frågan. Då Moulin föll i vattnet, blef han rädd, och hans fantasi uppjagad; han tänker på sitt hem, d. v. s. på att han skall dö. Ögonblicket efteråt omtöcknas hans medvetande, asfyxien ger symtom från ögon och öron (han hör ett brusande och det blir mörkt) — sedan är han som borta. Moulins berättelse har ytterligare värde därför, att han hört ett tiotal fall af drunkning beskrifvas, utan att något af dessa öfverbevisat honom om, att det hos de döende förefinnes rekapitulerande hallucinationer.

Den andra berättelsen i samma tidskrift är af Keller, som vid 15 års ålder var nära att drunkna. Vid ett bad i Mosel vill han simma öfver en strömhvirfvel och kämpar modigt, för att det ej skulle gå med honom som med den gosse, som simmade framför, hvilken sjönk ned i hvirfveln. Plötsligt känner han, att någon bakifrån griper tag i hans fot; han får nu en bestämd känsla utaf, att han skall dö, och hör huru de andra ropa. Två gånger kommer han upp till vattenytan, och kan då se folk på båda stränderna och en räddningsbåt; han vill skrika, men får vatten i munnen — och i samma ögonblick sade han till sig själf och tyckte äfven, att någon annan sade det: du skall icke mera få se dina föräldrar!» Därefter kände han sig intagen af en behaglig trötthet, kunde icke röra sig och såg som i en syn en hvit väg, där han själf går iklädd en röd dräkt och sjungande en barndomssång, medan solen skiner. Mera vet han icke.

Här vid den mera långsamma drunkningsdöden finna vi återigen ångesten för att dö och återigen tanken på hemmet. En behaglig trötthetskänsla kommer öfver honom, då han uppgifver kampen för att rädda sig; han har redan hallucinationer, när han tänker på sina föräldrar, ty han hör också en annan tala till sig. Hans syn- och hörselhallucinationer, kort innan han förlorar medvetandet, äro angenäma — hade han dödt, så skulle de ha blifvit ett slags ersättning för den dödsångest, som han kände, innan medvetandet blef omtöcknadt.

Dessa artiklar föranleda Egger till att upptaga frågan ånyo, och i den omtalade tidskriften finnes en större afhandling, hvarur vi hämta följande fall af drunkningsdöd. *En läkare* berättar, att han vid 20 års ålder badade i en flod, fastän han icke kunde simma; han ryckes med af en strömhvirfvel, mister fotfästet och ropar: »jag drunknar». I samma ögonblick ser han sig själf liggande till sängs i sitt rum; hans moder och trolofvade stå bredvid honom; detta är allt. Han räddades medelst ett tåg, som kastades ut till honom, innan han förlorade medvetandet.

I denna berättelse finna vi återigen medvetandet om dödsfaran och tanken på hemmet; denna sista tanke i form af en hallucination.

Egger har naturligtvis bemödat sig om att få sådana skildringar, där det kan bli tal om en revy af lifsbilder, och han har också flera sådana, som äro utförligt meddelade i bilagan, och af hvilka vi här vilja gifva ett sammandrag

Direktör L. berättar vid 40 års ålder, att han som 8 $\frac{1}{2}$ års gosse föll ned i en fontän, från hvilken han skulle hämta vatten. Han såg då, innan han förlorade medvetandet, en del händelser, dock icke alla, som hade passerat under de sista 3—4 åren af hans lif, skymta förbi. Det var dels mera likgiltiga sådana, dels allvarliga, däribland hans moders död. Det måste anmärkas, att han, innan han såg dessa bilder, hade en bestämd känsla af, att han skulle dö, och att han var ovanligt utvecklad för sin ålder, genom att han på de sista 4 åren hade mistat sin far, två bröder, modern och en vän, som han höll mycket af. Dessa omständigheter kunna väl hjälpa till att förklara hans tankar på att dö, tankar, som icke varit behagliga. Vi vilja också anmärka, att det nog icke var så många händelser, som han såg för sig; han säger själf uttryckligen ⌐icke alla⌐. — Ett par år senare, vid 10 års ålder, är han för andra gången utsatt för att drunkna; denna gång har han icke tanke för annat än att rädda sig, och det faller honom icke ens in, att han skulle kunna dö. En person i samma sällskap drunknade dock äfvensom hästen, som föll i sjön med den vagn, som han drog. I detta fall är det för öfrigt snarare fråga om nedstörtande från en höjd på samma sätt, som vi omtalat å sid. 266, och hvarigenom den, som är utsatt därför, hastigt blir yr i hufvudet — men vi vilja dock här framhålla, att man ju också sagt, att de, som falla ned från betydliga höjder, ofta se sitt lifs händelser passera revy.

Denne direktör L. har meddelat Egger, att han talat med en man, som varit nära att drunkna, och som var medveten om den öfverhängande dödsfaran, och denne skall som en blixt ha sett sitt föregående lifs händelser. När man läser denne mans berättelse — läsaren kan själf se den i bilagan, det är direktör Boutheillier — så ser man, att det här icke är fråga om ett panorama af lifshändelser; det är helt enkelt så, att sedan han fått i sig en del vatten, tror han, att han skall dö, och i samma ögonblick ser han för sig åtskilliga bilder, icke i följd utan på en gång. Han tänker sålunda i hastigheten på, huru han i hemmet grät tillsammans med mor och syskon, då hans far var till sjös i oväder; tillika tänker han på sina kamrater och — ser sig själf spela boll. Detta sista beror kanske på, att han dykt ned under vatten i klart månsken och nu ser månen spegla sig på och i vattnet. Han har således hallucinationer, men blott för ett ögonblick; han har ej förlorat medvetandet utan förstår, att hans fot kommit in i det tåg, som han dykt ned efter, och befriar foten därur. Då han åter kommit upp till ytan, kan han själf simma i land. Om han verkligen hade drunknat, skulle han haft en visserligen kortvarig men pinsam känsla af, att han skulle dö. — Det är också intressant, att denne man, som ju anföres som ett exempel på riktigheten af teorien om lifshändelsernas revy, blir klämd mellan kölen på en båt, som var i gång, och sjöbotten, då han var 21 år gammal. Han berättar, att han först, sedan det händt, blef medveten om faran, och att han denna gång icke såg sitt lifs händelser skymta förbi.

Till dessa ur litteraturen hämtade uppgifter vill jag ytterligare tillägga, hvad Lauvergne har hört berättas. År 1840 förliste ett skepp vid kusten af Normandiet; två af de förolyckade sjömännen, som simmade tätt vid hvarandras sida och ofta öfverspolades af vågorna, ropade emellanåt till hvarandra som tecken, att de ännu voro vid lif. Då den ene af dem märkte, att krafterna sveko honom, bad han en kort bön och ropade sedan högt till kamraten: »Farväl Pierre; jag orkar icke mera, hälsa min hustru och mina barn, var en vän och fader för dem!» — Berättelsen är kanske i enstaka delar litet utsmyckad af Lauvergne, men hufvudinnehållet, som vi vilja fastslå, är säkert; här är fråga om en sjöman, som inser, att han måste dö, och som tänker på sitt hem. Lauvergne har talat med flere matroser om, huru de känt sig till mods, då de varit i fara att drunkna; »de hafva trott sig vara hos sin familj och med sorg tänkt sig de olyckor, som måste bli följden af deras död; när de upphörde att arbeta för att rädda sig, kände de ångest och smärta i bröstet — och sedan hade de icke kunnat tänka på någonting särskildt. En af dem berättade, att innan han fick denna svåra smärta i bröstet, var tanken på döden icke särdeles plågsam i det friska och klara vattnet.»

Om man nyktert vill skärskåda hufvudinnehållet i alla dessa berättelser, så skall man se, att den, som är utsatt för att drunkna, i regel vet, att han är nära döden. Han tänker då, som naturligt är, på sitt hem, på de enda, som i själfva verket ha intresse för honom; han kämpar naturligtvis för att rädda sig, så blir han trött, får vatten i lungorna, asfyxien börjar att verka på hjärnan, hallucinationer tillkomma, individuellt olika till art och antal. Mycket ofta är grundvalen för dessa hallucinationer någonting, som står i samband med hemmet, medan i andra fall det är en yttre påverkan på de särskilda sinnena, t. ex. vattnets skvalpande för örat, mörkrets eller ljusets inverkan på ögat. Man kan ju möjligen förstå, att berättelser från återupplifvade drunknade om sådana hallucinationer efterhand i det allmänna medvetandet öfvergått till, att de, som drunkna, se hela sitt föregående lif passera för sina ögon. Men af de berättelser, som vi meddelat, är det ju allaredan klart, att det ingalunda alltid finnes hallucinationer hos den drunknande. Detta kan ytterligare belysas genom berättelser, som jag kan anföra, och som ha den fördelen att härleda sig från intelligenta personer, som haft lugn och förmåga att iakttaga sina förnimmelser och känslor; de hafva meddelats på min begäran.

Den första berättelsen, obs. 95, som handlar om ett skeppsbrott, är nedskrifven af mig, omedelbart

efter det samtal, som jag haft därom. Det är fråga
om en 45-årig kapten, som för en stor ångbåt, hvilken
lider skeppsbrott i Nordsjön; han vet, hvad det gäller,
han väntar sig döden och tänker, medan han är
under vatten, på sitt hem. Det är icke något tal
om vackra syner eller något behagligt, lika litet som
om, att tidigare lefnadshändelser hastigt glida förbi;
han är på det klara med, hvar han är, han ser en
möjlighet till räddning — och från detta ögonblick
arbetar han blott på att rädda sig. Läsaren bör icke
underlåta att taga del af berättelsen; intressant är, att
de fem männen, som äro tillsammans i en båt, och
som ro i 22 timmar, hvarken bli trötta eller känna
hunger, blott törst och torrhet i munnen — det är
själfupphållelsedriften, säger kaptenen.

En annan berättelse, obs. 96, handlar om en
fartygssammanstötning och alla de ohyggliga följ-
derna däraf. Den är skrifven af läkaren ombord på
den stora passagerareångaren, som sjunker, och ger
en mycket lefvande bild af den skräck, som råder un-
der sådana omständigheter. Här är det äfvenledes en
lugn och objektiv skildring af de känslor, som kunna
besjäla den, som ser sig i fara att drunkna; det är icke
heller tal om annat än att försöka rädda sig. Vi vilja
dock påpeka den bild af nöd och elände, som råder
rundt omkring, och som verkar nedtryckande på
den, som i förväg ser sig utan utsikt till räddning.

En tredje berättelse, obs. 97, gäller en lusttur,
och förskrifver sig från en mycket intelligent ämbets-
man. Dennes ohyggliga belägenhet, då han, fastän
han själf aldrig har försökt att bärga andra, skall
försöka att rädda sin broder, som icke kan simma, är
så utförligt och klart beskrifven, att det är, som om
man såge det för sina ögon. Jag vill ej heller för-
söka att i ett sammandrag framställa de olika för-

hållanden i samband med drunkningsdöden som finnas så väl skildrade här — jag vill blott framhålla, att han icke kan minnas, att någon mängd af föreställningar eller tankar rörde sig i hans medvetande; det var blott fråga om att rädda brodern, som icke kunde simma, och att därvid hans eget lif var insatsen, var klart för honom. Huru kampen för lifvet omsättes i verkligheten, huru hans medvetande börjar att omtöcknas, innan det försvinner, huru han vaknar upp igen i vattenbrynet och dunkelt fattar, att brodern nog är drunknad, men nu betraktar det med slö likgiltighet, hurusom han icke heller är intresserad af, om han själf blir räddad, utan blott instinktmässigt simmar, samt då han ser, att han har sin hatt i handen, släpper den i tanke, att det skulle synas löjligt, att han hade brytt sig om att bärga sin hatt i stället för att rädda sin broder — — och mycket mera, bör läsaren icke underlåta att taga kännedom om i den utförliga berättelsen. Alltså icke heller i denna skildring finnes någon uppgift om, att tidigare lifshändelser passerat förbi i ett slags revy. Det samma gäller också för den fjärde berättelsen, obs. 98. Läsaren inser strax, att den förskrifver sig från en intelligent och pålitlig iakttagare; han vet, att det är allvar, och har tillika ansvaret för två gossar, sin son och dennes kamrat, som äro med på lustturen. Det är intressant att läsa denna berättelse; gossarne tycka blott, att det är roligt att kantra.

Som sammanfattning, af hvad man i allmänhet känner om drunkning och hvad våra fall lära oss, kunna vi säga, att drunkningsdöden är en pinsam död, ty den, som drunknar, är från början alltid på det klara med dödsfaran, och kämpar för att rädda sitt lif. Men själfva dödens inträdande, är det också plågsamt? Nej, säkert icke. Innan döden inställer sig, omtöcknas medvetandet för att snart alldeles försvinna. I detta tillstånd kan det till och med hända, att den drunknande känner ett visst välbehag i kroppsligt afseende eller har hallucinationer af angenäm natur. Som en förklaring för, att den drunknande kan känna ett sådant kroppsligt välbehag, ligger det nära till hands att tänka sig, att det beror på, att han efter allt arbete för att rädda sitt lif, nu blir så trött, att han måste uppgifva det; allt upphörande med ett ansträngande arbete efterföljes emellertid af en behaglig känsla af hvila. Det är under detta tillstånd af hvila, som hjärnan upphör med sin normala verksamhet — den döende liknar den, som faller i sömn, med eller utan drömmar.

Om krig.

Så länge historien når tillbaka, hafva de mänskliga lidelserna aflat oenighet och krig. Det är otroligt, så många människor, som omkommit i krig, om än på högst olika sätt. Och när man betänker, att det just är de mest blomstrande och friske unge männen, i de ljusa framtidsförhoppningarnas ålder, som ofta skulle bli ett stöd för sina gamla föräldrar och gifva dem någon ersättning, för hvad de själfva mottagit — ja, då kan man icke fatta, att civilisationen, som dock säges ha gjort så många framsteg, ännu står på ett så lågt trappsteg, att enhvar af den nu lefvande generationen har upplefvat krig, har hört talas om dess fasor — och dess motiver. Det är otroligt, så mycket folk som omkommer i krig.

Frölich, en tysk läkare, har samlat åtskilliga be-
rättelser ända från äldsta tider och till våra dagar;
i bilagan finnes en tabell med siffror från nyare
tiders krig (se *krig)*, och såsom däraf framgår, är
det ett öfvervägande antal af soldaterna, som icke
dö på valplatsen eller på sjukhuset af sina sår. Det
nyligen slutade kriget i Sydafrika har kostat engels-
männen stora offer; enligt krigsministeriets berättelse
föllo (efter *Berlingske tidende*) 518 officerare, 5,256
underofficerare och menige på valplatsen; 183 offi-
cerare, 1,835 underofficerare och menige dogo af
sina sår; i fångenskap dogo 5 officerare, 97 under-
officerare och menige man. Men antalet af dem,
som dogo af sjukdom, är ännu större: 339 officerare,
12,911 underofficerare och menige man. Därtill kom-
mer en del, som omkommit genom olyckshändelser,
resp. 27 och 771. Och hur många hafva icke blifvit
hemskickade som otjänstbara; icke mindre än 3,116
officerare och 72,314 underofficerare och menige.
Helt visst ha många af dessa (tack vare kirurgen
Lister!) åter blifvit tjänstdugliga, men åtskilliga ha
dödt, sedan de blifvit hemsända (8 officerare och
500 man), och en stor mängd ha blifvit invalider
för alltid (5,879!). Hela förlusten, »arméns reduktion
under kriget i Sydafrika», som det heter, räknas
till 1,080 officerare och 27,354 underofficerare och
menige.

Må man tänka sig, hvilka lidanden dessa män-
niskor haft att genomgå, och dock ha de i många
hänseenden varit bättre ställda än förr, då hygienen,
sårbehandlingen, förplägningen och mycket annat ej
stod så högt som nu. Trots alla dessa förbättringar
ser man, huru många som dö af sjukdomar, hvilka
ej hafva något med kriget som sådant, med såren,
att göra. Hvilka sjukdomar är det då? Oftast epi-

demiskt uppträdande, mer eller mindre tyfusartade sjukdomar, som kanske icke skulle döda den starke unge mannen, om de hade angripit honom i hans hem under vanliga förhållanden, men som nu bli dödande, därför att han är utmattad af ansträngningar och har slitit ondt på olika sätt. Och äfven om döden af dessa sjukdomar oftast är lätt, därför att de sjukes medvetande är omtöcknadt, så att de kanske drömma sig hem, omgifna af sina kära, som de så mycket längtat efter att återse, eller därför att de ligga fullständigt sanslösa, icke anande, hvar de äro — innan det kom därhän med dem, ha de säkert lidit förfärligt, äfven af den orsak, att de icke fått dö på valplatsen.

Många soldater omkomma under själfva fälttåget utan att ha träffats af vapen; äfven desse ha ofta otroliga lidanden att utstå, innan döden lindrar deras kval. Att solstyng och *värmeslag* kan döda soldater under marscher i sommarvärmen, ha vi sett på sid. 81, och det är ändock blott öfningsmarscher, där det ej är fråga om att öfvervinna ansträngningar. I krigstid är det något helt annat, här *skall* man marschera, soldaten *skall* fram; och föres striden i ett varmt klimat, så kräfver detta ännu flera offer.

Det är för öfrigt icke alltid själfva solvärmens inverkan på hjärnan, som orsakar döden; man kan träffa personer liggande döda i skuggan af ett träd eller i ett tält, utan att temperaturen varit öfverdrifvet hög. Efter en revy i Paris (år 1877) såg dr. Roche en del af soldaterna, som efter dess slut skulle hvila sig i skogarna vid St. Cloud, stupa omkull i samma ögonblick, som de tagit af sin packning. De andades häftigt, blefvo röda i ansiktet, och kände svår ångest; hos några tilltogo dessa sjukdomstecken, och de dogo under hjärnsymtom.

Dessa människor ha *dödt af för stark hetta*, ty denna kan döda, utan att det sker genom solen direkt.

Då Suezkanalen år 1866 var nästan färdig, sändes en del arbetare och soldater på fartyg hem till Frankrike. De befunno sig rätt väl ombord trots den starka värmen (40° C i skuggan); några af dem blefvo emellertid plötsligt, sedan de ätit, angripna af delirium, ville kasta sig i hafvet o. s. v. De dogo hastigt, och man trodde, att de voro angripna af en elakartad feber, men det visade sig, att det var hettan, som dödat dem.

Brouardel anför flera exempel på sådant dödssätt; en passagerare, som hade känt sig litet illamående och på morgonen haft ett feberanfall, blef dagen därpå åter klen och matt, men utan feber; han deltar i samtalet, och ingen märker något särskildt med honom, då han plötsligt, utan att man kan se någon anledning därtill, ger sig till att sjunga. Strax därpå störtar han omkull orörlig och förlorar medvetandet. Han ser ut som ett lik, ögonen stå öppna, pupillerna äro stora, munnen gapande, läpparna bleka och huden het, men torr; han andas långsamt och oregelbundet, hjärtslagen är svaga och hastiga. Pulsen blir allt sämre, andningen mera oregelbunden med långa pauser, tills den plötsligt stannar, och 35 minuter efter anfallets början är han död. Sådana dödande anfall kunna också påkomma, utan att personen i fråga visat några särskilda sjukdomstecken; en annan, som på morgonen blott klagat öfver hufvudvärk och smärtor i maggropen, störtade plötsligt omkull, då han på eftermiddagen gick från sin hytt. Han var medvetslös och dog efter 40 minuter under liknande symtom, som vi nyss beskrifvit; temperaturen i hytten var 45° C.

Soldater, i synnerhet om de äro varmt klädda och ha hårdt åtsittande kragar, kunna på så vis dö af hettan. (I Kina har man haft tillfälle att studera dessa förhållanden vid två regimenten, som voro klädda på olika sätt.) Att packningen är till stort obehag för soldaten, belyses ganska väl af följande, som vi hämta från Hammerichs skildringar: då en officer efter slaget vid Fredericia talade om folkets tapperhet, utbrast en soldat: »ja, det var inte underligt, att de voro så raska, de hade ju ingen packning.»

När *kölden* jämte öfveransträngning inverkar på soldaterna, måste många böta med lifvet därför. Jag vill (efter Brouardel) citera, hvad den berömde franske militärkirurgen Larrey, som följde Napoleon på hans många fälttåg, berättar om *återtåget i Ryssland.* »Vi voro alla till den grad nedslagna och slöa, att vi hade svårt att känna igen hvarandra, utan marscherade under dödstystnad. Synen var så försvagad, att man hade svårt för att gå i den rätta riktningen, och muskelkraften så svag, att man knappt kunde hålla balansen. Den på så vis angripne störtade vid sina kamraters fötter, men de vände icke ögonen för att se efter honom. Fastän jag själf var en af de kraftigaste i hela hären, var det blott med yttersta svårighet, som jag kunde nå fram till Wilna. Då jag kommit till denna stad, var det slut med mitt mod och mina krafter, jag var nära att falla för att icke resa mig mer, liksom så många andra olycklige, som jag sett dö inför mina ögon ... Vägen från Miedzeski till Wilna var betäckt med lik. Innan desse olycklige dogo, voro deras ansikten bleka med nästan idiotiskt uttryck, de hade svårt för att tala, synen var svag, ja några voro till och med alldeles blinda. Af dem, som voro i detta tillstånd, fortsatte en del dock att marschera en tid ännu, stödda af sina kamrater eller vänner; allt mera utmattade och raglande på benen som berusade, såg man dem till sist störta omkull döda ... andra öfverföllos af ett pinsamt slapphetstillstånd, blefvo därpå slöa och medvetslösa, och hade efter få ögonblick slutat sin sorgliga tillvaro.» — Kölden behöfver icke vara så sträng, som förhållandet var i Ryssland, för att orsaka döden. General Lavasseur förde år 1845 en armé på 2 800 man; det var ett återtåg, kändt under namnet *Retraite de Bou-Thaleb.* Marschen räckte 48 timmar, och termometern visade blott några få grader under nollpunkten, men det var så stark blåst, att de icke kunde få eld upptänd och således icke heller någon varm mat. Icke mindre än 208 man dogo på 48 timmar, och då de kommo fram till sin bestämmelseort, måste 521 man läggas in på sjukhus. Under sådana förhållanden är det icke så mycket kölden, utan den ihållande inverkan af den kalla blåsten samt ansträngningen och bristen på föda, som verkar dödande. Den modlöshet, som ju alltid råder under ett återtåg, har också sin betydelse — åtminstone för att öka lidandena. (Vi ha ju redan på sid. 239 sett, hurusom kyla och ansträngning kunna döda, äfven då det gäller en lustfärd.)

Ännu en dylik sorglig skildring vilja vi återgifva; den är hämtad ur ett bref (i Selmers nekrologiska samlingar), som kompanichefen Georg Julius Hauch af Bentzen skref till sina föräldrar efter deltagandet i *slaget vid Slesvig.* »Min bataljon tillhörde avantgardet, och vi måste således strax fram för att möta preussarne. Framryckningen skedde öfver en så godt som bottenlös mosse, där vi stundom sjönko ned till midjan på de ställen, där man alls kunde komma fram; sedan måste vi skyndsamt bestiga de ofantligt höga vallarna och backarna vid *Dannevirke*, så att, då vi omsider nådde toppen, voro vi så våta och utmattade, att det just ej var under de gynnsammaste omständigheter, som våra skyttar måste rycka vidare och skicka fienden de första kulorna... Vi måste draga oss tillbaka öfver samma förskräckliga mosse, öfver hvilken vi ryckt fram, hvarvid vi mistade många, som af matthet icke förmådde att komma öfver, och många, som drunknade. Här upplefde jag förfärliga exempel på krigets fasor, ty folk, som sjunkit ned i mossen till armarna och icke kunde komma upp, användes som underlag för andra, så att de genom att bli trampade på skuldrorna sjönko fullständigt under med vapen och packning, utan att efterlämna det minsta spår.» Det är knappast möjligt att tänka sig något mera förfärligt.

»Nej, döden på valplatsen, under kanonernas dån, gevärssalvor och hurrarop är ljus och skön, och det intryck, som man för med sig från de fallnes grafvar, har icke något nedtryckande», så skrifver en soldat, som den 8 juni bevistat en begrafning i Sönderborg af dem, som stupat i slaget några dar förut. Det är besynnerligt; man tror det icke, innan man läst många skildringar däraf och talat med män, som själfva varit med. Skulle det på valplatsen icke finnas fasor? Man ser dem, som man strax förut talat med, på det förskräckligaste lemlästade, man ser kamrater dö vid sidan om sig och bäras bort för att kanske aldrig återse dem, man vet, att i nästa ögonblick är man kanske själf offret. — — »Nej döden på valplatsen är ljus och skön!»

Vi vilja försöka att förstå, hvarför det icke är så förskräckligt att bevittna alla fasorna i ett slag. Alla sinnesintryck, men särskildt de på ögat och

. örat, måste påverka vår hjärnas celler för att komma
till vårt medvetande; detta måste ske med en viss
styrka och ha en viss varaktighet, om det skall bli
tal om att kunna få en uppfattning af, hvad vi se
och höra. Hvar och en vet, att man t. ex. kan ha
talat många gånger med en person utan att veta,
hur han egentligen ser ut; man kan visserligen med
lätthet känna igen honom, när man ser honom, men
om man blir tillfrågad, om han har den eller den
sortens skägg, är man ur stånd att säga det. För att
få detta klart för sig, så måste man med medveten upp-
märksamhet se därpå och kanske till och med säga
sig själf, att nu vet man, hurudant det är — sedan
kan man minnas det, åtminstone någon tid. Det är
intet tvifvel om, att allt, som verkar på vårt öga,
också verkar på hjärnan; det fordrar sin plats där, det
tar reda på en eller annan cellgrupp och kvarstannar
däri; om ej så vore fallet, kunde man ju icke plötsligt
råka att erinra sig något, som man upplefvat i sin
tidiga barndom, och som man icke har tänkt på
sedan dess. Också förhållandet med drömmar synes
mig bestyrka detta. Om man under dagens lopp
har fått ett öfvergående, hastigt intryck af något, som
man sett, och sedan icke ägnat en tanke däråt, men
däremot blifvit starkare påverkad af många andra
slags intryck, kan man ofta följande natt få drömmar,
hvilkas kärna är det omtalade, öfvergående intrycket.
Detta har fått tag i de celler, som det skall disponera,
men icke under dagens lopp haft tillfälle att arbeta
sig så fast, att det gjort något egentligt intryck på
medvetandet, och nu i nattens stillhet, då andra in-
tryck ej verka störande, gör det sin rätt gällande.
Om man därvid ofta har svårt att igenkänna detsamma,
beror det på, att det jämte en hel del andra svaga,
tillfälliga intryck blandas samman i ett virrvarr, den

egendomliga drömmen. Denna uppfattning bestyrkes af, att man i regel icke kan bestämma, hvad man vill drömma om, genom att koncentrera sin uppmärksamhet därpå, innan man somnar. Har man haft många bekymmer och slutligen fallit i sömn, så drömmer man icke om dessa; men strax på morgonen, när sömnen är förjagad, storma de sorgliga tankarna åter fram — hjärnans celler måste ge tecken af det arbete, som ännu försiggår i dem, och som blott öfvergående har hvilat. Soldaten drömmer efter en ansträngande dag i fält ofta om hemmet, som då och då under dagens lopp, kanske honom själf ovetande, har visat sig för hans inre öga. Att några soldater ropa i sömnen: »hurra, hurra, framåt» (den nyss nämnde Bentzen skrifver i sitt bref därom), motsäger icke det sagda, ty som vi sett, repeterar hjärnan ofta de vanliga intrycken, utan att personen i fråga är vid medvetande.

Om denna teori är riktig, så skall hvarje intryck på hjärnans celler, antingen det är svagt eller starkt, sätta sig fast i dessa med en viss, naturligtvis dock växlande styrka. Intrycken ligga då liksom magasinerade, ända från barndomen till den sena ålderdomen, och komma vid ett visst gifvet tillfälle fram lifslefvande; hos den gamle med hans skrumpnade hjärnceller förändras förhållandena, och hänvisa vi beträffande detta till kapitlet om åldringar.

Öfverflytta vi denna uppfattning på förhållandena i krig och söka att därigenom förklara, hvarför mången icke psykiskt påverkas så starkt af krigets fasor, som fallet skulle vara, om han under vanliga förhållanden såge blott en enda af de händelser, som i krig ständigt möta honom, så ligger ju den orsaken mycket nära till hands, att hjärncellerna icke hinna uppfatta intrycken, ja att många af dessa komma så samlade, att ögat icke kan skilja dem från hvarandra, utan de verka i ett virrvarr, som en dröm. Dessutom är ju soldatens uppmärksamhet under striden upptagen af mycket annat än att se efter, huru det går med dem, som finnas omkring honom. »Nu började en akt i denna dags stora drama, som jag icke kan finna ord för att skildra i dess förskräckliga verklighet, oaktadt bilderna däraf ännu stå lifslefvande för min fantasi ... På flankerna voro fienderna emellanåt blandade med de våra, och under en förfärlig gevärseld, skrikande och skrålande uppstod ett virrvarr, som, belyst af den starka elden och rökmassor från två af granater antända gårdar, var af en fruktansvärd, majestätisk storhet» — skrifver en snickare, då menig man, sedermera sergeant, i ett bref af 8 juni 1848. Han har skrifvit många bref samt har öppet öga för måleriska verkningar, och synes för öfrigt njuta litet af sin talang att skrifva; men mycket riktigt är det en obeskrifbar blandning af alla slags intryck, som omgifver de stridande, hvartill kommer, att den enskilde är fullt upptagen af sitt eget. Till och med den, som icke är med i striden, utan blott närvarande som åskådare, kan råka i en sådan spänning, att han t. ex. knappast märker dundret af en kanon, som affyras strax bredvid honom. Så var förhållandet med fältprästen Hammerich. Och soldaten, som är med; han skall ge en order eller lystra till en sådan, han skall sikta eller passa på att skydda sig, när han hör en kula komma hvinande genom luften. Nu skall han göra geväret klart för att skjuta igen! Föll den, som han siktade på? Skola de, som han ser där, rycka fram, hinna hit eller stupa dessförinnan? Han snafvar, då han går fram; nå, det var blott en stor sten! Där stegrar sig en häst, träffad af en kula, eller därför att den ser en annan liggande död på sin väg! Och tusen andra saker! Är det då underligt, att hans intryck, när han ser sårade och stupade omkring sig, blott äro svaga och öfvergående? Eller om de äro af den art, att de *måste* fästa sig i hans minne, är det då underligt, att de icke göra ett så ohyggligt intryck på honom, eller att han hastigt glömmer dem — kanske för långa tider. Men när han har kommit i lugn, när det åter råder tystnad, och han sitter med sina tankar fästade på hemmet och skrifver bref, då dyker den ena bilden fram efter den andra, och äfven om han ännu är påverkad af »strids-febern», så komma de dock lifslefvande på papperet. »Vår lille, käcke löjtnant Muus, som hela dagen hade visat ett ovanligt mod, föll med en kula i bröstet, då han främst med höjd klinga gick lös på fienden», heter det i samma bref, och senare, då han är i Sönderborgs kyrka: »vår lille 18-årige Muus låg där också med oförändradt samma flickansikte som i lifvet.»

Dessa af Allen utgifna bref äro mycket intressanta, just därför att de äro skrifna af så olika personer och utan att vara afsedda för offentligheten. Här kunna vi icke referera mycket ur dem, utan nöja oss med att anbefalla dem åt den intresserade läsaren; i all sin enkelhet förtälja de särdeles mycket och långt bättre, än hvad vi förmå. Den obeskrifliga förvirring, som kan råda i en strid, är ju för öfrigt utmärkt skildrad af åtskilliga författare, t. ex. af Tolstoi i »Krig och fred». Till och med under öfningar i fredstid kan det råda ett sådant tumult, att de, som äro med, icke kunna se, om de höra till de segrande eller de besegrade. Ja, äfven sådana tilldragelser, som i krigstid inträffa under så lugna förhållanden, att man skulle tro, att de medgåfve en alldeles objektiv iakttagelse, äfven de kunna uppfattas på högst olika sätt; som ett exempel härpå hänvisar jag läsaren till berättelsen om den unge tyske skalden Körners död.

Hvad som i synnerhet måste göra intryck på soldaten, som deltar i ett slag, är ju den enskildes öde, om han blir sårad eller stupar, och detta är också, hvad som mest intresserar oss i detta sammanhang.

Det finnes icke två människor, som äro lika, och det måste ju vara så, att individens karaktär, fantasi, intelligens, personliga förhållanden och mycket annat ha en stor betydelse för frågan om, huru han känner sig till mods i striden. Tidsandan präglar krigen; Gustaf Adolf, som utsatte sig för så många faror och som, då man förehöll honom detta, svarade: att »konungar sällan dö i slag eller vid belägringar», träffades i halsen af en muskötkula, som blef sittande mellan skuldrans muskler, hvarvid armen skakades så, att han trodde den vara bortsliten af en kanonkula, och blod flöt från näsa och mun. Han erinrades ånyo om, att han borde skona sitt lif, som Sverige ej kunde vara förutan. Gustaf Adolf tackade för de välmenta påminnelserna, men trodde dock, att han icke var så oumbärlig för riket; han hade den »förtröstan till Guds godhet, att i fall det behagade honom att kalla hans person bort, skulle han dock därför icke glömma Sverige, utan se i nåder därtill och gifva det en annan försvarare». Andra drag, som belysa hans syn på lif och död, finnas anförda i bilagan, där också de olika berättelserna om hans död i slaget vid Lützen 1632 beröras. Här vilja vi blott meddela, att han, fastän svårt sårad, fortsatte att uppmuntra soldaterna, tills han icke förmådde mera; han sade då på franska till hertigen af Lauenburg: »jag har fått, hvad jag behöfver; jag lider en obeskriflig smärta» och i samma ögonblick träffades han af ett nytt skott, så att han föll af hästen ...

I hvarje krig är det många, som visa mod och tapperhet, uppeldade af hänförelse för den goda sak,

för hvilken de strida, eller i ögonblickets upphets-
ning, för att föregå andra med godt exempel eller
af många andra motiv, och allt efter individens
karaktär visar sig modet på olika sätt. Ur Selmers
nekrologiska samlingar meddela vi följande: »i slaget
vid Slesvig hade Olaf Rye blifvit trött; han sade,
att han ville hvila sig litet, och inom en minut hörde
jag honom snarka ljudeligen. Kulorna dansade om-
kring oss som ärtor i en gryta, men det generade
alls icke denne till dumdristighet modige man.» I
slaget vid Fredericia stupade Rye, men ingen vet hur;
han anträffades midt i det höga gräset, träffad af
ett skott i låret och ett annat i underlifvet. Hans
klocka och brefväska voro stulna; mellan 20 och 30
danskar och tyskar lågo fallna omkring honom. Den
dödes ansiktsdrag voro lugna och oberörda. »I dag
får det icke vara tanke på att retirera», hade han
sagt till sitt folk.

Löjtnant Kohl träffades af en kula i hufvudet,
han föll i armarna på dem, som skyndade till hjälp,
och dog strax med de orden: »jag dör gärna för
Danmark!» Löjtnant Homann lämnade sin skyddade
plats ett ögonblick för att uppmuntra sitt folk, men
träffades i bröstet af en kula, som sträckte honom
till marken, och dog med uppmuntrande ord till
soldaterna. Två af desse, som ilade sin döende
officer till hjälp, föllo båda vid hans lik, och hans
kalfaktor och ambulanssoldaten, som ville föra bort
det, blefvo båda sårade. Kapten Buhl blef dödligt
sårad af en granat; hans folk utbrast i klagan, när
de sågo sin älskade kapten falla, men han ropade
till dem: »bry er icke om mig, utan sköt er duktigt
och gör ära åt 2:a kompaniet!» — några timmar
därefter var han död. Hammerich, i hvars skildringar
från det slesvigska kriget finnas många med-

delanden, som väl belysa de olika känslor, hvaraf de stridande besjälas, berättar, att öfverstelöjtnant Klæsemodel, som stormade och tog en skans i slaget vid Fredericia och under stormningen stod midt på landsvägen utan att söka skydd, därvid blef dödligt sårad. »Gossar», sade han döende, »tänk blott på fäderneslandet och bry er icke om, ifall ni få offra lifvet!»

De känslor, hvarmed soldaten går ut i striden, äro naturligtvis högst olika; samma person är stundom utan fruktan, en annan gång är han rädd, några finna till en början allting ohyggligt, andra icke. Löjtnant Dorn skrifver: »du frågar mig, med hvilka känslor man går till dessa upptåg? — jag kan verkligen icke gifva något allmängiltigt svar därpå, ty de äro högst olika under olika omständigheter. Den 28:de — då jag ej förde något befäl — hörde jag de första kulorna hvina och såg Collstrop och andra falla, men det gjorde ej något vidare intryck på mig, ty nyheten och nyfikenheten absorberade i detta ögonblick alla andra tankar. Den 29:de kom jag af ett misstag allra främst med hela batteriet, som kört tillsammans i en klunga, efter som man ej ännu väntade något angrepp. Men plötsligt foro kulor och granater midt ibland oss; i detta ögonblick trodde jag, att allting gått för f—n i våld, och var allt annat än glad. Men på en gång grep jag med hvardera handen ett par hästar, drog dem med mig ut och var på ett ögonblick färdig att skjuta, och sedan gick allting af sig själf. — Den 5 juni var elden och krutröken så stark, att man på länge ej kunde se något. En kanonkula dödade en man vid min sida på högra flygeln, och ögonblicket efteråt slet en annan kula bort en arm, som flög rätt i ansiktet på mig — det var icke för trefligt.

Allting går emellertid vid ett sådant tillfälle slag i slag; än riktar man en kanon, än tar man fram kikaren, så skall ammunition langas fram, eller de sårade och döda hjälpas ur elden, så man får icke tid att tänka på något annat. Efter striden först märker man, huru uttröttad man är.»

»När det gick hetast till, såg Ursin mest belåten ut.» Med ett gladt hurrarop var löjtnant Ursin bland de främste, då ett skott genom hufvudet sträckte honom död till marken.

Löjtnant Ussing hade »tänkt sig en strid allvarligare» och »fann den icke så förfärlig». »Då jag en minut efter min ankomst till valplatsen såg en man träffas af ett skott i ansiktet, var jag alldeles känslolös därför, och jag tillstår, att när en sårad skrek till eller jämrade sig, så var jag hård nog att skämma ut honom därför. Dock vill jag till mitt försvar härutinnan säga, att det naturligtvis gör ett dåligt intryck på folket, när någon sålunda jämrar sig. Så mycket är åtminstone säkert, att tråkigt har man icke under en sådan affär; de 5—6 timmar, som jag var i elden, föreföllo mig som en enda kvart.»

Det är ju ganska vanligt, att tiden går så hastigt, men det kan också hända, när man har upplefvat mycket på kort tid, att man omöjligt kan tro annat, än att det måste ha gått lång tid åt därtill. Så var fallet med general Bülow, i slaget vid Fredericia frågade han, hvad klockan kunde vara; sju blef svaret. Man hade stridit segerrikt sedan daggryningen och tills nu, kl. 7 på morgonen. »Hvad», ropade han, seende på solen, som stod så lågt, »är det redan afton?» Generalen hade dock haft en känsla af, att tiden gått mycket fort.

Som en lustig kontrast, som tillika visar, huru

litet en del folk öfverhufvud taget lägger märke till, hvad
som händer, kan anföras, att Hammerich, som frågade
ut några soldater, icke kunde få ur dem någonting
annat än: »vi sprungo alltjämt framåt, och det dröjde
så länge, innan vi fingo mat!»

Det här anförda anger icke blott individens
känslor, utan innehåller också upplysningar till be-
dömande af, huru det står till med dem, som såras
eller dö i krig.

Skottsår vålla ingen smärta; detta är något, som
man icke tror, förrän man blifvit öfvertygad därom
genom många berättelser. Af de exempel, som jag
läst och hört talas om, skall jag anföra några en-
staka. Botanisten Vaupell, författare till arbetet: »De
danska skogarna», berättar om sig själf (se bilagan),
hurusom han rent tillfälligtvis upptäcker, att han är
sårad. Han märker det, på att blodet strömmar ut
från hans vänstra rockärm, han tror, att det kommer
från bröstet, och då är hans arm krossad och måste
till sist amputeras. — »Hvarför knuffar ni mig så
där», sade en soldat och tog sig i sidan. »Du blöder
ju», svarar en af de andre, »gör det icke ondt?»
Han var träffad af en granatskärfva i benet, för öfrigt
ej farligt. — I det sista boerkriget sprang en man,
som var skjuten genom bröstet, det oaktadt ett långt
stycke. — Varigny berättar följande: två soldater
hade under en häftig strid blifvit skilda från sitt
regemente och fallit i fiendens händer. De fingo be-
fallning att följa med, den ena blef något efter och
fick därför order att skynda sig, men då han visade på
ett stort sår å armen, fick han lof att gå, som han ville.
Då de kommo till gränsen, lyftade de två fångarne
upp en bom för att låta officerarne komma igenom.
De två kamraterna talade sins emellan om de fram-
gångar, som deras regemente haft, och det syntes alls

icke vara fråga om något allvarligt. Då de kommo till lägret, lämnade officern dem till läkaren, som undersökte den sårade och förband honom. Plötsligt störtade han död omkull, och nu först upptäcktes det, att han hade ett dödande sår i bröstet. — Det finns talrika berättelser om soldater, som marscherat med en kula i knät, eller fortsatt att skjuta, fastän ganska svårt sårade. Kapten Cornwall, som under Georg II deltog i sjöstriden mellan den engelska och den förenade franska och spanska flottan år 1743, dödades i striden; ännu sedan hans ben var bortskjutet af en kanonkula, fortsatte han att kommendera. Den 34:årige general Wolfe fick ett skott i handleden, men stannade på sin plats, virade en näsduk om handen och fortsatte att ge sina order utan att visa det minsta tecken till sinnesrörelse. Kort efteråt blef han skjuten till döds; det är vackert att läsa om hans slut.

Äfven om man i sådana fall kan delvis tillskrifva det lugn, som visas, en tillkämpad fattning, så är det dock säkert, att skottsår i allmänhet icke vålla smärta. Själf har jag hört en 41-årig man, som under lek med ett salongsgevär hade fått tummen krossad af ett skott, hvilken sade, att han alls icke märkte något i det ögonblick, han skadade sig. Hvad är då orsaken härtill? Dels den, att kulans rörelse är så hastig, ty hvar och en vet, att det gör mindre ondt att skära sig med en skarp knif än med en slö, beroende på att den skarpa knifven verkar så hastigt. Vidare kommer det till, att såret frambringas så oväntadt, och medan uppmärksamheten är riktad på annat håll. I våra dagar användas långt mindre och lättare kulor än förr (Mauser, Krag-Jörgensen, Lee-Metford), om detta också har till följd, att såren smärta mindre, vet man icke; det finns ju berättelser

från äldre tider, som visa, att de stora kulorna ej
vålla smärta. Säkert är emellertid, att sår af små
kulor ofta läkas lättare, äfven om de passerat genom
så viktiga organ som lungan, om än den omständig-
heten, att såren i krig nu förbindas efter Listers
metod, måste hafva den hufvudsakliga äran för det
lindrigare förloppet af många skottsår. Och dock
är det många sådana, som vålla svåra smärtor (sär-
skildt krosskador å benen äro, äfven om de blifvit
väl förbundna, högst plågsamma under transport),
och som under sitt senare förlopp orsaka soldatens
död genom varbildning, feber, sepikämi eller pyämi
(jämför sid. 128). Hvad dessa människor ha att
genomgå, innan döden befriar dem från deras plågor,
kan läsaren själf föreställa sig. Äfven om den in-
träder jämförelsevis hastigt, måste den omständig-
heten, att den sårade vet, att han snart skall dö, ju
inverka starkt på honom. Nelson, om hvars död vi
meddela en utförlig, i flera afseenden mycket in-
tressant skildring, är ett talande exempel härpå. Väl
är ju, att så många sårade dock tro, att de nog skola
bli friska, äfven om de känt sig mycket sjuka under
lång tid, och att de ofta ej äro vid medvetande, när
de dö, samt tåligt finna sig i sin sorgliga lott, hvartill
medvetandet om att lida för en god sak ju ofta mycket
bidrager.

Deras sorgliga öde, som svårt sårade, men med-
vetna bli kvarliggande på valplatsen och dö där utan
hjälp, kan knappt med ord beskrifvas. Man får
hoppas, att den chock, som nervsystemet fått, jämte
blodförlusten så bedöfvat deras sinnen, att de icke
känna de andra lidanden, som de äro utsatta för
genom sina sår, genom hunger, törst och köld, men
framför allt genom sitt nedslagna sinnestillstånd. Åt-

Bloch, Döden.   25 skilliga berättelser tyda därpå, se t. ex. Vaupell's meddelande om sig själf.

Många af de svårt sårade förlora strax medvetandet och återvinna det först, sedan de blifvit förda till lasarettet. Kapten Buhl, hvars död vi ofvan omtalat, skrifver i ett bref: »plötsligt utstötte Vaupell ett skrik och föll baklänges; han stod två steg ifrån mig, jag böjde mig ned, tog hans hand och frågade, huru han mådde, men han svarade icke. Två soldater togo honom på gevären och buro bort honom, och jag trodde, att han var död; det var min andre löjtnant, som stupade, och det gjorde ett obehagligt intryck på mig. Då vi i dag kommo till Vejle, blef V. körd till Horsens, han mådde bra, skall ha rökt på sin pipa, och varit glad och belåten.» (Löjtnant Vaupell stupade sedermera vid Fredriksstad, ett par dagar efter Buhl.) Öfverste Bartels berättar i sina Gamla minnen från 1848—1850: »Under reträtten störtade en man, som sprang vid sidan af mig, plötsligt till jorden som träffad af blixten. Då jag gärna ville befria honom från att falla i fiendens händer, försökte jag att lyfta upp honom, men det visade sig, att han hade fått en kula i nacken, och att det ena ögat var utslitet. Jag måste alltså låta honom ligga och tog blott hans gevär. Vid appellen nästa morgon, när förlustlistorna skulle uppgöras, och hvarje särskild mans öde så vidt möjligt konstateras, uppgaf jag honom som död, men när fångarne på hösten utväxlades, kom han till min häpnad tillbaka lifslefvande; kulan hade icke gått genom hufvudet, utan under huden längs hufvudskålen, och bortsedt från förlusten af ena ögat var han för öfrigt frisk.» Exempel af detta slag finnas ju många.

Att sinnesrörelsen också har stor betydelse för

soldatens befinnande, är lätt begripligt. Några kunna till och med inbilla sig, att de äro sjuka; jag tänker dock icke på den så mycket omtalade »kanonfebern», som ju för öfrigt kan vara svår nog. Efter hvarje träffning, skrifver Hammerich, komma alltid några in på lasarettet, som icke äro fysiskt, utan psykiskt sårade, ty kulregnet utöfvar en våldsam verkan både på nerverna och matsmältningsorganen. En anmälde sig sjuk midt under striden, utan att det felades honom något, andra gå från det ena lasarettet till det andra, utan att det kan upptäckas, att de äro sjuka, en man, som slutligen kom tillbaka till sin bataljon och af officern tillfrågades, hvad det hade varit med honom, svarade helt naivt: »jag tror, att doktorn kallade min sjukdom för kanonfeber». Dessa människor böra icke anses för simulanter, ty af vår framställning af sinnesrörelser som sjukdomsorsak framgår det, att de kunna vara mycket lidande, äfven om läkaren icke kan påvisa någon bestämd sjukdom. Men det finnes andra, som lida betydligt, därför att det verkligen har händt dem ett eller annat under slaget, utan att de dock i verkligheten tagit skada; de lida, därför att de tro sig vara sårade. Sålunda berättar Gratiolet (enligt Hach Tuke): »under ett uppror i Paris var ett kompani soldater och nationalgardister under några ögonblick utsatt för en mördande eld på Rue Planche-Mibray; en af dem fick af en kula ett lätt slag på skuldran, som han knappast märkte. Då striden var slut, och han kände en ögonblicklig smärta i den träffade delen, trodde han, att han blifvit allvarligt sårad, och kände en ström af blod flyta från skuldran ned längs bröstet. Han kände det mycket tydligt, och dock fanns det intet sår i huden.» Ett af de mest utpräglade fall, som jag läst om, kan läsaren finna utförligt skildradt i bilagan; det är Mr. Boutibonne, som tror sig ha fått båda benen bortskjutna under knäna af en kanonkula, och förlorar medvetandet, men snart kommer till sans igen och nu ligger orörlig hela natten utan att våga röra sig, för att det icke därigenom skulle uppstå en dödande förblödning — och då felades det honom ingenting. Det är intressant att läsa om orsaken till hans hallucinationer.

Vi ha i denna — något långa — inledning sökt skildra, huru många lidanden af alla slag soldater kunna hafva att genomgå, innan de dö. Vi vända oss nu till att betrakta dem, som dö på själfva valplatsen; må vi då genast säga, att de fleste af dem icke känna några plågor, ja ofta alls icke ana, att de blifvit offer för kriget. Orsaken därtill ha vi delvis ofvan angifvit, det återstår blott att genom exempel belysa, att sådana dödsfall, som för fantasien framstå såsom särdeles ägnade att väcka vårt medlidande, ofta icke äro plågsamma, och särskildt är så förhållandet med de hastiga dödsfallen. Pagen Cratzenstein, som vid belägringen af Mainz uppsöker Gustaf Adolf, hvilken är ute i fästningsverken för att rekognoscera, och som dödas i samma ögonblick, då han öfverräcker ett bref till konungen, är ett exempel därpå. — Dr. B. berättar mig, att han i sista kriget stod på en skans vid Dybböl midt emellan två soldater. Den ene af dem sade, i det han siktade: »jag vill se, om jag kan skjuta honom där, som nyss siktade på mig» och i detsamma föll han själf död ned utan att ge ett ljud ifrån sig, träffad af en kula. B. visste det icke ens, förrän han såg honom ligga vid sidan om sig. — I ett privatbref från Sydafrika berättas om en dansk vid namn Schmock: »vid detta återtåg träffades Schmock i hjärtat och stupade på stället stendöd». — Sjöhjälten Peter Willemoes springer upp på skansen för att lättare kunna öfverblicka situationen; i samma ögonblick sliter en kanonkula bort halfva hans hufvud, och allt, hvad han får tid att säga, innan han dör, är: »aj, mitt hufvud!» Här har det icke blifvit tid att känna smärtans vidd. Detsamma gäller för dem, som träffas af den dödande kulan, i det samma som de rusa fram med ett eller annat utrop, såsom vi se af följande, från Selmers nekrologiska samlingar hämtade exempel. En af de unge svenske frivillige, Knut Leijonhufvud, som stupade 1848, »träffades af tre ögonblickligt dödande kulor, en i halsen, en i handen och en i hjärtat, just i det ögonblick, som han uppmuntrade sina soldater att storma fram». — Löjtnant Höyer faller vid Slesvig den minnesvärda påskdagen, träffad af en kula i hufvudet, just som han hade ropat: »framåt, gossar!» — Löjtnant John föll för »en ögonblickligt dödande kula». Löjtnant Bjerregaard träffades i underlifvet af en stor granatskärfva, som »nästan ögonblickligt dödade honom»; han var ett af de första offren för Fredericias bombardemang, och träffades af den exploderande bomben, då han tillfälligtvis uppehöll sig i en port vid gatan. — Då löjtnant Ussing, hvars meddelanden om uppfattningen af striden vi ofvan citerat, träffades af en kula i vänstra sidan af bröstet, »utstötte han en suck och dog». — Om underläkaren Blichfeldt, som träffades i bröstet af en kula, skrifver öfverläkaren Rathje till hans fader: »han lefde sedan blott några minuter, hans död var hastig och lätt, att den var ärofull, behöfver jag ej tillägga». Han träffades i samma ögonblick, som han knäböjde vid sidan af den förste ur slaget förde sårade för att hjälpa honom.

Att också de, som bli sårade utan att dö strax, kunna ha en lätt död, i motsats till hvad vi ofvan sagt angående de sårade på det hela taget, är klart, när de t. ex. falla i vanmakt genom blodförlusten, bedöfvas af chocken eller träffas i hjärnan. Löjtnant Larsen t. ex. segnar ned under en stormning, träffad i pannan af en gevärskula, som trängt in i hjärnan. Förd till lasarettet i Bogense, låg han där i omkring två dygn, innan han för alltid slöt sina ögon. Enligt läkarens utsago kunde han icke känna några smärtor från det ögonblick, då han blef sårad, och tills han dog, eftersom han hela mellantiden var utan medvetande.

Löjtnant Dorn, hvars bref vi ofvan citerat, blef under bombardemanget på Fredericia »den 8 juni kl. 7 på morgonen träffad af en fientlig granat, som krossade hans vänstra fot och sårade honom så svårt i hufvudet, att han samma dags eftermiddag kl. 4 gaf upp andan utan att ha återfått medvetandet».

Jag har anfört så många exempel ur den dock jämförelsevis föga rikhaltiga källa, som Selmers nekrologiska samlingar utgöra, för att visa, huru ofantligt vanligt det är, att denna så godt som ögonblickliga död, som just genom det dramatiska, som är förbundet därmed, ofta gör ett mycket starkt och hemskt intryck på fantasien, alls icke förnimmes af den döende. Också beskrifningarna på de fallnes utseende efter döden tyda på ett lugn och en frid, som bilda en bjärt kontrast mot det ohyggliga tumult, som omger dem. Och dock har just detta gjort sitt till för att mildra deras sista ögonblick.

Att också de *skottsår,* som vid *attentat* träffa helt oväntadt, ofta alls icke kännas af den, som blir utsatt därför, framgår af olika berättelser. Om konung Umberto af Italien heter det i ett telegram från Milano den 29 augusti 1900: »generaladjutant Avogrado, som satt tillsammans med konung Umberto i vagnen, hade, då konungen föll, frågat denne, om han blifvit träffad. Konungen hade svarat: »ja, jag tror det», och dog strax därefter». — Presidenten Lincoln, om hvars mord på teatern vi i bilagan meddela en utförlig berättelse, träffades i nacken af en kula, som gick in i hjärnan. Han blef strax i medvetslöst tillstånd förd till ett rum i ett hus midt emot teatern; här fortsatte han att andas till nästa morgon, då han dog utan att hafva återkommit till medvetande. — Presidenten Mac Kinley, som blifvit träffad af flera skott, var icke säker på, om han blifvit sårad, dock fick han plågas mycket, innan han på 9:de dygnet dog af sina från början lifsfarliga sår. Ännu på 7:de dagen trodde läkarne, att allt var bra, men på aftonen började tillståndet bli oroande, och svagheten ökades allt mera. Den sista bulletinen, kl. $\frac{1}{2}$ 6 em. på 8:de dygnet, visar för den sakkunnige, att allt hopp är ute. Han får nu morfin och ether, men kl. 10 på aftonen förlorar han medvetandet och dör nästa morgon kl. 2 utan att komma till sans igen.

Den tyske skalden Kleist, som skjuter sig tillsammans med Henriette Vogel, anträffas död i en ställning, som tyder på, att han dött mycket hastigt; han ligger på knä framför sin älskades lik.

Vi hafva ofvan upprepade gånger användt uttrycket: ögonblicklig död. Ögonblicklig är emellertid ett relativt begrepp, och möjligheten, att någon af dem, som vi omtalat såsom hastigt döda, dock ha plågats en kort stund, liksom andra sårade kunna plågas länge, är ju icke absolut utesluten.

Att det emellertid finnes några, som *dö ögonblickligt i detta ords egentliga mening*, är säkert bevisadt genom de högst intressanta iakttagelser, som vi nu vilja referera. Som häraf synes, kunna icke blott de, som dö genast af den träffande kulan, utan också de, som länge legat sårade, sålunda skiljas hädan så hastigt »som en blixt».

På slagfälten vid *Beaumont* och *Sedan* såg Dr. Rossbach vid sidan af en stor mängd lik, hvilkas läge icke visade tecken på, att de hade intagit någon särskild ställning i det sista, och hvilkas ansiktsuttryck vittnade om fullständigt lugn och saknade tecken på någon genomgången sinnesrörelse, *ett mindre antal lik, som lågo stelnade i samma ställning, som de i lifstiden hade intagit för ett bestämdt ändamål, och det äfven om denna ställning stred emot tyngdlagarna.* Det var icke blott sådana, som döden hade träffat blixtsnabbt, utan äfven sådana, som dött långsamt och varit förberedda på, att de skulle dö. Rossbach blef så öfverraskad däraf, att han bad andra, däribland också öfverkirurgen Dehler, att konstatera riktigheten af sina iakttagelser.

Mycket påfallande var det, att *några lik visade samma ansiktsuttryck, som de haft i lifvets sista ögonblick.* På höjden vid Floins låg i en lång rad en mängd franska husarer, hvaraf många icke blott visade *dystra och allvarliga ansikten utan också förvridna anletsdrag* (sammandragna ögonbryn, tätt hoppressade läppar m. m.). I dessa fall visade kroppens och benens ställning intet påfallande, oftast voro armar och ben rakt utsträckta, så som man plägar se hos de flesta människor, som dött långsamt af utmattning eller förblödning, och liggande på ett jämnt underlag. Här och där såg man en, som ännu hade sabeln i sin knutna hand. Att döma af såren och andra förhållanden, hade de flesta af dem lefvat från några minuter till timtals, efter det de blifvit sårade.

Man kan naturligtvis icke vänta sig att träffa

ansikten med uttryck af glädje. Rossbach såg dock ett sådant uti en grupp af 6 fransmän, som dödats af en granat på höjden vid Beaumont; *detta ansikte visade ett glädtigt skratt — hufvudskålen var bortsliten af en granatskärfva* (jämför nedan). Maschka och Kussmaul ha (1851 och 1856) förnekat möjligheten af, att tillfälliga ansiktsuttryck, som utvisa starka sinnesrörelser, sålunda kunna bevaras stelnade i dödsögonblicket, men Rossbach, som ju hade rikt tillfälle att anställa jämförelser mellan likens ansiktsuttryck, säger bestämdt, att något misstag icke här är möjligt. De nedan meddelade exemplen visa också, att han har rätt.

Af den ställning, hvari andra lik anträffades, kunde man sluta, att soldaterna dött i ett ögonblick, då åtskilliga muskler varit starkt sammandragna. Man såg lik, som ännu höllo sina vapen krampaktigt fast med händerna, så som de hade användt dem i det sista ögonblicket före sin plötsliga död, eller ock hade de i dödsögonblicket kastat bort vapnet och stelnat i den ställning, som de frivilligt eller ofrivilligt intagit. En fransk infanterist fanns stupad vid Beaumont i samma ögonblick, som han skulle ladda sitt chassepotgevär. Han hade fallit framstupa, men laddningsställningen var fullständigt bibehållen, vänstra handen på gevärspipan, kolfven vriden åt höger och högra handen på hanen.

På den branta bergväg, som från Floins förde till den närliggande höjden, låg en preussisk jägare med geväret fattadt som till stormlöpning.

En fransk husar hade blifvit dödligt sårad samtidigt med sin häst; han hade blifvit kvar i sadeln, då hästen föll med honom, och hans vänstra fot låg under hästen, den högra öfver sadeln.

En tysk soldat låg på höjden vid Beaumont död

på rygg, med armarna sträckta upp mot himmelen. Han hade i dödsögonblicket sträckt armarna afvärjande framåt, fallit baklänges och stelnat i denna ställning. Rossbach gick bort till honom, därför att det på afstånd såg ut, som om det vore en sårad, som vinkade åt honom, liggande på marken.

Vid *Sedan* såg man en häst, hvars halskotpelare blifvit bortsliten af en granat i samma ögonblick, som han gjorde ett språng. Medan alla andra döda hästar lågo med benen raka och utsträckta i rät vinkel mot kroppen, så låg denna i språngställning med krökta framben och bakbenen starkt spända, fastän den fallit på sidan liksom alla de andra hästarna.

Ännu mera i ögonen fallande än dessa så att säga grofva ställningar äro följande exempel, som visa, att fina skiftningar i hållningen kunna bevaras långt efter döden. De ofvan omtalade 6 franska soldaterna, som dödats af en granat, sutto i dödsögonblicket tillsammans i en grop i jorden och åto frukost. Granaten hade först träffat den i midten sittande uti ryggen, spängts inuti hans kropp, som den till stor del slitit sönder och förbränt, så att köttet var förkolnadt, mört och lätt att rifva sönder. Samtidigt hade de 5 andre dödats af granatskärfvorna. En af dem ha vi redan omtalat, hans hufvudskål jämte hjärnan hade slitits bort i samma ögonblick, som han skrattade åt något af kamraternas lustiga infall. Den, som satt bredvid honom, hade fört en tennkopp, som han sirligt höll mellan tummen och pekfingret, till sina läppar; kanten af koppen berörde just underläppen, då granatskärfvan hade slitit bort hela hufvudet och ansiktet med undantag af underkäken. Han var halft sittande, halft liggande. Ingen af alla dessa, som sålunda blifvit dödade på ett ögonblick, hade kunnat ändra ställning, eftersom de sutto så tätt tillsammans i den lilla gropen. Den sist omtalade, som med fritt utstående hand höll koppen upp mot den hufvudlösa underkäken, hade liksom de andre varit död i 24 timmar.

En tysk soldat, som var skjuten i bröstet, hade då han kände döden närma sig, ännu en gång velat se bilden af den, som han hade kär. Han låg vänd på sidan, hvilande på sin tornister, och höll fotografien i den stelnade handen, som hade lyft upp den framför ögat.

En annan hade användt sin tornister som stöd för hufvud och bröst och hade tydligen velat förbinda sitt sår, men låg nu dödsstel med bindan i handen.

Genom att se dessa lik med deras lefvande ställningar och uttryck, som påminde om myten om *Gorgonerhufvudet,* hvars åsyn verkade förstenande, har Rossbach kommit till den öfvertygelsen, att *stelheten har inträdt blixtsnabbt, just på gränsen mellan lifvets sista och dödens första ögonblick, och att denna långvariga stelhet måste vara identisk med dödsstelheten.* Hade den inträdt blott ett ögonblick efter lifvets definitiva slut, så måste de sammandragna musklerna ha slappats i detta ögonblick och lemmarna sjunkit ned enligt tyngdlagen.

Rossbach anför följande af Brinton under nordamerikanska inbördeskriget gjorda iakttagelser. En kavallerist af sydstaternas armé dödades af en kula i samma ögonblick, som han för att fly ville stiga upp på en häst, som ännu var bunden vid en påle. Hans förföljare, som strax kommo till och träffade honom död, trodde först, att han var vid lif, och ropade, att han skulle ge sig. Han stod med vänstra foten i stigbygeln och den högra på marken, vänstra handen höll tygeln och hästmanken, den högra höll karbinen, hvars kolf hvilade mot marken; hans hufvud var vridet öfver högra skuldran, då han i sista ögonblicket hade sett efter fienden, som närmade sig. Det var med möda, att man kunde lossa vänstra handen från manken och den högra från karbinen; då det slutligen lyckades, och mannen låg på marken, bibehöll hans kropp ännu samma stelnade ställning. Hästen, som var vid lif, stod alldeles stilla, fortfarande bunden vid pålen.

Att inga särskilda omständigheter, såsom väderleken eller liknande, spelat någon roll för dödens ögonblickliga inträde, framgår däraf, att enahanda iakttagelser gjorts på olika ställen. Rossbachs observationer äro från Beaumont och Sedan, Brinton's från Amerika, och denne har iakttagit flera fall än det ofvan omtalade. Efter slaget vid *Belmont vid Missouri* 1861 såg han en 40-årig soldat med ett skottsår snedt öfver pannan, liggande död på knä. Den vänstra handen höll han på bössan, hufvudet böjde han och stödde mot en trädstam, käkarna voro hårdt sammanpressade. Efter slaget vid Antiétan 1862 såg Brinton en mängd soldater döda på ett ställe. Många af dem lågo i egendomliga ställningar, några med lyftade armar, andra med benen sträckta upp i vädret, andra åter med kroppen framåtböjd. En 18-årig soldat, som var skjuten i hjärtat, stod med högra handen, som klämde fast om sabeln, lyftad högt öfver hufvudet, och med ett leende i det bleka ansiktet, så att man måste tro, att han i det ögonblick, då döden öfverraskade honom, uppmuntrat sina kamrater till anfall.

Också den död, som förorsakas af en dolkstöt eller liknande, kan vara likaså blixtsnabb. Ombord på ett turkiskt skepp, som tagits af grekerna under frihetskriget, såg Lauvergne chefen för den grekiska expeditionen ligga död på kommandobryggan. En yatagan hade genomborrat hans bröst, i högra handen höll han en laddad pistol, hvars aftryckare hans finger ännu icke hade nått, då han träffades af den dödande stöten. Denne mans ansiktsuttryck var i hög grad kraftigt, han såg nästan ut som lefvande, och hans kamrater ropade också till honom: »hvarför talar du icke?» Under vanliga förhållanden i krig kunna liknande sår, framkallade af bajonetter, ju ha samma effekt.

Ingen kan förklara dessa märkvärdiga förhållanden. På ett slagfält, där läkarne äro så fullt upptagne med att bringa hjälp, är det icke tid till att anställa vetenskapliga undersökningar — om obduktioner för att få sammanhanget klart kan det icke heller bli tal. Brinton tror sig ha iakttagit, att de flesta sådana fall gälla dem, som träffats af skottsår i pannan eller hjärtat. Det finnes säkert anledning att tro, att man i många af dessa fall skulle kunna påvisa, att bestämda delar af förlängda märgen äro träffade — att »lifsknuten» är genomskuren. Men det är likgiltigt, för oss är det mest af vikt att konstatera, att detta dödssätt helt säkert icke förnimmes af den, som det gäller.

Vi sluta härmed vårt försök till skildring af döden i krig. Hvilka fasor, som därmed äro förbundna för den enskilda individen, som deltager däri, hafva vi i korthet sökt framhålla. Kanske den bild af valplatsen vid Beaumont och Sedan, som helt nyss upprullades för oss, är den mest talande. Många af dem, som deltaga i striden, kunna kanske säga med den soldat, som vi ofvan citerat (sid. 374): »Nej, döden på valplatsen är ljus och skön!» Men vi andra, som icke varit med, vi ha svårt för att förstå det, och vi begripa icke, att ännu i denna dag, då upplysning och humanitet äro tidens lösen, det skall vara nödvändigt att förkorta så många unga människors lif.

———————

Om afrättningar.

Sedan äldsta tider har man ansett det för det största straff, som kunde ådömas en förbrytare, att han skulle mista lifvet, men sättet för dödsstraffets verkställande har varit och är ännu mycket olika. Man känner noga till, huru det var därmed hos de gamle romarne (vi citera Tourdes). Medborgarne kunde bli dömda till att strypas, halshuggas med yxa, dränkas eller störtas ned från den Tarpejiska klippan, och det fanns bestämda regler för likens behandling. Slafvarna underkastades tortyr, och många af de från orienten härstammande barbariska straffen infördes i Rom (sålunda dömde Caligula några personer till att bli itusågade). Man uppfann de förskräckligaste kval, som fantasien kan utmåla, dels för att få misstänkta personer att bekänna, dels för att pina den dödsdömde, innan man ändtligen genom att döda honom lät honom få frid. Medeltiden var i synnerhet rik på sådana påfund, och man fortsatte med detta barbari ända in i nyare tiden. Otaliga människor blefvo offer för sina villfarelser. Inkvisitionen bidrog som bekant mycket till att utbreda tortyren, i synnerhet i Spanien (1229 och 1233). Häxor och trollkarlar pinades till döds, och om de öfverlefde tortyren, blefvo de brända. Nicolas Remy förklarade (1595), att han hade dömt öfver 800 trollkarlar till döden, och beklagade, att ett lika stort antal räddat sig genom flykt. Och hvilken mängd människor har ej fått lida döden för sin tro.

Man aktade icke på de röster, som höjde sig häremot. Montaigne fäste förgäfves uppmärksamheten på, att äfven i rättvisans hand allt utöfver döden är rätt och slätt grymhet. Montesquíeu lyckas ícke öfvertyga om, att det vore ett barbariskt tyranni, som utöfvades. Först sent på 1700-talet börjar reaktionen — i Frankrike var det först år 1791, som det utfärdades en lag, att den dödsdömde skulle mista lifvet på det hastigaste och minst plågsamma sätt.

Det ligger utom vår uppgift att närmare ingå på, huru döden inträder under här berörda förhållanden. När vi i bilagan meddela utförliga skildringar af några dödsdömdes tillstånd under de kval, som de måste utstå före sin afrättning, så är det icke så mycket för att ge läsaren ett begrepp om, hvad de fått lida, som för att kasta ljus öfver deras sinnestillstånd före döden. Vi ha redan förut (se sid. 38) berört denna fråga beträffande några personer, och läsaren kan själf draga sina slutsatser genom att läsa berättelserna därom. Hvilket gräsligt skådespel har icke den stora mängden af nyfikna fått bevittna, då François Ravaillac, som mördat Henrik IV, och Damiens, som gjort mordförsök mot Ludvig XV, brändes och pinades på olika sätt på afrättningsplatsen för att tvingas till att angifva sina medbrottslingar, innan man söker sönderslita dem mellan hästar. Hvilken skillnad på deras uppträdande! Med hvilken egendomlig nyfikenhet betraktar icke Damiens de sår, som nyligen afpressat honom hjärtskärande skrik! Hvilken märklig skillnad på sinnestillståndet hos Fieschi, som med tillhjälp af en helvetesmaskin gjort attentat mot Ludvig Philip, och hans medbrottslingar Morey och Pepin. Och Alibaud sedan, som omkring ett år efteråt söker att döda Ludvig Philip, »icke för att döda en människa utan för att döda en princip». Han vill icke efterapa Fieschi, utan blott skrifva några rader, »ett farväl till min fader», men uppger det strax af fruktan, att denne skall gömma

hans bref och läsa det gång på gång, »och det kunde
då bli en påminnelse, som skulle döda honom».
Hvilken underlig blandning af fruktan, som gör håret
hvitt, och fåfänga, att hennes hår ej skall komma i
olag, jämte många andra känslor se vi ej hos den
stackars bondhustrun Elssmann, som skall afrättas,
därför att hon kastat sin lille gosse i vattnet.

Alla dessa berättelser kasta som sagdt ett ofta
högst egendomligt ljus öfver den dödsdömdes sinnes-
tillstånd, kort innan han står inför afgörandets ögon-
blick. Vi ha i vårt kapitel om hängning talat om
paret Manning (se sid. 338) — äfven här är det
fråga om en förbrytelse, som skall försonas. Gemen-
samt för alla dessa berättelser är den kontrast de
bilda mot dem, som vi i bilagan anfört beträffande
de män och kvinnor, som blifvit dömda till döden,
därför att de ifrigt velat försvara sin tro. I kapitlet
om människors tankar om och fruktan för döden ha
vi redan nämnt Huss, Savonarola, markisen af Argyle
och ärkebiskopen af Warriston. Vi hänvisa här
ytterligare till våra kapitel om hängning och förbrän-
ning, vidare till Struensee och Brandt, lord Russel,
lord Balmerino, hertigen af Somerset, som stillar
uppror, då han står på schavotten, earlen af Staf-
ford, sir Walter Raleighe, som med likgiltighet lägger
sitt hufvud på stupstocken, sir Thomas Moore, den
mycket allvarlige mannen, som alltid haft en naturlig
humor, hvilken icke heller förnekar sig i hans
sista stund, hertigen af Monmouth, som uppspåras
af blodhundar, gripes och måste dö på schavotten,
där han varnar bödeln för att begå samma fel, som
då han halshögg lord Russel, men som därigenom
blott skrämmer bödeln, så att denne hugger miste
flera gånger och är nära att uppge försöket att skilja
hans hufvud från kroppen, samt till sist Carl I, som

visar så stort deltagande för sina barn, och för hvars
hela uppträdande man måste hysa stor aktning.

Alla dessa män visa prof på lugn och fatt-
ning, och gå döden till mötes med godt samvete.
Rörande är det att läsa om Maria Stuart, Anna
Boleyn och Jane Grey. Man kan förstå, hvilket
intryck det har måst göra på dem, som voro i deras
närhet, att se dem lida döden. Maria Stuarts upp-
höjda lugn måste ha bragt alla närvarande till att
bäfva, Anna Boleyn har så godt samvete, att hon
till och med kan skämta, då hon talar om bödelns
skicklighet, Jane Grey måste, då hon föres till scha-
votten, se sin mans döda kropp bäras sig förbi.
Läsaren bör icke underlåta att taga kännedom om
dessa skildringar; man måste förvånas däröfver, och
man kan icke annat än med en viss oro fråga sig
själf, om icke alla dessa oskyldigt dömda också ha
haft mycket att lida vid sin död. För fantasien står
död genom halshuggning som ett så plågsamt och
ohyggligt dödssätt, att man icke kan annat än be-
klaga till och med den värste förbrytare, som på så
vis aflifvas — detta kanske dock mest därför, att
man vet, att han måste lida mycket vid tanken på
att få mista lifvet som straff för, hvad han begått,
en tanke, som kanske först bragt honom till att rätt
förstå, hvad han har förbrutit.

Det är väl liknande betraktelser, som rört sig
hos dem, hvilka uttalat sig mot tortyr före döden.
Det finnes berättelser om, att halshuggning med bila
eller svärd icke alltid med ett hugg utsläckt lifvet,
hvilka väckt medlidande. Maria Stuart fick tvenne
hugg, lord Russel likaså, och hertigen af Monmouth
blef dödad först vid det fjärde hugget. Dessa ha
säkert fått lida mycket genom de fåfänga försöken,
ty de voro icke, såsom bödlar säga, att förhållandet

är med de flesta förbrytare, så godt som döda af förskräckelse, då deras hufvud låg på stupstocken. Det är icke underligt, att af människovänlighet det förslaget framkommit, att halshuggning borde försiggå med tillhjälp af en maskin. Det var en läkare, Guillotin, som uppfann en maskin, som på ett ögonblick förmådde att på ett säkert sätt skilja hufvudet från kroppen, och det var en mycket berömd fransk kirurg, Louis, som förbättrade maskinen. Guillotin förelade sin plan för konstituerande församlingen den 10 december 1789, och den 14 december, innan maskinen ännu var konstruerad, hade den fått det namn, som hela världen nu känner, *Guillotinen*. Den blef nu förfärdigad och förbättrad af Louis, som dock icke fick upplefva de politiska exekutioner, som gjort den så sorgligt ryktbar. Louis dog den 25 april 1792, och den första politiska afrättningen ägde rum den 21 augusti 1792. Guillotin, som dog först år 1814 vid 66 års ålder, och som själf med nöd undgick att bli dess offer, upplefde däremot att få se, hvad den förmådde uträtta.

Den 20 mars 1792 beslöts det i lagstiftande församlingen, att guillotinen skulle användas. Den 27 maj brukades den för första gången till en förbrytares afrättning, och samtida tidningar berömde mycket dess verkan. Den 21 augusti 1792 utfördes den första politiska exekutionen på Sieur Danglemont, som blifvit sedd bland folkets fiender den 10 augusti. Snart efteråt blefvo 25 andra dömda till döden, därför att de deltagit i förbrytelserna den 10 augusti; man hade nu lärt känna guillotinens snabba verkan, och det är knappast tvifvel om, att detta bidragit till, att man dödsdömde så många.

Som belysande exempel på, huru hastigt döden inträder, kan anföras (efter Lauvergne), att ett af

offren år 1793 dog, i det han ropade: »vive le r..!»
Hans död var så hastig, att ordet roi ej blef färdigt.
En förbrytare sade: »je m'apelle Rognon et je suis
ro...» äfven hans »jag» afklipptes midt i ett ord.
Kanske tala följande siffror ännu bättre för, huru
hastig döden kan blifva. I oktober 1792 blefvo de
21 Girondisterna halshuggna på 31 minuter, seder-
mera blef en samling af 62 offer guillotinerade på
45 minuter. Under tiden från 7 april 1793 till 28
juli 1794 afrättades offentligen i Paris 2,625 personer.

Det var till stor sorg för Guillotin, att hans
namn blef knutet vid detta mordiska instrument, och
säkerligen ökades hans sorg, då man efter 1793,
när sinnena lugnat sig något, började att tvifla på,
huruvida alla de oskyldiga offren, som dött så
hastigt, dock icke plågats mycket, och om ej hufvudet
en viss tid bevarade medvetandet om det förskräckliga
ögonblicket. Denna tanke grep hastigt allas sinnen,
och det blef snart den allmänna meningen, att det
afhuggna hufvudet kunde både känna och tänka.
Man hade ju sett Charlotte Corday's ansikte rodna
af blygsel öfver den förnärmelse, som tillfogades
henne, då bödelsknekten slog hennes afhuggna huf-
vud på kinden. Man hade sett afhuggna hufvuden
bita hvarandra i dödskampen. Och Guillotins sorg-
liga tankar fingo näring af, att äfven läkare började
skrifva om samma ämne, om att hufvudet bevarade
sin känsel och kände smärtor efter halshuggningen,
att medvetande ännu funnes kvar i det afhuggna
hufvudet. En berömd tysk läkare, Sömmering,
skrifver ett bref därom .1793. Den tyske läkaren
Wedekind har med rätta förebrått Ölsner, som offent-
liggör detta bref, för öfrigt först efter den 10 Ther-
midor, att det kommit fram i dagspressen, han an-
griper Sömmering, Ölsner och den franske läkaren

Sue, som delar deras åsikter. Andra, hvaribland särskildt böra framhållas Cabanis och Leocillé, berömde franske vetenskapsmän, visa också det ohållbara uti, att medvetandet icke skulle vara tillintetgjordt i det afhuggna hufvudet, kort sagdt, det uppstod en liflig diskussion om frågan. Och på hvad grund? Jo, därför att man sagt, att Charlotte Corday's ansikte hade rodnat, när bödeln slog det afhuggna hufvudet på kinden. Ingen af dem som deltogo i diskussionen, hade någonsin öfvervarit en afrättning.

Frågan är i och för sig så viktig, att man förstår, att studiet däraf icke uppgifves. Det finnes ju emellanåt tillfälle att iakttaga förbrytares afrättning, hvartill komma iakttagelser på djur. I början studerade man väsentligen elektricitetens verkningar på hufvudet och kroppen, sedermera, omkring 1830, upptogs ämnet ånyo. Det är samma förhållande som med frågan om skendöd; emellanåt blossar intresset upp — och sätter allmänhetens fantasi i rörelse. Mojore, som sett en förbrytare afrättas, berättar, att denne utfört frivilliga rörelser med ögonen. Andra berättelser — och de gamla i förnyad gestalt, däribland de mer eller mindre apokryfiska memoirer, som tillskrifvas den gamle Sanson, bödeln under skräckväldet — gå ut på, att det afhuggna hufvudet icke blott visar tecken på smärta, hvilket man kan se på ögonens rörelser, utan det vill tala, vill säga, hvad det lider, såsom man kan se däraf, att det rör läpparna, och att munnen öppnas och slutes.

Omsider gjordes på allvar verkligt pålitliga, vetenskapliga undersökningar af läkare. Den första noggranna iakttagelsen är ifrån 1834, då Bonnafont såg två araber, som afrättades, och studerade deras hufvuden omedelbart därefter. År 1862 berättar Mougeot om förbrytaren Lacenaire, som i fängelset öfverenskommer med läkaren och filosofen G., att om han har medvetande, sedan hans hufvud blifvit afhugget, skall han hålla högra ögat öppet och sluta det vänstra — och undersökningen får det resultat, att det icke finnes något lifstecken hos Lacenaire, då hans hufvud fallit på schavotten. Andra studera frågan om de olika organens och väfnadernas förhållande efter afrättningen, särskildt hjärtats fortsatta verksamhet. Viktigast äro de iakttagelser, vid hvilka man har observerat hufvudet och kroppen snarast möjligt efter halshuggningen, särskildt de som utförts af Wendt, Klein, Bonnafont, Holmgren, Petitgand och Regnard tillsammans med Loye. Hvarför nämna alla dessa mäns namn i en bok som denna? Därför att det är män, som icke skytt alla de sinnesrörelser, som en sådan undersökning gifvetvis måste medföra, därför att desse män så väsentligt bidragit till att kasta ljus öfver frågan om lif och död. Loye, från hvilken vi hämta de flesta af våra meddelanden här, ger en god skildring af, svårigheterna att göra observationer, när man är i det upprörda tillstånd, som man då icke kan frigöra sig från. Han trodde, att han, som gjort en hel del försök på djur, skulle vara härdad genom de sinnesrörelser, han genomgått. Han skulle nog kunna tåla att se en förbrytare halshuggas, och detta var ju till på köpet den, som mördat flera anhöriga till hans kollega Regnard. Det var icke tal om, att han vågade lita på sina iakttagelser af ansiktsuttrycket under afrättningen, han trodde, att de få sekunder, som den varade, voro minst 5 minuter — alldeles som man felbedömer den gångna tiden, när man ser någon drunkna. Redan dessa anmärkningar visa, huru liten tilltro man kan hysa till åskådarnes berättelser. Då Loye senare öfvervar en annan afrättning, vid hvilken han hade det afhuggna hufvudet i sina händer två sekunder efteråt, var han alldeles lugn. Han såg ett ansikte med samma färg, som den olycklige hade haft, då hans hufvud anbragtes i guillotinen, men i stället för det lugna och leende uttryck, som det förut hade visat, voro dragen som hos en sofvande, och man såg inga rörelser. Den andre, ofvan omtalade förbrytaren, som före afrätt-ningen hade haft ett förfärligt uttryck, och hvars hufvud observerades en minut efter afrättningen, såg också ut, som om han sof lugnt och stilla. Dessa två iakttagelser jämte fem, gjorda af pro-fessor Holmgren, hvilken också första gången var för upprörd för att kunna göra så noggranna observa-tioner, som han haft för afsikt, äro öfver hufvud de pålitligaste, som finnas. Af dessa, sammanställda med resultatet af andra studier och försök på djur, är det, som man kan draga bestämda slutsatser, hvilka i flera hänseenden hafva en ofantligt stor be-tydelse. Vi vilja här blott i korthet beröra hufvud-punkterna och hänvisa dem af våra läsare, som närmare önska lära känna detaljerna, till arbeten af Loye, Tourdes och Holmgren.

När hufvudet skiljes från kroppen genom ett hugg, antingen det är med en bila, ett svärd eller en maskin, som guillotinen, så uppstår en ofantlig blodförlust såväl från hufvudet som från kroppen. Vi veta, att ett hufvud, en hjärna, som mister blod, också förlorar medvetandet, såsom fallet är vid svim-ningen (se sid. 56). Det blod, som blir kvar i hjär-nan, kan ju icke förnyas, dels kommer ju intet nytt blod dit, efter som halspulsådrorna äro afskurna, dels kan det ju icke försiggå någon omsättning i det blod, som blifvit kvar i hjärnan, ty andningen skulle ju ej, äfven om den fortsatte, kunna verka, då strupen är genomskuren. Följden måste bli den, att det blod, som efter halshuggningen kvarstannat i hjärnan, blir mörkt, venöst och asfyktiskt, men vid asfyxi (se sid. 96) går ju medvetandet förloradt. Utom de förändringar, som alltså bero på blodförlusten och andningens upphörande, föranleder halshuggningen ännu en annan förändring, som också orsakar förlust af medvetandet, och det är genomskärningen af halsmärgen och dess rötter, hvarigenom åstadkommes hvad man kallar chock eller kollaps. Här finnas således tre goda anledningar till, att den halshuggne strax förlorar medvetandet, och att hans hjärna ej kan fungera — och denna förlust af medvetandet inträder i samma ögonblick, som hufvudet faller.

Hvad kan det då vara, som ligger till grund för de uppgifter, hvilka så satte sinnena i uppror, att nämligen det halshuggna hufvudet skulle känna smärtor och vilja tala, kort sagdt ha medvetande. Det är den omständigheten, att man stundom kan få se, att hufvudet ej är alldeles stilla, att ögonen verkligen röra sig en eller två gånger, att läpparna röras och munnen öppnas och slutes några gånger för att inom kort bli fullständigt orörlig. Vi vilja strax betona, att på dem, där man ser sådana rörelser, är dock strax efter halshuggningen ansiktet fullkomligt stilla en stund, och i de fall, där man icke ser några rörelser, utan ansiktet hela tiden förhåller sig lugnt, där äro dess muskler sammandragna. Försök på djur, hos hvilka man också får se sådana rörelser efter halshuggning, hafva visat, att det icke kan vara tal om, att dessa rörelser äro medvetna, ty djuren ha varit så djupt bedöfvade, att det ej kan vara fråga om medvetande, utan det är blott så kallade reflexrörelser. Försöken hafva ytterligare visat, att de rörelser, som ansiktet utför, representera andningsrörelser. Men hvarför uppträda då dessa? Därför att blodet är asfyktiskt, och som man vet retar sådant blod till rörelser, till och med till muskelkramp. Många vilja däraf sluta, att djuret således efter halshuggningen ännu en viss tid kan tänka, känna och vilja, ty det känner behof att draga andan, och gör därför de omtalade rörelserna med ansiktsmusklerna. Det är emellertid bevisadt, dels genom experiment, dels genom iakttagelse af, huru människor dö af skador på halsmärgen, att man, då denna är förstörd, absolut förlorar medvetande och vilja. Läsaren torde erinra sig, att lifsknuten ligger här uti halsmärgen, just på det ställe, som träffas vid halshuggningen. Denna föranleder en väldig irritation å halsmärgen, hvilken utbreder sig till hjärnbarkens celler, där medvetandet har sitt säte, med det resultat, att detsamma slocknar. Då de omtalade cellerna äfvenledes behärska de frivilliga rörelserna och reglera känseln, så bli också dessa funktioner upphäfda. Att det verkligen förhåller sig så, är bevisadt därigenom, att vissa olikheter mellan djur och människor i hufvudets och kroppens förhållanden efter halshuggning utjämnas, när snittet blir alldeles lika hos båda, d. v. s. när det träffar det parti, hvari lifsknuten sitter. De dö under sådana förhållanden ögonblickligen, genom s. k. inhibition (jämför sid. 333).

Man kan sålunda vara öfvertygad om, att äfven om det iakttages rörelser af det halshuggna hufvudets ögon, läppar och mun, hvilket för öfrigt ingalunda alltid är fallet, så är det icke därför, att hufvudet har medvetande. Vi vilja anföra några exempel, som belysa dessa frågor. Vi kunna fullt lita på ett af de äldsta fallen, meddeladt af Aristoteles, som berättar, att en präst hade blifvit mördad, så att hans hufvud var skildt från kroppen, och att någon påstod, att man hört hufvudet säga: »Cercidas har dödat mig». Man eftersökte, om det i grannskapet fanns någon man med detta namn, och upptäckte en Cercidas, som blef gripen, förd inför domaren, öfverbevisad och dömd. — Det finnes äfven andra legender om hufvuden, som talat, t. ex. fortsatt en påbörjad bön.

Är nu detta möjligt? Vi låta Aristoteles svara därpå. Som vi se af berättelsen i bilagan, afvisar han spörsmålet med anledning af historien om Cercidas; ingen kan tala, när hufvudet är skildt från kroppen, ty stämman frambringas genom luftens rörelse från lungorna. Luften går upp genom luftröret, och är detta genomskuret, så kan hufvudet icke tala, dessutom har man aldrig hört djur skrika, sedan hufvudet är afskuret. — Vi rekommendera läsaren Aristoteles' öfriga anmärkningar, i det vi erinra om, att han skrifver i 4:de århundradet före Kristi födelse. Det är också intressant att se, att hela historien om, att afhuggna hufvuden kunna tala, kanske härleder sig från Homerus, som Aristoteles citerar.

Det är icke heller många, som hållit på, att det afskurna hufvudet skulle kunna tala, men att det bevarade medvetandet, trodde man sig se däraf, att läpparna röra sig. Maria Stuarts hufvud rörde på läpparna, hon fortsatte den bön, som hon bad, när bilan föll; så kunna dessa, som vi veta, medvetslösa rörelser af läpparna blifva misstydda. Ingen af alla dem, som skrifvit om medvetandets kvarblifvande, har iakttagit förhållandena vid en afrättning. De, som gjort detta, hafva oftast fått se ett alldeles lugnt ansikte, äfven om det omedelbart före afrättningen visade en förskräcklig anblick. De, som iakttagit rörelser, däribland Holmgren, ha icke däruti kunnat se

något tecken på bibehållet medvetande. Bödlarne, som
Loye och andra talat med om denna fråga, säga, att
döden är ögonblicklig. Vi hänvisa också till, hvad
vi ofvan berättat om Lacenaire, hvilken icke kunde-
hålla ett före afrättningen gifvet löfte, som skulle
visa, att hans hufvud hade bevarat medvetandet.
Jag fogar härtill en berättelse, som väl icke får anses
som pålitlig, men dock förefaller mig vara af så
mycket intresse, att jag icke vill förbigå den. Det
är den i bilagan (se *sagor*) utförligt meddelade be-
rättelsen om *Jomsvikingarne,* som halshöggos inför
Hakon Jarls ögon. De hade ofta sinsemellan talat
om, huruvida den, hvars hufvud blir hastigt afhugget,
har något medvetande, sedan hufvudet är fallet.
»Jag håller i en knif, och jag skall visa fram den,
om jag har något medvetande, annars skall den falla
ned», säger en. Knifven föll.

Men är medvetandet borta, hvarför uppträda då
just dessa rörelser, som måste uppfattas som and-
ningsrörelser, och icke någon gång helt andra så-
dana? Det är ju krampaktiga rörelser i musklerna,
orsakade af, att blodet är asfyktiskt, reflexrörelser
således. Hvarför komma de då icke i andra musk-
ler än andningsmusklerna? Svaret därpå är icke så
lätt att gifva. Vi kunna icke finna förklaringen i
arten af det instrument, hvarmed döden verkställts,
eller uti att det ena eller andra stället blifvit träffadt,
icke heller uti om det är en ung eller gammal person,
som blifvit halshuggen, eller om han varit lugn,
förtviflad eller halfdöd af förskräckelse. Vi kunna
invända, att ögonen ju också stundom röra sig, och
det har ju icke något med andningen att göra,
att det vidare kanske är därför, som läpp- och käk-
musklerna oftast röra sig, att de ju mest användas
under lifvet och sålunda kunna antagas sist mista

sin inneboende kontraktionsförmåga, medan de öfriga, mindre brukade musklerna strax bli dödsstela. Men detta är ju blott lösliga och dåliga förklaringar eller försök därtill. Det förefaller mig, som om den omständigheten, att rörelserna många gånger utebli hos det afhuggna hufvudet, kan tala för den förklaringen, att det beror på, huruvida den, som halshugges, just i det ögonblick, då halsen genomskäres, har börjat eller varit midt uti ett andetag. Döden inträder ju ögonblickligt, det kan icke vara medvetandet, som fortsätter inandningen, men däremot kan man tänka sig, att det är fortsättningen af en påbörjad sammandragning i musklerna. De äro försatta i verksamhet, innan lifvet afklippes, och kunna icke hejda den en gång påbörjade sammandragningen. Detta är i och för sig ganska naturligt, och man har, som vi skola se, många exempel på, att muskler fortsätta att sammandraga sig, sedan lifvet säkert är utslocknadt.

Men om denna förklaring är antaglig, måste man fråga sig, hvarför då dessa andningsrörelser icke inträda omedelbart utan först någon tid efter, sedan hufvudet fallit. Svaret därpå skulle kunna vara, att det är en allmänt känd sak, att den första effekten af en mycket stark inverkan på nervsystemet ofta är en slapphet, och först senare kommer reaktionen, liksom också fallet är vid starka sinnesrörelser. Vid halshuggningen påverkas ju halsmärgen och nerverna synnerligen starkt, och det är just fråga om den del af halsmärgen, hvari »lifsknuten», andningens centrum, har sitt säte. Om detta antagande är riktigt, måste man ju också vänta sig att finna tecken till andningsrörelser i den från hufvudet skilda kroppen. Detta kan man nu icke påvisa hos människor, ty det är omöjligt att före afrättningen anbringa på bröstet sådana apparater, som skulle utvisa det. Dock är det sannolikt fallet, ty Loye har genom sina försök på djur visat, att i samma ögonblick, som hufvudet skiljes från kroppen, sker samma rörelse af bröstets muskler som vid en djup inandning. Denne rörelse beror på den starka påverkan på halsmärgen, i det knifven genomskär densamma.

Denna »ansiktsandning», som den kallas af Holmgren, är alltså säkerligen icke ett uttryck för medvetande i det afhuggna hufvudet. Det är rörelser, som fysiologerna känna väl till, och som inställa sig för hvarje gång, när »Flourens' lifsknut» utsättes för en retning, starkare än den normala. Vi draga andan automatiskt utan att låta vår vilja vara verksam, och vi tvingas därtill, äfven om vi söka att låta bli, ty ingen kan kväfva sig själf genom att hålla andan. Vid blodförlust och vid ansamling af mörkt blod i halsmärgen ser man alldeles samma tecken på »ansiktsrespiration».

Men hvarför röra sig ögonen i enstaka fall? I och för sig kan den omständigheten, att ögonen röra sig, ju som sagdt anföras till stöd för uppfattningen, att hufvudet icke medvetet utför andningsrörelser, och däraf kan man återigen sluta, att också ögonens rörelser blott äro reflexrörelser, och således omedvetna. I ett af Holmgren iakttaget fall kunde han se, att delinkventen, som icke hade ögonen förbundna, höll dem öppna, medan hans hufvud låg på stupstocken, och att han, såvidt Holmgren kunde se, mottog dödshugget bokstafligen utan att blinka. Hos alla halshuggna, som ju bruka ha bindel för ögonen, stå dessa öppna uti det afhuggna hufvudet. Det är möjligt, att de hålla ögonen öppna under bindeln, och att kanske denna omständighet inverkar på, att det efteråt kan uppträda rörelser af ögonen — som fortsättning på en före halshuggningen börjad rörelse — i analogi med, hvad vi tänkt oss om orsaken till andningsrörelserna. För öfrigt stå ju ögonen öppna hos alla döende, och då är det ju förklarligt, att *alla* halshuggna hafva ögonen öppna.

I hvarje fall är det säkert, att ögonens rörelser icke äro något uttryck för medvetande i det afhuggna hufvudet. Af alla de försök, som gjorts af fysiologerna, och här nämna vi särskildt Holmgren, framgår det, att skulle det vara tal om bibehållet medvetande i det afhuggna hufvudet, så skulle det icke kunna vara längre än en tiondedels sekund efter hugget. Medvetandet försvinner vid halshuggning så hastigt, att hufvudet själf icke kan uppfatta någon smärta, med andra ord, man kommer, som Holmgren säger, hur man än vänder och vrider på frågan, till det resultatet, att allt förnuftigt teoritiserande och all erfarenhet måste leda till den öfvertygelsen, att medvetandet försvinner ögonblickligt, och att således döden vid halshuggning är alldeles smärtfri — ett slags tröst, när man tänker på, huru många olyckliga, som fått lida denna död. Hvarför rodnade då Charlotte Corday's afhuggna hufvud, när bödeln slog det på kinden? Berättelsen om den modiga unga kvinnans sista ögonblick visar detta. Hennes jungfruliga blygsel, då bödeln tog bort hennes halsduk, bragte blodet att strömma till hennes ansikte, och denna rodnad fanns ännu kvar, då hennes hufvud visades för folket.

Fastän döden genom halshuggning ju är ett enastående dödssätt, och resultatet af de undersökningar, som den kan ge anledning till, alltså icke äro allmängiltiga, så är det dock klart, att man icke vid någon annan form af död sett sig i stånd att göra sådana erfarenheter om organens och väfnadernas tillstånd efter döden som just här. Fysiologerna och anatomerna hafva också med ifver sökt att draga lärdomar däraf, då de fått liken till undersökning några få sekunder, efter sedan döden inträdt. De ha då sett en mängd olika tecken på, att lif funnes kvar. Ingen kan ju ett ögonblick tvifla på, att den är död, hvilkens hufvud är afhugget — och dock finnes det lif i den döda kroppen. Hjärtat slår, och musklerna kunna verka. Liksom det finnes många berättelser om tecken på fortsatt lif i hufvudet, så finnes det också sådana om den hufvudlösa kroppen, att den rest sig och gått några steg eller, som en martyr i Bologna, till och med burit sitt afhuggna hufvud bort till det ställe, där sedermera en kyrka restes till hans minne. Det är egentligen icke så underligt, att sådana fabler ha berättats, ty man kan ju få se höns och änder, med afskurna hufvuden, springa, slå med vingarna o. s. v., och det finnes en trovärdig berättelse om, att kejsar Commodus roade sig med att skjuta med pilar på de strutsar, som sprungo i cirkus, och att man såg dem fortsätta att springa, äfven om hufvudet var borta. Det är reflexrörelser, d. v. s. för djuret omedvetna rörelser, som betinga detta, och man kan måhända i dessa förhållanden se en bekräftelse på det antagandet, att vanan spelar en stor roll, liksom vi ha förmodat beträffande »ansiktsandningen» efter halshuggning. Musklerna äro före döden i gång med att utföra en rörelse och fortsätta sitt arbete en tid efter döden. Hos lägre stående, kallblodiga djur kan man framkalla reflexrörelser mycket länge, sedan hufvudet borttagits; om man kniper en hufvudlös groda litet i foten, så får man se hela benet sammandraga sig. Ingen kan dock tro, att detta är ett tecken på, att grodan känner smärta och med vilja drar benet åt sig. Men utom sådana reflexrörelser visa musklerna också rörelser, som äro sammandragningar af deras fibrer, utan att nervledningen har något därmed att göra (idiopatiska kontraktioner). Också dessa rörelser äro ägnade att skapa fabler om kvarvarande lif. Robin strök med en knif öfver bröstet på en halshuggen omkring en timme efter afrättningen, och såg då den högra armen, som låg utsträckt, draga sig samman, så att det såg ut, som om den döde ville försvara sig.

Holmgren har sett, att ett slag med en käpp på armens böjmuskel ännu 3 timmar efter afrättningen framkallade en ansvällning (d. v. s. sammandragning) af muskeln, och armen blef då böjd så, att handen fördes upp mot det ställe, där hufvudet förut suttit, för att sedan långsamt sjunka tillbaka. Det finnes många andra förhållanden, som visa, att musklerna kunna sammandraga sig långt efter döden, och det oberoende af de nerver, som röra dem, ty dessa muskelsammandragningar visa sig ännu, då man ej längre kan framkalla dem genom elektricitetens inverkan på nerverna. Jag har själf en gång sett det egendomliga förhållandet, att en del muskelfibrer, som hängde vid undre ytan af en genom operation borttagen svulst, alltså ett stycke af en muskel, som var afskuret från förbindelsen med den från ryggmärgen kommande nerven, rörde sig en lång stund, alldeles som de varit lefvande, och sammandrogo sig rytmiskt.

Som sagdt, dessa muskelsammandragningar, som Robin tog för reflexrörelser, äro något, som tillhör muskeln som sådan. De visa, att det finnes lif i muskeln långt efter döden, och icke blott långt sedan individen som sådan är död, utan också långt efter det halsmärgen och nervstammarna äro döda. Man kan nämligen genom elektrisk retning af nervstammarna få musklerna att sammandraga sig, sedan döden inträdt. Ett af de sätt, hvarpå man under vissa förhållanden, t. ex. vid upplifningsförsök på drunknade, söker att återkalla lifvet, är just genom att reta de nerver (n. phrenici), som röra andningsmusklerna. Hvarje läkare vet, att man, sedan döden definitivt inträdt, ännu någon tid kan på detta sätt framkalla (artificiell) andning — och man drar sig för att upphöra med dessa försök, äfven om man vet, att döden har inträdt, ty man tycker, att det måste finnas möjlighet att framkalla naturlig andning så länge, som man kan få musklerna att röra sig. Men hvarje läkare vet också, att detta icke alltid lyckas, ty dödens öfriga säkra kännetecken finnas. Så upphör också elektriciteten att visa sig verksam, men ännu kan man få den enstaka muskeln att sammandraga sig genom att låta elektriciteten verka på själfva muskelfibrerna. Alltså, muskeln dör senare än nerven.

Den halshuggne företer icke några sådana rörelser, som man ser hos fåglar, hans kropp ligger stilla, såsom fallet var i de 7 bäst iakttagna fallen (af Holmgren och Loye). Den, som halshugges med svärd i upprätt ställning, kan dö så hastigt, att kroppen förblir stående ett ögonblick utan att falla. Så var t. ex. förhållandet med Marie Madeleine de Brinvilliers, som vi talat om i kapitlet om förgiftningar (se sid. 315), och hvars afrättning Funch-Brentano detaljeradt beskrifver. Men som regel faller kroppen liflös ned — och dock finnes det lif i likets muskler.

Liksom det är med denna nervernas och musklernas gradvisa död, så är det med alla öfriga organ och väfnader. De dö efter hand, sedan personligheten, »jaget» förut är dödt. Vi ha redan tidigare i korthet omtalat dessa förhållanden (se sid. 16).

Härigenom kastas ju ett egendomligt ljus öfver spörsmålet: när är en människa död? Mest öfverraskande i detta afseende är dock hjärtats förhållande. Det är ju säkert, att när hjärtat icke mera kan slå, så måste man dö, men högst egendomligt är ju, att hjärtat kan slå, sedan man är död. Vi återupprepa det, ingen kan väl vara i tvifvel om, att den, som är halshuggen, också är död, men ser man efter på liket, så finner man, att hjärtat slår, såsom det många gånger är konstateradt. Äfven om lefvern, matsmältningsorganen, mellangärdet, ja själfva lungorna borttagas, så fortsätter hjärtat att slå. Och det kan röra sig länge, efter sedan hufvudet fallit, enligt en iakttagelse af Loye en timme efter döden. Hos djur iakttar man samma fenomen, man kan till och med få se ett grodhjärta slå regelbundet, då man har det i handen, och det således alls icke har någon förbindelse med den öfriga organismen. Men ingen kan dock tro, att den halshuggne lefver och har medvetande, därför att hjärtat slår i hans bröst. I mycket sällsynta fall har man tillfälle att iakttaga, att hjärtat kan slå länge, sedan pulsen upphört. Den observation, som vi anföra i bilagan under rubriken kloroformdöd, visar åtskilliga förhållanden, som ge oss mycket att tänka på. I 8 timmar ligger en ung man alldeles medvetslös, hans »jag» existerar icke och vaknar icke mera till medvetande, och dock ser man hans hjärta, till största delen utan hjälp af konstlade medel, fortsätta att slå kraftigt och regelbundet. Han ser ut som en sofvande, kinderna äro röda, men han andas icke, hans temperatur sjunker gradvis — blott hjärtats slag vittna om lif. Men så kommer det en plötslig färgförändring i hans ansikte i samma ögonblick, som hjärtats slag stanna — han är död. »Cor ultimum moriens!»

Efter allt, hvad man vet, är det intet tvifvel därom, att halshuggning, förutsatt att den sker säkert, såsom fallet är, när den utföres med guillotin, är en mycket hastig och smärtfri död, som ögonblickligt beröfvar människan medvetandet. Man har tviflat därpå och har i Amerika velat använda elektricitet vid afrättningar i den tro, att det skulle vara säkrare och smärtfriare än halshuggning, detta med stöd af hvad man vet om blixtens dödande inverkan (se sid. 288), men liksom denna verkar högst olika på olika individer, så är det också med den genom maskiner frambragta elektriciteten. Man är icke tillräckligt förtrogen med elektricitetens verkningar för att kunna vara säker på, att döden i detta ords vanliga mening, personlighetens, medvetandets förintande, inträder lika ögonblickligt och säkert, som fallet är, när man skiljer hufvudet från kroppen och därmed afskär all blodtillförsel till hjärnan, medvetandets säte.

Smärtan, som den lider, hvilken skall halshuggas, är af psykisk, moralisk art. Som vi upprepade gånger framhållit, är en sådan ofta långt pinsammare än en kroppslig smärta.

Om död genom vulkaniska utbrott, jordbäfningar och andra naturrevolutioner.

För att kunna sätta sig in uti deras dödssätt, som bli offer för vulkaniska utbrott, jordbäfningar och dylikt, är det nödvändigt att i korthet ge en framställning af hvad, som under sådana förhållanden försiggår.

Det finnes ännu många vulkaner i verksamhet; efter en förteckning från 1865 är det af de 672 vulkaner, som man känner till, ännu 270, som stundom visa sin ödeläggande kraft. Enligt en sammanställning af Kluge från 1862 känner man genom noggrannare beskrifning inalles 1,297 vulkaniska utbrott, på 348 olika ställen. Till år 1700 kände man blott 368 utbrott, alla de andra hafva iakttagits under 18:de och 19:de århundradena. Det är mycket intressant att se, när man läser ett modernt arbete om vulkaner, t. ex. Fuchs', som vi här mest citera, att beskrifningarna från äldsta tider alldeles öfverensstämma med de nyare observationerna. Man får det intrycket, att det är ett af de få förhållanden, som icke förändrat sig under tidernas lopp. Italien är det land, där de flesta vulkaniska utbrott förekommit. Enligt Kluge's tabeller hade från år 2227 f. Kr. till Kristi födelse 25 utbrott inträffat där, och från år 1 till 1860 inalles 315. Hufvudintresset koncentrerar sig äfven af andra anledningar på Italien, ty här ligger det sköna Vesuvius, och här kan man få se det delvis utgräfda Pompeji, som ödelades genom Vesuvii utbrott år 79. Det finnes en mycket intressant beskrifning på detta utbrott af ett ögonvittne, Plinius d. y. Hans berättelse jämte de studier, som sedermera blifvit gjorda vid utgräfningarna, kasta en i många afseenden mycket god belysning öfver vårt ämne, och vi använda därför också en del af de arbeten, som äro skrifna om Pompeji. Men vi vilja, som sagdt, först ge en allmän beskrifning af hvad, som försiggår.

En vulkan, som icke är slocknad, är som oftast i ett tillstånd af relativ hvila. Se på Vesuvius, ingen fruktar något utbrott, fastän man ser röken stiga som en pelare upp från dess topp. Man gläder sig öfver den vackra synen, och när mörkret faller på, spanar man med ifver efter, om den icke i afton skall visa en eldpelare. Kanske går man i ett gladt sällskap upp på berget för att komma nära kratern. Det är ytterst sällan, som det lyckats för någon att se, hvad som försiggår därinne, ty den är fylld af rök, men om en häftig vindstöt för ett ögonblick drifver bort denna, så kan man få se hundratals små rökpelare komma ut ur rämnor och sprickor och från botten, och dessa samla sig till den rökpelare, som uppstiger från käglans topp. Man ser små sjöar, hvars vatten sättes i kokning af ångan, så att det bubblar, man ser dymassor, bildade af vulkanisk aska och kondenserad ånga, som röra sig något långsammare, men stundom brusa upp — och allt detta alstrar ett hvisslande, pipande och surrande, som vore det en mängd ångmaskiner, som arbetade. Dessa ångpelare, som stiga upp från vulkanen, och som likna rök, bestå mest af vattenånga, men innehålla äfven åtskilliga gaser i växlande mängd, mest saltsyra, vätesvafla, andra giftiga svafvelföreningar, kolsyra och kväfgas. De af vulkanen under starkare verksamhet utkastade vattenångorna kunna samla sig till tunga moln, som hölja dess topp och sänka sig ned öfver dess sidor. De äro orsak till de våldsamma oväder, hvilka, som vi sedermera skola se, åtfölja vulkanens utbrott. Vätesvafla, en gas med lukt af ruttna ägg, är i stora mängder blandad med vattenångan. Det är dock icke alltid, som man på lukten kan märka dess närvaro, men den kan i andra fall vara så öfvervägande, att den till och med dödar allt lefvande i närheten. De väldiga massor af svafvel, som man ser i vulkanerna, härstamma från vätesvaflan. Äfven för de öfriga gasarterna gäller det, att de stundom finnas i större mängder, stundom alls icke, äfven i en och samma vulkan. Saltsyran, som igenkännes på, att den bildar täta, hvita töcken, när den blandas med vattenångorna, har en skarp, stickande lukt. Kolsyran, som är tyngre än luft, utvecklas lika ofta efter ett utbrott, som under vulkanens verksamhet, den breder ut sig öfver marken, fyller alla håligheter och kan bilda ett flera fot högt lager. Ingen anar, att det är någon fara, men djur, som komma i närheten, dö hastigt. I vissa vulkaniska trakter finnas sådana kolsyrekällor, som, alldeles oberoende af vulkanisk verksamhet, sedan urminnes tider hafva utsläppt den dödande kolsyran, såsom t. ex. den berömda Hundgrottan vid Neapel och Dödsdalen på Java. Då också de andra gasarter, som finnas i vulkanens ångpelare, äro giftiga, så kan man förstå, att de kunna bli lifsfarliga att inandas. Ångpelaren är, när det icke är fråga om utbrott, vanligen ej särdeles varm, ofta blott af luftens temperatur, men den kan också blifva mycket het, 80 à 90° och därutöfver. Som vi skola se, blir det annorlunda, när vulkanen är i verksamhet, och detsamma gäller vattnets temperatur i de heta och mineraliska källor, som så ofta finnas i närheten af vulkaner.

I några vulkaner kan man få se den flytande, glödande lavan i oupphörlig rörelse, som ett böljande eldhaf, utan att det dock kan sägas vara ett utbrott. Man har blott sällan iakttagit detta, då det ju är förenadt med stor fara att närma sig en sådan krater. Spallanzani och Hoffman skildra den storartade synen, som äfven den djärfvaste fantasi har svårt att utmåla för sig. Många af läsarne kanske känna denna bild från en vulkan, som de iakttagit, jag menar den lilla Stromboli, som man alltid ser i verksamhet, när man seglar söderut från Neapel. Den har visat sina eldpelare oafbrutet från tiden före Kristi födelse på samma sätt, som vi se dem nu.

Många vulkaner äro alldeles i stillhet långa tider, innan det kommer till utbrott. Ingen trodde, att det var någon fara att bo i närheten af Vesuvius; Pompeji hade visserligen blifvit förstördt år 63 af en jordbäfning, men blifvit uppbyggdt igen på samma ställe, och Vesuvius hade aldrig förr visat tecken på att vara en vulkan, då det våldsamma utbrott, hvarom Plinius berättar, ägde rum år 79. På Java hörde Junghuhn berättelsen om utbrottet af Galungung år 1823. Ingen hade anat, att det var en vulkan. Den 8 oktober kl. 1 skakades hela ön, glödheta massor jämte sten uppkastades och det så våldsamt, att lik af människor och djur slungades flera mil bort. Efter 3 timmar var det dödsstilla, men de följande dagarna upprepades utbrotten. Under loppet af 5 dagar förstördes 114 byar, och 4,011 människor, 105 hästar och 853 kreatur dödades, hvarjämte 4 millioner kaffebuskar förstördes.

I regel måste man dock befara utbrott af en vulkan, i hvars närhet man bor. Så mycket besynnerligare förefaller det, att invånarne i dessa trakter icke låta varna sig, utan lefva sorglöst och bygga upp på nytt, hvad som blifvit förstördt. Åtskilliga förhållanden finnas, som anses förebåda utbrott. I trakten af Vesuvius vet man sålunda, att det blir vattenbrist, brunnarne bli tomma och i de rena vattenkällorna anträffas främmande ämnen. Sedan hör man doft rullande och dånande, som tyckes komma från jorden, hafvet råkar i uppror, och jorden börjar att darra. Sådana jordskalf kunna dock vara ganska svaga, men i andra fall äro de våldsamma, och vulkanens utbrott kan komma omedelbart i anslutning därtill. I Syd-Amerika och på Island förebådas utbrotten af, att snön på toppen smälter, hvarigenom stora vattenmassor i rasande fart strömma ned i dalen vid vulkanens fot och här ödelägga allting.

Hvad som här omtalats såsom karaktäristiskt för en vulkan, som visserligen är i verksamhet, men dock förhåller sig jämförelsevis lugn, är också utmärkande för dess utbrott, blott med den skillnad, att alla därvid verksamma krafter då uppträda med en alldeles oerhörd våldsamhet. Först märker man en svag ristning i marken omkring, som småningom blir starkare, det höres ett underjordiskt buller och rullande, likt dån af kanoner, den smala rökpelare, som stiger upp i den klara luften och aftecknar sig så fint mot den blå himmelen, blir tjockare, och det samlar sig som täta, hvita moln öfver toppen. Marken skakas alltmer, ett väldigt rytande, som tydligen kommer från vulkanen, fyller alla med skräck. Nu inträder katastrofen. De hvita skyarna mörkna, tunga, olycksbådande rökmassor uppstiga ur kratern, och plötsligt höres ett förfärligt brak. Blixtsnabbt stiger en tät, svart rökpelare upp mot den ännu klara himmelen, och breder ut sig högt uppe liksom kronan på en pinje, säger Plinius. Nu förmörkas himmelen, och den klara dagen blir till natt. Blott de glödande lavastyckena, som slungas upp jämte den svarta röken, lysa som uppkastade raketer för att sedan rassla ned utför bergets sidor. Sker utbrottet på natten, blir bilden annorlunda, liksom af en eldpelare, som höjer sig mot himmelen, och som genomkorsas af blixtar och lågor, när de glödande lavamassorna kastas upp däri. Man kan göra sig en svag föreställning om detta skådespel, när man ser Stromboli nattetid.

Kort efter att den svarta rökpelaren har bredt ut sig, börjar aska att falla, en mycket fin aska, så lätt, att vinden sprider den långt bort, så fin, att den tränger in öfverallt, och i en sådan myckenhet, att den kan förmörka luften och göra dag till natt. Jämte askan falla stora och små lavastycken liksom ett regn af sten, och därmed blandas dyiga massor. Det underjordiska bullret och markens skälfvande bli starkare, de tjocka ovädersmolnen draga sig samman, så att man ej längre kan se berget. Nu bryter ovädret löst, väldiga åskknallar blanda sig med det underjordiska braket, blixtarna spraka genom mörkret, stormen tjuter, regnet forsar ned och floderna på vulkanens sidor svälla upp och störta hastigt utför mot dalen, blandande sig med askan. I klyftor och råmnor samlar sig detta slemmiga, dyartade vatten till väldiga massor, som rifva med sig stora lavablock och icke låta hejda sig af något. Obarmhärtigt, oemotståndligt ödelägga de allt på sin väg, slita upp träd, draga med sig stora klippstycken, störta omkull husen och intränga i alla klyftor och springor.

När elementen sålunda rasat någon tid på ett sätt, som ej kan med ord beskrifvas, så remnar vulkanen, än tätt invid kraterns rand, än längre ned, och nu strömmar lavan utför bergets sida, hastigt eller långsamt, som en glödande massa, hvilken om dagen är inhöljd i hvita dunster, men i mörkret och om natten visar ett praktfullt skådespel af lågande eld. Oemotståndligt rör den framåt, utbredande skräck och förödelse, hvar den kommer. Nu är utbrottets första våldsamhet öfver, bullret och jordskalfvet aftaga, askregnet stannar, stenarna falla icke mera, ännu ser man hvita moln flerstädes på berget — men så försvinna äfven de, luften blir åter klar, och solen strålar varmt. Allt är tyst, dödstyst.

Alla de fenomen, som tillsammans bilda ett vul-

kaniskt utbrott, kunna ju vara högst olika, och en-
staka af dem stundom alldeles felas.   För att läsaren
ytterligare måtte förstå de ödeläggelser, som kunna
förorsakas, vilja vi meddela ännu några detaljer om
utbrottets olika faser.

Den rökpelare, som jämte askan förmörkar him-
melen, och som breder ut sig så, att alla i närheten
måste inandas dess beståndsdelar, kan få en kolossal
storlek.   Vid Vesuvii utbrott år 1822 var den 10,000
fot hög.   Man kan därigenom få ett begrepp om,
hvilka väldiga krafter som verka i vulkanens inre.
Stenar kunna ur kratern kastas flera tusen fot högt.
De flesta ha blott ett par tum i genomsnitt, men
det är ej sällsynt, att de mäta flera fot i diameter.
De kunna slungas ut i ett otroligt antal, sålunda
bildades det öfver 400 fot höga berget Monte Nuovo
på få dagar af idel sådan sten.   Askregnet kan vara
så tätt, att det gör dagen till natt.   Vid ett utbrott
på Sanguir kunde man på 14 mils afstånd ej se
handen för ögat, och vid alla större utbrott af
Vesuvius är solen förmörkad för invånarne i Neapel.
Askan föres af vinden långt bort, sålunda blef vid
Heklas utbrott år 1845 ett danskt fartyg, som låg
115 mil därifrån, betäckt af aska.   Efter Tuxtla's
eruption regnade det aska i 2 år, och en vulkan
på ön Réunion utspydde år 1860 under 2 dagar
minst 600 millioner skålpund aska.   Denna kan
långa tider hålla sig mycket varm, men sedan allt
för länge sedan blifvit lugnt, kan ur ödeläggelsen
nytt lif uppspira, i det askans beståndsdelar göda
jorden och göra den fruktbar.

Den rasande stormen slungar genom hvirfvel-
vindar, som likna skydrag, allting långt bort för att
kanske i nästa ögonblick kasta det tillbaka. De vatten-
massor, som komma från det under utbrottet rasande

ovädret, och som blanda sig med aska och smörja från själfva vulkanen, kunna bli så kolossala, att de bilda floder och sjöar. Vid Tunguraguas utbrott fylldes de närliggande 100 fot breda dalarna i flera mils utsträckning till en höjd af 600 fot.

Lavaströmmen är som nämndt glödande, men när den stannar, så stelnar den och blir kall på ytan, medan den ännu är het innanför den stelnade skorpan. Kommer den ut i hafvet, så råkar vattnet i närheten i kokning, och öfversvämningar blifva lätt följden. Äfven lavans mängd kan vara oerhördt stor. År 1834 var lavaströmmen från Vesuvius 500 fot bred och 60 fot hög på en utsträckning af flera mil. Vid Vesuvii utbrott 1855 har man beräknat den utströmmade lavans mängd till 17 millioner kubikmeter. På Island finnes en lavamark, som har ett ytinnehåll af 110 geografiska kvadratmil. Lavans värmegrad är mycket olika, Vesuvii lavaström år 1855 var omkring 700° C., men naturligtvis har den vid själfva utbrottet varit långt varmare än på den senare tidpunkt, då undersökningen anställts.

Som vi sett, åtföljas de vulkaniska utbrotten ofta af *jordbäfningar*, men många gånger uppträda dessa äfven själfständigt. Det är en hemsk känsla, som man erfar, då man plötsligt känner jorden darra under sig. Alexander von Humboldt, som upplefvat flera jordbäfningar, skildrar det starka intrycket däraf, af att rubbas i den tro, man haft sen barndomen, att jorden vore fast och orörlig. Djur, isynnerhet svin och hundar, bli också mycket ängsliga till mods, ja till och med krokodilerna, som ju annars äro typen för trög likgiltighet, bli lifliga, lämna skriande den skakande flodbädden och ge sig af in i skogen. Det fasansfulla med en jordbäfning är, att man icke kan fly för den, utan hvart man vänder sig, ser man dess förstörande verkningar, och i nästa ögonblick blir man kanske själf offret. För en lavaström, som rullar ned från en vulkan, finnes det dock hopp att komma undan. I betraktande af, hvad vi här sagt, är det högst egendomligt, att man efter hand vänjer sig vid jordbäfningar, d. v. s. sådana, som ej anställa stora förödelser. Så var fallet med Humboldt och Bompland, som måste stiga af mulorna, därför att dessa blefvo oroliga af markens skakning. Denna varade öfver en kvart, men de blefvo småningom så vana därvid, att de kunde anställa observationer. Vid Perus regnlösa kuster känner man hvarken till hagel, åska eller ljungeld, men i stället uppträder mycket ofta ett underjordiskt, åsklikt mullrande jämte darrning och skakning af marken. Invånarne äro så vana därvid, att de icke äro mera rädda därför än andra för ett starkt åskväder, och dessutom veta de, att blott 2 eller 3 gånger på århundradet svåra jordbäfningar inträffat. Just staden Lima har emellertid (1724) varit scenen för en förfärlig katastrof. Af jordbäfningar i Europa äro de i Lissabon (1755) och i Calabrien (1783) de mest bekanta på grund af deras våldsamhet.

Medan en ringa darrning af jorden ofta blott orsakar, att lösa föremål falla ned, att en dörr springer upp, eller en mur rämnar, så är det helt annorlunda vid de vågformiga rörelser i jorden, som räcka längre tid, och vid de minartade explosioner, där en kraft från jordens inre verkar i lodrät riktning, nedifrån uppåt.

Det är jämförelsevis få år, sedan man började studera jordbäfningarna vetenskapligt med tillhjälp af instrumenter (seismograf och seismometer), hvarom läsaren kan finna en framställning hos Fouqué. Man är långt ifrån klarhet i dessa förhållanden, men de nyare undersökningarna om den hastighet, hvarmed rörelserna därvid fortledas genom olika lager, såsom jord, granit m. m., äro mycket intressanta. Vi kunna däraf förstå, att genom jordbäfningar olyckor kunna inträda på många mil aflägsna platser, och man kan fatta, hurusom den stora jordbäfning, som 1755 förstörde det mesta af Lissabon, icke endast var märkbar i hela Spanien, utan äfven i många andra länder. I Brieg i Schweiz sammanstörtade flera hus, vid Angoulème i Frankrike uppstodo stora rämnor i jorden, i England, Danmark och Finland väckte hafvets rörelser uppmärksamhet, och i Marocko blefvo nästan alla städer förstörda, jorden rämnade, och stora vattenmassor bröto fram. En stor våg i atlantiska oceanen behöfde blott $9 \frac{1}{2}$ timma för att nå Västindiens kust, genomlöpande en sträcka af 800 geografiska mil — kort sagdt, man har beräknat, att verkan förspordes öfver en yta af 700,000 geografiska kvadratmil, d. v. s. nära en tolftedel af jordytan. Äfven utbrottet på Martinique år 1902 kändes vida omkring.

Innan jordbäfningen bryter riktigt lös, märker man, att jorden darrar och skakar, och det höres ett underjordiskt buller. Det kan här liksom vid vulkaniska utbrott hända, att brunnarna bli torra, och att hafvet kommer i rörelse. Man har sett stora massor af fiskar, som annars aldrig komma till Siciliens kust, kastas upp där. Sådana tecken, som förebåda jordbäfning, kunna också alldeles saknas, i Lissabon t. ex. anställde den första, alldeles oväntade stöten en ofantlig förödelse. Ett ljud som af en våldsam, underjordisk åska eller som rassel af kedjor och tungt lastade vagnar eller ett pipande och tjutande som af en storm, försätta sinnena i ångest. I andra fall är det, som om en mina skulle springa med ett väldigt brak. Vid de utbrott, som försiggå i lodrät riktning, och som ofta bero på, att underjordiska gaser explodera och slunga uti luften allt, som finnes ofvanför explosionsstället, kan det icke bli tal om att hinna uppfatta något som helst, ty det är väldiga krafter, som här komma i verksamhet. I Murcia såg man (1829) tornen slitas upp ur jorden och lyftas lodrätt upp i luften, och på samma sätt gick det med 3,600 hus i hela provinsen. Man kan förstå, huru förunderligt det måste verka på invånarne i dessa hus, att sålunda kastas upp i luften och åter falla ned, medan allting störtar samman omkring dem. Högst märkvärdigt är det, att hus på så vis kunna komma ned på jorden igen utan att ha lidit skada, såsom man såg i Calabrien (1783). Vid de andra, mera vågformiga rörelserna utaf marken, är faran visserligen mindre, men dock ganska stor. På Jamaica inträffade år 1692 en häftig jordbäfning, hvarvid folk kastades omkull om hvarandra och många blefvo lemlästade; en del slungades upp i luften, andra midt ur staden öfver husen ut i hamnen, och kunde rädda sig genom att simma i land.

Jordbäfningarna kunna äfven blifva farliga därigenom, att det bildas rämnor i jorden, som uppsluka allt, och sådana klyftor kunna då omväxlande öppna och sluta sig. Vid en väldig jordbäfning i Riobassaba (1797) blefvo många räddade genom att sträcka ut båda armarna, så att de icke kunde sjunka ned i sprickan. Hela tåg af ryttare och lastade mulor försvunno i ett nu och husen likaså, men vid utgräfning två dagar senare fann man till sin glädje och öfverraskning, att några ännu voro vid lif därinne. Husen hade sjunkit rakt ned, och invånarne hade gått från det ena rummet till det andra, tändt ljus, ätit och med ängslig spänning iakttagit utsikterna för sin räddning. Man skulle knappt tro, att sådana berättelser vore sanna, men de äro fullt pålitliga.

Från sprickorna i jorden utströmma ofta ofantliga vattenmassor, som kunna vara blandade med sand, jord och sten. De vältra fram med oemotståndlig makt, rifva med sig allt, och kunna bilda stora sjöar. Ibland är det giftiga gaser, som strömma fram ur springorna och döda allt lefvande, som kommer inom deras område, stundom ser man också lågor. När därtill kommer, att stora berg på ett ögonblick kunna störta samman och begrafva allt i sin närhet, så kan man förstå, att jordbäfningar kunna anstifta en ödeläggelse, som öfvergår all beskrifning. Visserligen hafva de största kända sådana frambringats genom flera, på hvarandra följande jordstötar; sålunda var det 3 stötar, som på 5 minuter ödelade Lissabon (1755), och samma var förhållandet i Caracas 1812. Men man känner också berättelser, där det blott varit fråga om sekunder. År 1839 blefvo Martinique och hela raden af Små Antillerna svårt härjade af 2 stötar, som varade 30 sekunder, och staden Thebe blef år 1853 på 13 sekunder förvandlad till en grus-hög. I regel synes en stöt räcka 1—4 sekunder, en kort tid i och för sig, men mer än tillräckligt lång för att väldiga förstöringar kunna hinna uppstå.

Att många människor omkomma under sådana förhållanden är ju själfklart. I Riobassaba var det omkring 40,000, på Sicilien 60,000 människor (år 1693) och i Lissabon 30,000. Det största antalet offer för en jordbäfning känner man dock från kejsar Tiberii och Justiniani tid (år 19 och 526), då vid hvartdera tillfället 120,000 människor skola hafva omkommit. Vid utbrottet på Martinique 1902 synes antalet om-komna varit omkring 40,000.

Vi ha ofvan i korthet berört, att såväl vulkaniska

utbrott som jordbäfningar hafva inflytande på vatten-
ståndet i brunnar, källor, floder och sjöar, och att
de stora massorna af uppkastadt vatten kunna anstifta
stor ödeläggelse. Äfven hafvet röner stark inverkan,
på så vis att det till en början drager sig tillbaka, men
kort därefter stiger, så att väldiga vattenberg störta
mot stranden. En timme efter jordbäfningen i Lissabon
höjde sig hafvet plötsligt till 30—60 fot öfver det
vanliga, men sjönk ånyo hastigt, och upprepades detta
flera gånger. Utanför Cadiz bildades vid samma
tillfälle ett minst 60 fot högt vattenberg, som störtade
in mot staden, men lyckligtvis bröts emot klipporna,
så att blott vallar och murar blefvo förstörda, men
öfversvämningen i staden jämförelsevis obetydlig.
Man kan göra sig ett begrepp om dessa vattenmassors
makt, när man hör, att stora kanoner liksom spolades
bort. Ar 1692 blef staden Kingston nästan alldeles
ödelagd af vatten, och en i hamnen liggande fregatt
lyftes öfver husen och strandade inne uti staden.
Vid jordbäfningen i Lima (1724) steg hafvet i den
närliggande hamnen vid Callao 80 fot öfver sitt
vanliga stånd, öfversvämmade och förstörde staden.
Blott helt få af invånarne undkommo, och af 23 i
hamnen liggande fartyg sjönko 19 genast, medan de
4 öfriga med vattnet fördes en mil upp i land. Vid
jordbäfningen år 1854 vid San Salvador blef sjön
Ilopango mycket orolig och tillika starkt svafvelhaltig;
år 1879 var där en ny jordbäfning, då man från
20—27 december räknade omkring 800 stötar i sjöns
grannskap, den 31 dec. blef det ett vulkaniskt utbrott
midt i sjön, och den 9 januari steg dess vatten plöts-
ligt och ödelade allting i närheten. Ett af de mest
kända exempel på hafvets uppror härstammar från
Japan, då Samoda på ön Nippon förstördes år 1854.
Den ryska fregatten Diana låg i hamnen. Plötsligt

sattes den i så våldsam rörelse, att ankartrossen brast, och ingen ombord kunde hålla sig upprätt. Under 30 minuter svängde fregatten rundt 43 gånger, och det tog sedermera 4 timmar att göra tacklingen i ordning, så var allt intrassladt och huller om buller.

Vulkaniska utbrott och jordbäfningar blifva ofta anledning till stora naturrevolutioner, så att på ett ögonblick hela öar kunna sjunka ned — och nya bildas. De äldsta berättelserna därom finner man hos Plinius och Plutarch, men man känner också sådana från nyare tid. År 1811 var det ett vulkaniskt utbrott på St. Miguel, hvarvid bildades en ö, som den engelska fregatten Sabrina tog i besittning för Englands räkning — i oktober var ön åter försvunnen. Ön Ferdinandea vid Siciliens kust bildades i juli 1831 och togs i besittning af engelsmännen, som kallade den Graham. Den fick sedermera åtskilliga andra namn och var på det hela taget ett stridsäpple — — i november samma år var den borta, och i december var vattnet mycket djupt på det ställe, där den legat.

När vi slutligen tillägga, att de vulkaner, som innehålla hett vatten (t. ex. Geysir på Island) liksom dyvulkanerna stundom kunna anställa svåra ödeläggelser, så ha vi gett en öfversikt af de förhållanden, som måste tagas i betraktande för att besvara frågan, huru människor omkomma genom dessa stora naturfenomen.

Svaret på frågan är till största delen gifvet genom vår framställning här ofvan. Den med giftiga gaser blandade röken, som utbreder sig öfverallt, orsakar kväfning, vattenmassorna, som störta fram, vålla drunkning, de glödande lavamassorna uppbränna allt på ett ögonblick och sätta husen i lågor, därigenom orsakande död lika som hvarje annan eldsvåda. Blixten kan också döda. Hvirfvelstormarna kunna verka kväfvande eller krossa dem, de fört med sig, när de åter slungas ned till jorden. De gap, som öppna sig i marken och sluka de lefvande, kunna orsaka död genom kväfning med gaser, genom drunkning i vattenmassorna eller genom att sluta sig ihop öfver dem, så att de krossas af nedstörtande jordmassor. Aska ensam eller blandad med vatten och dy, kan kväfva, de sammanstörtande husen, lava- och stenblocken krossa dem, som de träffa — kort sagdt, dödssätten äro mångahanda vid vulkaniska utbrott och jordbäfningar, och till ytterligare belysning af, hvad vi i föregående kapitel därom meddelat, anföra vi här blott några exempel, hämtade från olika skildringar.

Vi vilja först se, på hvad sätt människorna synas hafva omkommit vid Pompejis undergång år 79. Plinius den yngre berättar (i 16:de brefvet till Tacitus) att hans farbroder, den berömde naturforskaren Plinius, som farit hemifrån för att studera det stora naturfenomenet, fann sin vän Pomponianus bestört. Han tröstade denne, var under måltiden vid godt humör, och medan Vesuvius rasade, gick han till sängs, ja man hörde honom till och med snarka. Han väcktes, då man såg, att askan, som föll, skulle spärra vägen ut för honom. Han gick då in till de andra, som icke hade gått till hvila, men då huset skakade starkt från den ena sidan till den andra, blefvo de ense om, att det vore bäst att gå ut på öppna marken, och togo kuddar på hufvudena för att skydda sig mot de fallande stenarna. Fastän det var dag, var det dock så mörkt som den mörkaste natt, blott facklor och andra ljus visade dem vägen. De ville gå ned till stranden för att se, om de kunde rädda sig till sjös, men de väldiga vågorna larmade ännu. Här lade sig Plinius efter att ha druckit ett par klunkar vatten, ned på en segelduk, som breddes ut för honom, men stark svafvellukt och lågor tvingade honom att resa sig igen. Hans sällskap flydde skyndsamt, »själf reste han sig upp med tillhjälp af två tjänare, men föll ögonblickligen död omkull, kväfd af den tjocka och giftiga röken, förmodar jag. Han hade alltid haft klena lungor och led ofta af andnöd. Så snart det blef ljust igen, hvilket först var på tredje dagen efter denna sorgliga händelse, fann man hans kropp oskadd, utan minsta tecken på våld, precis i samma ställning, som han fallit. Han såg mera ut som en sofvande än som en död.» Denna berättelse af den yngre Plinius är mycket intressant. Man måste ju tro, att döma af det sätt, hvarpå den gamle Plinius dör, att döden kommit så öfverraskande och hastigt, att han icke fått tid att märka dess inträde. Och då han känt sig så starkt intresserad af att studera Vesuvius i verksamhet och på det hela visat sådant lugn och fattning, som den ofvan anförda skildringen utvisar, så kan man säga, att hans död varit lätt. Annorlunda med de andra, som äro förskräckta och frukta döden; äfven om denna till sist drabbar dem som en blixt, ha de dock förut fått lida mycket, och endast hoppet att blifva räddade har hållit dem uppe. Att en sådan plötslig, man kan säga ögonblicklig död icke så sällan inträder vid vulkaniska utbrott genom inandning af giftiga, kväfvande gaser, är fullkomligt säkert, och man känner exempel därpå från nyare tid. Sålunda kunna vi nämna, att i många bref, skrifna före det egentliga utbrottet af Mont Pelée på Martinique i maj 1902, talas det om en kväfvande svafvellukt, som fyller rummen, och att en hvit aska lägger sig öfverallt, på murar, träd och klädesplagg. »Invånarne från Prècheur strömma in i stora massor, enär deras barn kväfvas genom grannskapet med berget.» Då sedermera utbrottet sker, dödas en stor mängd af offren för katastrofen genom kväfning med de giftiga gaserna. En fotografi, som togs i St. Pierre, visar ett gathörn, där liken af 16 personer i olika åldrar ligga huller om buller. Likens ställning antyder, att de olyckliga störtat omkull under försöket att rädda sig genom flykten. Då liken icke äro på minsta sätt lemlästade, så får man antaga, att de blifvit kväfda. Husen vid samma gata lågo i ruiner.

Men den ögonblickliga döden genom kväfning kan också inträda af annan orsak än genom svafvel-ångorna. I en vetenskaplig tidskrift, Le Caducée, har Dr. Kermogant meddelat resultaten af iakttagelserna i och omkring St. Pierre efter utbrottet år 1902. Vid eruptionen, som visade alla karaktäristiska för-hållanden, trodde man till en början, att en del af stadens invånare voro vid lif, om också sårade, men det visade sig snart, att alla människor i St. Pierre voro döda. De sårade, som blifvit upptagna af kryssaren Suchet, voro från själfva gränsen för det område, som ödeläggelsen träffat, de visade tecken på djupa brännskador flerstädes å kroppen och för-bränning af andningsorganen. Staden hade blifvit ödelagd på ett ögonblick och strax kommit i brand. I ett stort kvarter, där förstörelsen var värst, i det alla byggnader voro jämnade med jorden, äfven sådana med ganska tjocka järnbalkar och solida pelare, fann man blott ett människolik och några hästlik, de öfriga voro troligen begrafna under ruinerna. I ett annat mindre förstördt kvarter funnos, förutom en mängd lik i ruinerna, sådana, som voro ofullständigt förkolnade. På gatorna fann man lik, som alla voro nakna, i det att deras kläder voro alldeles förbrända, ja på några funnos blott skosulorna kvar. En half mil utanför staden, på gränsen för det ödelagda området, anträffades i några hus lik af människor, som icke voro brända, hvilkas kläder voro alldeles oskadda, och som tycktes ha dött af asfyxi. I Carbet fanns en man död i sin säng med tungan utsträckt, hans linne och sängkläder voro oskadda. Träden i Carbet stodo kvar, blott bladen och de yngsta grenarna voro förkolnade. Liken voro föröfrigt i högst växlande tillstånd, några alldeles hela, andra sönderstyckade; här fanns en kropp utan armar, där en arm eller ett ben, hela eller krossade. Hufvudskålarna voro stundom söndersprängda och hjärnmassan utrunnen, några voro fullständigt förkolnade, andra blott delvis, och man kunde finna dem öfverdragna med en svart, klibbig massa, liksom om de varit utsatta för en gaslåga. Liken intogo olika ställningar, de flesta lågo med ansiktet mot marken, och de tycktes alla stelnade i en ställning, som icke var orsakad af förkolningen. Man såg högst olikartade bilder. En moder omfamnade sitt barn, en man, som låg på ryggen, hade högra handen lyft och pekade med sitt finger upp mot himmelen, en annan, stelnad i en ställning, som när man springer, stod upprätt, med armarna och hufvudet stödda mot en mur, vänstra knät böjdt och den högra foten blott med tåspetsarna berörande marken.

Det fanns alltså ett område, där man blott anträffade döda. Utanför detta blefvo en del människor förbrända i högst olika grad, och det var några af dessa, som af kryssaren Suchet transporterades till Fort de France om aftonen samma dag, då katastrofen på morgonen ägt rum. Af dem dogo 9 på vägen, 32 inlades på militärsjukhuset, och af dessa ledo en del förfärliga plågor, utstötte gälla skrik och voro starkt upphetsade. Deras brännskador voro rätt egendomliga. Hos några voro näsborrarna tilltäppta af en massa, som såg ut som svartgrå aska, blandad med vätska, och som var svår att aflägsna, hos andra funnos förbränningar i svalg och hals. Flera af dessa olyckliga dogo redan under nattens lopp, de föllo i ett medvetslöst tillstånd, som befriade dem från deras plågor och afsomnade utan att känna något, andra afledo under följande dagar. En fick plötsligt häftig feber och dog i urämi (se sid. 119), en annan fick stelkramp (se sid. 88), en tredje diarré och dubbelsidig lunginflammation. Omkring två tredjedelar blefvo utskrifna friska inom 3 veckor efter katastrofen.

Af denna framställning kan man draga den slutsatsen, att den stora mängd människor, omkr. 30,000, som omkommo i själfva staden, fått en ögonblicklig död. De hafva öfverraskats af döden, i detsamma som de inandats den starkt upphettade luften, som under ett ofantligt tryck spridt sig öfverallt. Deras blod har blifvit liksom stelnadt på ett ögonblick — alldeles som förhållandet var vid teaterbranden i Paris (se sid. 274). De ha icke dött af elden, som uppstod nästan ögonblickligt, ty den har blott förkolat liken, och hafva därför antagligen ej lidit något genom döden. Många af dem hade, såsom af berättelserna framgår, alls icke väntat sig någon katastrof. Också de, som funnos döda långt ifrån staden, och de, som stelnat i bestämda ställningar, påminnande om dem, som vi omtalat å sid. 393 i vårt kapitel om krig, hafva dött mycket hastigt. Dock tyda deras ställningar på, att döden föregåtts af mycken fasa och ångest. De psykiska lidanden äro, som förut sagdt, ofta långt värre än de fysiska.

Det var således icke elden, som dödade människorna i staden St. Pierre, men det händer dock stundom, att den blir dödsorsak vid vulkaniska utbrott. Sålunda blefvo vid Vesuvii utbrott år 1631 träd och hus antända af den glödande lavaströmmen, så att allt stod i ljusan låga, hvarigenom 3,000 människor omkommo.

Ibland dödas många af de åskslag, som kunna åtfölja vulkanens utbrott. Så var fallet vid det nyss nämnda utbrottet af Vesuvius, då många människor, som sökt sin tillflykt i kyrkan Madonna del arco, dödades af blixten, som slog ned i kyrkan. Döden af åskslag är, som vi veta, ögonblicklig (se sid. 288). Troligt är också, att en del människor dödas af den genom utbrottet urladdade elektriciteten — och således på samma sätt som genom åskslag. Vid det nya utbrott på Martinique, som ägde rum natten till 31 augusti 1902, fann man 625 lik. Af olika omständigheter drager Kermogant den slutsatsen, att en mängd blifvit dödade af elektriciteten, utan att det kan vara tal om åskslag, ehuruväl de voro förbrända. En moder, som blott var lätt bränd på ena örat, höll i armarna sitt förfärligt uppbrända barn. Dessutom märkte man någon tid efter utbrottet en mycket stark lukt af ozon.

Vi återvända till Vesuvii utbrott år 79. Som läsaren torde veta, hafva många utgräfningar företagits i Pompeji, och sedan Fiorelli 1861 öfvertog ledningen, har arbetet bedrifvits med stor omsorg. F. har haft den goda idén att taga gipsafgjutningar af de hålor, där man fann spår af, att människor och djur hade omkommit. Dessa gipsafgjutningar, hvaraf man ser åtskilliga i det lilla muséet vid ingången till Pompeji, gifva en mycket trogen bild af de människor, som de äro tagna af. Alla detaljer äro bevarade, ansiktsuttrycket är, som om det vore en gipsmask, tagen af en nyss afliden. Detta beror på, att många människor omkommo i den öfverallt inträngande gyttjeströmmen. Det var enligt Overbech's mening askan och vattenmassorna, som ödelade Pompeji, men någon brand var det knappast fråga om. Att äfven jordbäfningen dödade folk, som krossades under de sammanstörtande byggnaderna, vet man däraf, att 8 skelett år 1787 hittades under spillrorna af en mur och år 1818 på forum skelettet af en man, som krossats af en marmorpelare, hvilken fallit öfver honom. Den gyttjiga massan har kväft allt lefvande, där den trängt in, och sedermera stelnat. Den, som ligger i denna massa, är söndersmulad, så att blott ben och rester af kläder tyda på, att någon ligger här begrafven. Håligheten, hvari dessa rester finnas, är så fast begränsad, att när den fylles med flytande gips, och man sedan varsamt aflägsnar massorna utanför gipsen, så får man en modell af hålighetens innehåll, en modell af den människa, som låg där i dödsögonblicket. Det är icke så synnerligen många modeller, som man tagit, och det förefaller på det hela taget, som om det icke vore så värst många, som funnit döden i Pompeji, men man hade ju också tid att fly, medan askan regnade och stenarne föllo. Detta synes däraf, att, som man vet, det gafs en föreställning på teatern i Pompeji, då utbrottet inträffade, men här har man blott funnit 6 skelett, möjligen liken af de gladiatorer, som blifvit dödade före katastrofen. I sin helhet har man uppskattat antalet af de omkomna till 2,000.

Under utgräfningarna och sedermera med tillhjälp af dessa modeller har man funnit lik och likdelar, som visa, i hvilken situation de omkomna varit, när döden träffade dem, och nämna vi här några exempel därpå. I Herculanerporten, en af de portar, som förde in till Pompeji, stod i en af sidonischerna en soldat, kanske skyltvakt vid porten, med ett spjut i högra handen och den vänstra för munnen. Månne för att hindra den kväfvande askan att tränga in? Snedt emot på en bänk sitter en moder med sina tre barn, som kanske velat hvila sig under flykten, då de nu nått till stadsporten. Icke långt därifrån fann man flere män, som efter att nyligen ha följt en afsomnad till hans sista hvilorum, nu firade hans graföl i triclinium och funnit döden där. Strax bredvid ligger det s. k. Diomedes' hus, där man vid ingången och nedanför trappan till ett rum, som tjänade som källare och längs hvars väggar stodo åtskilliga vinkärl, fann 18 personer, äldre kvinnor och unga flickor. Man har en modell af en ung flicka, som visar mönstret på det fina tyg, hvari hon var klädd; på andra syntes aftryck af smycken, som de buro, och sådana anträffades också bredvid dem. På två barnskelett kunde man se spår af deras blonda hår. De flesta af dessa kvinnor voro beslöjade — kanske för att icke kväfvas af askan. Utanför huset funnos flera lik, däribland ett, som man antar vara af ägaren till huset. Han hade nyckeln till trädgårdsgrinden i handen, och bredvid honom hittades omkring hundra guld- och silfvermynt, vid hans sida låg en slaf, som följt honom, bärande några silfverpjäser. I ett sidorum vid templet funnos ett par Isispräster, hvaraf den ene syntes öfverraskad af döden, ty han hade ännu i handen benet af en höna, som han ätit på. Den andre hade i förtviflan sökt komma ut, och då han funnit vägen spärrad, gripit en yxa, huggit sig igenom två murar, men segnat död ned, medan han sökte komma igenom den tredje. Många lik, som funnos på gatorna, visade, att de trott sig ha tid att söka rädda sina tillhörigheter, men att döden öfverraskat dem under flykten. Några torde ha vetat, att döden var förestående; sålunda fann man på en gata skeletten af ett ungt par, som i dödsminuten omfamnat hvarandra.

Af dem, som omkommo i Pompeji, ha en del troligtvis blifvit kväfda af askan och de heta ångorna, men många hafva utom de plågor, som inandningen af den ohyggliga luften orsakat, lidit ångestkval af att se andra dö och se det öde, som väntade dem själfva.

De väldiga vattenmassorna, som vi sett åstadkomma så stor förödelse vid vulkaniska utbrott och jordbäfningar, blifva många människors död. Vid utbrottet af Temboro på Sumbava (1815), hvilket skildras som alldeles förfärligt (det säges t. ex., att explosionsknallen var så väldig, att den kunde höras på en sträcka som från Vesuvius till Nordkap), höjde sig hafvet till en ofantlig våg. Det varade blott 3 minuter, men det var tillräckligt, för att alla hus skulle blifva bortspolade. Vid det ofvan omtalade utbrottet af Galungung var det ångande heta dymassor, som vällde fram, medan vattnet steg mer och mer och slutligen nådde de högar, där invånarne sökt sin tillflykt i skydd af sina förfäders grafvar. På en natt drunknade 2,000 människor här. Liksom i Callao hände det också på Martinique år 1902, att skeppen, som lågo i hamnen sjönko med man och allt. I dessa fall gäller, hvad vi i kapitlet om drunkning (sid. 348) sagt om sättet för dödens inträde, blott med den skillnad, att vattenmassorna här oftast komma med så rasande fart och så öfverraskande, att det ej finns tanke på att kämpa emot, och att döden därigenom blir lättare.

Vid jordbäfningar är det i allmänhet icke så mycket markens rörelser och bristningar, som omedelbart kräfva offren, utan snarare följderna af dessa fenomen. De sammanstörtande husen krossa sina invånare, jordrasen och de stenblock, som kastas omkring, döda ögonblickligt dem, som träffas. Vi ha ofvan nämnt, huru många som på ett par sekunder kunna finna döden på detta sätt. Om de blifvit offer för en första, alldeles oväntad jordstöt, så kan man vara säker på, att de dött utan uppfattning af hvad, som händt. Annorlunda med dem, som öfverlefvat det första jordskalfvet, såsom t. ex. i Lissabon 1755, som förstördes af 3 stötar under loppet af 5 minuter. De, som öfverlefvat den första stöten och i ångest för nya sådana sökt att rädda sig, ha säkerligen lidit mycket. Så var fallet med en stor mängd människor, som tagit sin tillflykt till en hög marmorkaj vid stranden för att icke bli ihjälslagna af de sammanstörtande byggnaderna. Vid nästa jordstöt rämnade marken under kajen, och de funno alla sin död.

Hvilka kval den får utstå, som blir så att säga lefvande begrafven under ruiner, kan man väl föreställa sig. Jag har talat med en person, som varit i en sådan belägenhet. Ombord på en ångbåt från Egypten träffade jag en 52-årig man, köpman från Mansouri, som var alldeles hvithårig och sade, att han blifvit det under jordbäfningen på Ischia (28 juli 1883). Han berättade därom, att man efter middagen satt tillsammans på hotellet och drack champagne, då plötsligt det hördes som ett kanonskott, och i samma ögonblick sammanstörtade huset, som var af sten. Utaf 60 gäster, däribland hans mor, syster, bror och hustru, var han den ende öfverlefvande. Han fann sig sittande mellan stenblocken, var vid fullt medvetande, men kunde blott röra litet på händerna. Ingen hörde hans rop. Han berättade, huru ohyggligt han kände det till mods. Han var vild och rasade som ett djur, och kan ännu icke förstå, att han kunde råka i en sådan sinnesstämning, så stridande mot hans natur och hans syn på lif och död. Slutligen hörde hotelldrängen och några soldater hans rop, de hjälpte honom loss och förde honom först i båt, sedan i vagn till sjukhuset i Neapel. Han hade inga smärtor, hvarken de 24 timmar, som han var lefvande begrafven, eller under transporten till sjukhuset, dock minnes han tydligt, att han ej kunde stödja på benen, och att han observerade, att han var svullen och hade blödningar öfverallt under huden. Han minnes, att han såg de andra sjuka på sjukhuset — därpå förlorade han medvetandet. Sedan fick han veta, att han 9 dygn legat sanslös, och att båda skenbenen, båda lårbenen, ena nyckelbenet och flera refben voro brutna. Han fick morfin och måste fortsätta därmed i 3 år, men då han insåg, att det skulle bli hans undergång, vande han sig af därmed, och led därunder mycket mera än på de 24 timmar, som han låg i ruinerna. Nu efter 13 år är han frisk, men af det minsta oväntade ljud kommer han i darrning, och det dröjer 4—5 dagar, innan han är sig alldeles lik igen. Ingenting annat plågar honom — blott oväntade ljud. Det är minnet af hvad, som föregick jordbäfningen!

Denna jordbäfning på Ischia, som kom så oväntadt, kostade 2,245 människor lifvet, och många flera blefvo sårade. Professor Palma, som höll på att packa sin koffert för att resa följande dag, kände plötsligt en skakning, såg upp och märkte, att ljuset på bordet vacklade, föll och släcktes. Han var i mörkret, då huset störtade samman öfver honom, och det dröjde öfver 12 timmar, innan han blef befriad. — Läsaren kan finna flera enskildheter om denna väl iakttagna jordbäfning hos Fouqué, som också beskrifver jordbäfningarna på San Salvador 1854 och på ön Niphora i Japan samma år, samt flera från senaste tiden.

Stormar och hvirfvelvindar anställa ofta en förfärlig förödelse vid dylika utbrott. Hvirfvelvinden *(cyklonen)* kan uppfånga allt, som kommer inom dess område, och slunga det långt bort. Människor, som gripits på detta sätt, mista så godt som ögonblickligt medvetandet. Jag känner ett fall, som särdeles väl tydliggör detta. En 35-årig gårdsägare söker hjälp för yrsel och åtskilliga nervsymtom, hufvudet »dinglar», och han brukar falla omkull utan att dock alldeles förlora medvetandet. Man trodde, att det delvis kunde bero på, att han för ett år sedan hade brutit nyckelbenet. Han hade sökt hjälp på många håll, äfven hos en »klok gubbe». Det visade sig emellertid, att det icke var benbrottet, som var anledning till hans sjukdom, utan det var en sådan nervsjukdom, som man ser uppträda efter järnvägssammanstötningar, jordbäfningar och andra själsskakande händelser. Den var jämförelsevis lindrig, men dock tillräckligt svår att göra honom oförmögen till arbete; han hade, som vi skola se, ej heller varit utsatt för så stark sinnesrörelse. Ett år förut (5 oktober 1902) körde han en lugn, solig sommardag på landsvägen. Hästarna, som hade två vagnar att draga, lunkade helt sakta, då han plötsligt märker, att det är något i olag med hans vagn. Han tror, att den håller på att stjälpa, tittar ned, men ser i detsamma, att den är lyftad i vädret utan att välta. Detta är allt, hvad han kan minnas, det nästa är, att han låg på andra sidan om landsvägsdiket. Då han en timme efter händelsen kom till sans, såg han, att den främsta af de två vagnarna, som han kört, låg vältad med hjulen uppåt, den bakre var söndersplittrad, hästarna stodo en bit ifrån sårade, och seltyget var sönder. Med tillhjälp af en smed i närheten fick han det hela hjälpt och var rätt snart sig lik igen. Efter 1 månads behandling blef han alldeles frisk. Hade denne man dött af fallet, när cyklonen släppte honom, skulle hans död ju ha blifvit mycket lätt, ty han hade mist medvetandet redan förut.

Skola vi till slut i korthet uttala vår uppfattning af, i hvad mån de fått lida, som omkommit genom sådana naturfenomen, som vi i detta kapitel omtalat, så måste svaret bli, att en stor mängd människor så öfverraskas af den hastigt eller ögonblickligt inträdande döden, att det icke kan bli tal om, att de känna densamma det allra minsta. En stor del andra få däremot utstå många och olikartade lidanden — på det hela dock mera af psykisk än af fysisk art.

Dödens inträdande.

(Agonien — dödskampen.

Vi äro nu komna till slutet af vår skildring, af huruledes döden inträder hos människan under olika förhållanden. Vi ha sett människor af alla åldrar dö genom sjukdom, vi ha följt åldringen till hans sista ögonblick, vi ha skildrat, huru den våldsamma döden gör slut på människans lif, och fastän vi därmed ha uppvisat många högst olika dödssätt, så ha vi dock kommit till det resultatet, att döden ytterst sällan är smärtfull eller ens förnimmes såsom sådan af den döende. Med andra ord, de döende skiljas hädan på samma sätt, hvad än orsaken är till deras död. Naturligtvis måste denna uppfattning betraktas som ett allmänt uttryck för det väsentliga uti döden, ty den, som sett många dö, kan med rätta säga, att det knappast finnes två, som dö på samma sätt. Han skall minnas en, hvars sista timme han länge vetat vara förestående, som låg stilla, svagare och svagare, tills han efter hand miste sina sinnens bruk, och hans sömn omärkligt öfvergick i en dödssömn. Och vid sidan af denna bild utaf frid och ro ser han ännu, huru en annan ligger oroligt och kastar sig, med ryckningar och kramp, tills döden ändtligen helt plötsligt gör ett slut på detta ohyggliga tillstånd.

Alldeles riktigt! Det finnes icke två, som fullt likna hvarandra i det sätt, hvarpå de dö, lika litet som det finns två människor, eller två sjukdomsfall i samma sjukdom, som äro alldeles lika hvarandra. Det är just denna olikhet mellan de döende, som har gett anledning till, att man måste skilja döden genom sjukdom från andra dödssätt, t. ex. från den våldsamma, ofta hastiga döden — det är också denna olikhet, som gett anledning till, att det talas så mycket om dödskamp.

Ordet dödskamp härstammar från forntiden; de gamla grekerna kallade det sista tillståndet före dödens inträde för agone eller agonie, ett ord som betyder kamp. Som vi framhållit i våra inledande anmärkningar, är det icke korrekt att tala om en kamp, men man måste medge, att det ofta kan se ut, som om två krafter kämpade mot hvarandra. Ty äfven om man icke tänker på de fall, då den döende ligger orolig och stönande, som om han motsatte sig den makt, som öfvervinner honom och till sist tvingar honom att falla i ro, så skola många se uttryck för en strid, slutande med att människan, lifvet besegras, i den omständigheten, att alla de olika funktioner, som karaktärisera individen och hans lif i förhållande till omgifningen, långsamt utplånas, den ena efter den andra. På så vis sedt, kan man ju visserligen tala om dödskamp, och vi vilja därför också försöka att ge en skildring af detta tillstånd, som vi dock föredraga att beteckna med namnet agoni.

För den, som följt vår framställning af dödsorsakerna, är det strax klart, att det är svårt att begränsa agonien både som begrepp och som något objektivt iakttaget. Det är ju lätt att säga, när agonien slutar, ty dess slut sammanfaller med lifvets afslutning, med dödens inträde, men när agonien börjar,

är omöjligt att säga. Det är en icke ovanlig upp-
fattning, att den, som lider af en plågsam sjukdom,
t. ex. en hjärtsjukdom med anfall af andnöd, och
som dör af denna sjukdom, haft en »svår dödskamp»
att utstå. Denna uppfattning är naturligtvis icke
riktig, ty att lida af en pinsam sjukdom är ju inga-
lunda liktydigt med att lida en plågsam död eller
att få utstå en »svår dödskamp». Den sjuke har
kanske ofta haft liknande anfall som det sista, hvilket
slutar med hans död, men han har ju förut öfver-
lefvat dessa anfall, fastän de kanske varit ännu plåg-
sammare. Man skulle ju då kunna säga, att han
flera gånger haft att utstå en »svår dödskamp», men
det faller ju ingen in att påstå — på så vis sedt kan
man icke säga, att den sjukdom, som slutar med
döden och är individens sista sjukdom, är hans
»dödskamp», ty man skulle då komma att tala om
en dödskamp, som varade 14 dagar, 1 månad, 1 år
o. s. v. — Men när börjar då agonien? Det är, som
sagdt, omöjligt att säga detta, ty det finns icke något
bestämdt symtom, hvars närvaro säger oss, att döden
nu är i annalkande, ja icke ens någon kombination
af sådana symtom, som bruka finnas hos de döende,
hvilken är karaktäristisk för agonien. Ty man har
sett, att man tagit miste, så att de, som man trott
skulle dö, hafva lefvat upp på nytt. Vi syfta icke
på skendöden i den form, som allmänheten har hört
omtalas, utan på sådana fall, där både läkaren och
den sjukes omgifning trott, att det snart måste vara
slut, att döden skulle inträda, men där man dock
fått se de sjuka komma sig. Redan häraf är det ju
gifvet, att agonien kan räcka olika länge; i de fall,
där döden inträder »ögonblickligt», är det alls ingen
agoni (en äldre man, som plötsligt fick en blodpropp
i lungan, dog i samma ögonblick, som han förde

handen till munnen och sade: »hvad är det?»)
Vid hastiga dödsfall är den så kortvarig, att dess
symtom kanske knappt kunna iakttagas (den berömde
tyske kirurgen Dieffenbach stod med knifven i hand
och skulle just börja en operation, då han föll om-
kull och dog strax därefter). I andra fall (t. ex. i
vår obs. 1) är den mycket långvarig, vanligast är
dock, att den räcker några timmar. Att det måste
förhålla sig så olika, är ju klart, ty ålder, konstitu-
tion, sinnestillstånd, sjukdomens art och mycket
annat göra sitt inflytande gällande — hvilket måste
vara klart för den, som följt vår framställning, och
som ytterligare skall belysas genom hvad vi här
nedan anföra.

Vi vilja börja med ett försök att teckna bilden
af en döende, sådan den i det öfvervägande antalet
fall visar sig. Den är redan i forntiden skildrad af
Hippocrates, läkekonstens fader, och man kallar
ännu det ansiktsuttryck, som han beskrifvit, för *Facies
Hippocratica.*

Den döende ligger oftast alldeles stilla, och blott
enstaka, ofrivilliga rörelser af lemmarna, mest hän-
derna, röja, att de slappa musklerna icke helt och
hållet förlorat sin kraft. Hans anletsdrag, som med
ängslig spänning iakttagas af de anhöriga, visa intet
tecken på medvetande. De äro så förändrade, att
han ej mera är sig lik; blicken, som ju är ett uttryck
för personligheten, är förslöad, ögat har mist sin
glans, hela partiet omkring ögat, som ju till största
delen betingar dess uttryck, är förslappadt. Musk-
lerna kunna icke längre sammandraga sig, därför
hänga ögonlocken slappt och bidraga ytterligare till
det slöa uttrycket. Ansiktet har blifvit liksom för-
längdt och näsan spetsig, de torra läpparna äro
pressade mot käkarna, munnen står halföppen, an-

siktsfärgen är blek med gul eller blåaktig anstryk-
ning. På pannan stå svettdroppar, och torkar man
dem, så märker man, huru kallt den döendes ansikte
är. De famlande, kalla händerna besvara icke den
handtryckning, hvarmed den efterlefvande söker att
ännu en gång meddela sig med den, från hvilken
han snart skall skiljas. Man hör den rosslande
andningen, orsakad af slemblåsor, som röra sig fram
och tillbaka i luftröret, men den döende märker det
ej och gör ingen ansträngning för att hosta upp
slemmet. Nu blir andningen allt svagare och ytligare,
man hör ej längre rasslet af slemmet, han andas
blott sällan — andas han ännu? Ofta är det omöjligt
att säga, när andningen stannar, ibland är det sista
andedraget som en suck. Pulsen har samtidigt
blifvit mindre och mindre, den blir oregelbunden —
och till sist vet man icke, om man känner den eller
ej, fast man ännu kan höra hjärtat slå — så stanna
också hjärtats slag, och han är död.

Huru mycket man än måste påverkas af att be-
vittna de olika tecknen till, att kroppens funktioner
småningom dö, så är det dock egentligen den döendes
förmåga att bruka sina sinnen, och särskildt tecknen
på hans medvetna lif, som mest lägga beslag på
omgifningens uppmärksamhet. Det är också detta
sinnenas bortdöende, som vi vilja göra till föremål
för en mera ingående beskrifning.

Man hör ofta den, som talar om en afliden, säga,
att »han hade medvetande ända i det sista». Detta
står ju i rätt bjärt kontrast mot den bild, vi ofvan
gett af den döende. Vi ha ju visat just det motsatta,
att det är regel, att den döende icke har medvetande
om döden. Hvadan denna motsägelse? Den kan
ibland bero på bristfällig iakttagelse. Ofta händer det
ju, att en människa, som »ligger för döden», visar

tydliga tecken på medvetande, och det är först kort
före dödens inträde, som hon blir oklar och med-
vetslös. Den, som har varit närvarande i det sista,
är mest påverkad af, att han har talat med den
sjuke tills kort före döden, kanske varit honom
behjälplig att skrifva hans testamente — och han
är därför benägen att säga, att »han var redig ända
i det sista», fastän den sjuke alls icke har varit
medveten den sista tiden. Som goda exempel därpå
hänvisar jag till obs. 99 och 51. Här liksom öfver-
allt, där det är fråga om sjukdom och död, finnes
en myckenhet öfvergångar och fina skiftningar, såsom
läsaren funnit vid genomläsning af de förut med-
delade exemplen, särskildt i det kapitel, som handlar
om människans syn på spörsmålet om döden. Här
vilja vi söka att tyda tecknen på medvetande hos
den döende, samt omtala sådana fall, där det är klart
för omgifningen, att intet hopp finnes, utan att den
sjuke snart skall dö, och vi vilja då se, hvilka for-
mer det medvetna lifvet kan antaga under sådana
förhållanden. Genom att i bilagan genomläsa en-
skildheterna om de använda exemplen, kan läsaren
själf öfvertyga sig om, huruvida dessa människor
haft medvetande uti döden.

Medan många, som vi sett, alls icke tänka sig
möjligheten af, att deras död är så nära förestående,
fastän de äro så svaga, att man måste förundra sig
öfver, att de ännu kunna lefva (se t. ex. obs. 1),
så finns det ju å andra sidan de, som äro medvetna
om sin förestående död. De samla sina kära om-
kring sig, taga afsked af dem och gifva dem för-
maningar, de ordna sina affärer, gifva muntligt be-
sked om, huru det ena eller andra skall ordnas,
eller skrifva sitt testamente. Ofta förflyter en rundlig
tid mellan dessa tecken på klart medvetande och

förmåga att använda intelligensen och själfva döden. Vi se det hos Jefferson, Tscherning, Washington m. fl.

I andra fall är tidrymden helt kort, såsom Ingemann's stilla och vackra sista ögonblick visa. Skalden Claudius är ett särdeles tydligt exempel på, att en döende verkligen kan vara »redig i det sista», men han är ett undantag härutinnan, ty han har hela sitt lif intresserat sig för dödens väsende. Han studerar detta spörsmål under sin sista sjukdom, ända till sista ögonblicket, med andra ord, han uppbjuder all sin energi för att bevara sitt medvetande. Sammalunda är det också med kirurgen Green, som undersöker sin puls och märker, att den stannar omedelbart före hans död. Men man får icke förväxla de två sakerna, långsam död och bråddöd. Se t. ex. våra obs. 20 och 29, där vi ha att göra med människor, som vi veta snart skola dö. Man har anledning att vänta sig, att deras död skall inträda under ett successivt aftagande af deras lifsyttringar, men den kommer i stället hastigt och oväntadt. De ha naturligtvis haft »sans i det sista», men dock blifvit öfverraskade af döden utan att kunna märka dess inträde — alldeles på samma sätt som den, hvilken dör en hastig, våldsam död. De män, som vi i vårt kapitel om krig sett sittande med ett glas i handen och leende ansikte, de voro också »rediga i det sista», men ha dock icke märkt dödens inträde, och från dessa till dem, som i flera dygn ligga döende, och om hvilka ingen kan betvifla, att de länge varit medvetslösa, finnas alla möjliga öfvergångar.

Hvad som rör sig i den döendes medvetande och upptar hans sista tankar, är ju beroende af många olika saker, af hans karaktär, religiösa ståndpunkt, hans syn på lif och död, af hans hänsyn till de efterlefvande och af dessas uppträdande. Om kroppsliga plågor orsakas af den sjukdom, som medför döden, måste det ju inverka på den döendes psykiska tillstånd och yttra sig på olika sätt, liksom också alldeles yttre omständigheter, såsom t. ex. att döden träffar honom aflägset från hemmet, kan ha sin betydelse, hvarpå Bellini är ett exempel. Mycket ofta komma naturligtvis den döendes tankar att sysselsätta sig med det, som varit hans lifs hufvudsakliga innehåll.

I vårt kapitel om människors uppfattning af döden ha vi redan framdragit åtskilliga exempel, som med fullt skäl skulle kunna användas här. Särskildt gäller det om dem, hvilkas lif varit uppfylldt af tanken på tron och religionen, antingen deras ställning medfört, att de särskildt ägnat sig åt dessa spörsmål, eller det har varit sådana, som ehuru i annan ställning dock varit religiöst anlagda. Som exempel anför jag Calvin, som de sista dagarna ligger alldeles stilla, »nästan beständigt i bön», tills han slumrar in för alltid, Clausen, som i halft medvetet tillstånd talar om det tredubbla lif, som man bör lefva, och hvars sista sammanhängande ord äro trosbekännelsen, samt den kristne filosofen Salojof, som citerar Davids psalmer på hebreiska, och som kort före döden säger till sin omgifning: »stör mig icke, jag vill bedja för det judiska folket». Mycket intressant är berättelsen om Muhammed, som legat sjuk i feberyrsel, men plötsligt öfverraskar dem, som äro församlade i moskén, och håller ett tal till dem med tydlig röst, men »med döden i ögat». Få timmar därefter dör han, stilla fantiserande om himmelen och dess änglar, med sitt hufvud hvilande i sin älsklingshustrus sköte.

Man hör ofta berättas, att den, som i sitt föregående lif icke ägnat någon tanke åt religionen, utan kanske motkämpat tron och varit s. k. ateist, kan blifva strängt religiös, när han känner döden nalkas. Man bör vara mycket försiktig med att tro sådana berättelser. Den, som läser de olika biografierna öfver Voltaire, får snart klart för sig, att det är mer än vanskligt att bilda sig någon mening om hans religiösa ståndpunkt. Å andra sidan finnes intet tvifvel om, att många människor känna sig betryckta af tanken på, hvad som förestår, och i denna sin nöd visa en fromhet, som de förut skulle hafva ringaktat. Vanligare är det, att den, som öfver hufvud icke har sysselsatt sin tanke med religiösa spörsmål, men å andra sidan ej heller varit fientlig däremot, ofta söker sin tröst i religionen. Jag vet ett fall, där den sjuke själf läste och lät läsa för sig uti psalmboken, men då han nämnde för mig därom, sade han: »tala inte om det, ty jag vill ogärna, att de skola tro, att jag blifvit gudlig, som min fader var!» Också de, som veta med sig, att de begått felsteg, bli ofta fromma, milda och goda, när de känna sin svaghet.

Kort sagdt, religionen och tron spela en särdeles stor roll i lifvets sista stunder. De bemäktiga sig sinnet och kunna blifva det medvetna lifvets hufvud-innehåll hos många, för hvilka de icke varit det under lifvet, och de utöfva en stor makt på den döendes sinne — ofta visande sig mest genom att skänka honom en stilla frid.

Skalden sysselsätter sig ofta i sina sista stunder med sitt lifs innehåll, sin diktning. Ewald ned-skrifver en af de sista dagarna, som han lefver, och med tanken på döden för ögat, den kända psalmen: »udrust dig, Helt fra Golgatha!» Wergeland skrifver sina vackra »Digte fra Dödslejet» på sjukhuset om natten. Han visste, att han snart skulle dö, men fruktade icke döden; på natten vaknade han och

sade: »nu drömde jag så godt, jag tyckte, att jag
låg i min moders armar». Detta var hans sista ord,
»några minuter därefter sjönk hans hufvud åt sidan
i en lätt, smärtfri sömn, som blef hans sista».
Öhlenschläger var också under sista tiden före döden
på flera sätt upptagen af tanken på sin lifsgärning
och lät sin son läsa för sig sina dikter.

Äfven musikern se vi i de sista medvetna ögon-
blicken påverkad af det, som varit honom kärast i
lifvet. Den unge Mozart, som är alldeles viss på,
att han skall dö, sjunger jämte några vänner sitt
»Requiem», men brister i gråt efter de första tak-
terna af »Lacrimosa», så att de måste sluta upp med
sången. Längre fram samma dag talar han med en
vän om denna sin komposition, och då han ser därpå,
säger han med tårar i ögonen: »sade jag er icke,
att jag skref detta för mig själf!» Några få timmar
därefter var han död. Bach fick slag, men var dock
vid medvetande ännu några dagar, innan han dog.
Han dikterar för en elev en bearbetning af koralen:
»Wenn wir im höchsten Nöten sein». Schubert,
som blott är 31 år, känner under sin sjukdom all-
deles nya harmonier och rytmer »gå rundt i hufvu-
det». Dagen innan han dör, kallar han sin broder
till sin säng och frågar honom hemlighetsfullt och
sakta, i det han drar honom ned till sig: »hvad är
det med mig?» Men han är redan nu utan klart
medvetande, ty då brodern lugnar honom sägande,
att han ju ligger i sin säng, så svarar han: »nej,
här ligger Beethoven icke!» Strax efter, då läkaren
talar med honom, finns det åter en skymt af upp-
fattning, fastän omtöcknad. Auber, som är 87 år,
yrar ständigt om sina partitur, och upprepar ofta
sina befallningar till afskrifvaren: »pröfva hastigt...
stopp, vänta ett ögonblick ... tag bort pedalen!»

Liszt, som har lunginflammation med hög feber, vill höra föreläsas Wagners studier öfver »Tristan» och »Parsifal» m. m., men när febern några dagar senare beröfvar honom medvetandet, är musiken ej längre i hans tankar. Hvar gång, som hans vänner kommo till hans säng, ville han upp och spela whist, ty när dessa kommo, brukade de ju ta sitt whistparti.

Allt detta är ju ganska naturligt, och vi återfinna detsamma hos alla slags människor. Regenten, statsmannen och krigaren vända sina tankar till spörsmålet om landets och folkets öden. Den samvetsgranne affärsmannen vill ha allt i den bästa ordning, att det icke må sägas om honom efter hans död, att han icke varit pålitlig, ja ännu i halft medvetslöst tillstånd kan denna tanke på, att allt skall vara i ordning, vara den enda härskande. Schlyter säger till sin läkare, att han skall utfärda dödsattesten, »ty, som du ser, är jag död!» En ämbetsman har själf meddelat mig följande, som visar, huru omsorgen om de efterlefvande förknippas med tanken på, att allt måtte vara ordnadt. Han har lunginflammation, och alla tro, att han skall dö. Till sin dotters förvåning kallar han henne till sig och ger henne mycket klart och noggrant besked om, att hon skall taga en bestämd nyckel, öppna skåpet, där hon på ett bestämdt ställe skall finna ett visst dokument o. s. v. — — Han kom sig från sjukdomen, har själf ingen aning om, att han gett dottern detta uppdrag, men säger, att det var alldeles korrekt. Läkaren studerar ännu på dödsbädden det, som möjligen kan rikta hans vetande, eller nyttjar sina kunskaper till att iakttaga sitt eget tillstånd. Joseph Green, som var en mycket allvarlig man, känner sig själf på pulsen och märker, att den blir allt svagare. »Stannad!» säger han, och knappt har han yttrat det, förrän hans

hufvud faller åt sidan, och han dör. En äldre läkare
ber sin svärson, som också är läkare, att taga tem-
peraturen; den är mycket låg, men svärsonen säger,
att den är normal. »Det är omöjligt, du måste ta
fel, jag känner ju dödskylan i mina ben», invänder
han. Äfven Percivall Pott observerar sitt eget till-
stånd och efter att ha yttrat, att hans lifsljus snart
skall vara slocknadt, tillägger han, att han hoppas,
att det brunnit till gagn för andra.

Lika naturligt som det är, att människor syssel-
sätta sig med de tankar, som så ofta fyllt dem under
utöfvande af deras verksamhet i lifvet, likaså natur-
ligt är det, att de stundom söka sammanfatta, hvad
de uträttat, eller kasta en blick tillbaka på sitt lifs-
verk. Pott's nyss citerade ord peka ju i denna rikt-
ning, vi ha också ofvan hört, hurusom Pericles gladde
sig åt, att icke ha vållat någon athenare sorg, och
att R. Bacon tvärtom var bitter öfver, att han sökt
uträtta något till gagn för den otacksamma världen.
Vi se Tycho Brahe uttala sitt hopp, att icke hafva
lefvat förgäfves, och i många andra i bilagan med-
delade skildringar kunna vi skymta detsamma, ett
behof att göra upp sin räkning med lifvet, innan det
är slut.

En sådan verksamhet hos medvetandet häntyder
på, att det hos många kan bli liksom ett återupp-
vaknande af minne och håkomster, hvilket ju i och
för sig är alldeles naturligt, när medvetandet icke
varit omtöcknadt, men förefaller mera sällsamt, när
det visar sig hos den, som saknar klart medvetande.
Dock finnas sådana fall, som icke verka öfverraskande,
såsom t. ex. att den gamle skolläraren Adam fort-
sätter att tala, som vore han i sin klass och förhörde
lärjungarne i Horatius, ty det är helt enkelt en repeti-
tion, af hvad hjärnan inöfvat så många gånger under

lång tid. Detsamma gäller om Lauvergnes olika fall:
»en gammal kvinna, som haft en hönsgård, kallar
på hönsen, att de skola komma och äta, en mjölnar-
dräng härmar med bestämda mellanrum det ljud,
som kvarnen inpräglat i hans hjärna, en bödelsdräng
fortsätter med att sätta guillotinen i ordning.» Sådant
är ju icke öfverraskande, men väl det, att själsför-
mögenheterna, särskildt minnet, kunna liksom flamma
upp hos den döende. Redan i forntiden talade man
därom. När den döende visade tecken till, att hans
själsförmögenheter för en stund vändt tillbaka, lyss-
nade man med spänd uppmärksamhet till hans ord,
ty det var ofta spådomar eller profetior, som uppen-
barade något om det tillkommande lifvet, i denna
vaticinatio morientium. Helt säkert väckte det stor
uppmärksamhet, då den romerske kejsaren Hadrianus,
som ägnade konsten och litteraturen en ödmjuk
dyrkan, helt kort före sin död framsade en dikt, som
han själf författat. Men den, som trott, att han däri
skulle få veta något om lifvet efter detta, blef be-
dragen, ty i den vackra lilla dikten frågar Hadrianus
själf, »hvart månne hans bleka, vacklande själ vandrar
hän.» Vi vända oss nu till några mera hvardagliga
förhållanden. Féré såg en man, som dog af en lång-
samt fortskridande förlamning, beroende på en rygg-
märgssjukdom; han hade upprepade gånger varit
mycket svag, men medelst stimulerande medel blifvit
återupplifvad, till sist förlorade han dock medvetandet,
hans andning blef ytlig och långsam, pulsen mycket
liten, så att det såg ut, som om han skulle dö inom
få ögonblick. Genom förnyad användning af stimu-
lantia förbättrades andningen och pulsen, han öppnade
ögonen, lyfte på hufvudet litet och började tala hastigt,
men på ett språk, som man icke förstod. Han blef
då otålig och tecknade, att han ville skrifva, fick

papper och penna och skref hastigt några rader, men
därpå föll hans hufvud tillbaka, och få minuter där-
efter var han död. Det visade sig, att denne man,
som länge bott i Paris och aldrig talade eller skref
annat än franska, och som ej heller nu talat annat
än franska tills kort före döden, var född i trakten
af Antwerpen. Det var flamländska, som han talat,
och det var också på detta språk, som han skrifvit.
Han synes sålunda hafva förlorat förmågan att ut-
trycka sig på det språk, som han dock visste skulle
förstås, men å andra sidan är det ju intet öfver-
raskande, att han ännu kan tala och skrifva sitt
modersmål. Hvad som är särskildt anmärkningsvärdt
är dock, att han skrifvit, att han var skyldig en
person i Bryssel 15 francs, en skuld som var 15 år
gammal. Ett annat exempel, hämtadt från samme
författare, är följande. En man med ryggmärgssjuk-
dom (ataxi) var döende i lungsot, hade flera gånger
varit sanslös, svarade icke mera på tilltal och låg med
ytlig andning och en knappt kännbar puls. Man
ger honom en eterinsprutning, efter 6—7 minuter
äro puls och andning bättre, han vrider hufvudet
mot sin hustru och säger hastigt: »Du kan icke finna
nålen, ty hela golfvet är omlagdt» — därmed hän-
tydande på en händelse, som ägt rum 18 år tidigare.
Strax efter, sedan han sagt det, var han död.

Dessa exempel synas visa, att minnet finnes kvar
tills kort före döden, och att det kan bringas till att
liksom flamma upp genom en stimulerande påverkan.
Vi ha redan förut skrifvit en del om minne och håg-
komster och vilja ej återkomma därtill, blott i kort-
het beröra, att, som hvar och en vet, händelser, som
man upplefvat för mycket länge sedan och icke ägnat
en tanke åt, dock kunna ånyo framträda lifslefvande,
ofta utan att man kan få klart för sig, hvad som

väckt minnet ånyo. Detta visar ju, att alla händelser, alla intryck på hjärnan, kvarblifva i sina bestämda celler, ständigt färdiga att ge sig till känna, om så skall vara, men också ständigt hållande sig på sin plats, utan att någon anar deras tillvaro. Detta förhållande får en ytterligare belysning genom de högst intressanta meddelandena om minnets återuppvaknande hos sinnessjuka, kort innan de dö.

De flesta sinnessjuka dö af olika, allmänt förekommande sjukdomar, alldeles som andra människor med normalt sinnestillstånd. De som från födelsen varit idioter, som aldrig lefvat något själslif, närmande sig det normala, dö också utan att visa en glimt af förnuft. Men annorlunda med dem, som haft sitt »sunda förstånd», men under sitt senare lif förvärfvat en sinnessjukdom. Dem ser man stundom, fastän på det hela taget sällan, liksom vakna upp ett slag, innan de dö. Saken är alldeles säker, ty de personer, som meddelat detta, ha gjort mycket pålitliga iakttagelser. Man har länge vetat, att sinnessjuka kunna hafva perioder, då de äro alldeles friska, såsom bestämdt framhållits af de berömde franske hospitalsläkarne Pinel och Esquirol. Ett kändt exempel meddelas af Henri Martin och gäller den franske konungen Carl VI. När denne blef sinnessjuk (1393), tillsattes ett ministerråd, hvars myndighet var slut, när konungen återfick sitt förstånd. I sina ljusa perioder försökte han då att råda bot för det onda, som anstiftats, medan han var sjuk. — När en sådan sinnessjuk dör under en af sina ljusa perioder, så dör han på samma sätt som de, hvilka aldrig varit sinnessjuka, och däri är ju intet särskildt öfverraskande. Men när den, som i åratal varit sinnessjuk, utan att uppfatta något af den yttre världen, som har lefvat mera som ett djur än som en människa, ja som icke ens har kunnat anses stå så högt i intelligens som ett djur, när en sådan plötsligt visar tecken till förnuft, och detta kort innan han dör, då har man skäl till förvåning. I bilagan kan läsaren under rubriken: *sinnessjuka*, finna åtskilliga meddelanden, som beröra detta spörsmål, och äro de af olika värde. Berättelsen om påfven Clemens XIV, som flera månader varit svårt sinnessjuk, men som kort före sin död bestämdt vägrade att bekräfta valet af kardinaler, och det på ett sådant sätt, att man icke kunde tvifla på, att han visste, hvad han sade, är ju icke något särskildt bevisande fall. Alibert's berättelse om Bergeot är bättre. Denne hade i 2 år suttit orörlig, tyst och otillgänglig, med halföppen mun och spotten drypande ned för kläderna, en sådan ohygglig vrångbild af en människa, som hvarje hospital kan framvisa exempel på. De sista 5 veckorna, innan han dör, vaknar han mer och mer till medvetande och han vet, att han icke kan lefva länge. »Hvarför vill ni förbinda mina sår, det tjänar ingenting till, ni kan ju se, hur mager jag är», yttrar han till Alibert, och då denne sedermera säger honom, att en af hans vänner har frågat efter honom, svarar han gråtande: »mina vänner få icke se mig». Ju mera sjuk han blir, dess klarare blifva hans tankar. Högst egendomligt är det att läsa om en annan sinnessjuk, som säger: »se, han dör, han skall snart resa bort; se så mager han är, det är den första, som jag har sett komma tillbaka så långväga ifrån», och besynnerligt nog förstår Bergeot, att det gäller honom, och ser på denne med en bedröfvad blick. Då han ändtligen är nära döden, så är han alldeles redig och säger till sjukvaktaren, som så ofta måst hjälpa honom, då hans uttömningar afgått ofrivilligt: »jag har gjort dig mycket besvär, men du skall icke vara ond på mig, ty jag kunde ej rå för det; det dröjer

icke länge, förrän jag ej skall besvära dig mera»,
och då sjukvaktaren vill trösta honom, svarar han:
»ja, jag vet det, jag har varit mycket orenlig och
snuskig, men det kan nu icke räcka länge, ty jag är
alltför sjuk» — och 6 timmar därefter var han död.

Lika bevisande är Foville's berättelse om den
flitige läraren, som hjälper sin moder, men sedan han
lockats på villovägar, förskjuter henne, skuldsätter sig
— och blir sjuk. Han får utpägladt storhetsvan-
sinne och är i tre månader alldeles borta från allting,
men två dagar före döden visar sig en öfverraskande
förändring i hans intelligens. Han påminner sig sitt
föregående lif med bitterhet och ånger, och särskildt
klagar han med de mest rörande uttryck öfver, att
han lämnat sin moder och låtit henne lida nöd. Under
dessa två dagar var det omöjligt, säger Foville, som
iakttog honom flera gånger, att upptäcka minsta
tecken på bristande förnuft. — Äfven Brierre de
Boismont's observation af en gammal dam, som lider
af melankoliska föreställningar, som tror, att hon
har begått dåliga handlingar och är förtappad, och
som anser sig förföljd och lefver i ständig ängslan,
visar ett sådant märkvärdigt uppvaknande. De två
sista dagarna före döden är hon mycket matt och
måste ligga till sängs, de sista 4 timmarna är hon
alldeles förändrad, hennes ängslan är försvunnen,
hon tackar dem, som vårdat henne, för deras om-
sorger och yttrar: »jag har varit mycket sjuk, men
jag känner, att mina lidanden snart äro slut!» —
Andra, lika talande exempel finnas meddelade af Bou-
teille, Parant och Salivas, särskildt är den sistnämndes
berättelse om en militärläkare mycket anmärknings-
värd.

Som man ser, är det intet tvifvel om, att själs-
lifvet kan vakna kort före döden, äfven om det varit

snart sagdt både dödt och begrafvet i långa tider. Huru detta skall förklaras, ligger utom denna boks uppgift att ingå på. Vi vilja blott påpeka, att man stundom ser, att sinnessjuka kunna visa tecken till förändringar i sitt medvetande, när de få en feber- sjukdom, men att de återfalla i sitt föregående till- stånd, då sjukdomen gått öfver. Det ligger nära till hands att antaga, att den genom febern fram- kallade förändringen i hjärnans blodomlopp är or- saken därtill, och det blir då också troligast, att en liknande orsak gör sig gällande hos de sinnes- sjuka, som klarna upp kort före döden. Ty denna föregås ju ofta af tillstånd, som äro förbundna med temperaturförhöjning — de sinnessjuka dö ju liksom andra oftast af de vanligast förekommande sjuk- domarna. Ofvan meddelade fall, som visa, att en stimulerande behandling kan bringa det medvetna lifvet att liksom vända tillbaka för en kort tid, peka ju i samma riktning.

Att många människor veta af, att de snart skola dö, framgår af åtskilliga af de exempel, som vi här användt, ja vi ha ju nyss sett, att det till och med kan gälla för sinnessjuka. Att människor däremot kunna förutsäga sin dödsstund, låter otroligt, och berättelserna därom äro också mycket opålitliga. Det väcker ju alltid uppmärksamhet, när man vet, att den aflidne sagt, att han skulle dö på en viss dag, och det har slagit in, men annars har ju saken intet att betyda. Sådana berättelser finnes det många; vi hänvisa läsaren till meddelanden i bilagan om de franske generalerna Bessières, Disaix och Lasalle från Napoleons tid. Mindre öfverraskande är det, att läkare förutse, att deras död skall inträda på en gifven tidpunkt, hvilket ju dock ej alltid slår in. Lika litet som de kunna säga precis om en sjuk,

när han skall dö, likaså litet kunna de säga det om
sig själfva. Till de exempel, som finnas spridda i
vår bok och i bilagan, foga vi här efter Salivas be-
rättelsen om den högt ansedde franske klinikern
Trousseau, som dog af magkräfta (1867). Han hade
själf noga förutsagt sjukdomens utgång, »3 dagar,
innan han dog, gjorde han sitt testamente, ordnade
om sin begrafning i begrafningssällskapet, gick därpå
ut till kyrkogården Père Lachaise och utvalde där
sitt hviloställe. Han gick sedan hem, lade sig till
sängs och inväntade kallblodigt döden.» Det är i
själfva verket icke mer att förundra sig öfver denna
berättelse än öfver att höra, att »då biskop Henrik
Gerner hade fått ett stycke kött sittande fast i halsen
och kände, att det skulle vålla hans död, lade han
sig själf i kistan, drog ned nattmössan öfver ögonen,
anbefallde sin själ i Guds händer och afsomnade».
Icke heller är det förvånande, att prokanslern Erik
Pontoppidan förutsäger sin död, som vi sett sid. 189.
— »Ögonblicket är kommet!» utbrister den unge
Don Carlos, då han hör klockan slå tolf, tager lik-
som fordom hans farfader, Carl V, ett brinnande,
vigdt ljus i handen, beder samma bön, som denne
framsade kort före sin död, och dör kl. 1. Dessa
exempel, som skulle kunna göras ännu fulltaligare
(se t. ex. Prschvalskij, som reser sig upp, ser på
de omgifvande, säger: »nu går jag hädan», och
strax därefter dör), visa ju blott, att den sjuke har
haft sitt tillstånd klarare för sig än hans omgifning.
Â andra sidan tro ju många människor, att de skola
dö, fastän de icke sväfva i lifsfara, och hvarje läkare,
som ofta haft med svårt sjuke att göra, känner
exempel därpå. Sådana berättelser intressera oss
mest genom det ljus, som de kasta öfver den sjukes
syn på döden, och vi kunna däraf sluta, att ingen

kan förutsäga den tidpunkt, då hans död skall inträda.

Hittills ha vi väsentligen sysselsatt oss med medvetandets yttringar under den döendes sista stunder. Fråga vi, huru det medvetna lifvet förändras, då den döende nalkas sitt lifs afslutning, så blir svaret, att i regel blifva sinnena därvid omtöcknade. Det var icke med orätt, som man i forntiden kallade döden för sömnens broder, och man kan äfven förstå det betecknande i, att sömnen ansågs som en »invigning i dödens mysterier», ty den, som har gjort klart för sig sitt tillstånd, då han håller på att somna, skall inse, att de särskilda sinnena då efter hand omtöcknas, innan de med den inträdande sömnen fullständigt upphöra att vara verksamma. Medvetandet i vidsträcktaste mening kan betraktas som resultatet af inverkningarna på de olika sinnena, så att det den ena gången är ett uttryck för summan af inverkningarna på alla sinnena, men en annan gång mest visar sig som resultat af den påverkan, som ett enstaka sinne är utsatt för. Och som det är i det dagliga lifvet med den vakna människan, så är det också med den, som håller på att falla i sömn och sammalunda också med den, som håller på att dö. Hos den ena påverkas alla sinnena på en gång, hos den andra oliktidigt eller något enstaka sinne företrädesvis.

Som regel blir *den döendes medvetande* omtöcknadt, så att han ingenting förnimmer. Han ligger stilla, ej ens märkande sina egna rörelser, han ser ej dem, som stå bredvid, känner ej, att han är kall, hör icke, hvad som säges. Om han öfver hufvud förnimmer sin tillvaro, så är det som en oöfvervinnelig *trötthet,* en sådan trötthet, som blott kan hjälpas genom en djup, en evig sömn. Man hör ofta den,

Bloch, Döden.

som man vet snart skall dö, klaga öfver denna trött-
het eller, om icke klaga, så dock säga, »att han är
så trött», och säga det på ett sådant sätt, att man
icke har något tvifvel om, att man bör lämna honom
i fred. »Jag är så trött, jag vill sofva, sofva», hörde
jag en gammal man säga, som jag är öfvertygad
om, icke i det ögonblicket tänkte på, att han skulle
dö. Han lade sig att sofva och vaknade icke mera.
— »Jag är så trött och känner mig mycket svag,
så som jag kan tänka mig, att det måste kännas,
när man tror, att man skall dö», säger en läkare,
som är kall och pulslös, och som dör utan med-
vetande 4 à 5 timmar därefter (se obs. 47).

I andra fall måste man tro, att den döende själf
vet, att han är nära döden, då han säger, att han
vill sofva. Musset, som så länge har känt sig så
trött, säger: »sofva, ändtligen får jag sofva!» Äfven
Byrons sista ord voro: »nu skall jag sofva». Fastän
han väl knappast har förknippat någon klar tanke
med dessa ord, synas de dock visa, att de sista
tecknen på medvetande kunna vara en känsla af
trötthet, som kräfver sömn, liksom det ofta varit
fallet, medan det icke var fråga om sjukdom eller
död. Att ganska många döende på omgifningen
göra intryck af att somna bort, kan man öfvertyga
sig om genom att läsa de dagliga notiserna om döds-
fall i tidningarna; »afsomnade stilla och fridfullt»
är ett af de uttryck, som man synnerligen ofta träffar.

Bland våra exempel i bilagan se vi Herder, som
lidit så mycket, och som så gärna ännu »ville arbeta
mycket, mycket», falla i sömn en morgon. »Han
sof hela dagen lugnt», skrifver hans hustru, »och
vaknade icke mera; på aftonen kl. $1/_2$ 11 somnade
han stilla och utan smärta in i Guds armar.» Icke
så alldeles sällan händer det, att en person, som på

aftonen gått till hvila, utan att någon af hans närmaste trott, att han var sjuk, på morgonen anträffas liggande död i den ställning, som han plägade intaga, när han sof. Walter Scotts berättelse om Lord Melvilles död är ett mycket typiskt exempel på detta lugna dödssätt.

Döden liknar då verkligen ofta en sömn. Den sjuke är trött, lägger sig att sofva och vaknar icke mera, alldeles som han så ofta i lifstiden har lagt sig att hvila och fallit i djup sömn — blott att han då har vaknat, styrkt och vederkvickt, till nytt lif. Men de flesta människor känna ju också till, att man icke alltid kan falla i sömn. Medvetandet har börjat blifva omtöcknadt, tankarna att bli virriga, men i stället för att falla i sömn blir man plötsligt vaken igen, antingen därför att en tanke gör sig så lifligt gällande, att den fordrar eftertanke och öfverlägg-ning, eller därför att något sinne så starkt påverkas, att det uppstår en medveten förnimmelse. Kanske är orsaken blott, att en hand eller fot blifvit kall, innan man somnat riktigt, hvarvid kylan verkar på dess nerver och dessa på ryggmärgen, och därigenom en ofrivillig rörelse (reflexrörelse) framkallas i handen — och däraf väckes man. Eller har man fallit i sömn och är oberörd af den yttre världen, då man plöts-ligt vaknar, genom att det mörka rummet upplyses af en blixt, eller utaf den väldiga åskknallen. Det är verkan af blixten på ögat eller af det starka ljudet på hörseln, som gör så starkt intryck på hjärnan, att det omtöcknade medvetandet väckes till full upp-fattning.

Alldeles på samma sätt förhåller det sig med den döende. De kringstående ha redan sett, att han är dåsig och trött, att han gärna vill sofva, men ännu är det tydligt för dem, att han icke förlorat medvetandet, ty han talar stundom redigt, och på blicken synes tydligt, att han känner igen dem. Men nu förändras ögats uttryck, blicken blir osäker eller kanske iakttar man, att han liksom försöker att se, därpå blir ögat brustet, och det är nu intet tvifvel om, att han icke mera ser något.

Det är ganska vanligt, att *synen* sålunda påverkas. Har den döende ännu så pass medvetande, att han själf kan märka denna försvagning af synen, så tar det sig uttryck på olika sätt. Man har så mycket talat om, att Göthe, denne utomordentligt snillrike man, kort före sin död yttrade »Mehr Licht!», och man har trott, att han, som var så ovanligt hemmastadd på så många områden och så ovanligt klok, därmed har velat ge tillkänna, huru litet man vet, och hur mycket det ges, värdt att lära. Om läsaren vill taga kännedom om Eckermann's beskrifning af Göthes död, så får han strax klart för sig, att denne icke anat, att han skulle dö. Han dog alldeles på samma sätt, som de flesta människor dö, han somnade in utan medvetande. Det vore märkvärdigt, om Eckermann, som tog till lifsuppgift att skrifva upp, hvad Göthe sade, och som dagen efter hans död skrifver en detaljerad berättelse därom, om han icke skulle lagt märke till, att Göthe sade »Mehr Licht» på ett sådant sätt, att däri kunde inläggas en särskild mening. Men i Eckermann's bref står det alls ingenting om dessa ord.

Däremot berättar en annan af Göthes biografer, Haarhaus, att G. dog den 22 mars, sittande i en länstol. De sista begripliga ord, som han sade, voro: »Macht doch den zweiten Fensterladen auch auf, damit mehr Licht hereinkomme» — det betyder helt enkelt, att den döende tycker, att det blir mörkt i rummet, det blir mörkt för honom, därför att hans syn försvagas, och han säger då: »slå upp den andra fönsterluckan också, så att här blir litet ljusare» — alldeles som Giacomo Leopardi, som icke heller vet, att döden är så nära förestående, och som säger: »jag ser så svagt — öppna fönstret där — låt mig få se ljuset», och därmed somnar in för alltid.

Det är en rätt utbredd tro, att berömde, »store» män förhålla sig annorlunda än andra människor vid sin död. Så har man sagt om Göthe, och likaså är förhållandet med Beethoven. Han ligger stilla, medvetslös och svagt rosslande, medan ovädret rasar utanför, då med en brakande åskskräll en väldig blixt kastar sitt skarpa sken äfver hela rummet. Den döende öppnar ögonen, lyfter den högra knutna handen och stirrar några sekunder allvarligt och hotfullt uppåt, därpå sjunker handen åter ned, ögonen falla halft tillsammans — han är död. Det är den starka inverkan af blixten, som bringar den insomnades synsinne att reagera, och den starka åskknallen verkar på den annars döfve mannen så, att han förskräckt lyfter sin hand. Detta är en långt naturligare förklaring än den vanliga, att Beethoven före sin död hotat mot himmelen. Hvarför skulle han väl det?

Synens förlust påverkar som sagdt den döendes medvetande på olika sätt. Den gamle skolläraren Adam, som kort före döden yrar om sin skola och tycker sig läsa Horatius med sina pojkar, säger med svag röst: »men det blir mörkt, mycket mörkt, gossarne måste gå hem!» Och med dessa ord dör han.

De anförda exemplen visa, som ju för öfrigt är helt naturligt, att synen går förlorad kort före döden. Beethoven är ett exempel på, att yttre inverkningar kunna för ett ögonblick väcka den slumrande sansen — alldeles som den sofvande, som sedan skall vakna till nytt lif, måste väckas på samma sätt. Att döden själf kan inträda så godt som i omedelbart samband med synens förlust, kan den, som följt vår framställning af de många skiftningar, som finnas vid sjukdom och död, lätt förstå. Sällan torde det hända, att medvetandet är fullt klart, medan synen är alldeles borta, såsom t. ex. i vår obs. 36. Den döende mannen, som noga studerat sin sjukdom, och uppgett hoppet om att komma sig, ligger med öppna ögon, talar förnuftigt med läkaren och säger, att han känner igen honom på rösten, men att han icke kan se honom, hvarpå han tillägger: »tror ni icke, att det är döden?» Några minuter senare, då han frågar, om doktorn ännu är kvar, och får ett jakande svar, säger han: »tror ni då icke, att det är döden, som nalkas; nu kan jag nästan icke heller höra er tala!» Några få minuter därefter var han död.

Då man vet, att ögats pupill är sammandragen (liten) hos den sofvande, kan man också i det förhållandet, att den döendes pupill äfvenledes är liten, se ett påtagligare tecken till, att döden är som en sömn. Först när döden verkligen har inträdt, utvidgar sig pupillen.

Om *smak-* och *luktsinnets* förhållande hos döende är det svårt att bilda sig något begrepp. I berättelsen om Mozarts död finnas antydningar därom, men utan betydelse. Däremot är det säkert, att *känseln* snart försvagas, och detta icke sällan förr, än synen aftager. Den döende kan väl stundom själf iakttaga, att hans fötter och ben blifva kalla, att »dödskylan inträdt», såsom den läkare, vi på sid. 457 i detta kapitel omtalat, säger till sin svärson, men detta kan ju uppfattas som ett bevis för, att hans känselsinne snarare är skärpt. Nogare sedt, är det dock ett bevis för nedsättning af känseln, ty beröringen af de kalla delarna förnimmes ej längre. Sedermera lägger han icke märke till, om han flyttas i sängen, äfven om hans hud är varm, ja man har exempel på, att hvad som annars skulle vålla stor smärta, ej alls kännes. Detta vet man från operationer, utförda i afsikt att rädda lifvet på en döende, och där snittet af knifven i huden icke har känts.

Hörseln är det sinne, som sist går förloradt, och det är viktigt att lägga märke därtill, ty huru mycket kan icke den döendes frid störas genom ett obetänksamt ord. Sedan äldsta tider har man vetat, att hörseln var det sinne, som längst bevarades, ty i forntiden var det ett allmänt bruk att konstatera döden genom att ropa den döendes namn i hans öra och iakttaga verkan däraf. Detta bruk höll i sig länge. Vi ha sett, hurusom riksmarsken Rosenkrands och den lilla Anna Trolle kort före döden väcktes genom tillrop. Vi känna detsamma från vissa berättelser om Knox's och Luthers död och kunna ytterligare hänvisa läsaren till berättelsen om påfven Pius IX:s död år 1878. Camerlengon slår tre gånger med en liten silfverhammare på den dödes panna, i det han ropar: »Giovanni! Giovanni! Giovanni!» och då han icke får svar, vänder han sig till de närvarande och säger: »påfven är sannerligen död!»

Läkaren kan ofta på olika sätt konstatera, att den döendes hörsel, som synes vara förlorad, dock ännu finnes kvar, såsom vår obs. 42 utvisar. Det kan hända, att hörseln väckes först genom att påverkas af något, som är särskildt bekant för den döende. Som exempel därpå nämna vi (enligt Salivas), att matematikern Lagny var så försvagad kort före döden, att han icke lade märke till sina vänners närvaro eller igenkände någon, men då en af dem yttrar: »12 gånger 12» svarar han strax »144.» Brierre de Boismont har meddelat, hurusom en passionerad spelare, som låg på sitt yttersta och var mycket svag, väcktes ur sin afdomning, då en af de närvarande ropade i hans öra: »pic, repic et capot». Han öppnade strax sina ögon, svarade med tydlig röst: »Quinte, quatorze et le point» — och föll så tillbaka på kudden. Utom dessa exempel på bibehållen hörsel hos den, som synes alldeles medvetslös, vill jag ytterligare hänvisa till berättelserna härofvan om Beethoven och om Perikles (sid 33). Ett hittills icke omtaladt exempel finna vi uti berättelsen om konung Gustaf Vasa's död. Magister Lemnius tror, att konungen afsomnat, drager ned mössan öfver hans ögon och ropar, att han är död. Däraf väckes konungen, som tager mössan från ögonen och undrar, hvad han har i händerna. Senare på dagen, då det blir tal om, huruvida han ännu kan störas af något, så säger prästen: »jo, människan hör, så länge andan är i henne, och det vill jag nu strax bevisa», och talar därpå till konungen på samma sätt, som vi hört, att man talade till Rosenkrands, och får till svar: »ja!»

Det är samma förhållande, som vi lärt känna beträffande synen. Yttre inverkningar väcka det nästan försvunna sinnet, det reagerar på nytt och flammar upp för att slutligen dö.

Ja, döden är för den döende som en sömn. Liksom barnet, som sofver så djupt, att det icke känner beröring, och icke vaknar, ens om ljuset skiner i ögonen eller af starkt buller — på så sätt sofver också den döende, innan själfva döden inträder.

Denna »dödssömn», som kan räcka mycket länge, men som i andra fall är så kortvarig, att den knappast märkes, som kan afbrytas af svimningar, som likna död, eller kramp, som påminner om lif, för att efter dessa anfalls upphörande ånyo fortsättas, denna dödssömn är det, som många kalla dödskamp. Läsaren, som uppmärksamt följt vår framställning, vet, att det icke är tal om någon kamp. Den döende är utan medvetande, och kan icke kämpa emot. Själf vet han icke, i hvilket ögonblick hans död inträder.

Men de, som stå vid hans läger, som med spändt deltagande ha sett, huru han så småningom glidit bort från dem, kunna de säga, i hvilket ögonblick han dör. Svaret på detta spörsmål måste sökas i vår föregående framställning. Vi ha ju sett, att det icke finnes två människor, som dö på samma sätt. Ofta är det icke möjligt att se, när andningen stannar, så svaga kunna de sista andedragen vara. I andra fall utvisa en eller flera suckar, att det är förbi, att den döende »utandats sin sista suck».

Ofta kan då den, som ser på den döende för att ännu en sista gång inprägla i sig hans ansiktsdrag, iakttaga, att dessa förändras. Medan en egendomlig, blek eller gulaktig färgton liksom sakta gjuter sig öfver ansiktet, som om det förvandlades till vax, så blifva dess drag präglade af en djup och fridfull ro. Det blir lugn öfver den döde, och ingen vågar att störa denna stund.

Och om du nu böjer dig ned öfver den döde för att ännu en gång söka hans blick, så ser du, att hans öga har fått ett förunderligt uttryck, det har blifvit liksom stort och klart, och en tår väter det med en fuktig glans. Det är hans ögas pupill, som blifvit vidgad, »själens fönster har öppnats», nu då hjärtat slagit sitt sista slag. Den sakkunnige vet, att han nu säkert är död.

Sedan döden inträdt, försiggår, såsom vi omtalat, ännu i liket en verksamhet, som är tecken på lif, och om denna visar sig på ett sätt, som kommer till omgifningens kunskap, så kan det uppstå tvifvel, om han verkligen är död. Det är sådana tvifvel, som gett anledning till frågan om skendöd och väckt fruktan för att blifva lefvande begrafven, frågor, som stundom dyka upp och fylla många sinnen med skräck. För att lugna dem, som hysa fruktan därför, vilja vi blott säga, att hvarje läkare är i stånd att med absolut visshet konstatera, att döden verkligen inträdt. Han kan detta därför, att de processer, som försiggå i den liflösa kroppen, åstadkomma förändringar, som äro oförenliga med fortbestående af individens lif. Lekmännen känna blott ett af de säkra, oförtydbara dödstecknen, nämligen upplösningen, förruttnelsen. Äfven denna upplösningsprocess är bunden vid ett slags lifsverksamhet. I den döda kroppen äro alltså lefvande krafter i verksamhet, därhän att göra den till en länk i naturens stora och eviga kretslopp.

Den förgängliga delen af människan, som sänkes ned i jorden, eller hvars rester en gång skola spridas för vindarne, blifver dock icke alldeles till intet.

Men människans själ — *there are more things in heaven and earth, than are dreamt of in our philosophy.*

INNEHÅLL.

I band 2 (som är bilaga till band 1) finnas de utförliga meddelanden, som på olika sätt äro använda vid vår framställning i band 1.

Den, som önskar lära känna detaljerna angående en i vår text omtalad person, kan lätt finna dessa genom att söka hans namn i band 2. Alla meddelanden i bilagan äro ordnade alfabetiskt, hvarjämte deras källor äro angifna. Den, som noggrant vill känna titel m. m. på dessa, skall finna dem i litteraturförteckningen (i band 2).

En del exempel äro så utförligt meddelade i texten, att de därför icke äro upptagna i bilagan.

ÖFVERSIKT ÖFVER DE I DENNA DEL ANVÄNDA EXEMPEL, SOM FINNAS UTFÖRLIGARE MEDDELADE I BILAGAN.

Milton Keynes UK
Ingram Content Group UK Ltd.
UKHW012203071124
450767UK00007B/55

9 781275 033